Mit den Augen eines

AMSTERDAMER PUBLIKATIONEN ZUR SPRACHE UND LITERATUR

134

AMSTERDAM - ATLANTA, GA 1998

Mit den Augen eines Kindes

Children in the Holocaust
Children in Exile
Children under Fascism

Herausgegeben von

Viktoria Hertling

∞ The paper on which this book is printed meets the requirements of "ISO 9706:1994, Information and documentation - Paper for documents - Requirements for permanence".

ISBN: 90-420-0623-4

Printed in The Netherlands

Inhalt

Vorwort

In einem zuerst 1991 in Polen publizierten Buch einer Shoah-Überlebenden finden wir folgenden Text:

> Sie werfen die Kinder aus dem Fenster auf die Ladeflächen der Lastwagen, manchmal treffen sie nicht. Auf der gegenüberliegenden Seite steht einer von ihnen und schießt auf die herabfallenden Kinder. Ein kleines Mädchen ist durch ein Tor geflohen [...] die Puppe an die Brust gedrückt. [...] Das Kind ist nicht mehr als fünf. Der Soldat geht in die Hocke. Ein Schuß. Das kleine Mädchen liegt reglos und hält noch immer seine Puppe fest, um sie herum vergrößert sich der rote Fleck.[1]

Das die Liquidierung des Krakauer Ghettos beobachtende Kind Stella ist damals gerade elf. Sie reagiert mit Alpträumen, Angstschreien, Bettnässen und einem unkontrollierbaren Schluckauf. Selbst 50 Jahre später – so die Autorin Stella Müller-Madej in einem Interview – sei ihr die Vergangenheit noch immer präsent, denn diese Vergangenheit habe sich tief in ihre Seele eingeprägt. Aus Unkenntnis jedoch, oder aus Ahnungslosigkeit würden aber viele Menschen vor allem die von Kindern durchlittenen Traumata bagatellisieren. Oft hieße es einfach, Kinder seien doch damals ‚zu klein' gewesen, um sich an irgend etwas erinnern zu können.[2] Müller-Madejs Buch *Das Mädchen von der Schindler-Liste* erschien 1994 in deutscher Übersetzung. Jedoch verweist der polnische Titel ihres Buches *Mit den Augen eines Kindes – Aufzeichnungen einer KZ-Überlebenden* weitaus eindeutiger auf die an Kindern verübten Verbrechen. Müller-Madej schöpft zudem die bis heute andauernden Spätfolgen bis zur bittersten Neige aus. *Mit den Augen eines Kindes* diene darum diesem Band als Leitspruch und auch als Titel.

---

[1] Stella Müller-Madej: Das Mädchen von der Schindler-Liste. Augsburg: Ölbaum 1994, S. 63.

[2] Das von Jörg Thunecke mit Stella Müller-Madej geführte Gespräch ist Teil dieses Bandes.

I

Die vorliegenden siebzehn Beiträge basieren weitgehend auf den Vorträgen der im Oktober 1996 an der University of Nevada in Reno, veranstalteten internationalen Konferenz *Children in the Holocaust – Children in Exile – Children under Fascism.* Initiiert wurde das Symposion von der nordamerikanischen *Society for Exile Studies* und veranstaltet vom *Center for Holocaust, Genocide & Peace Studies* an der University of Nevada in Reno. Als Präsidentin der *Society,* als in den USA lehrende Literaturwissenschaftlerin und gleichzeitig als Leiterin des an der hiesigen Universität angesiedelten *Centers* fühlte ich mich aus mehreren Gründen verpflichtet, eine solche Konferenz zu veranstalten. Die Tagung beschäftigte sich erstmals mit der spezifischen Problematik und den einschneidenden, oft nicht wieder auszulöschenden traumatischen Erfahrungen von Kindern im nationalsozialistischen Deutschland, im Exil und im Holocaust. Daß für die Beschäftigung mit einer solchen Thematik im Jahr 1996 die Zeit angebracht war, beweist auch eine inzwischen sehr erfolgreich stattgefundene Nachfolgekonferenz an der Philipps-Universität Marburg im Mai 1997 mit dem Titel „Für ein Kind war das anders" unter der Leitung von Barbara Bauer und Guy Stern.[3]

Als Inge Deutschkron im Jahr 1965 – fast fünfzehn Jahre *vor* der Ausstrahlung der für Holocaust-Erziehung so entscheidenden US-amerikanischen Fernsehserie – ihren dokumentarischen Bericht *...denn ihrer war die Hölle. Kinder in Ghettos und Lagern* vorlegte, beabsichtigte sie durch die Schwerpunktsetzung auf das Kindern zugefügte Leid, die damals in Westdeutschland existierende „Barriere des Nicht-wissen-Wollens"[4] zu durchstoßen. Mehr als dreißig Jahre später erhebt sich im Hinblick auf eine inzwischen bezüglich Holocaust-Thematik medial „überversorgten Gesellschaft"[5] erneut die Frage nach neuen wissenschaftlichen Ansatzpunkten und Erkenntnissen und nach didaktischen Vermittlungshinweisen. Denn mit dem Jahr 2000 – also in weniger als zwei Jahren – gehört der Holocaust, den auch Daniel J. Goldhagen als das „schockierendste Ereignis des zwanzigsten Jahrhunderts" bezeich-

---

[3] Ein ausführlicher Bericht über die Reno-Konferenz erscheint im Rahmen der Veröffentlichungen der Nachfolgekonferenz „Für ein Kind war das anders".

[4] Inge Deutschkron: ...denn ihrer war die Hölle. Kinder in Ghettos und Lagern. Köln: Verlag Wissenschaft und Politik 1965, S. 9.

[5] Ich beziehe mich hier auf eine Formulierung von Sigrid Thielking aus ihrem Artikel in diesem Band.

net, das innerhalb der deutschen Geschichte „am schwierigsten zu verstehen"[6] sei, zu den Ereignissen des sogenannten ‚letzten Jahrhunderts'. Welche Konsequenzen ergeben sich für uns Nachgeborene und vor allem für die Enkel- und bald sogar die Urenkelgeneration daraus, daß in wenigen Monaten der deutsche Nationalsozialismus und die Verfolgung und Vernichtung von Millionen von Menschen faktisch zu einem Ereignis des ‚vorhergehenden Jahrtausends' zählt. Ist es darum nicht geboten, die Auseinandersetzung mit diesen Ereignissen, die für viele Menschen selbst noch heute mit schweren Ängsten verbunden sind, unter neuen Gesichtspunkten zur Diskussion zu bringen, damit die Thematik auch über die Schwelle zum nächsten Jahrhundert hinweg in unserer Sichtweise nichts an ihrer Ungeheuerlichkeit einbüße?

II

Neben dem wissenschaftlichen Anspruch war es auch ein Anliegen der Reno-Konferenz, auch ein breiteres und vor allem jüngeres Publikum anzusprechen. In diesem Sinne luden wir zu der großen Eröffnungsveranstaltung eine in den USA und in auch Deutschland preisgekrönte Autorin von mehr als 30 Kinder- und Jugendbüchern ein. Sonja Levitin sprach in einer Mischung aus Lesung und begleitendem Kommentar auf Englisch über ihre Erinnerungen als jüdisches Kind im Berlin der dreißiger Jahre. Sie zitierte ausführlich aus ihrem Buch *Incident at Loring Groves*[7], in dem einige Schüler bei einer unerlaubten Party im Wald zufällig auf die Leiche einer Schulkameradin stoßen. Aus Angst, wegen der Fete Unannehmlichkeiten zu bekommen, entscheiden sich die Schüler, die Polizei nicht zu benachrichtigen. Levitin zufolge sei eine in früher Jugend unzureichend geförderte Empathie mitverantwortlich für mangelnde Zivilcourage, Desinteresse, Abseitsstehen und Mitläufertum im späteren Leben.

Der hier abgedruckte Beitrag Levitins ist die Transkription eines Fernsehinterviews, das sie wenige Stunden vor Beginn der Reno-Konferenz gab. Levitin spricht hier ausführlicher über ihre Kindheit, das Schicksal ihrer Familie und die Tatsache, aufgrund der Shoah kaum Verwandte und keine Großeltern zu haben.[8] Hingegen verweist Stella Müller-Madej

---

[6] Daniel J. Goldhagen: Hitlers willige Vollstrecker. Ganz gewöhnliche Deutsche und der Holocaust. Berlin: Siedler 1996, S. 16.

[7] Sonia Levitin: Incident At Loring Groves. New York: Fawcett 1988.

[8] Siehe Anm. # 17.

in dem mit Jörg Thunecke im Sommer 1996 in Krakau geführten Gespräch auf die psychischen Schäden ihrer KZ-Zeit und die Spätfolgen. Mit dem Schreiben ihres Buches hat sich die Autorin entschlossen die „eigene Sprachlosigkeit" zu überwinden und ihren „toten Angehörigen und Freunden ein Mahnmal zu setzen". Für den dritten Zeitzeugen dieses Bandes ist bedeutsam, daß er vorschlug, seinen Vortrag im Rahmen eines regulären Sabbat-Gottesdienstes zu halten. Guy Stern zeichnete seine Jugend in Deutschland nach und sprach vom Tod seiner Mutter, seines Vaters und der beiden jüngeren Geschwister im Warschauer Ghetto. Begrüßt von der Rabbinerin Myra Soifer, und vor einer beinahe vollzählig versammelten jüdischen Gemeinde, sprach Guy Stern das Kaddisch-Gebet und hob anschließend den Kelch zum Kiddusch. Für die Konferenzteilnehmer gehörte der Besuch in der Synagoge zu einem der bewegendsten und beeindruckendsten Aspekte der Tagung.

Doch nicht nur durch den Besuch in einer Synagoge unterschied sich die Konferenz von anderen wissenschaftlichen Symposien. Eine ausgesprochen autobiographische Note durchzog den Großteil der Beiträge und der Diskussionen. Eine Reihe der Vortragenden sprach über ihr Leben als Kind im Faschismus, im Versteck, im Exil oder in der relativen Sicherheit außerhalb des Heimatlandes. Andere KollegInnen sprachen als ehemalige Emigrantenkinder, als Kinder von Überlebenden der Shoah, als im Nachkriegseuropa aufgewachsene Kinder oder als heute in den USA lebende GermanistInnen, deren Hochschullehrer ehemalige Emigranten, Exilierte oder Opfer des Naziterrors waren. Zu Wort kamen im Rahmen einer Videodokumentation auch zwei in Reno ansässige Überlebende der Shoah – Ann Milhollan und Yoshi Hendricks –, die über ihre Erlebnisse als jüdische Kinder in Frankfurt und Berlin sprachen.[9] Die Vielfalt dieser Beiträge verlieh der Konferenz, ohne dabei ihr wissenschaftliches Niveau zu mindern, eine gemeinhin für akademische Konferenzen ungewöhnliche Emotionalität und Eindringlichkeit. Der amerikanische Historiker Irving Greenberg betonte einmal, über den Holocaust könne man nur in „Anwesenheit von brennenden Kindern" sprechen. „Let us offer [...] as a working principle the following: No

---

[9] Viktoria Hertling (Producer): Memories of the Holocaust. Videodokumentation in Zusammenarbeit mit der Public Broadcasting Fernsehstation KNPB-Reno in Reno, Nevada, 1995. Der Film wurde im Rahmen der Reno-Konferenz gezeigt. Anschließend standen Ann Milhollan und Yoshi Hendricks zu Gesprächen zur Verfügung. Der Film wurde 1996 für einen EMMY nominiert.

statement, theological or otherwise, should be made that would not be credible in the presence of burning children."[10] Meines Erachtens heißt das auch, daß bei einem Thema wie der Shoah ein ausschließlich zerebraler Wissenschaftsdiskurs unangemessen ist.

Mehrere Vorträge der Konferenz standen ganz im Zeichen von Feststellungen von Saul Friedländer und Ruth Klüger. In seinem Text *When Memory Comes* spricht Friedländer von der verständlichen Weigerung der Leidtragenden, das für sie Unsagbare zu objektivieren und in Worte zu fassen. „We Jews erect walls around our most harrowing memories. Even a story complete to the last detail sometimes turns into an exercise in hiding things."[11] Die durch die Shoah oder vom Faschismus traumatisierten Menschen durchleb(t)en die Vergangenheit in ihren Gedanken, Träumen und in ihren Handlungen. Traumatisierende Erinnerungen verjähren nicht und die Folter – so Ruth Klüger in ihrem Text *weiter leben* – „verläßt den Gefolterten nicht."[12]

In diesem Sinne auch die Beiträge von Barbara Bauer, Donald Haase und Deborah Viëtor-Engländer. Sie beschäftigen sich mit der Frage, wie Kinder verschiedener Altersstufen mit traumatischen Erfahrungen umgehen und diese zu bewältigen versuchen. Bauer unternimmt in ihrem Essay „Drama – Märchen – Gleichnis – Parabel" erstmals den Versuch einer Typologie von vier grundlegenden Modellen solcher Erfahrungsverarbeitungen am Beispiel von Texten von Renata Yesner, Halina Birenbaum, Imre Kertész und Georges Perec. Hingegen arbeitet Haase das therapeutische, utopische und befreiende Element von Märchenmaterialien heraus. Bekanntlich betonte Viktor E. Frankl, daß der Verlust eines Glaubens an die Zukunft die Widerstandskraft schwäche. Kinder seien diesbezüglich stärker gefährdet als Erwachsene.[13] Analog zu dieser Erkenntnis verweist Deborah Viëtor-Engländer in ihrem Beitrag auf fünf retrospektiv geschriebene autobiographische Texte – nämlich die von

[10] Irving Greenberg: Cloud of Smoke, Pillar of Fire. In: Auschwitz: Beginning of a New Era? Reflections on the Holocaust. New York: Ktav 1977, S. 23

[11] Saul Friedländer: When Memory Comes. New York: Farrar/Strauss/Giroux 1997, S. 75.

[12] Ruth Klüger: weiter leben. München: dtv 1994, S. 11.

[13] Viktor E. Frankl: Man's Search for Meaning. New York: Pocket Books 1995 (erstmals englisch 1946).

Inge Deutschkron, Salomon Perel, Ruth Klüger, Jost Hermand und Raja Engländerova.

Unter den Bedingungen des Exils oder im Versteck bedeutete Schreiben eine Stärkung der Widerstandskraft. Zwei verschriftete Selbstbehauptungsversuche werden an Hand der Tagebuchaufzeichnungen von Anne Frank und Sonja Horstman vorgestellt. Das von Meinhard Stark entdeckte Tagebuch der sechzehnjährigen Sonja Horstman gehört zu den wenigen überlieferten Zeugnissen eines Kindes aus dem sowjetischen Exil. Die Aufzeichnungen sprechen von der gewaltsamen Trennung der Kinder von ihren Eltern aufgrund des GULag, der Evakuierung aus Moskau und schließlich von dem einsamen Weg aufgrund einer zum Tode führenden Krankheit. Im Vergleich dazu erscheint vordergründig das Leben der in Amsterdam untergetauchten Familie Frank bis zu deren Verhaftung nahezu ideal. Laureen Nussbaum – schon in Frankfurt eine Bekannte der Familie und während der gemeinsamen Emigration eine Freundin von Margot Frank – zeigt in ihrem Beitrag anhand holländischer Quellen und diverser Querverweise, daß die 1995 in den USA als *Definitive Edition*[14] publizierte Ausgabe des Anne Frank-Tagebuches eine völlig ungerechtfertigt große Beachtung gefunden habe und zudem bedauerlicherweise dem von Anne Frank wiederholt so emphatisch geäußerten Wunsch als Schriftstellerin anerkannt zu werden, widerspreche.

Der Leidensweg der Sonja Horstman und anderer Kinder untermauert die klinischen Feststellungen des Psychiaters und Arztes Hans Keilson. In seinen Arbeiten zur sequentiellen Traumatisierung betont er, daß die „man-made distasters" für Erwachsene einen Einbruch in eine bereits etablierte Persönlichkeitsentwicklung bedeuten. Für junge Menschen hingegen – und vor allem für Kinder – werde Trauma zum integralen Bestandteil ihrer Persönlichkeitsentwicklung. Kinder seien demnach stärker gefährdet als Erwachsene. Zudem verarbeiten Kinder erlittene Verfolgungen anders.[15] Erinnerungen prägen sich dem Gedächtnis ein —

---

[14] Anne Frank: The Diary of a Young Girl. The Definitive Edition. New York: Doubleday 1995.

[15] Hans Keilson: Sequential Traumatization in Children: A Clinical and Statistical Follow-up Study on the Fate of the Jewish War Orphans in the Netherlands. Jerusalem: Magnes Press 1992. Zu diesen Ergebnissen führt auch eine neuere Studie über verwaiste Kinder aus Kamputschea während des Pol-Pot-Regimes. Die psychischen Schäden seien um so schwerwiegender, desto jünger und hilfloser die Opfer. Vgl. Jon Hubbard, George M. Realmundo, Andrea Northwood und Ann S. Masten: Comorbidity of Psychiatric Diagnoses with Posttraumatic Stress Disorder in Survivors of Childhood Trauma. In: Jour-

sie werden sozusagen mnestisch metabolisiert – auch wenn die Leidtragenden häufig keine detaillierte Beschreibung mehr zu liefern im Stande sind. Oft äußert sich die durch Trauma bedingte Erinnerung indirekt: Ein plötzlich auftauchender Geruch, ein peripheres Geräusch oder eine hingeworfene Bemerkung können die geschlossen scheinende oder als geheilt geltende Wunde erneut aufreißen.

Während der Konferenz wurde in vielen Kommentaren und Diskussionen auch der Name Binjamin Wilkomirski erwähnt. Wilkomirski spricht in seinem Text *Bruchstücke* von dem sich unbarmherzig und unerbittlich wiederholenden Alptraum, der sich „in allen Bildern, in jeder Einzelheit, gleichsam als unaufhörlich aufeinander folgende Kopie, Nacht für Nacht" wiederhole.[16] Dieses Wissen von der Bedeutsamkeit kindlichen Traumas – sei es als Mißhandlung, Waisenschaft, Anfeindung, Verachtung oder Brutalität – findet in den Werken vieler exilierter Schriftsteller seinen Ausdruck. Die Geschichten, Gedichte, Erzählungen und Stücke für Kinder von Margarete Steffin fassen in Worte, was die im Exil lebenden Kinder oft nicht zu artikulieren wußten. In ihrem Beitrag zu Steffin benutzt Sonja Hilzinger Worte wie „einfühlsam", „Klugheit", „Sensibilität" und „Macht der Phantasie", wenn sie über das Oeuvre der kaum dreiunddreißigjährig im sowjetischen Exil verstorbenen Autorin spricht.

Daß die in der Schweiz während der Nazizeit verfaßte Kinderliteratur gegenüber der in der Sowjetunion eine andere Thematik verfolgte und sich zudem an einem anderen Sprachduktus orientierte, hebt Tamara Evans in ihrem Essay hervor. Die Schwierigkeiten, mit denen exilierte Schriftsteller in der Schweiz zu kämpfen hatten, wirkten arbeitslähmend und demoralisierend, weil Zeitgeschichtliches kaum, oder nur verschlüsselt zur Sprache gebracht werden konnte. Sigrid Thielking fragt in ihrem Beitrag, welche Ansätze und Strategien heute zur didaktischen Vermittlung des Holocaust in der Bundesrepublik existieren. Wieviel Information sei Kindern bestimmter Altersgruppen zumutbar? Wann könne von didaktischer Verfrühung die Rede sein, oder seien gerade Kinder im Kindergarten- und Grundschulalter aufgrund ihrer noch intakten Empathie nicht vielleicht bessere Adressaten für das Thema Holocaust als pubertente Teenager? Thielking verweist auf die ästhetisierende Herange-

---

nal of the American Academy of Child Adolescence 34, Nr. 8 (1995), S. 1167-1173.

[16] Binjamin Wilkomirski: Bruchstücke. Aus einer Kindheit 1939–1948. Frankfurt a.M.: Jüdischer Verlag 1996, S. 38.

hensweise der frühen sechziger Jahre; sie lobt die auch im Kinderbuch sich vollzogene Durchbrechung des Holocaust-Tabus in den siebziger Jahren und sie stellt neue Ansätze aus den späten achtziger und neunziger Jahren vor. Dazu gehört auch die auf graphische Weise dargestellte Geschichte eines Holocaustüberlebenden, die Art Spiegelman in *Maus I* (1986) und *Maus II* (1991) einem zuerst skeptisch reagierenden Seh- und Lesepublikum anbot. In ihrem Beitrag zu *Maus* unterstreicht Julia Klimek wie mittels des Hinwegschreitens der sprichwörtlichen Augen-Zeugenschaft die Leser auf eine neue Weise mit einer Authentizität konfrontiert werden, in dem sie die Geschichte sowohl aus der Perspektive des erzählenden Vaters als auch aus der des zuhörenden und kommentierenden Sohnes erleben. Somit trifft das vom Vater durchlebte Trauma nicht nur den Sohn, sondern in gewisser Hinsicht auch die Leser.

Trauma äußert sich häufig als Depressionen, Schlafstörungen, Schuldgefühle, Stottern, nervöses Zucken und führt manchmal sogar zum Suizid — so auch im Falle des vormals im Staate Texas lebenden Dichters Robert L. Kahn, der seinem Leben im März 1970 ein Ende setzte. Klaus Beckschulte vertritt die These, daß einige Menschen diesen Schritt vielleicht auch wählten, weil sie ihrem Ermessen nach vermeintlich unverdienterweise den Holocaust überlebten. Doch es gab ebenso die Möglichkeit, Kinder vor den schlimmsten psychischen Schäden zu bewahren, indem man sie ihrem Alter gemäß rechtzeitig über den Feind aufklärte und sie wenigstens teilweise ihr Schicksal mitbestimmen ließ. Zu dieser Überzeugung kommt Hanna Papanek aufgrund ihrer Erfahrungen als Kind im Exil und infolge ihrer jüngsten anthropologischen Forschungen.

Aspekte der Erinnerung und der Erinnungsverzerrungen stehen im Mittelpunkt der Textanalysen von Jochen Vogt und Eva-Maria Siegel. Vogt unternimmt eine detaillierte Analyse der kleinen Erzählung „Zwei Denkmäler" von Anna Seghers und deren Entstehungs- und Publikationsgeschichte. Siegel verfolgt in ihrem Essay den Topos des Abnabelns im Werk von Irmgard Keun. Emigration und Exil als eine Art von Schwebezustand zwänge „zu immer neu zu vollziehenden Wechseln" und habe keinerlei Sicherheiten geboten. Schließlich verweist Waltraud Strickhausen in ihrem Beitrag auf den Einfluß des totalitären Staates auf die kindliche Psyche. Sie untersucht die Folgen kindlichen Traumas in Filmen und in der Literatur der Nachkriegszeit – vor allem der von Christa Wolf, Hertha Pauli und Gisela Elsner. Die Fehler und Vorurteile der ehemaligen Väter und Mütter reichen bis in unseren Gegenwart und es gebe selbst für uns Nachgeborene keine sogenannte Gnade der späten Geburt.

III

Auf ein weiteres Resultat der Reno-Konferenz kann hier nur kurz verwiesen werden. Wenige Stunden vor Beginn der Tagung wurde nicht nur Sonia Levitin, sondern auch Guy Stern, Deborah Viëtor-Engländer und Laureen Nussbaum zu einem Interview in ein Fernsehstudio gebeten. In dem Programm *The Shuffle of Little Shoes Left Behind*[17] sprechen die vier Shoah-Überlebenden als inzwischen erfolgreiche Schriftstellerin und LiteraturhistorikerInnen noch einmal über einige ihrer Traumata und die dadurch ausgelösten Spätfolgen.[18] Das Programm wurde inzwischen mehrmals im Fernsehen ausgestrahlt und erhielt im Frühjahr 1997 den internationalen TELLY-Preis.

Zu danken sei abschließend der University of Nevada, Reno für die finanzielle Unterstützung der Tagung. Meinen Assistentinnen Stacy Kendall und Jonelle Beck gilt meine Verbundenheit für deren tatkräftige Hilfe bei der Erledigung der vielen Kleinigkeiten, ohne die eine Konferenz nicht reibungslos verlaufen könnte. Neben Guy Stern, der als Vizepräsident der *Society for Exile Studies* mein inoffizieller Mitorganisator der Konferenz war, danke ich auch der ehemaligen Schatzmeisterin der *Society*, Sonja Hedgepeth, für deren Hilfe bei der Vorbereitung. Ohne ständiges Feedback per Telefon oder Fax und ohne die persönlichen Gespräche mit Guy Stern hätte die Tagung in Reno nicht stattfinden können. Shelly Lescott-Leszczcynski und Brad Lucas sei gedankt für die sorgfältige Durchsicht der englischsprachigen Manuskripte; Christa Grimm und Sigrid Thielking gaben wertvolle Hinweise zu einigen der deutschsprachigen Manuskripte. Dankbar bin ich zudem Julia Klimek für die Durchsicht der Abstracts und deren Übersetzung vom Deutschen ins Englische. Guy Stern und Fred van der Zee vom Verlag Editions Rodopi standen mir auch bei den Editionsarbeiten zu diesem Band mit gutem Rat zur Seite.

---

[17] The Shuffle Of Little Shoes Left Behind ist eine Gemeinschaftsproduktion von SNCAT-Reno und dem Center for Holocaust, Genocide & Peace Studies an der University of Nevada in Reno. Das Interview mit Sonia Levitin wurde im Rahmen der Konferenz in Marburg im Mai 1997 gezeigt.

[18] Vgl. dazu auch die Aufsätze zum Thema: Überleben und Spätfolgen. In: Dachauer Hefte 8 (1992). Reprint: München: dtv 1996.

Meine ausgesprochene Verbundenheit gilt den TeilnehmerInnen und Vortragenden der Tagung, den Zeitzeugen, und den Gästen, deren Vorträge und Diskussionsbeiträge der Konferenz ihr Niveau und ihre Wertigkeit verliehen. So bleibt zu hoffen, daß dieser Band die Grundlage zu weiteren Forschungsergebnissen über die Kinder aus jeder Zeit des Grauens liefern möge, und daß er auch dem hiesigen *Center for Holocaust, Genocide & Peace Studies* Anlaß und Ansporn gebe, die Erinnerung an jene Geschehnisse durch Forschung und Lehre weiterhin wachzuhalten.

Viktoria Hertling
Reno (Nevada), im Juni 1998

Interview with Sonia Levitin

SNCAT-Reno TV-Station – October 2, 1996

Biographical Information

Sonia Wolff Levitin – born in Berlin – was able to come to the United States in 1938 when she was four. Her father was a manufacturer and dress designer who had his family follow him to the US once he had secured a livelihood for his wife and three daughters. Levitin grew up in California and, eventually, has been a middle school and high school teacher. In addition to being a free-lance writer, Levitin teaches creative writing classes to university students.

Her first book, based on her childhood experiences, is entitled *Journey to America* (1970). It chronicles the family's escape from Nazi Germany via Switzerland to the United States. As of the date of the interview in October 1996, Levitin has published more than 30 books for children and young adults – seventeen of which received prestigious awards and prizes. In her fiction, Levitin often deals with questions of adjustment to new and sometimes frightening environments after being uprooted from familiar surroundings. Her protagonists – often children – face fear, inner conflicts, and insecurities as they set out on journeys of self discovery that lead them towards responsible adulthood. Many of Levitin's women characters are portrayed as being strong and determined – as was her own mother – who is lovingly recreated in many stories. Throughout all of her books, Levitin deals with questions of moral courage, empathy, integrity, and personal choice in the face of adversity and opposition from peers.

The interview with Sonia Levitin was transcribed and is part of a larger video production entitled *The Shuffle of Little Shoes Left Behind.* It features four individuals – Guy Stern, Laureen Nussbaum, Deborah Vietor-Engländer and Sonia Levitin – who were children at the time of the Holocaust. The interviews were conducted in connection with the Reno-Conference on October 2, 1996 by Joseph A. Galata from the SNCAT-Reno TV-Station. *The Shuffle of Little Shoes Left Behind* won the 1997 International TELLY-Award. We thank SNCAT-Reno for permission to publish this interview. [V.H.]

Sonia Levitin: I was born in Berlin at a time when Hitler was already in power...it was in 1934. And to be a Jew born in Germany in 1934 was a very dangerous beginning. I think I was always aware of who I was and what it meant to be Jewish...what it meant to almost die...almost be put to death. The interesting thing was, when I raised our children, we tried to soften things. We pulled out the last pages of books like *The Gingerbread Boy* because he got eaten by a fox and we did not want our child to know this. When I was raised it was quite different and in a way I think it was good. When the adults were talking, the children were supposed to be playing quietly by themselves, but in actuality they were listening and I overheard, and I think I really knew everything. I cannot remember a time that I did not know the word Nazi or Hitler.

Joseph A. Galata: But did you understand why you were hated by Hitler and the Nazis?

S.L.: Well, I never understood why and that's what I spent a good part of my life trying to describe to other people that there is no 'why' where hatred is concerned...there is no 'why' where prejudice is concerned. It's an irrationality, it's an evil, it's a stupidity. It wasn't 'why'...I never once thought, "Oh, if I were different, or if I did something different they would not hate me." I just knew that these individuals...there was something very much missing in them...something very wrong.

J.A.G.: Did you ever have a moment as a child when you heart your mother or your father speaking about what the Jews were undergoing...and you can remember that terror in your stomach?

S.L.: I don't remember that experience because it was gradual...wave after wave of hearing talk. When I was three we already left Germany. But even before that I remember when we were walking on the streets in Berlin one day and this is something that I put into my first book *Journey To America*[1] which is about that whole experience I remember so clearly. We were walking along the streets and suddenly there was a barricade and my mother just turned ashen and she said, "We can't go further. We have to stay here", because when there were barricades and when there were Hitler parades you did not leave. It was just understood that if you ran the other way...somebody is going to grab you back. So Mother said, "We have to stay here and we have to listen." And I remember the terror of that moment, the pounding heart, and the roar, the roar of that crowd. I remember walking on the streets in Berlin, as young as I was, and the uniformed men standing on the corner and they had these big collection boxes. And they would stand there and, you know, at

---

[1] Sonia Levitin: Journey To America. New York: Atheneum 1970. Prizes and Awards: Jewish Book Council of America; Best Juvenile Fiction; ALA Notable Book.

Christmas time we have collectors...and they stood and they shook these boxes and they had this refrain and it was, "Gib, gib, gib zu den bitterbösen Nazis," and it was the irony, "Give, give to the bitterly evil Nazis." But by the whole way they presented themselves you could see the arrogance in that statement. And we would walk along and Mother would put a coin in my hand and tell me to put the money in the box. So this was a way of being raised where duplicity and fear were just part of every day. There was not a moment, "Oh, you know, I'm a Jew, I have to be afraid." It was constant, it was like...part of my being.

J.A.G.: In the Jewish community was there a sense of self protection?

S.L.: Well, I was so young...what I know, I know by listening and what my mother told me later because I was inordinately fascinated with the past, with my past, with all history in fact. And I used to ask my mother a lot about it and she described to me how the life was in Berlin for us before any of this happened. And she used to say to me, "We had a beautiful apartment, we had a car, we used to go to *Kurfürstendamm* and eat at *Kempinskis'* in the afternoon." She and her relatives...and what she was doing was to try to tell me...by the time we came to America and left Germany we were really destitute. And I could see later that she was trying in her way to explain that this was so unexpected to them. They were living the good life, they were accepted into German society. And mother used to say to me, "The Kaiser's doctor was a Jew."

My family went to a gorgeous synagogue in *Fasanenstraße*. I saw all this later. I did not go back until 50 years later. I happened to win a prize in Germany for one of my books and they invited me back and all these years I had resisted...I did not want to go...

J.A.G.: How ironic. You leave by force and you return by invitation.

S.L.: Well, it was more ironic than that because the book was really an echo of my story. It was about the escape of Ethiopian Jews to Israel in 1985 in a secret airlift called 'Operation Moses'. The novel is called *The Return*[2] and the prize was given by the Catholic bishops of Germany who award this prize every few years for the book that best illustrated

---

2 Sonia Levitin: The Return. New York: Atheneum 1987. Prizes and Awards: National Jewish Book Award in Children's Literature; PEN Los Angeles Award for Young Adult Fiction; Association of Jewish Libraries Sydney Taylor Award; Austrian Youth Prizes, German Catholic Children's Book Prize (Katholischer Jugendbuchpreis); Parents' Choice Honor Book; ALA – YASD Best Book for Young Adults; Nominee for Dorothy Canfield Fisher Award. The Return was translated as Heimkehr nach Jerusalem. Munich: dtv 1987. As of 1998, there is a French translation as well.

Christian values. So, you know, I was in such a state of confusion when they called and the first thing I said was, "No, I'm not going to go to Germany, I don't want the prize, I don't want the money." But of course I did. I wanted the prize, I wanted the money, and really seriously, what I wanted to do was to go there and see my home. Which all those years I had resisted. And I wanted to talk to those people because in my mind they were built up into monstrous proportions, you know. I needed to talk to those human beings and I needed for them to see me, too.

J.A.G.: Did you go to that synagogue?

S.L.: I went to that synagogue. It had been completely destroyed on *Kristallnacht*, right after we left. It was a synagogue where my parents were married. And it was now a very homely plain building. They have a Jewish center in there – absolutely depressing. I found all of Berlin depressing, because I could not get away from the memories. Everything...everything was too harsh there it seemed to me. I went back to the house where I was born and amazingly we went up to the door and the people I was with explained who I was and that I was from America and had once lived there as a child. And they allowed me to go through the apartment and amazingly I walked through that hall and I said, "There is a bedroom over there." Three years old. So this shows you what a three-year-old knows. Not only in your mind but emotionally what you know.

J.A.G.: You said you and your family left Germany and came to America.

S.L.: My mother had a plan...The Gestapo was already coming in the night for the men first. They took away the heads of the households first...My mother was a phenomenally brave person and she went to my father and told him, he should leave Germany because the Gestapo came and you never knew where they were going to come...there was no warning. So my father, who was a designer did go. And two weeks after she made this suggestion, he was gone. He got a temporary visa to go to Cuba supposedly to study the design there. And he was very dramatic, "I'm a designer," and he sketched a coat and the whole story. And, "Of course, I'm coming back, my wife and three little girls are here," of course he'd come back. So he took hand luggage and he left. Shortly thereafter, he made his way to the United States where he knew some distant cousin and he started working as a peddler and as a janitor trying to eke out enough money that he could guarantee our coming. We, in meantime, left Germany the following spring and made our way to Switzerland. That was in '38.

J.A.G.: Many of the Jews that left Germany went to Switzerland. On the eve of Hitler's full-scale persecution of the Jews, 32 countries sent representatives to a conference to see what to do about stopping Hitler and what to do about the Jewish refugees. Out of those 32 countries few were sensitive to the plight of the Jews. The United States, Canada, England...all closed their eyes to the problem. So I find it absolutely fascinating that a little tiny county accepted the Jews...

S.L.: Well, we were accepted though as a certain status. For instance, my mother had assumed she'd be able to work, she was not able to work because you had to be a citizen. So we were really destitute in Switzerland. And through the kindness of families who were taking Jewish children in while they were en route we did survive that way. So, you know, for all of that I owe an eternal debt of gratitude to those Swiss families – to those people and...as you say, it is really unfathomable that so many others did nothing.

I came upon a book in an old, old bookstore one time, written in 1933, and it was a book telling about the Nazi menace and what the Nazi's plan was. It was written by ten very illustrious people, journalists and politicians and I was just amazed that this books was out so early, because as I started reviewing the history later on I kept running into people writing and claiming, "Oh, the world did not really know, we did not understand what the plan really was," and yet, there it was.

J.A.G.: Your father and mother, I presume, never went back to Germany.

S.L.: They did go back. My mother, I told you, was really something. After the war, she went back the very year afterward, where everything was bombed out, because my mother had it in her mind that maybe someone survived. She had the hope that her brother and her sister-in-law survived. They did not. My mother's brother was killed in Belgium. And my mother went to Belgium following a trail that she had been told by several people who wrote to her. And she found out that he had been arrested and then set free and was actually picked up again and beaten to death by the Nazis. And the woman who gave my mother this information said to her, "You see, where you're standing here, this is where they killed him." So there were some people not very nice to put it mildly.

My aunt of whom I wrote in my book *Journey to America* – I never knew these people so I have to create them in my fiction – in the book I have my aunt killed in *Kristallnacht*. The fact was that my aunt and uncle had already gotten out of Germany and into Belgium where they thought they were safe. Then the Germans came into Belgium, the Nazis, and my aunt and uncle went underground. Well, my uncle was arrested which is another story. It was a mistake actually. He was living under an assumed name. And he was arrested as a renegade German officer when he was paged in a restaurant. That was just a fluke. My aunt then was living on her own and was betrayed by another woman, a Jewish woman who had been arrested as a black marketeer.

J.A.G.: That is something that people don't know, because this is not something that is pleasant....

S.L.: You don't want to say this, but obviously...

J.A.G.: But there were people who betrayed each other.

S.L.: Absolutely, and I mean I am not going to judge. I don't know the terror of that woman. I just know the story that she told the Gestapo about my aunt...she, too, was living under an assumed name and my aunt was picked up that night and taken on to a transport to go...you know...away to the camps. There was an underground in Belgium at that time and my aunt was told along with a few other of the younger people that when this train comes into the forest it will slow down. And your only chance is to jump off the train. To open up the door and to jump out. So my aunt resolved to do this. And she, along with a number of other people did. I think this was about the thirtieth transport of its kind going through that forest and the Nazis had gotten wise to it. So the minute these people were starting to jump out of the train all these lights went on...and the machine guns...and my aunt was shot in the forest along with many, many other people. And the rest were deported.

So one of the tragedies, really, is, not having that family...not knowing where they are. I can't...I can't visit them, I can't see their graves, I don't even know....for instance, I found my grandmother's name in a book at the *Simon Wiesenthal Center* in Los Angeles. Apparently the Nazis were so good at keeping records, everyone that was taken...they got their whole name, they got their birth date, and I found my grandmother Lucy's name in a book and where she was taken at the age of 75...incidentally I saw the apartment when I was in Germany from which she was taken away. It was only four blocks from the railroad station. Somehow, just to see her name in a book meant so much to me because it meant....in a way it was like a testament, you know, that she lived not only through me and my children but here was a real person. So it's strange, the things that you hang on to when everybody is scattered and gone.

J.A.G.: In listening to you share these painful memories they are wonderful in the sense that you have not forgotten them and that you share them. [...] As I sit here listening to you and I think, you are one of this country's most respected writers of children and juvenile literature, you have written over thirty books, if you had not have left Germany when you were three years old, we never might have had your talent. My old Slovakian Grandma always used to say, the only real sin in this world besides hurting someone is that you don't use the talent that God gave you. But you used your talent to create those books that deal with the pain that you've gone through. Do you dedicate those books to your family to your grandma, to your parents, to your uncle...?

S.L.: I've not ever dedicated one to Grandma and I should. I have to my other family members, my immediate family. My books are also dedicated to the children, the children today, because I realize that even though young people, thank God, most of them are not going through a Holocaust like we did, they have other things to face and that is one reason they need to know about these different periods and times to see, "How did people survive, how did they get that tough?"

J.A.G.: Like your mother...!

S.L.: I know, and I lived with this image of a strong mother and believe me it has really helped me a lot in many a situation. So many people say, "Oh, they went to the slaughter like sheep." Well, my mother did not go, my aunt did not go, my aunt jumped off that train. And I think that was magnificent. I think about that and I think about the wonderful legacy they've left and a lot of people say, "Oh, you know, God died." Well...I'm alive, I have to remember that, and I look around at the people I know and the people I meet...almost every week I meet someone else who is alive who by the odds ought not to be and what's your answer here? Look at all these people who are not only alive but really prospering and creative. That is a miracle. To me it shows that God exists. I think it's much better to take the lessons out of what's happened and to find the strength and the meaning, like Viktor Frankl does. His book *Man's Search for Meaning*[3] is one of my staple things that I read

[3] Viktor E. Frankl: Man's Search for Meaning. New York/London/Toronto: Pocket Books 1984 (erstmals deutsch 1946).

and that I recommend. Because here is a man who turned catastrophe and tragedy around, and he grew something marvelous with it, something new that promotes life. To me that's the big point: promote life.

J.A.G.: And so did you. You turned tragedy around and have given the world beauty when you spent your first three years in ugliness. And for coming here to share these painful stories...stories like your mama and your aunt and for all the beauty you've created in your books, I thank you very much for coming here.

S.L.: Thank you for having me.

Jörg Thunecke

„Wer leben will, stirbt und wer tot zu sein wünscht, muß leben"

Gespräch mit Stella Müller-Madej über ihr Buch *Das Mädchen von der Schindler-Liste*

Biographisches

Die 1930 in Polen geborene Stella Müller-Madej stammt aus einer ‚gutbürgerlichen' Familie, die im Herbst 1939 in Krakau lebte. Nach dem Überfall der Deutschen auf Polen und der Besetzung des Landes im September 1939, wurde die Stadt zum Zentrum des sogenannten Generalgouvernements mit Hans Frank als Gauleiter auf dem Schloß Wawel ‚residierend'. (Frank wurde 1946 in Nürnberg verurteilt und hingerichtet.) Ungefähr zur gleichen Zeit traf Oskar Schindler in Krakau ein. 1940 avancierte er zum Treuhänder der sich im Stadtteil Krakau-Zablocie befindlichen Emaillewarenfabrik, die er später aufkaufte. Im Mai 1940 – das Mädchen Stella war damals noch keine zehn Jahre alt – unternahmen 40.000 der insgesamt 60.000 jüdischen Einwohner Krakaus eine ‚freiwillige' Umsiedlung in verschiedene umliegende Orte. Im Zuge dieser Umsiedlung wurde im April 1940 das Ghetto in Lódz errichtet. Im März 1941 erfolgte die Errichtung des Krakauer Ghettos, und rund 18.000 Juden wurden in eine Fläche von einem Viertel Quadratkilometer gepfercht. Stellas Familie mußte zuerst ihre Wohnung in einem besseren Wohnbezirk in der Szymanowski Straße aufgeben und zu Verwandten in einen anderen Stadtteil von Krakau ziehen. Später im Ghetto, lebte die Familie für mehr als ein Jahr unter erbärmlichsten Umständen. Im Juni des darauffolgenden Jahres wurde das Ghetto abgeriegelt und die Menschen in zwei riesigen Transporten von je 6.000 in das Vernichtungslager Belzec verschleppt. Zu diesem Zeitpunkt lebten noch circa 12.000 Menschen im Krakauer Ghetto, das mit jedem Abtransport flächenmäßig reduziert wurde. Stellas Familie gehörte nicht zu den bei diesen ‚Aktionen' nach Auschwitz Abtransportierten. Im Sommer '42 erfolgte der Baubeginn des Arbeitslagers Plaszów unter der Leitung des notorischen Sadisten und SS-Hauptsturmführers Amon Göth. (Göth wurde 1946 in Krakau hingerichtet.) Zeitweise waren bis zu 25.000 Menschen in Plaszów interniert.

Anfang 1944 wurde Plaszów zum Konzentrationslager mit Transporten nach Auschwitz. Dazu gehörte auch der im Oktober 1944 mit 300 Frauen und Kindern, die als Arbeitskräfte für Schindlers Fabriken bestimmt waren. Aufgrund von Schindlers Intervention gelangten diese Frauen und Kinder, sowie weitere 700 Männer, aber schließlich in relative Sicherheit nach Böhmen. In Plaszów starben mehr als 8.000 Menschen; hingegen starben in Brünnlitz, das am 8. Mai 1945 von sowjetischen Truppen befreit wurde, relativ wenige Menschen.

Stella Müller-Madej kehrte unmittelbar nach der Befreiung mit ihren Eltern und ihrem älteren Bruder nach Krakau zurück. Dort lebt sie auch noch heute, wenn sie sich nicht in Zakopane aufhält. Nach Jahrzehnte währender innerer Verarbeitung des erlebten Grauens entschloß sich Madej – wie es im Klappentext der deutschen Ausgabe des Buches heißt – die „eigene Sprachlosigkeit zu überwinden und ihren toten Angehörigen und Freunden ein Mahnmal zu setzen". Somit wird für Müller-Madej ihr „Leben nach dem Überleben zur Pflicht, an die Ermordeten zu erinnern". *Das Mädchen von der Schindler-Liste* ist das bisher einzige autobiographische Buch eines ‚Schindler-Juden' und stellt zugleich ein Denkmal für den 1974 verstorbenen Oskar Schindler dar, der mehr als tausend Juden – darunter auch Stella Müller-Madej – vor dem sicheren Tod bewahrte. *Das Mädchen von der Schindler-Liste* wurde inzwischen in mehr als sechs Sprachen übersetzt – leider aber noch nicht ins Englische. Müller-Madej arbeitet mittlerweile an der Fortsetzung ihrer Lebensgeschichte, die demnächst im Ölbaum Verlag in Augsburg erscheinen soll. [V.H.]

Jörg Thunecke[1]: Der Titel der deutschen Übersetzung Ihres Buches – zweifellos eine gezielte Anspielung auf Thomas Keneallys Buch und Steven Spielbergs Film[2] – lautet *Das Mädchen von der Schindler-Liste*[3], obwohl der Titel des polnischen Originals *Oczami dziecka* als „Mit den Augen eines Kindes" zutreffender ist. [4] Wurde die Wahl des Titels vom Verlag getroffen?

---

[1] Gespräch mit Stella Müller-Madej vom 8. Juli 1996 in Krakau. Das Interview erfolgte auf Englisch und wurde übersetzt. (Dolmetscherin: Agnieszka Traczewska; Transkription: Bettina Blockhaus).

[2] Thomas Keneally: Schindler's Ark. London: Hodder & Stoughton 1982 (erstmals deutsch als Schindlers Liste. München: Bertelsmann 1983) und der Film Schindler's List (1993) und der Film Schindler's List (1993).

[3] Stella Müller-Madej: Das Mädchen von der Schindler-Liste. Aufzeichnungen einer KZ-Überlebenden. Augsburg: Ölbaum 1994; alle Zitate und Seitenangaben – diese jeweils in Klammern – stammen aus dieser Ausgabe.

[4] Stella Müller-Madej: Oczami dziecka. Wspomnienia z dziecinstwa w getcie i obozach koncentracyjnych. Krakau: Privatdruck 1991.

Stella Müller-Madej: Ja, die Entscheidung hat der Verlag getroffen. Der polnische Titel existierte von dem Moment an, als ich anfing zu schreiben. Zwischenzeitlich, nachdem ich den ersten Preis in einem literarischen Wettbewerb gewonnen hatte, gab es etliche Vorschläge für einen anderen Titel. Man war der Meinung, daß der Originaltitel der eines Kinderbuches oder eines medizinischen Buches sein könnte. Ich war nicht dieser Meinung, denn ich wollte nicht vortäuschen, ein Kind hätte das Buch geschrieben; ich habe mich einfach in meine Kindheit zurückversetzt.

J.T.: Der Untertitel der deutschen Ausgabe lautet: Aufzeichnungen einer KZ-Überlebenden. Entstand der Text vor oder nach dem Fall des sogenannten ‚Eisernen Vorhangs'?

S.M.M.: Irgendwann habe ich einen Film über das Leben in Konzentrationslagern gesehen und das Kino sehr unbefriedigt verlassen. In diesem Film lief alles sehr friedlich ab, ohne Brutalität. Anfangs dachte ich, daß ich nichts über dieses Thema schreiben könnte; aber dann habe ich doch angefangen. So entstand die erste Zeile; später trat eine Pause ein, die viele Jahre dauerte.

J.T.: Wann haben Sie effektiv mit dem Schreiben begonnen?

S.M.M.: 1980 – nach einer Operation. Als ich aus dem Krankenhaus entlassen wurde, konnte ich mich nicht bewegen, und so begann ich zu schreiben. 1987 schloß ich den Text ab, nachdem ich noch einige Korrekturen vorgenommen hatte. 1987 fand auch der soeben erwähnte Wettbewerb statt. Es wurden über 90 Manuskripte eingereicht. Ein halbes Jahr später, als ich den Wettbewerb schon fast vergessen hatte, wurde mir mitgeteilt, daß ich den ersten Preis gewonnen hätte. Daraufhin schlug ein polnischer Staatsverlag vor, das Buch zu veröffentlichen. Drei Jahre später wurde mir dann allerdings mitgeteilt, daß man aus wirtschaftlichen Erwägungen nicht sagen könnte, wann das Buch effektiv erscheinen würde. Also verlangte ich das Manuskript zurück, und 1991 wurde das Buch bei einem privaten Verlag veröffentlicht. Danach gab es jedoch große Verteilerprobleme. Der Leiter eines großen Krakauer Buchladens sagte mir zum Beispiel: „Oh, es handelt von Konzentrationslagern, vom Krieg; davon gibt es bereits genug."

J.T.: War das der Grund, warum das staatliche Verlagshaus Ihr Buch letztlich doch nicht veröffentlichen wollte?

S.M.M.: Man teilte mir mit, daß man es gerne veröffentlichen wollte, aber kein Papier hätte. Später teilte man mir mit, daß es im gleichen

Verlagshaus auch mit der Veröffentlichung von *Schindlers Liste* Schwierigkeiten gäbe. Erst als Spielberg nach Polen kam, wurde das Buch von einem Tage auf den anderen publiziert.

J.T.: War das Echo auf Ihr Buch in Polen günstig?

S.M.M.: Nein. Man glaubte mir nicht, daß die Geschichte so geschehen sei und man fragte sich: „Wie ist es möglich, daß jemand so jung trotzdem überlebte?" Und als dann die Sache mit Schindler[5] aktuell wurde, hieß es: „Oh, das arme Mädchen: sie hat so ein tragisches Leben hinter sich; vielleicht hat sie deshalb psychische Probleme." Niemand glaubte mir.

J.T.: Handelt es sich bei diesem Buch ausschließlich um einen Tatsachenbericht oder sind auch spätere Erfahrungswerte darin eingeflossen? Zum Beispiel finden die Namen von wenigstens einem halben Dutzend Konzentrationslagern in Ihrem Buch Erwähnung.[6] Hatten Sie damals von all diesen Lagern bereits Kenntnis?

S.M.M.: In den Konzentrationslagern gab es keine Geheimnisse über andere Konzentrationslager. Wir wußten, welcher Transport wohin ging. Wir kannten immer den Zielort.[7]

J.T.: Es handelt sich also um einen reinen Tatsachenbericht und nicht um Fiktion.

S.M.M.: Nein, überhaupt keine Fiktion! Ich konnte es mir nicht leisten, eine derart tragische Geschichte fiktiv zu gestalten.[8]

J.T.: Also unterscheidet sich Ihr Buch wesentlich von dem Keneallys, der eine Art von ‚Faction', d.h. eine Mischung aus Fiktion und Fakten verfaßt hat?

S.M.M.: Keneally hat ein Buch geschrieben, das auf den Erinnerungen von fast dreißig überlebenden Schindler-Juden basiert.[9] Ich erwähne nie spezifische Daten, lediglich daß es Frühjahr oder Winter in einem bestimmten Jahr war; denn am Anfang des Buches habe ich darauf

---

[5] Oskar Schindler (1908–1974).

[6] Vgl. Martin Gilbert: Atlas of The Holocaust. The Complete History. London: Dent 1993.

[7] Vgl. Primo Levi: The Drowned and the Saved. London: Abacus 1989 (erstmals italienisch 1986 als I Sommersi e i salvati), S.6.

[8] Vgl. den Dokumentarbericht von Livia E. Bitton Jackson: Elli. Coming of Age in the Holocaust. London: Panther Books 1984 sowie den Roman von Louis Begley: Lügen in Zeiten des Krieges. Frankfurt a.M.: Suhrkamp 1994 (erstmals englisch als Wartime Lies. New York: Ivy Books 1992).

[9] Vgl. Elinor J. Brecher: Schindler's Legacy. True Stories of the List Survivors. New York: A Plume Book 1994.

hingewiesen, daß ich nur über Dinge geschrieben habe, an die ich mich noch genau erinnern konnte. Viele Einzelheiten wurden aus dem Buch entfernt, da ich der Meinung war, wenn jemand das liest....Das Buch sollte den Leser nicht dermaßen schockieren, daß er es nach zwei Seiten aus der Hand gelegt hätte.

J.T.: Soweit ich weiß, sind Sie die einzige von den Schindler-Juden, die ihre eigene Lebensgeschichte aufgeschrieben hat. Wie erklären Sie sich das, und warum haben andere nichts Ähnliches unternommen?

S.M.M.: Es war nicht leicht, meine Erinnerungen und meinen Charakter bloßzulegen. Es war nicht ich, die schrieb, sondern der frühere Häftling.

J.T.: Also haben Sie sich in die damalige Zeit zurückversetzt.

S.M.M.: Ja, aber ich brauchte mich nicht zurückzuversetzen, denn die Vergangenheit begleitet mich die ganze Zeit, sie ist allgegenwärtig.

J.T.: Hat Thomas Keneally mit Ihnen gesprochen?

S.M.M.: Nein. Er hat sein Buch geschrieben, und ich schrieb meins.

J.T.: Keneally hat viele Leute interviewt, vielleicht hätte er auch Sie interviewen sollen.

S.M.M.: Nein.

J.T.: Er hat seine Interviews wohl hauptsächlich in Amerika geführt.[10]

S.M.M.: Ja, ja: mit Poldek Pfefferberg, Lutek Feigenbaum, Lew Fagan, Itzhak Stern usw.[11]

J.T.: In der deutschen Ausgabe Ihres Buches heißt es, daß Mietek Pemper den Text vor der Drucklegung durchgesehen hat.

S.M.M.: Er ist sehr höflich, sehr edel, sehr gebildet, überhaupt nicht grob. Dennoch wollte ich das Manuskript daraufhin zurückziehen.

J.T.: Also hat er den deutschen Text geglättet?

S.M.M.: Nein. Wir haben miteinander telefoniert. Wir haben einen sehr guten Draht zueinander. Eines Tages sagte ich ihm jedoch auf den Kopf zu, er solle selber zur Feder greifen und seine eigene Geschichte niederschreiben. Ich würde mich heute auf so etwas nicht noch einmal einlassen.

J.T.: Hat er sich zum Zensoren aufgeschwungen?

S.M.M.: Nein, er hat mich einfach angerufen und sich mit mir gestritten.

J.T.: Sie schreiben am Anfang Ihres Buches: „Mama war deutscher Abstammung" (7), und an anderer Stelle besteht Ihre Mutter der SS

---

[10] Vgl. Keneally's Author's Note. In: Schindler's Ark, S. 9-11.

[11] Ebd., S. 10.

gegenüber darauf, daß dies eine „jüdische Wohnung" und sie selber Jüdin sei (11). Andererseits war Ihre Großmutter mütterlicherseits scheinbar nicht-jüdischer Abstammung und infolgedessen keinen Verfolgungen ausgesetzt (14). Wie erklärt sich dieser Widerspruch?

S.M.M.: Meine Mutter kam von Österreich nach Krakau, und als sie hier ankam, als junges Mädchen, konnte sie kein Polnisch. Sie besuchte die Universität und machte dort die Bekanntschaft der Schwester meines Vaters. Mein Vater war kein orthodoxer Jude, er war nicht religiös. Sie fühlte sich trotzdem halbwegs als Jüdin und gab sich immer als Jüdin aus, vielleicht, weil sie sich innerlich nicht von ihrem jüdischen Ehemann und Sohn unterscheiden wollte.

J.T.: Ihre Mutter hätte sich also retten können?

S.M.M.: Aber sie wollte sich nicht von ihrer jüdischen Familie trennen.

J.T.: Wie verhält es sich mit Ihren Onkeln – den Brüdern Ihrer Mutter, die schließlich auch in Konzentrationslagern umkamen, obwohl sie keine Juden waren?

S.M.M.: Joseph und Adolf wollten sich ebenfalls nicht von ihren jüdischen Frauen und Familienangehörigen trennen und kamen mit ihnen um. Und der dritte Bruder, Ignaz...

J.T.: ...verteilte Flugblätter, wurde geschnappt und kam ebenfalls in ein Lager.

S.M.M.: Einer seiner Freunde hatte ihn verraten. Die arme Großmutter und die Tanten überlebten.

J.T.: Wußte Ihre Großmutter, bevor Sie 1945 nach Krakau zurückkehrten, was geschehen war?

S.M.M.: Sie wußte, daß wir in einem Lager waren. Mein Kindermädchen, Mania, nahm Kontakt mit ihr auf; sie kam uns auch im Ghetto besuchen. Als wir Plaszów verließen, dachten alle, daß wir nie zurückkehren würden, daß wir gestorben seien.

J.T.: An einer anderen Stelle Ihres Buches beschreiben Sie den Schock für Sie als assimiliert aufgewachsene Jüdin aus ‚besseren sozialen Verhältnissen', nunmehr mit Juden anderer Glaubensrichtungen und Schichten zusammenleben zu müssen. Ich zitiere: „Bis zu dem Zeitpunkt ha[tt]e ich eigentlich nicht begriffen, daß wir Juden [waren], ich war mir überhaupt nicht darüber im Klaren, daß es zwischen Juden und anderen Leuten irgendwelche Unterschiede [gab]" (8). Oder: „Ich wußte nicht, daß viele Juden anders aussehen, sich anders kleiden, anders sprechen als wir.

Nein, das gefiel mir ganz und gar nicht, und ich empfand diesen Leuten gegenüber keine Sympathie" (14). Könnten Sie das etwas erläutern?

S.M.M.: Damals empfand ich das als Diskriminierung. Ich wurde mit der Realität konfrontiert, als uns schmutzige Wohnungen zugewiesen wurden und wir mit schmutzigen Leuten zusammenleben mußten. Plötzlich befand ich mich in der Gesellschaft von Kindern mit Schläfenlocken, die in der Nase bohrten – ich war sehr gemein zu ihnen.

J.T.: Eine Art Kulturschock...?

S.M.M.: Damals wurde mir nicht bewußt, daß ich einem Kulturschock ausgesetzt war. Ich wußte nur, daß ich mit diesen Leuten nicht zusammenleben wollte. Ich konnte sie nicht ertragen. Deshalb mußte ich sehr schnell erwachsen werden. Mein Vater erklärte mir sehr geduldig, daß ich nicht anders sei als diese Kinder, daß wir lediglich ein komfortableres Leben geführt hätten...Meine Eltern erlaubten mir, meine eigene Entscheidung in Religionsfragen zu treffen: ob ich jüdisch sein wolle oder nicht. Mein Vater war der Meinung, daß Kinder in Glaubenssachen nicht von Erwachsenen beeinflußt werden sollten.

J.T.: Ihr Vater erscheint sehr liberal und auch als ein sehr gütiger Mensch....

S.M.M.: Ich habe meinen Vater nie wütend erlebt, er hat nie die Hand gegen mich erhoben. Er war immer freundlich.

J.T.: Wie stehen Sie dem orthodoxen Judentum heutzutage gegenüber? Hat sich Ihre Ansicht geändert?

S.M.M.: Ich habe meine Meinung nicht geändert; aber nicht nur hinsichtlich orthodoxer Juden, sondern auch was die Katholiken anbetrifft. Trotz all der schönen Worte, die sie von sich geben und trotz dem Glück, das sie den Menschen versprechen.

J.T.: Die, wie Sie schreiben, „schrittweise Erniedrigung" (145) eines Menschen hat Sie besonders als Kind schwer getroffen.[12] Von der schönen Krakauer Wohnung in der Szymanowski Straße (11) führte der soziale Abstieg über die Ersatzwohnung in der Czarniecki Straße (12), zum Krakauer Ghetto, dann zum KZ Plaszów und zum Vernichtungslager Auschwitz-Birkenau und schließlich zum Arbeitslager Brünnlitz. Bestimmt haben Sie sich immer wieder die Frage gestellt, ob das wirklich

---

[12] Vgl. Elke Schmitt: Eine Nacht im Totenhaus. In: Die Zeit vom 2. Dez. 1994: „Wie diese Würde bis auf den letzten Rest zuschande geht, ist ein wiederkehrendes Thema in Müller-Madejs Bericht. Mit strangulierender Konsequenz schreibt sie, wie eine soziale Haut nach der anderen abgerissen wird, bis die Menschen entblößt sind auf die nackte Hoffnung [...]."

das Ende sei. Im Lager Plaszów angekommen meinen Sie: „Ich hatte geglaubt, daß mich nichts mehr erschüttern könnte. Wieder einmal hatte ich mich geirrt" (116). Und nach der Ankunft im KZ Auschwitz-Birkenau heißt es: „Es ist so schlimm, wie es schlimmer nicht sein kann. Wirklich nicht? Auch im Ghetto hat[te] man gesagt, schlimmer könne es nicht werden" (181).

S.M.M.: Die Nazis hatten eine sehr gekonnte Art, uns zu diskriminieren, uns immer tiefer in die Scheiße zu stoßen.

J.T.: Wie hat diese schrittweise Erniedrigung Ihre Persönlichkeitsstruktur beeinflußt?

S.M.M.: Ja, es hat mich verändert...! (Pause) Jetzt kann ich ja darüber sprechen. Viele Jahre lang verlor ich jedwede Lebensfreude, die Erwachsene und heranwachsende Menschen besitzen. Also hat diese stufenweise Erniedrigung sehr wohl eine Wirkung auf mich gehabt. Ich möchte dem außerdem noch hinzusetzen, obwohl es nicht sehr gut klingt, daß ich der Meinung bin, daß jeder Mensch irgendeinen Schock benötigt, um das Leben richtig schätzen zu lernen – wenn auch nicht unbedingt einen derartigen Schock!

J.T.: Für uns, die so etwas nicht erlebt haben, ist es sehr schwierig, uns in diese Situation hineinzuversetzen. Umgibt Sie das, was damals passiert ist? Träumen Sie davon? Denken Sie immer daran?

S.M.M.: Ich brauche mich nicht zurückzuversetzen. Dieses Erlebnis hat sich sehr tief in meine Seele eingeprägt. Ich hörte einmal jemanden sagen: „Warum sollen wir an Dinge denken, die vor 50 Jahren passiert sind?" Da habe ich zurückgefragt: „Wenn jemand, der Ihnen sehr nahesteht oder den Sie sehr geliebt haben, stirbt: Mutter, Kind, Bruder, löschen wir dann, nach der Rückkehr vom Friedhof, alle Gedanken an diese Person aus dem Gedächtnis? Nein, wir erinnern uns an sie ununterbrochen!" Bei mir ist das genauso: Ich glaube, daß ich eine der letzten meiner Generation bin, um auf diese Geschehnisse hinweisen zu können, so daß sie nicht in Vergessenheit geraten.[13] Dadurch wird zum Beispiel die Erinnerung an jene Babys, die nicht einmal die Chance hatten ‚Mama' zu sagen, wachgehalten.

J.T.: Zwei der eindrucksvollsten und bewegendsten Passagen Ihres Buches sind die Schilderung der Liquidierung des Kinderheimes im Krakauer Ghetto im Sommer 1942 sowie die Auflösung des Kinderhauses

---

[13]Vgl. And I Still See Their Faces. Images Of Polish Jews. Warschau: Shalom Foundation 1996 (erstmals polnisch als I ciagle widze ich twarze. Fotografia Zydów polskich).

im KZ Plaszów im Mai 1944.[14] „Von der Straße dringen die entsetzlichen Schreie der Kinder, Hilferufe, das widerliche Gegröle der sich amüsierenden Deutschen. Sie werfen die Kinder aus dem Fenster auf die Ladeflächen der Lastwagen, manchmal treffen sie nicht. Auf der gegenüberliegenden Seite steht einer von ihnen und schießt auf die herabfallenden Kinder. Ein kleines Mädchen ist durch das Tor geflohen, läuft jetzt mitten auf der Fahrbahn, die Puppe an die Brust gedrückt. [...] Das Kind ist nicht älter als fünf. Der Soldat geht in die Hocke. Ein Schuß. Das kleine Mädchen liegt reglos und hält noch immer seine Puppe fest, um sie herum vergrößert sich der rote Fleck. [...] Die einzelnen Gruppen kommen bereits von der Arbeit. Mütter und Väter laufen völlig verzweifelt zum Kinderheim. Ihr Anblick bricht einem das Herz. [...] Wie könnte man solche Menschen trösten?" (63-65) Haben die Eltern solcher Kinder je Trost gefunden?

S.M.M.: An eine Rettung war unter den gegebenen Umständen absolut nicht zu denken. Ein jeder Rettungsversuch wäre damals angesichts der SS-Wachmannschaften, die die Auflösung des Kinderheimes absicherten, dem sicheren Selbstmord gleichgekommen. Jegliche Tröstungsäußerungen waren unmöglich, ja sie wären damals fehl am Platze gewesen, weil sie nicht einmal annähernd das Ausmaß des Leidens dieser Menschen erfaßt hätten. Ob sie später Trost gefunden haben, hing davon ab, inwieweit sie im Nachhinein in das ‚normale' Leben zurückfanden und ihr psychisches Gleichgewicht wieder erlangten. Falls das überhaupt je für sie möglich war.

J.T.: Anläßlich der Liquidierung des Kinderhauses im Konzentrationslager Plaszów, schreiben Sie: „Die Atmosphäre ist so gespannt, daß niemand wagt, den Kopf zu drehen, obwohl Schritte zu hören sind. Das sind die Kinder aus dem Kinderhaus, die da marschieren [...]. Ich weiß nicht, wie viele Kinder es sind, hundert, vielleicht mehr. [...] Mit der Peitsche winkt er [Amon Göth – Kommandant des Lagers] die Lastwagen herbei, die sofort dicht an die diszipliniert und reglos dastehenden Kinder heranfahren. Der ganze Platz gerät in Bewegung. Väter und Mütter schluchzen. Mehrere Deutsche springen von den Lastwagen. Aus den Kehlen der Kinder, die bislang still wie Puppen und starr vor Entsetzen

[14] Vgl. Richard C. Lukas: Did The Children Cry? Hitler's War Against Jewish and Polish Children – 1939-45. New York: Hippocrene Books 1994, bes. Kapitel III über die KZ-Lager, S. 63-104; vgl. ferner Debórah Dwork: Children With A Star. Jewish Youth in Nazi Europe. New Haven: Yale University Press 1991, bes. Kapitel 4-6, S. 111-249.

dastanden, dringen flehentliche Schreie. Jetzt werden die Kinder von den Schergen zu den Lastwagen getrieben. Sie schreien um Hilfe. [...] Ein ganz kleines Kind versucht, auf allen Vieren zu fliehen. Eine Aufseherin drischt mit der Peitsche auf das Kind ein, als hätte sie nur auf diesen Augenblick gewartet. Teilnahmslos packt sie es bei den Händchen und wirft den kleinen Körper wie einen Sack auf die Ladefläche. Es ist nicht zu ertragen. Der ganze Appellplatz heult auf. [...] In diesem Moment erklingt aus dem Lautsprecher Walzermusik: ‚Mama, komm zurück'. Gleichzeitig fahren die Lastwagen zum Lagertor. Die Kinder schreien gellend, versuchen die Lautsprecher zu übertönen. Aus den sich langsam entfernenden Lastwagen strecken sich verzweifelte Händchen heraus" (137-138).

An die Razzia schließen Sie eine bereits vorher gemachte Bemerkung an: „Ich werde mich fürchten. Bis ans Ende meines Lebens werde ich mich fürchten" (66). Hat Sie diese als Kind erfahrene Furcht je wieder losgelassen?

S.M.M.: Diese beiden Erlebnisse haben eine einschneidende Wandlung in mir hervorgerufen; danach hat es nichts mehr gegeben, was mir Angst machen konnte. Ich fürchte mich vor nichts mehr! Ich habe mich im Lager fast zu Tode gefürchtet. Die Kinder benahmen sich sehr sonderbar und waren total verängstigt. Ich mußte ständig an sie denken. Mir ging der Gedanke ständig durch den Kopf, daß ich vielleicht überleben würde. Vielleicht? Aber ich wußte nicht wie und ob ich je wieder ohne Angst leben könnte.

J.T.: Nach der Befreiung aus dem Arbeitslager Brünnlitz im Mai 1945 schreiben Sie: „Vermutlich brach aus mir jetzt die Bitterkeit all dieser Jahre heraus. Ich sah die Morde, die Erhängten, die Toten, die alten Leute, die Kinder vor mir. Die Erinnerung an das Ghetto kehrte zurück, an den Tag, als man den Säuglingen die Köpfe an der Mauer zertrümmerte. Das sollte ich vergessen? Ich tat mir selbst leid. Mein ganzes Leben lang würde ich die Erhängten und die von Ratten angefressenen Leichen vor Augen haben" (256). Und an anderer Stelle: „Ich hatte ein seltsames Gefühl; um heftiger reagieren zu können, war ich zu müde. Ich fragte mich, wie es sein würde, wenn ich das Ghetto betrat, das nun nicht mehr eingezäunt war. Jedes Haus, jede Straße würde mich an Menschen, an meine Freundinnen erinnern, von denen ich wußte, daß sie tot waren. Und wenn ich vor dem Kinderheim stehe, wo sie die Kinder aus dem Fenster geworfen haben? Ob auf dem Pflaster noch Spuren der Blutlache zu sehen sind, die sich um das kleine Mädchen bildete, als es sich nach der Puppe gebückt hatte?" (268-269) Haben Sie je vergessen können, was dort passiert war?[15]

S.M.M.: Nein.

J.T.: Sie machten diese Erfahrungen zwischen neun und fünfzehn, und waren somit einer Traumatisierung ausgesetzt, die tiefe seelische Wunden hinterlassen hat. Wie sind Sie mit Ihren Erinnerungen fertig geworden?

S.M.M.: Ich bin zweigespalten: eine Hälfte von mir ist zivilisiert und gesellig; die andere jedoch will allein gelassen werden, will nichts mit Menschen zu tun haben.

J.T.: Haben Sie je bereut, nach Krakau zurückgekehrt zu sein? Anfangs schienen Sie doch Ihrer Mutter recht zu geben, die gesagt hatte, die Familie hätte nicht zurückgehen sollen. Aber Ihr Vater brannte auf eine Rückkehr nach Krakau.

S.M.M.: In meinem Buch habe ich keine Gründe angegeben, warum mein Vater unbedingt nach Krakau zurück wollte. Er war Soldat gewesen und zudem ein polnischer Patriot und insbesondere auch ein fanatischer Bürger Krakaus. Er gehörte hierher! Also kehrten wir zurück. Mein Vater erklärte unsere Rückkehr nicht nur mit seinen Gefühlen Polen gegenüber, sondern auch damit, daß vielleicht einige seiner Familienmitglieder wieder auftauchen würden, daß er vielleicht jemanden dort treffen könnte. Und daß er vielleicht auch ein Teil seines ehemaligen Besitzes zurückbekommen würde. Was die Rückkehr angeht, sprach nach Kriegsende vieles dafür und vieles dagegen – es gab viele Vor- und Nachteile. Meine Eltern dachten zeitweilig auch daran zu emigrieren.

J.T.: Haben Sie je das Gefühl gehabt, in Polen vom ‚Regen in die Traufe' gekommen zu sein? Daß Sie einen Teil Ihrer wiedergewonnenen Freiheit anschließend sofort wieder verloren?

S.M.M.: Bald nach unserer Rückkehr erfuhren wir von den GULags in Rußland, und es wurde uns klar, daß lediglich eine Besatzungsmacht die andere abgelöst hatte. Aber es war eine sehr komplizierte Situation. Zu meinem Erstaunen emigrierten viele Menschen, verließen Polen. Ich teilte damals die Menschen in zwei Gruppen ein: meine eigenen Leute, d.h. Menschen die mir nahe standen, und Fremde.

J.T.: Was verstehen Sie unter ‚Fremden'?

---

[15] Vgl. Leo Eitinger: Die Jahre danach. Folgen und Spätfolgen der KZ-Haft. In: Dachauer Hefte 8 (1992). Nachgedruckt München: dtv 1996, S. 3-17; vgl. ferner Ruth Klüger: weiter leben. Eine Jugend. Göttingen: Wallstein Verlag 1992.

S.M.M.: Menschen, die ein normales Leben geführt hatten, ohne Ungewöhnliches erlebt zu haben; denn es stellte sich heraus, daß diejenigen, die keine ungewöhnlichen Erlebnisse gehabt hatten, sich auch nicht ständig gefürchtet hatten. Es fielen damals Bemerkungen, die heute beinahe lustig anmuten: „Ihr wart in einem Lager eingesperrt? Ihr wußtet wenigstens woran ihr wart: ihr könnt euch gar nicht vorstellen, wie schwierig das ‚normale' Leben draußen für uns war!"

J.T.: Wie sind Sie nach '45 mit der polnischen Bevölkerung zurechtgekommen?

S.M.M.: Ich konnte mit diesen Leuten keine gemeinsame Sprache finden. Doch meine Eltern hatten viele Freunde. Mein Vater begann unser Leben zu organisieren. Nach Kriegsende wurde ich zwei Jahre von Privatlehrern unterrichtet und bestand dann mein Examen für die höhere Schule. Ich war nicht besonders gut im Unterricht, aber mein Lehrer wollte, daß ich die Prüfung bestehe.

J.T.: Hat Ihr Vater seinen ehemaligen Beruf wieder aufgenommen?

S.M.M.: Ja, er gründete eine Plastik-Fabrik; aber 1959 führten die Sicherheitskräfte und andere Behörden eine Hausdurchsuchung durch und überprüften auch die Fabrik und die Bankkonten. Sie schlossen die Fabrik und nahmen uns alles weg. Gewissermaßen verloren wir alles zum zweiten Mal. Zwei Jahre lang stand mein Vater auf einer schwarzen Liste und konnte nirgends Arbeit finden. Damals ging ich nach Amerika...1961... 1964 kehrte ich nach Polen zurück.

J.T.: Um zu Ihrem Buch zurückzukehren....Sie schildern ihren Marsch vom Lager Plaszów zum Ghetto und wie Sie dabei von polnischen Kindern wie der ‚letzte Dreck' behandelt werden: „Niemals hätte ich gedacht, daß ein Gang durch die Straßen [von Krakau] so peinlich sein könnte [...]. Am grausamsten reagierten die Kinder und die Halbwüchsigen bei unserem Anblick. Vielleicht waren sie sich nicht darüber im klaren, welchen Schmerz sie uns zufügten"(102-103). Wie beurteilen Sie heute dieses Verhalten?

S.M.M.: Die polnische Gesellschaft war von den Versprechungen der Deutschen überwältigt worden, daß sie nämlich in dem Moment, wo es keinen einzigen Juden mehr gäbe, ein besseres Leben führen würden. Und selbst die Kinder wurden in ihren Familien negativ beeinflußt. Es gab damals Antisemitismus wie heute, und wie es ihn wahrscheinlich auch in Zukunft geben wird. Für mich ist das ein Teil der polnischen Gesellschaftsstruktur. Man sagt nie ‚eine polnische Person mit mosaischer

Religionszugehörigkeit'; man sagt ‚Jude'. Für mich ist das unverständlich, denn es handelt sich um zwei verschiedene Dinge. Jemand könnte z.B. sagen: „Wir haben die Juden wiedergetroffen, mit denen wir damals in Polen zusammen lebten." Das klingt schrecklich; das ist die dunkle Seite der polnischen Gesellschaft. Ich habe manchmal den Eindruck, daß, obwohl es circa 150.000 Juden in Polen gibt, folgende Bemerkung fallen könnte: „Im oberen Stock wohnt eine Jüdin in einem wunderschönen Apartment. Wenn du sie umbringst, gehört es dir!"

J.T.: An einer anderen Stelle beschreiben Sie die Exekution zweier Kinder: „Diesmal gehörten zwei Kinder zum Transport, ein kleiner, etwa zwölf Jahre alter Junge und ein Mädchen, das nicht viel älter war als vier. Der Junge entkleidete sich sehr schnell als erster, dann zog er das Mädchen aus. Die Kleine fest in den Armen, ihr Köpfchen an seinen Bauch gedrückt, stand er vor dem Grab" (147). Daran knüpfen Sie die Bemerkung an: „Ich frage mich, ob diese Menschen [d.h. die Henker] [...] wohl Familien haben. Besitzen Sie die Fähigkeit zu leiden, zu lieben, sich zu fürchten? Den Tag werde ich vermutlich nicht erleben, daß mir jemand darauf eine Antwort zu geben vermag" (147). Gleichzeitig machen Sie sich auch Gedanken über die Täter – die SS-Schergen, und „warum man ausnahmslos jeden, der eine Uniform trägt, so entsetzlich fürchten muß, ob sie nicht auch bloß Menschen" seien (101). Haben Sie jemals eine Antwort auf diese Fragen bekommen?

S.M.M.: Lediglich Haß! Es scheint, als ob die Aussicht auf Besitz diese Menschen in derartige Bestien verwandelt hat. Ihre Handlungen spotten jeder Beschreibung.

J.T.: Trotzdem handelte es sich um ‚menschliche Wesen', und darum ist es schwer verständlich, warum diese Menschen überhaupt kein Mitleid zeigten!

S.M.M.: Nein, überhaupt keins. Aus dem Grunde habe ich in meinem Buch auch den Unterschied zwischen dem Ingenieur Huth und dem Lagerkommandanten Amon Göth dermaßen stark betont. Sie hatten beide die gleiche Ausgangsposition und hätten beide großartige Menschen sein können. Ingenieur Huth war der erste, der die Bauaktivitäten im Lager Plaszów überwachte; und es war derselbe Huth, der täglich Medikamente ins Lager schmuggelte.

J.T.: Ein Nazi...sogar ein SS-Mann...

S.M.M.: Ja...

J.T.: Es gab wohl große Abstufungen des Bösen?

S.M.M.: Es hing ganz vom Individuum ab. In meinem Leben habe ich stets Ausschau gehalten nach Menschen, die vom Bösen nicht überwältigt werden können. Ich bewege mich in einem Kreis von Menschen, die die Hoffnung auf den guten Willen anderer Menschen noch nicht aufgegeben haben.

J.T.: Wie hat sich die durch sechsjährige Lagererfahrung erfolgte Verrohung ausgewirkt? Ich denke dabei an die Exekution des Kapos Willi, kurz vor der Befreiung des Lagers Brünnlitz im Mai 1945. Sie beschreiben das folgendermaßen: „Zwei Männer traten auf Willi zu, legten ihm die Schlinge um den Hals und zogen das Brett unter ihm weg. Der Draht schnitt in seine Gurgel, Blut spritzte. Er lebte wohl noch, denn seine Beine zuckten. Ohne etwas dabei zu empfinden, stand ich da und aß meine Suppe [...]. Die Augen des Erhängten waren aus den Höhlen getreten. Jemand zerrte an mir [...]. Mama stand neben mir, starrte mich an, ihr Kinn zitterte: ‚Raus hier! Raus hier, aber sofort!' Sie schob mich hinaus. ‚Du ißt deine Suppe und schaust seelenruhig zu, wie man jemanden aufhängt!'" (258-259)

Kurz bevor Sie nach Krakau zurückkehrten, scheinen Sie sich selber gefragt zu haben: „Ich fürchte, daß ich dort ständig an die Vergangenheit denken muß. Ich habe Angst, daß ich nicht mehr normal werden kann" (263). Kann ein junger Mensch, der solche Brutalität erlebt hat, je wieder ‚normal' werden?

S.M.M.: Ich möchte hier etwas sagen, was ich noch nie vorher gesagt habe: der Mangel an Respekt am menschlichen Leben hat eine derartige Wirkung auf mich gehabt, daß ich Tiere mehr als Menschen liebe. Wenn z.B. bei einem Unfall ein Mensch und ein Tier betroffen sind, helfe ich lieber dem Tier als dem Menschen. Es ist nicht sehr schmeichelhaft, und ich sage das nicht in der Öffentlichkeit. Es ist wahrscheinlich das Ergebnis meiner KZ-Erfahrung.

J.T.: Wenn Kinder derartige traumatische Erfahrungen gemacht haben – Kinder in Nordirland, Kinder in Beirut oder neuerdings in Bosnien – dann hören wir, daß sich bei solchen Kindern als Erwachsene Spätfolgen bemerkbar machen. Wie wirkt sich das Trauma bei Ihnen aus?

S.M.M.: Das vielleicht wichtigste Resultat meiner KZ-Erlebnisse ist die Tatsache, daß ich Vegetarierin geworden bin. Ich hasse es z.B. auch mit dem Zug zu reisen! Wenn ich mit der Eisenbahn fahre, fluten die Erinnerungen plötzlich zurück – die Geräusche, die der Zug macht. Und wenn ich Einzäunungen sehe, wie einem dies im tagtäglichen Leben begegnet, sehe ich sofort Parallelen zu meiner Vergangenheit.[16]

J.T.: In Auschwitz waren Sie Häftling Nr. 76372. Beim Verlassen des Lagers Brünnlitz schreiben Sie: „Schließlich erhielt ich ein Dokument und hörte damit auf, eine Nummer zu sein. Kaum hatte man mir das Dokument ausgehändigt, riß ich mir die Nummer von meiner Häftlingskleidung. Dieser Fetzen Papier war für mich der Wendepunkt. Plötzlich ergriff mich eine Freude, die an Wahnsinn grenzte, und die ich nicht empfunden hatte, als man uns mitteilte, der Krieg sei zu Ende" (265). Was empfanden Sie damals als eine der wenigen Überlebenden?

S.M.M.: Am 9. Mai 1945 erreichten die Russen Brünnlitz.[17] Sie gaben uns Essen, denn zu diesem Zeitpunkt hatten wir fast drei Monate gehungert. Es war unglaublich, obwohl Schindler Wunder vollbrachte, um Nahrungsmittel heranzuschaffen. Wegen einer Quarantäne mußten wir dann noch bis zum 18. Mai im Lager bleiben. Mit dem Entlassungsschein hatte ich zum ersten Mal etwas Greifbares in der Hand, und er bedeutete mir mehr als die Nachricht vom Kriegsende. Ich hatte einige Schwierigkeiten, ihn zu lesen und bat meinen Bruder, der älter war als ich, es mir vorzulesen; danach las ich es immer wieder: denn jetzt war ich keine Nummer mehr, sondern wieder ein Mensch, der ein Dokument in der Hand hatte.

J.T.: Wie stehen Sie zu den heutigen Deutschen und der Bundesrepublik Deutschland? Denn schließlich wurde Ihr Buch zuerst in Schweden[18] und erst dann in Deutschland veröffentlicht. Es wurde gut, sehr gut aufgenommen, erregte großes Interesse – wurde sogar zu einem kleinen Bestseller!

S.M.M.: Ja, das Interesse war außergewöhnlich!

J.T.: Gegenwärtig liegt bereits die 4. Auflage vor, und Sie waren schon viermal in Deutschland. Nun haben Sie auch ein Stipendium erhalten und fahren im Herbst 1996 für drei Monate ins Märkische. Wie fühlen Sie sich, wenn Sie heutzutage nach Deutschland reisen?

S.M.M.: Das erste Mal mußte ich etwas umlernen, mußte mir gewisse Zügel anlegen...daß ich nicht jeden Deutschen anklagend ansah! Die

---

[16] Vgl. Heiner Lichtenstein: Mit der Reichsbahn in den Tod. Massentransporte in den Holocaust. Köln: Bund Verlag 1985.

[17] Brünnlitz in Mähren.

[18] Stella Müller-Madej: Med et barns øjne. Kopenhagen: Wangels Forlag 1991. Seitdem sind auch norwegische, holländische und spanische Übersetzungen erschienen.

Öffentlichkeit half mir dabei enorm. Nachdem ich dem Publikum mehrere Male begegnet war, fiel es mir leichter, denn die Leute waren freundlich und reagierten spontan. Es gab Fragen aus dem Publikum, wie ich z.B. die heutigen Deutschen einschätze. Ich konnte dazu nichts weiter sagen, als daß die junge Generation unschuldig sei an den Sünden ihrer Väter und Großväter.

J.T.: Sie schreiben am Ende Ihres Buches: „Wenn ich doch nur einen einzigen Deutschen umbringen könnte!" (255) Haben diese – unter damaligen Umständen verständlichen – Rachegelüste inzwischen einer versöhnlicheren Haltung Platz gemacht?

S.M.M.: Töten geht sowieso gegen meine Natur; ich könnte nicht einmal einer Fliege ein Glied krümmen.

J.T.: Meinen Sie, daß im Deutschland der Nachkriegszeit genug getan worden ist, um die unter den Nazis begangenen Verbrechen zu sühnen?

S.M.M.: Es tut mir leid, dies sagen zu müssen, besonders Ihnen gegenüber. Aber die Deutschen – ca. 70% der Bevölkerung – haben während der vergangenen 50 Jahre mit dieser Schuld gelebt und werden wahrscheinlich noch weitere 50 Jahre damit leben müssen. Es muß sehr schmerzhaft sein, mit so einem Gefühl leben zu müssen!

J.T.: Viele Deutsche fühlen sich schuldig, obwohl sie nicht an den Verbrechen beteiligt waren.

S.M.M.: Doch wenn in Polen heute lauthals behauptet wird, man hätte nicht helfen können, denn man habe eine Familie gehabt, so stimme ich dem nicht zu. Ich bin kein Politiker, aber es ist mir unverständlich, wie ganz Europa zuschauen konnte, wie der Holocaust passierte, daß Teile der Bevölkerung spurlos verschwanden, ohne Hilfe zu leisten. Es spielt dabei keine Rolle, ob es sich um Amerikaner, Spanier, Franzosen oder irgendwelche anderen Europäer handelte. Schließlich betraf es eine verhältnismäßig große Zahl von Menschen.

J.T.: Trotzdem handelte es sich beim Holocaust um eine deutsche Initiative. Und selbst wenn andere Europäer geholfen hätten, hätte dies wahrscheinlich keine entscheidende Rolle gespielt. Die Hauptschuld trifft die Deutschen, und es wird Teil ihrer Geschichte bleiben.

S.M.M.: Die Familie meines Vaters kam 1938 aus Wien mit Kindermädchen, Dienstboten und Kutschen nach Polen, und sie versuchten Visen für Großbritannien zu bekommen. Sie waren sehr reich. Ich erinnere mich daran, denn ich war ein sehr neugieriges Kind. Ich hörte, wie sich meine Familie über die Emigration unterhielt und wie alle sagten, man wolle sich nicht von der allgemeinen Panik anstecken lassen, da man ja in Polen lebe, denn solche Dinge wie Judenverfolgung geschähen nur in Deutschland.

J.T.: Hatte für Sie die literarische Verarbeitung des Holocaust-Erlebnisses eine therapeutische Wirkung im Sinne einer ‚seelischen Katharsis'?

S.M.M.: Nein, so war es nicht beabsichtigt. Meine Intention war lediglich, daß eine Menge Menschen, die sonst der Vergessenheit anheimgefallen wären, auf diese Art in Erinnerung bleiben. Ich konnte sie auf diese Art in einem Buch quasi geschichtlich verankern.

J.T.: Es handelt sich also darum, eine Erinnerung wachzuhalten. Ich dachte mir, Sie hätten den Drang verspürt, alles zu Papier zu bringen und sich damit selbst zu befreien!

S.M.M.: Irgendwann wurde mir bewußt, daß ich keinen Grund hatte, mich selber freizusetzen! Denn jemand, der sich freimachen will, hätte nichts zu sagen.

J.T.: Im Klappentext heißt es, daß Sie Ihr Leben einer ‚Folge von Zufällen' verdanken. Schreiben Sie Ihr Überleben im Krakauer Ghetto und in den verschiedenen Lagern wirklich einer Kette von Zufällen zu?

S.M.M.: Wahrscheinlich kann jeder das von sich behaupten!

J.T.: In Ihren Aufzeichnungen schreiben Sie: „Ich gebe mir Mühe zu überleben, nur daß man das nicht lernen kann" (112). Wie stufen Sie die Rolle Oskar Schindlers an Ihrem Überleben ein? Schließlich betonen Sie ja gegen Ende Ihres Berichtes mit gewisser Ironie: „Ich glaube, daß sogar die frömmsten Juden statt zu Gott zu Schindler beten" (236). Was hat Ihnen Schindler bedeutet? Denn schließlich war das, was er getan hat, kein Zufall!

S.M.M.: Für mich war es ein Zufall, und auch für meine Familie. Oskar Schindlers Charakter war sehr schwer einzuschätzen. Ich möchte hier etwas wiederholen, was einigen Leuten nicht gefallen hat: Ich wurde zwei Mal geboren. Das erste Mal biologisch von meinen Eltern und das zweite Mal von Oskar Schindler; denn nur durch Zufall bin ich auf die Schindler-Liste geraten – sonst wäre es mir nicht möglich gewesen zu überleben.

J.T.: Es war also ein Zufall...Oder hat Ihr Onkel Grünberg Wunder bewirkt?

S.M.M.: Onkel Grünberg wußte, daß Amon Göth bald nach unserem Abtransport verhaftet würde. Onkel Grünberg hatte Angst, daß Göth in dem Moment, wo er erfuhr, daß er und seine Familie auf der Liste standen, ihn umbringen würde; denn Göth hatte das Recht, die Liste zu überprüfen. Deshalb setzte er sich selbst nicht auf die Liste.[19]

J.T.: Also auch hier ein Zufall. Andererseits, was Ihre Mutter für Sie im Lager getan hat, war sicher kein Zufall! Sie hatten zwar oft Glück – großes Glück sogar – aber Ihre Mutter verhielt sich mehrmals außerordentlich couragiert in dieser Situation.

S.M.M.: Meine Mutter ist schon vor einiger Zeit gestorben.[20] Aber ihr Verhalten im Lager ist mir bis heute ein Geheimnis geblieben. Sie liebte mich, es war sogar mehr als das. Aber diese Liebe verging, nachdem wir überlebt hatten, nachdem all diese Erlebnisse der Vergangenheit angehörten. Meine Mutter war ein sehr verwöhnter Mensch. Aber im Lager war sie sehr zuversichtlich, sah vieles voraus und begann sogar eigene Initiativen zu entwickeln. Es war erstaunlich! Sie war nicht dieselbe Person, die ich vorher gekannt hatte; das war nicht die Frau, die im Ghetto Selbstmord begehen wollte, die eine Krise durchmachte, wenn ein Insekt über den Teppich lief.

J.T.: Für Ihre Mutter muß es ein enormer sozialer Abstieg gewesen sein.

S.M.M.: Ja, ungeheuerlich! Aber sie wurde von allen Mithäftlingen im Lager geschätzt; und sie wußte immer, was sie mir zur Warnung zu sagen hatte.

J.T.: Sie muß eine unglaubliche Persönlichkeit gewesen sein; das gilt auch für Ihren Vater[21] und besonders auch für Ihren Onkel Grünberg.

S.M.M.: Im ehemaligen Ghetto von Krakau gibt es ein kleines Museum, in dem Grünberg verewigt wird.[22] Es hat mich sehr geschmerzt, daß Keneally meinen Onkel nicht erwähnt hat. Er war eine sehr wichtige Person im Lager und man nannte ihn ‚Engel des Lagers'. Er hat viel riskiert.

J.T.: In einer der Rezensionen zu Ihrem Buch[23] wird die Wichtigkeit von Grünberg hervorgehoben. Keneally hat dies scheinbar später auch

---

[19] Onkel Grünberg blieb bis zur Auflösung des Lagers in Plaszów und wurde dann nach Auschwitz deportiert; er wurde im April 1945 von einem Kapo erschlagen.

[20] Berta Müller starb im Jahr 1985.

[21] Zygmunt Müller starb im Jahr 1982.

[22] Vgl. Tadeusz Pankiewicz: The Cracow Ghetto Pharmacy. New York: Holocaust Library 1987 (erstmals 1947).

[23] Vgl. Henriette Schröder: Berichte aus der Hölle. In: Süddeutsche Zeitung vom 12. Okt. 1994; Thomas Tietzschel: Täglich brennen die Feuer. In: Frankfurter Allgemeine Zeitung vom 2. Nov. 1994; Claudia Schülke: Von Schindler gerettet. In: Frankfurter Allgemeine

zugegeben. Ich habe aus einem Interview mit ihm erfahren, daß er in seinem Buch einige wichtige Leute vergessen habe. Aber es war nicht absichtlich!

S.M.M.: Hat er den Trompeter Wilhelm Rosner erwähnt? Nein! Das Musikertrio bestand schließlich aus drei Brüdern. Sie leben immer noch. Jeder wußte, daß die wichtigste Person im Lager Plaszów Wilhelm Rosner war; denn Poldek und Hermann Rosner spielten lediglich als Musiker auf Amon Göths Partys. Aber Wilhelm Rosner war der Lagertrompeter. Der Ton seiner Trompete war morgens das Signal zum Aufstehen, später für die Mittagspause und schließlich für das Ende der Tagesarbeit. Und die Melodie beim Zählappell war ein Zeichen, ob etwas geschehen würde. Indem er die gleiche Melodie spielte, konnte er zum Ausdruck bringen, daß etwas nicht stimmte.

J.T.: Er konnte also die Lagerinsassen mittels Musik warnen?

S.M.M.: Ja, mittels der gleichen Melodie. Keneally hat ihn ausgelassen; genauso wie meinen Onkel Grünberg! Und er hat auch eine Person wie den scheußlichen jüdischen Ghetto-Vorsteher, Spyra, ausgelassen. Wie konnte das geschehen? Vielleicht waren sie ihm nicht so wichtig wie Amon Göths jüdische Geliebte! Damals bestand ein ungeheures Interesse daran, mit wem Schindler geschlafen hat und wer Göths Freundinnen gewesen waren. Es ist schade, daß man sich nicht für wichtigere Sachen interessiert hat.

J.T.: Ich habe diesem Interview ein Zitat von Ihnen vorangestellt: „Wer leben will, stirbt und wer tot zu sein wünscht, muß leben" (166).

S.M.M.: Meine Schlußfolgerung aus diesen fünf Jahren ist, daß niemand gerne stirbt. Aber es war trotzdem ein Schock, als die Kinder aus Plaszów abtransportiert wurden. In Spielbergs Film wurde das jedoch natürlich ganz anders dargestellt.

J.T.: Eine ganze Reihe von Dingen wurde im Film anders dargestellt!

S.M.M.: Aber in diesem Fall war es ein furchtbarer Unterschied! Denn die Kinder marschierten wie kleine Soldaten, verhielten sich ruhig: und dann waren da die Mütter, vor deren Augen die Kinder abtransportiert wurden und die ganz genau wußten, daß man sie umbringen würde. Es gab ja im Lager keine Geheimnisse. Nur ein Vater beging Selbstmord; keine

---

Zeitung vom 22. Nov. 1994; Elke Schmitt: Eine Nacht im Totenhaus. In: Die Zeit vom 2. Dez. 1994; Ralph Giordano: Eine unbegreifliche Welt, die Deutschland heißt. In: Der Tagesspiegel vom 9. Jan. 1995.

der Mütter. Von da ab wußte ich, daß es keinen einzigen Menschen gibt, der wirklich gerne sterben möchte.

J.T.: Und gleichzeitig erklang aus den Lautsprechern ein Walzer...

S.M.M.: (sie singt) „Mama, komm zurück, denn ich will dich sehen..." So ging dieser Walzer.

J.T.: Ist es Ihrer Meinung nach gerechtfertigt, über solch ein Thema akademische Konferenzen zu veranstalten?[24]

S.M.M.: Ja, denn viele Menschen leben in einem geschichtslosen Zustand; sie merken nicht, was um sie herum geschieht! Wenn Menschen wie Sie und andere ihre Mitmenschen nicht darüber aufklären, was im Holocaust geschah, könnte es leicht passieren, daß Menschen wiederum von ihren Mitmenschen diskriminiert werden.

J.T.:...oder sogar behaupten, es sei nie geschehen!

S.M.M.: Ich kenne eine Frau, die auch im Lager war und die auch in meinem Buch erwähnt wird. Als ich ihr stolz das Buch zeigte und ihr ein Exemplar schenken wollte, sagte sie: „Nein danke, ich würde es nicht lesen, denn ich möchte nicht daran erinnert werden." Das war sehr befremdlich für mich, denn als Spielberg später in Krakau war, war die gleiche Person laufend als eine Art Ratgeberin tätig. Dazu war sie bereit! Andererseits habe ich eine Gruppe von 15 Deutschen kennengelernt, die von Konzentrationslager zu Konzentrationslager reiste, egal wo. Sie waren sehr jung, sehr freundlich und fröhlich, und in gewissem Sinne war ihr Gewissen ganz anders als das normaler Menschen.[25]

J.T.: Frau Müller-Madej, ich danke Ihnen für dieses Gespräch.

---

[24] Gemeint ist die Reno-Konferenz Children in Exile – Children during the Holocaust – Children under Fascism vom 3. - 6. Oktober 1996.

[25] Vgl. dazu Martin Gilbert: Holocaust Journey. Traveling in Search of the Past. London: Weidenfeld 1997, S. 176ff.

Guy Stern

Eine Medaille aus Hildesheim

Einige Vorbemerkungen

Unter Exilforschern, Germanisten und auch anderswo – Guy Stern braucht im Grunde keinerlei „Vorbemerkungen". Wer ihn einmal erlebt hat, kennt seinen Witz, seine fröhliche Heiterkeit, seine Wärme sowie die nie versiegende Hilfsbereitschaft – vor allem uns Jüngeren gegenüber. Seine zahlreichen Publikationen und seine wissenschaftlichen Leistungen sprechen für sich selber und sind in einer Festschrift gewürdigt.[1] Obwohl er weiterhin und uneingeschränkt als „Distinguished Professor" seinen Lehrstuhl an der Wayne State University in Detroit inne hat, ist er oft, besonders als Gastprofessor, in Deutschland unterwegs. Außerdem hält er Vorträge in Marburg, Leipzig, München, Frankfurt und an vielen Orten und Universitäten irgendwo sonst in der Welt. Mit seiner Arbeitsenergie und seinen sprühenden Ideen ist er uns allen ein Vorbild. Die Bundesrepublik zeichnete ihn 1987 mit dem Großen Verdienstkreuz, danach mit der Goethe-Medaille aus. Im Jahr 1998 erhielt Guy Stern die Ehrendoktorwürde seiner *Alma Mater*, der Hofstra University.

Was viele, die ihn zum erstenmal erleben, nicht wissen, sind seine bitteren Erfahrungen als vor dem Faschismus gerettetes jüdisches Kind. In Reno sprach Stern von seinem Abschied von seiner Familie im Jahr 1937: „When I said good-bye to my parents, my brother and my sister, both younger, I thought we would soon be reunited, and that tempered the grief of departure. I saw none of my family again. I believed at one time I could also write of their death in the Warsaw ghetto. But then, during sporadic visits to Hildesheim, I heard from strangers shattering details of their last days at home. My long years of suppression closed in again. We must all cope as best we can."[2] Als Teenager bei entfernten Verwandten in St. Louis lebend, spürte Günther/Guy Stern nach langen Bemühungen einen Affidavit-Geber für seine damals noch in Deutschland lebende Familie. Doch der überaus wohlwollende Gönner – ein ‚professional gambler', ein Berufsspieler also – wurde von einem federfuchsenden

---

[1] Exile and Enlightenment. Studies in German and Comparative Literature. A Festschrift for Guy Stern on the Occasion of his 65th Birthday. Hrsg. von Uwe Faulhaber et al. Detroit: Wayne State University Press 1987.

[2] Guy Stern: Vortragsmanuskript vom 3. Okt. 1996 in Reno, Nevada.

Rechtsanwalt als ‚unzuverlässig' abgelehnt, womit für Stern die einzige Chance schwand, seine Eltern und Geschwister vor dem Tod zu retten.

Im Jahr 1943 gehörte Guy Stern zu den Tausenden von Naziflüchtlingen und Exilierten, die in die amerikanischen Armee eingezogen wurden und sowohl in der Normandie im Sommer 1944 als auch in den Ardennen im Winter 1944/45 die damaligen Kampfhandlungen überlebten. Zum Kriegsende führte Stern Interrogationen von deutschen Kriegsgefangenen durch und diente 1945 bei der amerikanischen Militärregierung.[3] Doch nachdem er zu seiner Bestürzung unter diesen Gefangenen sogar einen ehemaligen Kameraden aus dem Turnverein vorfand, gilt der Anblick des KZ Buchenwald im April 1945 kurz nach der Befreiung für ihn als eines der am meisten traumatisierenden Erlebnisse.

Der in Reno gehaltene Vortrag – im Rahmen eines Sabbatgottesdienstes in der Synagoge Tempel Sinai – in dem Stern über seine Kindheit, seine Erfahrungen in den USA und über Buchenwald sprach, kann hier nicht gedruckt werden. Statt dessen bringen wir Guy Sterns Essay „Eine Medaille aus Hildesheim". [V.H.]

Meine erste Rückkehr in meine Heimatstadt Hildesheim zählt eigentlich nicht. Die fiel in das Schicksalsjahr 1945, kurz nach Kriegsende und ich, der den Krieg von der Normandie bis zum Zusammentreffen mit den Russen mitgemacht hatte, war mit Erlaubnis meiner Vorgesetzten und der örtlichen Britischen Militärbehörde im Jeep der Einheit dorthin zurückgekehrt, um – wie es sich herausstellte – vergebliche Nachforschungen über meine nach Warschau verschleppte Familie einzuziehen. Der Schlußstrich, so dachte ich, sei somit zwischen der Stadt und mir gezogen.

Trotzdem kam ich 25 Jahre später in die Lage, diese Entscheidung noch einmal überprüfen zu müssen. Ich hatte meine „GI Uniform" gegen Talar und Doktorhut umgetauscht. Mein Spezialgebiet der Germanistik hatte mich nicht nur der deutschen Sprache, sondern auch Deutschland wieder näher geführt, nicht zuletzt deshalb, weil mir beim Studium sympathische junge deutsche Kommilitonen und Kommilitoninnen, später bundesdeutsche Kollegen und Kolleginnen und schließlich feinfühlige, aufrechte, und verantwortungsbewußte Repräsentanten des Nachkriegsdeutschlands in meinen näheren Bekanntenkreis gerückt waren. Besonders imponierte mir Rolf Pauls, der deutsche Botschafter in Washington.

---

3 Ders.: The Jewish Exiles in the Service of US Intelligence – The Post War Years. In: Leo Baeck Institute Yearbook XL (1995), S. 51-62.

Als Präsident der amerikanischen Deutschlehrervereinigung (AATG) hatte ich oft mit ihm zu tun; schließlich verlieh er mir im Auftrag seiner Regierung das Bundesverdienstkreuz. Und diese Ehrung sollte auch – ohne das ich es damals ahnen konnte – den ersten Schritt auf dem Wege zu einer Wiederannäherung an meine Heimatstadt ebnen.

Es geschah hinter meinem Rücken. Dieter Sevin, ein enger Freund und guter Kollege an einer anderen amerikanischen Universität, ebenfalls gebürtiger Hildesheimer, hatte kurz nach der Auszeichnungsverleihung einen Brief an die Hildesheimer Stadtverwaltung geschrieben. Er hatte es nicht ganz so deftig ausgedrückt, aber immerhin fragte er die zuständigen Obrigkeiten, ob sie denn hinterm Mond lebten: da habe ein Sohn der Stadt eine hohe Auszeichnung erhalten – und sei es nicht an der Zeit, daß man sich auch in Hildesheim etwas rühre.

Das genügte. Kurz darauf erhielt Dieter den Durchschlag eines Briefes an mich: sobald ich wieder einmal in Deutschland verweile, solle ich mich doch melden. Die Stadt möchte mir die St. Godihardi-Medaille verleihen. Nach einigen Selbstzweifeln sagte ich zu.

Der Tag der Zeremonie rückte näher. Ich war gerade zu Gast in Göttingen bei einem befreundeten Professorenehepaar, Hans und Gerda Neumann, die ein Jahr zuvor Gastprofessoren an meiner Germanistikabteilung in Cincinnati gewesen waren. Drei Tage vor der kurzen Reise von Göttingen nach Hildesheim stieg jedoch mein früherer Entschluß zur Schlußstrichziehung gewaltsam in mir wieder auf, wahrscheinlich weil ich bei einem erneuten Besuch das Auftauchen schlimmer Erinnerungen befürchtete.

„Kannst Du nicht machen," sagte Hans Neumann. „Wenn Du jetzt einen Rückzieher machst, blamierst du Dieter Sevin und stößt die Leute in Hildesheim, die dir wohlwollen, vor den Kopf. Ich mach dir 'nen Vorschlag. Wir fahren mit dem Auto nach Hildesheim und Gerda und ich leisten dir bei der Zeremonie seelischen Beistand."

Wir verfrühten uns. Der Protokollchef der Stadt führte uns in ein kleines Wartezimmer im Rathaus, hastete aber nach ein paar Minuten wieder herein – offensichtlich ziemlich aus seinem festgefügten Konzept gebracht. „Entschuldigen Sie, Herr Professor, da steht doch tatsächlich eine Frau Haase draußen, die behauptet, ihr Kindermädchen gewesen zu sein und will sie unbedingt sprechen. Was soll man da machen?" „Na, reinführen, selbstverständlich," sagte ich: Und sie war es wirklich, umfing mich wie den einstigen kleinen Buben und begann zu erzählen:

„Damals, als ihr noch in der Schützenallee gewohnt habt...” Der Aufruf zur Ordensverleihung unterbrach – aber nur zeitweilig – den Fluß ihrer unversiegten Erinnerungen.

Der Herr Oberbürgermeister verlas die Laudatio, verbrämte den ihm von dem *Public Relations-Büro* meiner Universität zugesandten Lebenslauf mit gestochenen Adjektiven. Es war alles sehr würdevoll – und schwerflüssig. Und das Zeremoniell wäre ziemlich trocken verlaufen, wenn nicht Frau Haase da gewesen wäre. Der Oberbürgermeister hatte gerade eine Atempause eingelegt, da krähte sie völlig unbefangen dazwischen: „Sehen Sie, Herr Oberbürgermeister, der Günther ist schon immer ein guter Junge gewesen!” Alle lachten, auch der erste Bürger der Stadt, und nun ging alles viel gelockerter zu. Denn zu vielem, was er vorbrachte, konnte Frau Haase wiederum aus der Erinnerung Passendes oder Unpassendes beitragen. Zum Beispiel führte sie mein Ordinariatsamt auf die Tatsache zurück, daß ich als Kind eine ausgesprochene Leseratte gewesen sei.

Nachträglich saßen wir dann alle noch über ein paar Glas Sekt zusammen. Der Oberbürgermeister, so stellte es sich heraus, war keineswegs zugeknöpft; den offiziellen ‚steifen Kragen' hatte ihm Frau Haase weitgehend gelockert. Wir waren etwa gleichaltrig und beide waren wir glühende Verehrer von unserer damaligen Oberligamannschaft, Hildesheim ‘06, gewesen. Jeden einzelnen Spieler der Mannschaft von 1931–32 konnten wir noch nennen und nach damaliger Leistung taxieren. „Erinnern Sie sich noch an die rasanten Flankenläufe von Paulchen Semmler?” fragte einer von uns. Aber ich hatte ihm etwas voraus. Ich war als Zehnjähriger von dem linken Läufer der tapferen Hildesheimer, Gustav Meyer, einem Nachbarn von uns, zu seinem Kofferträger gekürt worden und hatte damit nicht nur freien Eintritt zu allen Spielen (das kostete damals einen Groschen für Schüler), sondern auch Zutritt zum Umkleideraum der bewunderten Fußballrecken. Während wir längst verblichene Matche noch einmal durchkauten, schrieben die Leute von der Presse, die zum Umtrunk verblieben waren, eifrig mit und amüsierten sich über unsere abgestandenen Sachkenntnisse. Am folgenden Tage quittierte die *Hildesheimer Allgemeine* meine Apotheose zur Würde eines St. Godihardi-Ordensträgers mit der Schlagzeile „Damals trug der kleine Günther dem großen Gustav den Koffer.”

Von Zeit zu Zeit habe ich seitdem Hildesheim gelegentlich wieder besucht. Zwischen meiner Kindheit und meiner allerersten Rückkehr

1945 lagen die Jahre der Hölle. Aber es gab und es gibt auch sie, die treuherzige Frau Haase, den Oberbürgermeister, der als einfacher Soldat aus dem Krieg zurückkehrte und sich dann bei der Stadtverwaltung emporarbeitete und die ehemaligen Mitbürger, die mich nach dem Zeitungsartikel teilnehmend anriefen, darunter mein ehemaliger Schulkamerad Gerhard Ebeling. Und danach überdachte ich noch etwas: man kann seine Kindheit vielleicht eine Zeitlang verdrängen, aber man kann sie nicht aus sich herausschneiden ohne sich selbst einen Schaden zuzufügen.

Barbara Bauer

Drama – Märchen – Gleichnis – Parabel

Wie Kinder den Holocaust erlebten und wie sie ihre Erfahrungen als Erwachsene darstellten

Daniel J. Goldhagen sieht im Holocaust den Schlüssel zum Verständnis für das Funktionieren der nationalsozialistischen Herrschaft. Nur wer zu erklären versucht, was Aufseher, Bewacher und Polizisten dazu brachte, einer brutalen Anweisung zum Mord an wehrlosen, unschuldigen, arbeitsfähigen Juden zu folgen und überdies noch aus freiem Antrieb ihre Opfer zu quälen, hat auch die Möglichkeiten zu verstehen, wieso die Separation, Tortur und brutale Ermordung der Juden offenbar auch von einer Mehrzahl der Deutschen gebilligt wurde.

> Der Holocaust war [...] das entscheidende Charakteristikum der Politik und politischen Kultur in Deutschland während der NS-Zeit, das schockierendste Ereignis des 20. Jahrhunderts und das Vorkommnis in der gesamten deutschen Geschichte, das am schwierigsten zu verstehen ist. Die Verfolgung der Juden durch die Deutschen, die im Holocaust ihren Höhepunkt fand, stellt das zentrale Merkmal der NS-Zeit dar, nicht aufgrund des Entsetzens, das uns in der Rückschau befällt, sondern wegen seiner Bedeutung für die Deutschen zu jener Zeit und wegen der Gründe, aus denen so viele von ihnen zu seiner Durchführung beigetragen haben.[1]

Die Sicht des amerikanischen Historikers stimmt mit der Überlebender überein, die über ihre Erfahrungen mit dem Nazi-Wachpersonal im Ghetto und in den Konzentrationslagern geschrieben haben. Goldhagens ethnologische Herangehensweise, der gleichsam fremde Blick auf eine Kultur des Zivilisationsbruchs, deren Verstehensvoraussetzungen sich dem gesunden Menschenverstand entziehen, wird unter deutschen Hi-

[1] Daniel Jonah Goldhagen: Hitlers willige Vollstrecker. Ganz gewöhnliche Deutsche und der Holocaust. Berlin: Siedler 1996, S. 16.

storikern als skandalöse Tabuverletzung bewertet. Anstatt sich in die Psychologie der Täter und Mitläufer zu versenken und zu überlegen, unter welchen extremen Bedingungen (z.B. durch Androhung physischer Gewalt oder sozialem Druck) Menschen dazu getrieben werden können, Verbrechen zu begehen, die sie ansonsten selber verabscheuten, versucht Goldhagen die Frage zu beantworten, was Menschen dazu veranlaßte, aus freien Stücken, aufgrund von Gutdünken Wehrlose und Unschuldige zu quälen und sich an ihrem Leid zu weiden. Goldhagen bricht mit der anthropologisch naiven, undurchdachten Vorstellung von einem universell geltenden gesunden Menschenverstand, der von der Vermutung ausgeht, daß die Täter unter normalen Umständen die Verbrechen nicht begangen hätten, sondern gewiß unter Zwang handelten, daß sie also „ihren Handlungen zumindest neutral, wenn nicht sogar ablehnend" gegenübergestanden seien.[2] Stattdessen fragt er, „wie Deutsche zu derartig willigen Massenmördern werden konnten und wie sich das NS-Regime diese zerstörerische Kraft zunutze machte."[3] Wahrnehmungen und Wertmaßstäbe, die die Täter zur Brutalität konditionierten, etwa die Überzeugung, daß Juden keine Menschen seien, werden von Goldhagen so ernstgenommen wie von den Opfern. Diese bezeugen es, als Dreck, Ungeziefer etc. beschimpft worden zu sein.

Beobachtungen, daß einige der SS-Wachleute brutaler, willkürlicher und bestialischer waren als andere und ohne Grund, nur aus spielerischer Laune und Mutwillen hilflose Juden schikanierten, gehörten zum Alltag der jüdischen KZ-Häftlinge. Der Erkenntnis-Choc, daß es Menschen gibt, denen das Leben jüdischer Mitmenschen nichts galt, regte viele, die als Kinder Opfer des Nazi-Terrors im Ghetto oder in den Lagern wurden, zu psychologischen Spekulationen über Denken und Wahrnehmungsweise der Täter an. Wer Verfolgung und Tortur als Kind oder Jugendlicher erlebte, integrierte die monströsen Erfahrungen mit der Bestialität der Unterdrücker und der Vernichtungsmaschinerie just in das Lernpensum, das seinem Alter und folglich auch seiner kognitiven und moralischen Entwicklungsstufe jeweils angemessen war. Für Kinder war die Erfahrung, daß geringfügige Vergehen mit Erschießen geahndet wer-

---

[2] Ebd., S. 27.

[3] Ebd., S. 30. Goldhagen lehnt es ab, den Apologien der Täter vor Gericht Glauben zu schenken, das wäre so, wie wenn man eine Geschichte der Kriminalität in den USA schreiben wollte und dazu allein die Aussagen der Angeklagten und Verurteilten auswerten würde (Ebd., S. 547).

den, ja daß ohne besonderen Anlaß geprügelt, gequält und geschossen wurde, traumatisch. Sie kollidierte mit den moralischen Normen und Interaktionsmustern, die sie von ihren Eltern beigebracht bekamen. Kinder unter elf Jahren forderten von ihrer Mutter eine Erklärung für das enthemmte, irrationale Verhalten von deutschen Polizisten, Angehörigen des Judenrats und Kapos.[4] Sie verlangten auch nach Erklärungen dafür, wieso Mitopfer sich zu moralisch enthemmten, egoistischen Handlungen verleiten ließen, wieso z.B. eine Mutter bei einer Deportation ihren Säugling am Straßenrand zurücklassen konnte.[5] Drohungen eines Angehörigen des Judenrats, sie dürfe unter keinen Umständen in die Nähe des Ghettozauns gehen, sonst werde sie erschossen, lösten bei der neunjährigen Renata im Ghetto von Kaunas ungeheure Ängste aus. Sie wurden verstärkt, als sie Zeugin wurde, wie ein betrunkener Wachsoldat einen Spielkameraden in der Nähe des Ghettozauns erschoß.[6] Das Wertesystem der Neunjährigen geriet vollends durcheinander, als sie erfuhr, daß man sie gewaltsam „fortnehmen", also bestrafen würde, obwohl sie doch „nichts falsch gemacht und immer die Befehle des Judenrats befolgt" habe, und abermals, als sie merkte, daß sie und ihre Mutter als Häftlinge klassifiziert wurden, obwohl sie nichts verbrochen hatten: „wir waren nur jüdisch."[7] Die erste Erfahrung kollidierte mit der für Kinder unter zehn typischen Maxime einer heteronomen Moral, daß sich die Befolgung von Erwachsenenvorschriften normalerweise lohnte, und die zweite widersprach der Erklärung des Vaters, daß Gefängnisse gewöhnlich für die Bestrafung und Verwahrung gefährlicher Verbrecher dienten.

Ältere Kinder stimmten hingegen sehr wohl der Einschätzung der erwachsenen Gefangenen zu, daß die Verfolger Unmenschen seien; die älteren Kinder malten sich so wie ihre Mütter Vergeltungsakte aus und setzten bewußt in Widerstands- und Solidaritätsaktionen ihr Leben aufs Spiel. Ein Beispiel ist die dreizehnjährige Halina Birenbaum im Warschauer Ghetto, die sich am heroischen Widerstand ihrer Mutter und an der Unbeugsamkeit ihres Bruders Marek ein Beispiel nahm.[8] Kinder in

---

[4] Renata Yesner: Jeder Tag war Jom Kippur. Frankfurt a.M.: Fischer 1995, S. 105.
[5] Schoschana Rabinovici: Dank meiner Mutter. Frankfurt a.M.: ALIBABA o.J. , S. 102.
[6] Yesner: Jeder Tag war Jom Kippur, S. 43 und 58f.
[7] Ebd., S. 85 und 109.
[8] Halina Birenbaum: Die Hoffnung stirbt zuletzt. Biographie. Frankfurt a.M.: Fischer 1995.

diesem Alter wie Halina Birenbaum, Thomas Geve[9] oder Imre Kertész[10] machten sich nach der ersten Konfrontation mit der Bestialität der deutschen Unterdrücker ein Bild vom Gegner und richteten dann ihr Handeln nach dem bereits hinlänglich berüchtigten Stereotyp vom grausamen Nazi aus. Kein Kind im Alter von dreizehn bis fünfzehn Jahren bemühte sich mehr um eine Introspektion in die Psyche der Täter, um nur sein unmenschliches Handeln zu verstehen. Daß diese Mord- und Torturbefehle von oben ausführten und zudem noch aus eigenem Ermessen und purer Willkür den zur Vernichtung bestimmten Juden Qualen zufügten[11], begriffen Mädchen und Jungen dieses Alters als „Gesetz" in Auschwitz, Majdanek, Keiserwald und Stutthof. Mit Ausnahmen von diesem „Gesetz" – d. h. mit gütigen, kinderfreundlichen, mitleidigen Aufpassern – rechneten sie gar nicht, sondern nahmen ihre kleinen Hilfsangebote zum Teil mit Erstaunen, zum Teil mit Mißtrauen und Argwohn entgegen.[12] In vielen Kindheitserzählungen bildet der Erkennntis-Choc, daß die Nazi-Aufpasser in Ghettos und Lagern zu Grausamkeiten in der Lage waren, die allen ansozialisierten Verhaltensregeln und -mustern widersprachen, eine erste Zäsur. Eine zweite Zäsur wird durch das Erlernen von Strategien der Anpassung an die Brutalität der Nazis und ihrer Gehilfen, also Strategien des Überlebens, und das Vergessen früherer moralisch begründeter Verhaltensmuster markiert.

Mein Ziel ist es, an ausgewählten Beispielen zu zeigen, wie die Erfahrungen von Kindern mit bestialischen Aufpassern und ihre Suche nach Überlebensstrategien erzählt werden, welche Prinzipien die Mitteilung dieser kindlichen Traumata leiten und welche literarischen Muster sich für die Vergegenwärtigung traumatischer Lebenserfahrungen aus der Kindheit besonders gut eignen. Meine besondere Aufmerksamkeit gilt der sprachlichen „Verarbeitung" der Situationen, in denen familiär ansozialisierte Moralnormen pervertiert wurden, die Immoralität also zur Normalität wurde.

---

[9] Thomas Geve: Geraubte Kindheit. Konstanz: Südverlag 1992 (erstmals englisch 1958). Der Junge wurde mit dreizehn 1943 von Berlin aus nach Auschwitz deportiert.

[10] Imre Kertész: Roman eines Schicksallosen. Reinbek: Rowohlt 1996. Imre wurde wie seine Romangestalt im Sommer 1944 mit fünfzehn in Budapest mit seinen Arbeitskollegen aufgelesen und auf einen Transport nach Auschwitz geschickt.

[11] Vgl. das analytische Motivationsschema bei Goldhagen: Hitlers willige Vollstrecker, S. 32.

[12] Ebd., S. 224.

Meine Quellen und Zeugen
Halina Birenbaum, geboren 1929, wuchs in Warschau auf, überlebte fünf Jahre Nazi-Terror, zunächst im Ghetto, dann in Majdanek und Auschwitz. Sie kehrte nach Warschau zurück, übersiedelte 1947 nach Israel und schrieb 1964 ihren Überlebensbericht *Die Hoffnung stirbt zuletzt*. 1995 erschien die deutsche Übersetzung. Halina Birenbaum besuchte 1989 und 1991 Berlin und äußert sich – gegen alle Erwartungen ihrer Gastgeber – positiv über ihre Erfahrungen mit Deutschen bei Lesungen.[13] Es bereite ihr eine „Riesensatisfaktion", ungebeugt als Überlebende in das Land zurückzukehren, von dem der Nazi-Terror ausging. Nein, Haß empfinde sie nicht, sondern nur Genugtuung, daß sie lebend, frei und selbstbestimmt in das Land ihrer früheren Peiniger zurückkehre, und den Wunsch, die Kinder und Enkel der Tätergeneration über ihr individuelles Schicksal aufzuklären.

Renata Yesner, Tochter eines Anwalts und einer angesehenen Geschäftsfrau, wurde 1932 im litauischen Kaunas geboren, überstand mit ihrer Mutter mehrere Selektionen im Ghetto, wurde endlich nach Stutthof verschleppt und nach der Evakuierung dieses Lagers von der Roten Armee befreit. Sie wanderte 1947 nach Rhodesien aus, lebt heute in Australien und schrieb 1972 ihre Memoiren, die 1995 in deutscher Übersetzung erschienen: *Jeder Tag war Jom Kippur. Eine Kindheit im Ghetto und KZ.*

Imre Kertész, 1929 in Budapest geboren, im Sommer 1944 nach Auschwitz deportiert und 1945 in Buchenwald befreit, lebt seitdem als Romancier und Übersetzer in Budapest. Er schrieb seinen *Roman eines Schicksallosen* im Jahr 1975. 1996 erschien er in einer neuen deutschen Übersetzung. In seinem Roman *Kaddisch für ein nicht geborenes Kind* entwirft er die Lebensalternative eines vom Auschwitz-Mythos Gezeichneten zwischen Aussteigen und Selbstbestrafung durch Arbeit (1990 auf ungarisch, 1992 auf deutsch publiziert). Wie sehr heute noch seine Wahrnehmung und seine Poetik von der Auschwitz-Erfahrung geprägt sind, offenbart Kertész in seinem *Galeerentagebuch* (1992 auf ungarisch, 1993 auf deutsch erschienen).[14]

---

[13] Nea Weissberg-Bob (Hrsg.): Jetzt wohin? Von außen nach innen schauen. Gespräche, Gedichte, Briefe. Berlin: Lichtig 1993. Das Interview befindet sich auf S. 14–23.

[14] Zoltàn Andràs Bán: A Trilogy of Fatelessness. In: The New Hungarian Quarterly 32, No. 121–124 (1991), S. 36–41.

Georges Perec, geboren 1936 in Frankreich als Kind einer polnischen Jüdin, die 1943 in das KZ Drancy eingeliefert und dann nach Auschwitz deportiert wurde, wuchs von Tanten und Heimen hin und hergeschoben auf. 1953 begann er zu schreiben, war Mitbegründer der OULIPO-Gruppe und gehörte seitdem zu den experimentierfreudigen „bricoleurs" der französischen nach-surrealistischen Literatur, zusammen mit Raymond Queneau. Sein autobiographischer Roman *W oder die Kindheitserinnerung* erschien 1975, in deutscher Übersetzung 1982. Er knüpft an biographische Skizzen von 1960 an und arbeitet eine Vision des „Univers concentrationnaire" aus, die bereits der zwölfjährige Georges entworfen hat. Vorstudien zu *W* enthält ein Aufsatzband mit dem Titel *Geboren 1936* (1990 auf französisch, 1993 auf deutsch publiziert).[15]

Kertész empfand, die „Obligata" der Stationen der Shoah determinierten den Gang und die Weise des Erzählens darüber. Er müsse streng an den „Obligata des Stoffs" festhalten: „das Verladen in die Waggons, die Fahrt, die Ankunft in Auschwitz, die Selektion, das Baden und die Kleiderausgabe – alles eine obligatorische Folge von Momenten, genau wie die in Register gefaßten Obligata des Kreuzwegs in den mittelalterlichen Passionsspielen." Es sei verführerisch, die Stationen als Szenen eines Dramas zu gestalten. Die dramatische Struktur, die – nach der aristotelischen Poetik – einen frei entscheidenden Helden und eine tragische Handlung voraussetzt, sei dem Ganzen aber unangemessen. Denn der Erzähler findet seinen Stoff so vor wie der Komponist eine Zwölftonreihe: ihre Abfolge sei festgelegt und die Anzahl ihrer Variationen numerisch begrenzt. Wie in einer Zwölftonkomposition, sei „der Verlauf der Erzählung [...] von vorneherein durch die STRUKTUR festgelegt".

> Wendungen wie Fluchten, anekdotische Teillösungen, beruhigende oder phantastische Elemente und „Ausnahmen" können hier also nicht in Betracht kommen. [...] Der Handlungsverlauf, die Themen entwickeln sich linear – es gibt keine „Reprise", nichts läßt sich umkehren oder wiederholen –, und wenn die Bearbeitung beendet ist, alle möglichen Varianten innerhalb der einzigen be-

[15] Parcours Perec, colloque de Londres. Mars 1988, ed. von Mireille Ribière. Lyon: Presses universitaires 1990, S. 69–74; Vgl. hierzu auch Magazine littéraire numéro 193 (März 1983), hrsg. von Paul Fournel u.a. , S. 12–39; Bernard Magné (Hrsg.): Georges Perec. Écrire transformer. In: Études littéraires 23–24 (1990/91).

stehenden Möglichkeit ausgeschöpft sind, ist die Komposition abgeschlossen, und dieser Schluß läßt dennoch alles offen.[16]

Die Situation des Lesers dieser Memoirenliteratur entspricht denn auch der eines geschulten Hörers eines Zwölfton-Stücks (z.B. des dritten oder vierten Streichquartetts von Arnold Schönberg), der die Partitur vor sich hat und die Reihe mit ihren Variationen in der Polyphonie identifizieren kann. Der Leser hat dem erlebenden Subjekt Imre das Wissen voraus, wohin die „merkwürdigen Begebenheiten" (Terminus aus der Novellentheorie) – Ghettoisierung, Deportation, Initiation mit Duschbad, Rasur und Desinfektion, Selektion und Todesmarsch – geführt haben. Der historisch gebildete Leser kann einen Erlebnisbericht verifizieren, indem er Raoul Hilbergs Sammelbände zur Hand nimmt, bei Arno Lustiger die Hauptpersonen des Warschauer Ghettoaufstands nachschlägt und neuerdings die Schilderungen alltäglicher disfunktionaler Brutalität in den Lagern mit Hilfe der von Goldhagen ausgewerteten Fotos und Täterzeugnisse aus anderen Perspektiven verifiziert.[17] Im Lichte historischer Ermittlungen kann er erst ermessen, wieso der fünfzehnjährige György Köves alias Imre Kertész oder auch George Taboris Mutter in Budapest die Gefahren unter deutscher Besatzung 1944 verkennen konnten.[18] Tragisch ist jedoch dieses Verkennen keineswegs, weil es nicht auf schuldhaftes Handeln oder auf einen Charakterfehler zurückzuführen ist. Vielmehr handelt es sich um die verständliche Fehleinschätzung von Menschen, die sich nicht vorstellen konnten, daß es möglich wäre, sie wie Ungeziefer auszurotten und unterschiedslos wie Marionetten an den Fäden der deutschen Besatzer mechanisch hin- und herzuziehen. Aus Auschwitz und Buchenwald bleibt beim ungarischen Schriftsteller ein „Trauma" zurück: über die Schicksallosigkeit der Menschen, die den Mord an 6 Millionen zulassen *konnten*,[19] ihre Fehlent-

---

[16] Kertész: Galeerentagebuch, S. 27.

[17] Raoul Hilberg: Die Vernichtung der europäischen Juden. 3 Bände. Frankfurt a.M.: Fischer 1990 (erstmals englisch 1961). Zu Ungarn siehe Bd. 2, S. 859–926; Arno Lustiger: Zum Kampf auf Leben und Tod! Vom Widerstand der Juden 1933–1945. Köln: Kiepenheuer & Witsch 1994.

[18] Zu Imre Kertész' Roman eines Schicksallosen siehe unten # 41; George Tabori: Mutters Courage. In: ders.: Son of a Bitch. Erzählungen. Frankfurt a.M.: Fischer 1984, S. 5–30.

[19] Kertész: Galeerentagebuch. Berlin: Rowohlt 1995, S. 185.

scheidungen, die aufgrund mangelhafter Beherrschung der Spielregeln resultieren,[20] könne Kertesz keine Tragödie schreiben.

> Der Mensch ist wie eine zum Leben erwachte Figur auf dem Gelände eines Planspiels: Er weiß, daß das Gelände nicht ‚wirklich' ist (das heißt nicht für ihn), er weiß, daß man mit ihm spielt (obgleich er sich über die Spielregeln nur leidlich im klaren ist), doch er kennt den Zweck des Spiels nicht und ist einer übermütigen Kinderhand ausgeliefert, die ihn wahllos umherschiebt, beschädigt, eventuell beiseite wirft, und schließlich weiß er, daß er aus vergänglichem Material besteht und früher oder später abgenutzt ist.[21]

Die Weltanschauung aller, die als Kinder oder Jugendliche erfahren mußten, daß sie ausgelöscht gehörten, ist von der Alltäglichkeit der Barbarei geprägt, die einmal möglich war und folglich menschenmöglich ist. Die Erzählweisen in Autobiographien des Holocaust sind so vielfältig wie die Versuche, den Zivilisationsbruch in eine biologisch-soziologische „Normalbiographie" zu integrieren. Die Erzählstrategie hängt jeweils davon ab, wie es dem Erzähler gelingt, seinen Lesern die Perspektive des ahnungslosen Kindes und seine Wandlung zum eingeweihten, wissenden, illusionslosen KZ-Insassen zu vermitteln. Die von mir ausgewählten Texte unterscheiden sich eben dadurch. Halina Birenbaum und Renata Yesner erzählen größtenteils von ihrer geraubten, verratenen Kindheit aus der Perspektive der allwissenden Autorin: sie schiebt ihr spätes Urteil ein, wie bestimmte Dinge auf die Entwicklung des jungen Mädchens gewirkt haben. Kertész hingegen rekonstruiert die Geschichte eines Schicksallosen, einer „Figur auf dem Gelände eines Planspiels", ohne hinreichende Regelkenntnis und protokolliert das Resultat dieses planlosen Lebens als „überraschende Realität" in seinem *Galeerentagebuch.* Nicht ein Lebensziel gibt ihm Sicherheit, sondern er hält sich an der „Galeerenruderbank der Selbstdokumentation" fest.[22]

---

[20] Ebd., S. 161.
[21] Ebd.
[22] Ebd., S. 128, 160f.

Die Überlebenden und die Ermordeten – Helden und Märtyrer dramatischer Szenen

Halina Birenbaum komponiert ihre Erzählung in dramatischen Szenen. Sie stellen Bewährungsproben dar, in denen die Schwachen gegen die nationalsozialistischen Bestien zu Helden werden. Unter den Helden des Warschauer Ghettos reift die Dreizehnjährige nach dem Vorbild der Mutter zur Widerstandskämpferin, die jede Möglichkeit ausnutzt, um den unmenschlichen Verfolgern zu entkommen. Die allwissende Autorin urteilt, daß in der Verfolgungssituation – einer Zuspitzung der Darwinschen Selektion – Kinder schneller reiften, da sie als wehrlose Kinder kein Überlebensrecht gehabt hätten.

> Vor allem in der Zeit der brutalen Deportationsaktionen gab es im Ghetto keine Kinder im eigentlichen Sinn. Alle waren schon so gereift, alle bangten um ihr Leben und kämpften wie besessen, um es, sei es auch nur eine Stunde länger, zu behalten. Das begriffen auch die Allerjüngsten unter uns.[23]

Halina und ihre Mutter verstecken sich bei Aktionen, flüchten über Dachböden von Haus zu Haus, stehlen sich auf abenteuerliche Weise vom Umschlagplatz davon, wo sie anscheinend schon der unabänderlichen Deportation entgegensehen, sie rüsten sich mit Waffen in den Bunkern aus, um an den deutschen Peinigern Rache zu üben. Lange tröstet die Mutter Halina und beruhigt sie mit kleinen Happen Nahrung. Halina ist solange ein Kind, wie sie der Mutter auch gegen den eigenen Augenschein glaubt und übermenschliche Beschützerkräfte zutraut. Als die Mutter jedoch in die Lage kommt, ihre riskanten Versuche, der Deportation zu entgehen, zu erklären, weckt sie in der Tochter einen Kampfgeist, der sie in eine „erhabene Stimmung" versetzt, und weiht die Dreizehnjährige ein, „daß die Waggons den Tod bedeuteten". Seitdem behandelt sie sie „wie eine Erwachsene", indem sie ihr erklärt, daß es notwendig sei, hartnäckig zu kämpfen anstatt zu „verzagen".[24]

> Mama bestand darauf, man müsse bis zuletzt kämpfen, sich nicht in die Waggons treiben lassen. ‚Da kommen wir noch früh genug

[23] Birenbaum: Die Hoffnung stirbt zuletzt, S. 24.
[24] Ebd., S. 37f.

> hin!' [...] Früher hatte sie mir immer gesagt, daß die Waggons die Menschen zur Arbeit transportierten. Warum hätten wir also nicht die Flucht versuchen sollen, zum Sterben kämen wir noch früh genug, es brauchte uns um diesen Transport nicht leid zu tun! Wir sollten kämpfen anstatt vor Angst zu zittern, alles tun, was nur irgend möglich war, um nicht mit dem nächsten Transport fortgebracht zu werden.[25]

Das Mädchen läßt die Kindheit hinter sich, als es erfährt, daß Kinder als arbeitsunfähige Last eingeschätzt würden und daher kein „Lebensrecht" hätten.[26] Als die Mutter ihr in Majdanek entrissen wird, nimmt sich die ältere Schwägerin Hela der dreizehnjährigen Halina an. Da ihr die Mutter einen unbändigen Überlebenswillen eingepflanzt hat, ist Halina später bereit, auch für die kränkliche Hela jedes Risiko einzugehen.

Birenbaums Erzählprinzip ist die „größere Hoffnung" (Ilse Aichinger): die Aussicht auf Rettung gibt den Helden Kraft zum Überleben. Wie die Zuckerstückchen, mit denen die Mutter Halina auf dem Dachboden oder im Bunker ernährte, machen Träume von einer „Welt nach dem Krieg" die Qualen erträglich[27], die Aussicht auf eine warme Dusche in Majdanek weckt neuen Lebensmut[28] und die Worte der Kameradinnen geben immer wieder Trost und Halt. Freundliche Worte, Zeichen von Fürsorglichkeit und Zuwendung, die Halina erfährt und ihrerseits gibt, versichern sie auch unter Extrembedingungen der eigenen Identität. Der Identitätsbruch, der Verlust einer gemeinsamen Sprache, die Verhärtung und Auslöschung sind jedoch ständig wiederkehrende Gefahren. Fehlt die Hoffnung, wagt Halina die Flucht nach vorn und fordert sich ihr Überlebensrecht von den Unterdrückern. Zweimal steht sie den Peinigern direkt gegenüber. Furchtlos fordert sie von ihnen das Recht zu leben und provoziert sie tatsächlich zu einem gänzlich unvorhersehbaren Akt der „Menschlichkeit". Vor dem Majdaneker Lagerkommandanten Hössler klammert sie sich während einer Selektion an Hela, die schon für das Gas bestimmt ist, und erreicht, daß sie mit ihr auf die Seite der Lebenden zurückgehen darf.[29] Ein zweites Mal zeigt sie ihre durchschos-

---

[25] Ebd., S. 32.
[26] Ebd., S. 40.
[27] Ebd., S. 59.
[28] Ebd., S. 78.
[29] Ebd., S. 116.

sene Schulter dem SS-Oberarzt, der gegen den Willen des Pflegepersonals sofort eine sachgerechte Behandlung und Operation anordnet.[30]

Das Warschauer Ghetto, der Waggon, in dem sie sich aus einem Leichenberg emporgearbeitet hat, und Majdanek sind für Halina Birenbaum Kampfstätten eines Dramas. Heldinnen sind alle, die um ihr Überleben kämpfen, ohne dabei wie die Nazi-Unterdrücker selber zu Tieren zu werden; das Elixier, das ihnen die Kraft dazu einflößt, ist das tröstende Wort oder die fürsorgliche Geste. Die eintätowierte Nummer bestätigt Halina Birenbaum wie ein Reifezeugnis die im Lager gewonnene Kritikfähigkeit: In der Zeit, in der Leben der Kampf aller gegen alle war und die Menschen zu Wölfen degenerierten, schärfte sie ihr Unterscheidungsvermögen für Wahrheit und Täuschung, Gefühl und Instinkt, Güte und Bosheit.[31]

Märchenhafte Erklärungen für Ghetto und Lagerhaft

Renata Yesner beschreibt den Wechsel der politischen Ordnungen und ihrer Symbole (roter Stern, Hammer und Sichel, Judenstern, SS-Runen) zuerst aus der Perspektive der Historikerin und schildert erst dann aus der Sicht des achtjährigen Mädchens, wie sie sich in den abrupt wechselnden Zeichenordnungen zu orientieren versuchte. Das Mädchen wurde ständig intellektuell und emotional überfordert. Mit einem Minimum an Schulbildung, die aus litauischen Sagen und Märchen und sowjetischen Heldengeschichten bestand, versuchte Renata der Reihe nach folgende Rätsel zu begreifen: warum ihr geliebter Großvater, Besitzer eines Mietshauses, zum Arbeitsdienst in die Sowjetunion verschickt wurde, warum Nazi-Soldaten Jagd auf Kinder wie sie machen, welche tödlichen Folgen ein Schuß hatte, wieso jemand Selbstmord machte, wie Stutthof funktionierte und welchem Zweck die Ausbeutung jüdischer Arbeitskraft dienen konnte. Die kindlichen Werkzeuge für ein Verständnis der brutalen Welt erwiesen sich als untauglich: Abstrakta wie Kapitalismus, Selbstmord und Antisemitismus waren für die kleine Renata bedeutungslos, weil sie noch nicht konkrete Einzelfälle als Beispiele diesen Phänomene zuordnen konnte. Die Erklärung des Vaters, daß ein Gefängnis nicht nur Diebe und Mörder beherberge, die gegen eine allgemeingültige Moralordnung verstoßen haben, sondern auch politische Häftlinge, die nur aus der Sicht der anti-sowjetischen Litauer moralisch unschuldig

---

30 Ebd., S. 159f.

31 Ebd., Schluß, S. 198f.

seien, übersteigt das Vermögen der Achtjährigen, konkurrierende Wertordnungen zu durchschauen und gegeneinander abzuwägen. Die Erklärung der Mutter, daß sich Kapos in einem ständigen Pflichtendilemma befinden, appelliert ebenfalls an eine kognitive und moralische Entwicklungsstufe, für welche Renata mit neun noch zu jung ist.

Der kindliche Verstand arbeitet stattdessen mit den Erklärungsmustern von Märchen. Noch die Erwachsene ist verblüfft, wie tauglich sich beispielsweise das Märchen von Hans und der Bohnenstange erweist, um den destruktiven Funktionsmechanismus von Stutthof zu rationalisieren![32] Das Lager Stutthof sei ein Käfig, von einer Familie von Riesen erbaut, die wie im Märchen Menschenfresser sind. Worauf sie aus sind, muß der wissen, der überraschend in ihre Fänge gerät, um sich mit List, dem Mittel der Ohnmächtigen, und durch die Kollaboration mit Kapos wie dem Österreicher Hildebrandt behaupten zu können. Renata erkennt sofort, worin die Realität vom Märchen abweicht: diese Riesen und ihre Wächter sind nicht an fettem Menschenfleisch interessiert, sondern auf die Knochen versessen und haben es daher auf den Tod der Opfer abgesehen. Die Wächter sind eine Renatas Neugier faszinierende Personengruppe, weil ihr Verhalten ambivalent und unberechenbar ist: einige haben ein Herz für Kinder, versuchen sie aber für ihre tödlichen Ziele zu vereinnahmen, andere wiederum informieren die Riesen als willige Vollzugsgehilfen darüber, wie dünn die Gefangenen schon sind. Indem sie die Logik des Märchens auf den Käfig Stutthof überträgt, schreibt Renata der Konfrontation mit den Riesen gutgläubig einen Sinn zu, so als hätten sie Reichtümer zu bieten, die das Kind nur mit äußerstem Wagemut und gegen den Rat der Mutter erwerben könnte. Daß es Gefahren gibt, die keinen pädagogischen Sinn haben, von denen also das lernwillige Kind nicht profitieren kann, übersteigt sein an Märchen geschultes Vorstellungsvermögen. Das kindliche Verständnis von Stutthof mit Hilfe des Märchens stärkt aber seine Zuversicht, mit den Nazi-Riesen doch noch zurechtzukommen.

Hans Christian Andersens Märchen von der Seejungfrau, die für ihren Ehrgeiz, die Liebe eines Prinzen zu erwerben und eine unsterbliche Seele zu bekommen, Schmerzen und Stummheit in Kauf nimmt, dient Renata als Motivationshilfe in dem Moment, als ihre wunden Beine ihr

---

[32] Yesner: Jeder Tag, S. 101; Bruno Bettelheim: Kinder brauchen Märchen. München: dtv 1996 (19. Aufl.), S. 211-223.

den Dienst zu versagen drohen.[33] Unbegreiflich ist für das Mädchen, wieso sie sich zum Arbeiten zwingen lassen muß, warum die Mutter so unbarmherzig darauf besteht und wieso sie nicht vor Schmerz und Hunger kapitulieren darf. Der Zweck, daß sie nur so eine Überlebenschance habe, wird ihr von der Mutter nicht begreiflich gemacht, denn die Mutter geizt ohnehin mit kindgerechten Erklärungen. Dafür springt das Märchen von den Schmerzen der Seejungfrau ein: Die Erde ist ein der Seejungfer fremdes, unnatürliches Element. Wenn sie sich auf ihr ein Lebensrecht unter den artfremden Menschen erobern will, in der Hoffnung auf eine unsterbliche Seele, gelingt ihr das nur mit Hilfe der Magie, und die Höhe des Einsatzes – kontinuierliche Schmerzen – ist keine Gewähr für den Erfolg. In Renatas Applikation wird das Märchen zur Parabel für das Schicksal der jüdischen Assimilation: das ersehnte Ziel, die Zuneigung der Kapos, die Gnade des Feindes und endlich die Assimilation, erfordert einen hohen Preis, aber ohne Gewähr.

Die Anstrengung, sich in die Wahrnehmungsweise und Erlebniswelt des achtjährigen Kindes zurückzuversetzen, hat ein therapeutisches Ziel: Nur durch nochmaliges Wiedererleben hofft Renata Yesner das Trauma zu überwinden. Renatas Welt der Werte und Normen war erst im Aufbau begriffen, als sie mit den ersten Wertekollisionen und Dilemmata konfrontiert wurde. Ghetto und Lager sind Störfaktoren, welche den Aufbau eines ethischen Normensystems bei Kindern und Jugendlichen retardieren oder sogar ganz unmöglich machen. Dieser verläuft von der Befolgung einer heteronomen Moralität über die Akzeptanz konventioneller Gerechtigkeitsnormen bis zur Ausbildung autonomer ethischer Prinzipien in sechs Stufen. Der Entwicklungspsychologe Lawrence Kohlberg (1927–1987) hat sie empirisch nachgewiesen, indem er Kindern verschiedenen Alters mehrere ethische Dilemmata zur Beurteilung aufgab.[34] Die moralische Entwicklung des Kindes ist nach seiner Ansicht eng mit der kognitiven Bildung verknüpft und läßt sich bei Kindern aus unterschiedlichen Kulturen und sozialen Schichten gleichbleibend beobachten.[35] Allerdings ist nach Kohlbergs Beobachtung die moralisch-

[33] Ebd., S. 144; Hans Christian Andersen: Gesammelte Märchen. Zürich: Manesse o.J., S.130–150.

[34] Lawrence Kohlberg: Die Psychologie der Moralentwicklung. Frankfurt a.M.: Suhrkamp 1996, S. 7–174.

[35] Kohlberg: Stage and Sequence: The Cognitive Developmental Approach to Socialization. In: D.A. Goslin (Hrsg.): Handbook of Socialization Theory and Research. Chicago:

kognitive Bildung des Kindes abhängig davon, daß in seiner Umwelt bereits einige der zu lernenden Normen akzeptiert und praktiziert werden. Denn die kontinuierliche „Interaktion zwischen dem Organismus (d.h. der kognitiven Struktur) eines Kindes und dessen Umwelt“ habe die „strukturelle Äquilibration“ zwischen beiden zum Ziel und sei der Motor der kognitiv-moralischen Entwicklung. Kinder würden von ihrer Umwelt nur das aufnehmen, was sich in ihre kognitiv-moralische Entwicklung einfüge.[36] Wenn aber die moralischen Normen, welche Eltern oder Lehrer auf religiöser Grundlage (des Christentums oder Judentums) vermitteln wollen, von der nächst größeren Bezugsgruppe – also z.B. der in das nationalsozialistische Terrorsystem eingebundenen Ghetto-Bevölkerung und seinen deutschen Bewachern – ignoriert und verachtet werden, muß die moralische Bildung des Kindes gemäß dem Kohlbergschen Stufenschema irritiert oder gänzlich blockiert werden. Dies war auch bei Renata der Fall, als die häusliche Erfahrungswelt zuerst mit dem kommunistischen Kollektiv kollidierte, das das Schulkind in Kaunas nach der Sowjetisierung Litauens kennenlernte. Vollständig entwertet wurden die Werte, welche ihr die Eltern vermittelt hatten, als das Ghetto errichtet wurde und jedes Kind, das sich spielend dem Ghettozaun näherte, sogar von betrunkenen SS-Bewachern abgeknallt werden durfte. Gerade als sich Renata auf einer Entwicklungsstufe befand, wo das Kind lernt, seine hedonistisch begründeten Wünsche zu messen an den Bedürfnissen anderer und ein Gefühl dafür entwickelt, daß es zu einer Gemeinschaft

McNally 1969, S. 347–480; ders.: Eine Neuinterpretation der Zusammenhänge zwischen der Moralentwicklung in der Kindheit und im Erwachsenenalter (1973). In: R. Döbner/J. Habermas/G. Nunner-Winkel (Hrsg.): Entwicklung des Ich. Köln 1977; dazu Leo Montada: Die Entwicklung der Moral. In: Rolf Oerter/Leo Montada: Entwicklungspsychologie. München/Weinheim: Beltz 1995 (3. Aufl.), S. 862–894; Hartmut Kasten: Die Entwicklung von Moralvorstellungen und Moralbegriffen beim Kinde. Donauwörth: Auer 1976, S. 63–74. Kritische Auseinandersetzung mit Kohlbergs Ansatz einer moralischen Erziehung in der Schule und seiner entwicklungspsychologischen Annahmen über die Fähigkeit, konkrete Entscheidungen unter allgemeine Maximen zu subsumieren bzw. praktische Schlüsse zu ziehen, sowie über die Fähigkeit, moralische Dilemmata abzuwägen, von Karl Ernst Nipkow: Moralerziehung. Pädagogische und theologische Antworten. Gütersloh: Verlagshaus Mohn 1981, bes. Kapitel 2.

[36] Zit. in Reinhold Mokrosch/Hans P. Schmidt/D. Stoodt: Ethik und religiöse Erziehung. Thema: Frieden. Stuttgart u.a.: Kohlhammer 1980, bes. S. 81–94, Zitate S. 84. Vgl. auch Lawrence Kohlberg/Elliot Turiel: Moralische Entwicklung und Moralerziehung (1971). In: Gerhard Portele (Hrsg.): Sozialisation und Moral. Neuere Ansätze zur moralischen Entwicklung und Erziehung. Weinheim/Basel: Beltz 1978, S. 13–80.

(z.B. Kirche, Schule) gehört, in der alle eine bestimmte Rolle spielen, daß also von ihm auch die Übernahme dieser Rolle erwartet wird, wurde sie mit rassistischen Stereotypen konfrontiert, die diesen Lernprozeß williger sozialer Integration auf dem Wege über das Rollenspiel abschnitten.

Die Autorin Renata Yesner hat die kindliche Verstörung auf zwei Ebenen registriert: das Mädchen stellte sein eigenes Handeln von sich aus in Frage, indem es sich aus der Perspektive der Unterdrücker fragte, was es falsch gemacht habe, und interessierte sich auffällig für das Normensystem der Bewacher, ohne von vorneherein an dessen ethischen Relevanz zu zweifeln.

Kohlbergs an Jean Piagets Forschungen zur kognitiven Entwicklung anknüpfende Thesen wurden in der Pädagogik und Sozialpsychologie wegen der zugrundeliegenden transzendentalen Annahme bestimmter Vermögen kritisiert, die der Mensch angeblich unabhängig von seinem Milieu mitbringe. Kohlbergs Annahme eines invarianten moralisch-kognitiven Entwicklungsschemas mag zwar empirisch schwer zu verifizieren sein, indirekt wird sie allerdings von Autobiographien Überlebender der Shoah bestätigt.[37] In der Tat ist es so, daß die moralische Entwicklung des Kindes und Jugendlichen vom Stadium der Heteronomie bis zur Autonomie ethischer Entscheidungen aufgrund diskursiv geprüfter und selbstgewählter Prinzipien normal und d.h. kontinuierlich verläuft, solange dem Heranwachsenden die Werte, die es bei individuellen Handlungsentscheidungen und bei der Beurteilung der Handlungen anderer zu berücksichtigen lernt, von der nächst größeren sozialen Bezugs-

---

[37] Dazu Mokroschs Darstellung in Mokrosch/Schmidt/Stoodt: Ethik und religiöse Erziehung, S. 83; ein anderer Kritikpunkt ist Kohlbergs Fragenkatalog. Er testete die moralischen Entwicklungsstufen, indem er Jugendliche verschiedener Altersstufen mit moralischen Dilemmata konfrontierte und festhielt, welche Lösungen sie vorschlugen. Dabei setzte er voraus, daß sich z.B. Dreizehnjährige in eine Situation „hineinversetzen" könnten, die mit ihrer eigenen Lebenssituation nichts zu tun habe. Wie das geschieht, ist allerdings ungeklärt. Auf Kohlbergs Auswahl der abstrakten moralischen Dilemmata richtete sich also die Kritik der Sozialpädagogik und Sozialpsychologie. Vgl. Michael Kärn: Vorsicht Stufe! Ein Kommentar zur Stufentheorie der moralischen Entwicklung. In: Portele (Hrsg.): Sozialisation und Moral, S. 81–100. Im Lichte der Kritik, vor allem der Diskussion von Jürgen Habermas, wird Kohlbergs Theorie heute als rationale Rekonstruktion der Ontogenese des Gerechtigkeitsdenkens aufgefaßt. Vgl. Kohlberg: Die Psychologie der Moralentwicklung, S. 219.

gruppe vorgelebt und folglich bestätigt werden.[38] Eine repräsentative Demokratie bietet einen vergleichsweise idealen Rahmen für die sukzessive Einübung praktisch-moralischer Entscheidungen und ethischer Urteile bei Kindern. Problematischer verläuft dieser Prozeß bei Kindern, die einer ethnischen Minderheit angehören. Hier droht der Konflikt zwischen der Wertewelt der ethnischen Bezugsgruppe und den rassistischen, politischen, sozialen etc. Stereotypen der nächstgrößeren Bezugsgruppe der ethnisch anderen Mehrheit.[39] Gänzlich in Frage gestellt ist die Stufenfolge der moralischen Entwicklung in totalitären Gesellschaften.

Die Memoiren Überlebender der Shoah, die aus der Retrospektive ihre kindliche Erfahrungs- und Wertewelt literarisch heraufbeschwören, enthalten gerade zu diesem Problem Einsichten, die für den Entwicklungspsychologen, Psychoanalytiker, Sozialhistoriker und Literaturwissenschaftler alarmierend sein müssen.[40] Renata Yesner, Halina Birenbaum, Imre Kertész und andere stoßen durch die subtile literarische Evokation kindlicher Wahrnehmungswelten ihre Leser darauf, wie bedrohlich für sie als Kinder die Kollision der häuslichen Wertewelt mit der Ideologie der Nazis gewesen sein mußte. Ihre Ich-Identität war ja erst im Aufbau begriffen. Für die Ich-Identitätskonstitution wäre es maßgeblich gewesen, andere soziale Rollen einzuüben und zu lernen, wie man sich in die Perspektive Anderer versetzt. Dieser Weg normaler moralischer und kognitiver Entwicklung war aber für Renata im Ghetto und im Konzentrationslager abgeschnitten. Beobachtungen wie diejenigen von Renata Yesner sind wertvolle ex negativo-Tests für die Richtigkeit von Kohlbergs Theorie der moralischen Entwicklung von Kindern. Während für die dreizehnjährige Halina die Identifikation von Freund und Feind, Gut und Böse, Mensch und Tier mit Hilfe der Mutter im Warschauer

---

[38] Jürgen Habermas hat den Zusammenhang zwischen Kohlbergs Entwicklungspsychologie, psychoanalytischen Theorien über die Ich-Identität, soziologischen Rollentheorien und Theorien des gesellschaftlichen Handelns hergestellt. Vgl. Jürgen Habermas: Moralentwicklung und Ich-Identität. In: Ders.: Rekonstruktion des historischen Materialismus. Frankfurt a.M.: Suhrkamp 1974, S. 63–91.

[39] Dazu Sander L. Gilman: Jüdischer Selbsthaß. Antisemitismus und die verborgene Sprache der Juden. Frankfurt a.M.: Jüdischer Verlag Suhrkamp 1993 (erstmals englisch 1986).

[40] Ich komme auf die Zusammenhänge zwischen kindlicher Moralentwicklung und kindlicher Verstörung durch die Situation im Ghetto und Konzentrationslager in meinem Marburger Beitrag 1997 zurück. Vgl. Barbara Bauer und Guy Stern (Hrsg.): Für ein Kind war das anders. Marburger Tagung 22.– 25. Mai 1997. Die Tagungsbeiträge werden gedruckt.

Ghetto schon mühelos gelang, verunsicherten die Nazi-Soldaten im Ghetto, die Kinderverfolger und die Stutthof-Wächter das achtjährige Mädchen Renata, weil ihr Verhalten die von Mutter und Verwandten vermittelten Werte in Frage stellte und das Kind noch nicht in der Lage war, die Immoralität seiner Lager-Umwelt mit den als zweifelsfrei akzeptierten, aber realitätsfremden Moralnormen der Mutter zu messen. Die Konsequenz aus dieser entwicklungsbedingten Situationseinschätzung des Mädchens im Ghetto von Kaunas war, daß Renata sich auch später im Lager an den Rache- und Vergeltungsphantasien der erwachsenen Frauen nicht beteiligte, sondern sich für die ambivalente Personengruppe der Aufpasser interessierte und noch als Erwachsene frei von Ressentiments ist.

Der Junge ohne Schicksal im KZ, ein Anti-Drama

Der vollkommen ahnungslose, arglose fünfzehnjährige jüdische Junge György Köves aus Budapest in Imre Kertész' autobiographischem *Roman eines Schicksallosen* ist der Held eines perfekten Anti-Dramas oder eines Anti-Entwicklungsromans. Es fehlt die *hamartía*, die nach Aristoteles für die tragische Handlung maßgeblich ist, und folglich auch das Schuldbewußtsein des Helden, als er merkt, auf welche tödliche Katastrophe die willenlose Menschenschlange vor den Baracken in Auschwitz zusteuert. György alias Imre aus Budapest handelt nicht, sondern läßt sich treiben im Glauben an die Vernünftigkeit der Welt. Der Ich-Erzähler Kertész hält sich mit seinem Wissen vom Ende und Wertungen ganz zurück und versetzt sich auf eine Weise in das Denken und Fühlen des Dreizehnjährigen, die den historisch aufgeklärten Leser abstößt. György ist gutgläubig und versucht in allen unerwarteten Schicksalswendungen einem unverbesserlichen Candide gleich nur das Beste zu sehen.

Für pathetische, rührselige Szenen, die entstehen, als sich der Vater von den Verwandten verabschiedet, um sich zum „Arbeitsdienst" zu begeben, hat der Junge nichts übrig. Schließlich könne er für den Vater doch nichts tun.[41] Dem Jungen kommt offenbar so wenig wie seinen Eltern in den Sinn, daß man dem Befehl der Deutschen zum Arbeitsdienst auch den Gehorsam verweigern könnte. Für die theologischen Erklärungen von Onkel Lajos, daß von nun an sogar der Junge „Anteil am ge-

---

[41] Imre Kertész: Roman eines Schicksallosen, S. 13.

meinsamen jüdischen Schicksal" haben werde, das seit Jahrtausenden nur aus Verfolgung bestehe und von den Vorvätern mit Ergebenheit ertragen worden sei, hat er kein Verständnis. Die hebräischen Gebete für den Vater spricht er seinem Onkel mechanisch nach, ohne ihren Sinn zu erfassen.[42] Im Unterschied zu seinen Freundinnen grübelt er nicht darüber, woher der Judenhaß der Deutschen komme, worin sein Wesen als Jude bestehe und ob das jüdische Leiden einen Sinn habe. Der Judenstern ist für ihn ein bedeutungsloses Etikett, das ein anderer ebenso tragen könnte, wenn er als Säugling zufällig mit ihm vertauscht worden wäre.[43] Es kommt ihm gar nicht in den Sinn, daß die Brandmarkung mit dem Judenstern irgend etwas mit seiner eigenen Identität zu tun haben könnte. Die Frage seiner Kusine, man müsse doch „wissen, wofür man gehaßt wird", sich also Gewißheit darüber verschaffen, was an Juden wesenhaft anders sei, stellt er sich gar nicht. Darüber, daß er das Gymnasium verlassen muß und als Hilfsarbeiter für den Wiederaufbau der zerbombten Shell-Fabrik angelernt wird, ist er nicht traurig; im Gegenteil, betrachtet er diese Vorstufe zum Arbeitsdienst doch als Bestätigung dafür, daß auch er in Kürze „altersmäßig [...] vollwertig [...] für den Arbeitsdienst" sein würde.[44] Die Deutschen imponieren dem Jungen aufgrund ihrer Tüchtigkeit.

György Köves wird im Juni 1944 mit seinen jugendlichen Arbeitskollegen auf dem Weg zur Arbeit angehalten, in ein Zollhaus gebracht und zu einem Arbeitstransport genötigt. Dem ungarischen Polizisten schuldet er wie alle Gehorsam. Sein Arbeitsausweis verschafft ihm die Sicherheit, daß er zu kriegswichtigen Arbeiten gebraucht werde, und der Wunsch des Wachtpolizisten, er hoffe, daß er es mit vernünftigen, disziplinierten Jungen zu tun habe, die ihm keine Probleme machten, spornt die Jugendlichen dazu an, sich so geduldig zu verhalten wie Erwachsene.[45] Die Erlaubnis des Polizisten, das Hemd auszuziehen, obwohl man dann doch nicht mehr den gelben Stern sehen könne, findet György in der Sommerhitze menschlich.[46] Über die Aufgeregtheit der Erwachsenen im Zollhaus und in der Ziegelei mokiert er sich. Der „Anstand" verbietet ihm, auf der Chaussee im Budapester Berufsverkehr die Gelegenheit zur

---

[42] Ebd., S. 26–28.
[43] Ebd., S. 42–46.
[44] Ebd., S. 34.
[45] Ebd., S. 52.
[46] Ebd., S. 54.

Flucht zu ergreifen.[47] Die Beunruhigung des Lesers wächst, weiß er doch, worauf die Telefonate, Listen und Geheimniskrämerei der Polizisten hindeuten und daß die Erwachsenen allen Grund zur Panik haben. György alias Imre hat dagegen nur das Gefühl, in ein sinnloses Stück hineingeraten zu sein, in dem er seine Rolle nicht kennt.[48] Die Aussicht, nach Deutschland zur Arbeit ausgesiedelt zu werden, findet der Junge „reizvoll"; über die Deutschen hat er mehr Vorteilhaftes als Mißgünstiges gehört. Bis zur Ankunft in Auschwitz ist er mit einigen Erwachsenen bereit, den fehlenden Sinn der Aktion mit seinem Verstand irgendwie nachzuliefern und schließt von der Höflichkeit und Korrektheit, mit der deutsche Offiziere Fragen nach dem Sinn der Deportation und der Verwendung der Deportierten im Reich beantworten, auf ihre ehrlichen, guten Absichten. Die häufigste Formel, mit der er aus der Sicht des ahnungslosen jüdischen Jungen.das Verhalten der Deutschen rationalisiert, ist ein nachgestelltes „versteht sich" und „natürlich".

Tragische Ironie kennzeichnet die Wahrnehmung dieses Helden. Er mißversteht alle Zeichen, die in Auschwitz auf die tödliche Gefahr hindeuten: die ausgemergelten, abstoßend jüdisch aussehenden Sträflinge, vor denen er – „versteht sich" – unwillkürlich etwas zurückwich,[49] die selbstsicher auftretenden SS-Aufseher in ihren schmucken, gepflegten Uniformen, die an der Rampe von Auschwitz-Birkenau „als einzige in diesem ganzen Durcheinander ruhig und fest" wirkten, die adretten weißen Häuser mit Vorgärten, den Fußballplatz[50], die Wachtürme, die er zunächst für Hochsitze hält, die Selektion, bei der Alte, Verweichlichte und Schwache – „versteht sich" – als arbeitsuntauglich ausgesondert werden, und die Schornsteine der Krematorien. Die Selektion wird aus der Perspektive des sportlichen Jungen wie eine gut organisierte Musterung wahrgenommen, die ihm und seinen Kameraden selbstverständlich die Tauglichkeit bescheinigt. Alle Beteiligten kennten das von berufs- oder sportärztlichen Untersuchungen zuhause und wüßten das Ergebnis schon im voraus. Noch ahnt György nicht, daß es sich um das Vorspiel zur perfekt geplanten Massenvernichtung handelt:

---

[47] Ebd., S. 65.
[48] Ebd., S. 67.
[49] Ebd., S. 89.
[50] Ebd., S. 102.

> Alles war in Bewegung, alles funktionierte, jeder war an seinem Platz und machte das Seine, alles exakt, heiter, wie geschmiert. Auf vielen Gesichtern sah ich ein Lächeln, ob eher bescheiden oder eher selbstsicher, den Zweifel ausschließend oder das Ergebnis schon vorausahnend – es war im Grunde eigentlich doch immer das gleiche, das gleiche etwa, das auch ich zuvor auf meinem Gesicht gespürt hatte.[51]

Der Erkenntnis-Choc wird jäh durch die Vielzahl der feuerspeienden Schornsteine ausgelöst, nachdem ihn die Kennzeichnung der tätowierten Nummer als „himmlische Telefonnummer“ schon zum Nachdenken veranlaßt hat. Exakt in der Mitte der Erzählung – in der Mitte des fünften Kapitels, dem vier weitere folgen – meldet sich erstmals der wissende Autor Kertész zu Wort mit der Erklärung, die dem fünfzehnjährigen Häftling erst allmählich aufgegangen sein wird. Ein Erkundungsgang durch das Lager führt zu „genaueren Erkenntnissen“:

> Da, gegenüber, verbrannten in diesem Augenblick unsere Reisegefährten aus der Eisenbahn, alle, die im Auto hatten mitfahren wollen, und all die, die sich vor dem Arzt aus Alters- oder anderen Gründen als untauglich erwiesen hatten, genauso die Kleinen und mit ihnen die Mütter und die, die es in der Zukunft geworden wären [...]. Auch sie seien über die Kleiderhaken, die Nummern, den Ablauf im Bad unterrichtet worden, genauso wie wir. Auch Friseure seien dort gewesen – so wurde behauptet –, und auch die Seife habe man ihnen ausgehändigt. Und dann seien auch sie in den Baderaum geführt worden, wo, so hörte ich, auch solche Rohre und Duschen vorhanden waren: nur, daß man aus ihnen nicht Wasser, sondern Gas auf sie herunterließ. [...] In der Zwischenzeit – hörte ich – sei man sehr freundlich zu ihnen, sie würden liebevoll umsorgt, die Kinder sängen und spielten Ball, und der Ort, wo sie vergast wurden, sei sehr hübsch gelegen, zwischen Rasenplätzen, Wäldchen und Blumenbeeten, deshalb hatte ich schließlich den Eindruck, es sei eine Art Schabernack, irgend etwas wie ein Studentenstreich.[52]

---

[51] Ebd., S. 99.

[52] Ebd., S. 124f.

György alias Imre stellt fest, daß Auschwitz auch auf ihn gewartet habe. Als er aufs Gymnasium kam, habe der Tötungsbetrieb in Auschwitz gerade begonnen. Weder Schule noch Elternhaus haben ihn dafür gerüstet, sondern er fühlt sich überwältigt, übertölpelt, vom Schein betrogen. Das Umlernen ist qualvoll, geht aber geschwind. Die vom ungarischen Polizisten gepriesene Diszipliniertheit der wohlerzogenen Jugendlichen nützt in Buchenwald überhaupt nichts. Ein guter Häftling sein zu wollen, war für György aufgrund seiner Erziehung zwar ein naheliegendes Verhaltensideal, es bringt ihm allerdings keine Vorteile ein, findet keine Anerkennung und fördert kein Gesamtziel.[53] Nützlichkeitsdenken versagt überhaupt angesichts der Disfunktionalität aller Tätigkeiten, zu denen die Häftlinge gezwungen werden. Der Erzähler registriert wie der Aufseher eines Experiments den augenscheinlichen, allen vertrauten Zusammenhang zwischen williger Pflichterfüllung und Belohnung und beobachtet, was passiert, wenn die Gratifikation ausbleibt, die Essensrationen immer kleiner werden und die Pflichterfüllung folglich physisch nicht mehr möglich ist. György wird für seine körperliche Schwäche bestraft, an der seine Unterdrücker doch selber schuld sind, und als „Judenhund“ beschimpft, als er in Zeitz einen Zementsack fallen läßt. Was der Junge ursprünglich für eine den Zielen der Deutschen förderliche Konditionierung hielt, erweist sich als Konditionierung zum „Muselmann“: Die Kette von Essensentzug, Kapo-Schikanen, Verspottung und anderen Demütigungen hat die Dekomposition der Persönlichkeit und die physische Vernichtung zum Ziel.[54]

Als größte Erniedrigung empfindet György den Verlust der Herrschaft über seinen Körper. Unter der Einwirkung von Hunger und Schlägen entfremdet er sich vom Geist, so daß der Inhaber von Körper und Geist die Einheit seiner Person verliert. Nicht mehr im Besitz seiner physischen und psychischen Selbstkontrolle, ohne Widerstandskraft und Selbstbewußtsein, „weder frei noch determiniert, weder Individuen, noch Produkte der Gesellschaft“,[55] hätten der Junge und auch andere Häftlinge auch zum Mörder werden können, wenn es ihm sein Überle-

[53] Ebd., S. 161ff.
[54] Ebd., S. 188.
[55] Kertész: Galeerentagebuch, S. 56.

benstrieb in der Zwanslage geboten hätte.[56] Kertész' Schilderung, wie das Bewußtsein aus der schadhaften Körpermaschine sich verflüchtigt, annulliert die neuzeitliche Tradition der europäischen Subjektphilosophie. Die Selbstbeobachtung des ungarischen Jungen zerreißt den Zusammenhang zwischen Denken, Fühlen und Sein, der für den Selbstbeobachter René Descartes unzweifelhaft war. Seine „Lebensflamme" war so weit heruntergebrannt, daß er seinen eigenen Körper schon so wie den eines Toten als „sterbliche Überreste" ansah.

> Zum Beispiel ließ sich ein früher oft gehörter Ausdruck wie ‚sterbliche Überreste' nach meinem vormaligen Wissen ausschließlich auf einen Verstorbenen beziehen. Ich jedoch, daran war kein Zweifel, lebte noch, wenn auch flackernd, ganz hinuntergeschraubt gewissermaßen, aber etwas brannte noch in mir, die Lebensflamme, wie man so sagt – andererseits war da mein Körper, ich wußte alles von ihm, nur war ich selbst irgendwie nicht mehr in ihm drin.[57]

Was mit diesem „Ding" passierte, berührte den sterbenden Geist nicht mehr. Er begriff nur, daß er zum „Rest der Ladung" gehörte und Abfall war.[58] Die Dissoziation von Körper und Geist, die Kertész im *Roman eines Schicksallosen* aus der Ich-Perspektive von innen her geschildert hat, nimmt er Jahre später als Augenzeuge des Verfalls seiner an Gehirnsklerose leidenden Tante auch von außen wahr. Das äußere Spiegelbild einer Situation, die er aus seiner Leidenszeit in Buchenwald kannte, veranlaßt Kertész zu Spekulationen über die Unterarten und Grenzen des Bewußtseins, dieser noch beim Verlöschen flackernden „Lebensflamme".

> Sie [die Tante] legte sich hin und starb innerhalb etwa eines Monats systematischer Arbeit. Was wußte sie selbst davon, das heißt, was wir für sie halten, als dies kennen? Simpel betrachtet, lief das

---

[56] Eben diese Überlegung stellte auch das Mädchen Renata Yesner an, als sie erfährt, daß ein Junge aus der Nachbarschaft sein Brüderchen aus Versehen getötet hat, weil es ihm den Bissen im Mund neidete. Wie leicht hätte ihr dasselbe mit ihrer kleinen Schwester Carmela passieren können. Yesner: Jeder Tag war Jom Kippur, S. 65.

[57] Ebd., S. 203.

[58] Ebd., S. 206.

> Ganze „unter-bewußt" ab. Dennoch läßt sich nicht unterbewußt nennen, was das Bewußtsein derart beherrscht, was sozusagen das Bewußtsein des Bewußtseins ist. Andererseits verbrachte sie den größten Teil dieses aus der Sicht des Todes äußerst aktiven Zeitabschnitts ganz offensichtlich in einem bewußtlosen Zustand. Es war ein ebenso wichtiger Abschnitt ihres Lebens wie die frühe Kindheit, über die der Mensch ebenfalls nicht das geringste weiß.[59]

Der Beobachter spricht über die kranke Tante; die Syntax täuscht jedoch über den subjektlosen, unterbewußten Zustand der Kranken hinweg. Die äußerlich als Demenz wahrgenommene Krankengeschichte entspricht der Introspektion des fast bewußtlos vegetierenden Buchenwald-Häftlings, der es als „vernunftwidrig" empfand, in diesem Zustand noch Lebenswillen zu zeigen.

Die Lagerexistenz annulliert 2000 Jahre abendländische Kulturgeschichte. Glaubte György im besetzten Budapest, im Zollhaus, in der Ziegelei und auf der Rampe in Auschwitz noch an einen höheren Zweck, dem er diente und der sich gewiß in eine sinnhafte Einrichtung der Welt überhaupt fügte, so besteht seine erste Lagerlektion in der Einsicht, daß alle plötzlichen Veränderungen der vergangenen Monate seit seiner Schulentlassung von höherer Warte aus gelenkt worden waren und einzig auf seine Vernichtung zielten. Diese funktionierte umso reibungsloser, je weniger die zur Vernichtung Deportierten begriffen, was mit ihnen geschah, je länger sie also die unfaßbare Vernichtungsmaschinerie in ihren gewohnten Kategorien zu erfassen suchten. Solange sie die Außendinge für das nahmen, was sie sonst sind, und eine Selektion für eine Musterung, Häftlingsblocks für Häuschen mit Vorgärten, das SS-Personal für Offiziere mit Manieren hielten, und solange sie sich bemühten, als gute Häftlinge für irgendein deutsches Kriegsziel gute Arbeit zu leisten, waren sie als willenlose Rädchen in der Vernichtungsmaschinerie verloren.

Lernen aus Erfahrung im „Univers concentrationnaire" falsifiziert das draußen erworbene Erfahrungswissen. György hat in Auschwitz und Buchenwald so gründlich gelernt, dem Schein zu mißtrauen, daß er sogar die tatsächliche Hilfe, die ihm Ärzte und Pfleger im Krankenbau von

[59] Kertész: Galeerentagebuch, S. 273f.

Buchenwald angedeihen lassen, für eine besonders perfide Irreführung hält. Er wehrt sich gegen die Verlegung vom Fußbodenlager in den vergleichsweise komfortablen Krankenbau, aus Angst, man wolle ihn als gesund entlassen. Als er zu seiner Verblüffung in einem richtigen Bett mit Steppdecke und Laken wieder aufwacht, argwöhnt er, daß es sich um ein besonders subtiles Experiment der Unterdrücker handeln könnte. Der Vergleich mit vergangenen Lektionen im Lager legt ihm den induktiven Schluß nahe, daß man die Kranken in diesen wunderbaren Betten wohl verhungern lasse. Der Obersatz in diesem praktischen Syllogismus lautet, daß in den Nazi-Lagern alles, was möglich ist, auch „ausführbar, machbar" sei:

> Man wird also, grübelte ich, zum Beispiel genau in ein Zimmer wie dieses gebracht. Man wird, sagen wir, genau in ein solches Bett mit Steppdecke gelegt. Gehegt, gepflegt, mit allem versorgt – nur nicht mit Essen, nehmen wir einmal an. Wenn man will, dann läßt sich zum Beispiel vielleicht sogar das beobachten, auf welche Art jemand verhungert – schließlich mag auch das auf seine Art interessant, in höherem Sinn nützlich sein, warum denn nicht, das mußte ich zugeben. Wie ich es auch drehte und wendete, die Idee kam mir immer wirklichkeitsnäher, immer brauchbarer vor. [60]

Das Beispiel von Ruth Elias, die in Auschwitz ein Kind zur Welt brachte, ihm aber keine Milch geben durfte, zeigt, daß Kertész mit seiner Schlußfolgerung eine echte „Gesetzmäßigkeit" des Nazi-Lagers erfaßt hat. Die wahnsinnige Vermutung einer Leidensgenossin, „Mengele will einen Versuch machen, wie lange ein Neugeborenes ohne Essen aushalten kann", erwies sich im Falle der unglücklichen Mutter Ruth als richtig.[61] Das Böse ist die Normalität, weil Menschen, um zu überleben, dem Mitmenschen seine Überlebensration stehlen müssen. Primo Levis Zweifel scheinen angesichts der Verrohung in Auschwitz berechtigt: „Ist das ein Mensch?" Die freiwillige gute Tat war in der verkehrten Welt des Konzentrationslagers die erklärungsbedürftige Ausnahme, zum Beispiel das Verschenken der eigenen Überlebensration. Diese Erfahrung, die Kertész in seinem späteren Roman *Kaddisch für ein nicht geborenes*

---

[60] Ders.: Roman eines Schicksallosen, S. 224.

[61] Ruth Elias: Die Hoffnung erhielt mich am Leben. Mein Weg von Theresienstadt und Auschwitz nach Israel. München: Piper 1995, S. 185.

Kind geschildert hat,[62] deckt sich mit Ruth Klügers Erleben der für ihr Überleben entscheidenden Minute. Daß sie in der Selektion auf die Seite der Lebenden kam, lag an der völlig unvorhersehbaren, wenig motivierten und sehr riskanten Einflüsterung einer Aufseherin, „einer freien, spontanen Tat".[63] Ebenso erklärungsbedürftig scheint dem ungarischen Jungen nach all den sinnlosen Torturen die Fürsorglichkeit der alten politischen Buchenwald-Häftlinge. Györgys Erklärung, daß er ohne Anlaß in Budapest einfach aufgegriffen und deportiert worden sei, weckte indes ihr Mitleid.

Das Prinzip der Erzählung ist, denke ich, deutlich geworden: es ist anti-tragisch. Ein Schicksalloser ist in die Maschinerie eines totalitären Systems gezerrt worden. Den mittelmäßigen Helden der aristotelischen Poetik, der teils durch einen eigenen Fehler, teils durch die Einwirkung von Umständen, für die er nichts kann, in Situationen gerät, in denen er falsch handelt und deswegen untergehen muß, gibt es ebensowenig mehr wie den prinzipientreuen Freiheitskämpfer nach Schillers Zuschnitt, der gegen eine Naturgewalt oder ein widriges Geschick ankämpft und just im Moment größter Gefahr seine Freiheit auskostet. Daß Menschen zweckorientiert handeln, sich gegen Bedrohungen wehren und Feinde besiegen können, hält Kertész im *Galeerentagebuch* für eine humanistische Ideologie, die nur dazu dient, das Gesicht des Totalitarismus zu verdecken. Der „Mythos Auschwitz" ist als Erklärungsmuster für Freiheitsverlust und heteronomes Handeln omnipräsent. Das disfunktionale Funktionssystem Auschwitz ist für Kertész Prototyp des Totalitarismus. Ihn vermag er nur durch die Parodie der klassisch-humanistischen Gattungen zu beschreiben. Die Herausforderung für den Schriftsteller nach Auschwitz besteht im Auffinden einer Sicht- und Schreibweise, die dem Phänomen gerecht wird, daß der Mensch im totalitären Getriebe dazu fähig ist, ebenso Henker wie Opfer zu sein. Das Tragische ist nichtexistent, es existiert nur „das falsche Bewußtsein der Kulturwelt, das vor Auschwitz bestand (und zu Auschwitz führte)."[64] Selbst der alttestamentarische Gott ist nicht von Ideologie frei. Gottes Dialog mit Kain, der seinen Brudermord vorherbestimmt, ihn zuläßt und Kain nach vollbrach-

---

[62] Imre Kertész: Kaddisch für ein nicht geborenes Kind. Reinbek: rororo 1996, S. 56: „[...] gebt jetzt gut acht, denn das wirklich Irrationale und tatsächlich Unerklärbare ist nicht das Böse, im Gegenteil: es ist das Gute."

[63] Ruth Klüger: weiter leben. Göttingen: Wallstein 1992, S. 134.

[64] Kertész: Galeerentagebuch, S. 21.

ter Tat entlastet, entlarvt den Schöpfer als „Diktator".[65] Kertész würde die humanistische Ideologie nur verlängern, wenn er seine Erzählung als Drama stilisieren würde: es wäre einfach nicht wahr.[66] Wer die ausgleichende Gerechtigkeit auf der Bühne oder im Roman siegen ließe, würde lügen, denn wer überlebt, hat sich bloß als Meister des Betrugs qualifiziert. Der Mythos Auschwitz erklärt, daß Freiheit eine humanistische Fiktion sei und der Mensch weder frei noch determiniert, vielmehr ein „zu allem fähige(s) Wesen" sei. Seit Auschwitz ist der Roman subjektloser Text und der Mensch nicht mehr Zentrum der Dinge. Franz Kafka ist Kertész Vorbild:[67] Er hat in seinen Romanen und Erzählungen die Erfahrung der Juden im System des Nazi-Terrors vorweggenommen, indem er Situationen aneinander reihte, in denen Menschen ihre Dezentrierung und Entmündigung erfahren.

Grundlegend für diese Poetik des negativen Humanismus und der Parodie klassischer Formen ist die Erfahrung des lernwilligen, aber falsch präparierten Jungen, der erst in Auschwitz merkt, daß er in der Schule nichts für Auschwitz gelernt habe, und nach der Rückkehr aus Buchenwald erlebt, wie alle, die das Glück hatten, nicht deportiert zu werden, sich genauso willenlos-gutwillig treiben ließen wie er. Beobachtungen, wie DDR-Bürger in der Schlange darauf warten, ihre Lebensmittel zu kaufen, bestätigen seine Erfahrungen, wie willenlos-gutwillig sich der Mensch versklaven läßt.[68]

Die adäquate Sprachform für die Artikulation dieser Philosophie fluktuierender Bewußtseinszonen ist nicht die Sprache der Tragödie mit ihrem ich-starken Helden, sondern das „Gleichnis" im Sinn von Goethes *Faust II*, Keimzelle einer Lyrik im Horizont von Auschwitz. Kertész vergleicht seine Ich-Unterarten, die von ihm in Buchenwald Besitz ergriffen, als er vom „repräsentativen Ich" des Zivilisierungsprozesses entblößt war, mit Teilen einer Pflanze, die mit Erde und Dünger im Beet, wo sie wurzelt, untrennbar verbunden sind. Denn für die Erfahrungen der Ich-Dissoziation fehlt die philosophische Begriffssprache, und die Subjekt-Prädikat-Logik syntaktisch wohlgebildeter Sätze geht fremd:

---

[65] Ebd., S. 23.
[66] Ebd., S. 29.
[67] Ebd., S. 58–60 (zu Franz Kafkas „Schloß").
[68] Ebd., S. 99.

> Ich habe mehrere Ichs, die alle einem einzigen Ich, meinem repräsentativen Ich, dienen. Doch meine sämtlichen Ichs – und damit auch *ich* selbst – wissen über dieses repräsentative Ich nur das wenigste. Ich bin wie Erde und Dünger des Beetes; die Blume, die ich austreibe, ist mir fremd; gleichsam nur aus Höflichkeit mir selbst gegenüber vermag ich, sie ab und zu für einen flüchtigen Augenblick zu bewundern.[69]

Was ist am *Roman eines Schicksallosen* autobiographisch, wenn der, der schreibt, die Kontinuität mit dem stummen Abfall-Ich, in dem „Ich denke" und „Ich bin" keine Einheit mehr bilden, sprachlich und bewußtseinsmäßig nicht aufrechtzuerhalten vermag?

> Das Autobiographischste in meiner Biographie ist, daß es in „Schicksallosigkeit" nichts Autobiographisches gibt. Autobiographisch ist, wie ich darin um der großen Wahrhaftigkeit willen alles Autobiographische weggelassen habe. Und wie aus diesem erkämpften Individualitätsmangel am Ende doch ein Sieg und der Inbegriff des in seiner Partikularität stummen Individuums hervorgeht.[70]

Autobiographie als Doppelroman eines Ich und Alter ego – KZ und Identitätsverlust als Anti-Utopie

Georges Perec (1936–1982), das in Frankreich aufgewachsene Kind polnischer Einwanderer, hat den „Univers concentrationnaire" nicht selber erlebt. Seine Mutter hat ihn rechtzeitig in Sicherheit gebracht, bevor sie deportiert wurde. Georges erinnert sich an seine wunderbare Errettung 1942 und seine Retterin jedoch nicht. In seinem autobiographischen Doppelroman *W oder die Kindheitserinnerung* malt er sich ein taubstummes, introvertiertes Alter ego aus, das in der disfunktional organisierten Zwangsgesellschaft des Konzentrationslagers zugrunde gegangen wäre, wenn es zusammen mit der Mutter deportiert worden wäre. Perec läßt den Leser seiner Autobiographie im Unklaren darüber, wann er vom Tod der Mutter in Auschwitz erfuhr. Ich vermute, der Besuch einer Pariser Ausstellung über Konzentrationslager, den eine Tante für den

---

[69] Kertész: Galeerentagebuch, S. 272.

[70] Ebd., S. 185.

Zwölfjährigen arrangierte, steht mit seiner Aufklärung über das Schicksal seiner Mutter im Zusammenhang.[71] Hans Keilsons großangelegte Studie traumatisierter Kinder, die im niederländischen Versteck der Deportation entgingen, vermittelt dem Laien eine Ahnung davon, was eine solche Offenbarung in einem Zwölfjährigen auslösen kann, der sechs Jahre früher von der Mutter getrennt wurde.[72] Wenn es den Begriff des Möglichkeitstraumas („was wäre gewesen, wenn er mit der Mutter nach Auschwitz gekommen wäre") gäbe, träfe er auf Perecs Angstphantasien zu, die genau danach ausbrechen. Ich möchte ihre literarische Struktur analysieren.[73] Nachträgliche Angstvisionen trieben ihn dazu, vier Jahre lang Hefte über eine totalitäre Gesellschaft vollzuschmieren, die allein durch die von Funktionären verordnete olympische Idee zusammengehalten wird, während alle, die sie durch ihre sportlichen Leistungen hochhalten sollen, zugrundegehen. Mit Vierzig hat Perec seine frühere Vision von W akribisch aufgezeichnet.

W oder die Kindheitserinnerung hat die Form eines Doppelromans. Er beginnt wie ein Kriminalroman mit der Geschichte des in Deutschland lebenden Deserteurs Gaspard Winckler, dem Alter ego Perecs. Die Geschichte von Gaspard Wincklers Identitätssuche, die zu einer Insel W auf Feuerland führt, wo sich die Spuren eines taubstummen Jungen namens Gaspard Winckler nach einer Schiffskatastrophe verlieren, wechselt dann kapitelweise ab mit den Erinnerungen Georges Perecs an seine frühe Kindheit. In ihnen hofft er eine Erklärung für die obsessive Vision der totalitären Gesellschaft von W zu finden, die er als Zwölfjähriger entwarf. Um sich diese Vision einer Welt, in der die Mutter umkam, vom Leibe zu halten, fingiert Perec die Gestalt Wincklers, der diese Welt entdeckt, als er sich auf die Suche nach dem einzig möglichen Überlebenden einer Schiffshavarie macht. Winckler verschwindet, sobald er die Insel W erreicht hat. Die Organisation von W wird im zweiten Teil des Romans aus unpersönlicher Perspektive erklärt. Das olympische Dorf entpuppt sich im Verlauf der Beschreibung als Vernichtungs-

---

[71] Georges Perec: W und die Kindheitserinnerung. Frankfurt a.M.: Suhrkamp 1982, S. 192.

[72] Hans Keilson: Sequentielle Traumatisierung bei Kindern. Deskriptiv-klinische und quantifizierend-statistische follow-up Untersuchung zum Schicksal der jüdischen Kriegswaisen in den Niederlanden. Stuttgart: Ferdinand Enne 1979, vgl. die Fallbeispiele aus der dritten und vierten Altersgruppe, S. 171–220.

[73] Profitiert habe ich dabei von Philippe Lejeune: Les projets autobiographiques de Georges Perec. In: Parcours Perec. Lyon: Presses universitaires 1990, S. 49–68.

maschinerie im Namen sportlicher Tüchtigkeit. Das um den Leistungssport als Ideologie kreisende Leben auf W prägt die Biographien aller Einwohner bis zum gewaltsamen Tod.

Diese Vision, eine negative Insel-Utopie, hat mit der Geschichte der Mutter und seiner Trennung von ihr zu tun. Sie schickte den Sechsjährigen in die unbesetzte Zone Frankreichs und wurde selber zum Opfer der Nazi-Okkupatoren. In dem „Univers concentrationnaire" von Auschwitz, in dem sie 1943 umkam, gelten eben die Gesetze, die der Zwölfjährige seiner Vision der Gesellschaft von W zugrunde legte. Das gemeinsame Thema beider Romanteile ist die unsichere Identität von Georges Perec alias Gaspard Winckler. Die Suche nach der eigenen Identität fällt deswegen so schwer, weil Georges keinerlei Erinnerungen an die Mutter hat und weil sich die Spuren des echten Gaspard Winckler, der dem französischen Kriegsdeserteur, mit dem die Geschichte *W oder die Kindheitserinnerung* beginnt, seinen neuen Namen geliehen hat, nach einem Schiffsunglück im Ozean um Feuerland verlieren. Es fehlen also die Anhaltspunkte im kindlichen Gedächtnis, die Halterungen und Verbindungstaue, an die Georges seine frühesten Erinnerungsfragmente knüpfen könnte. Daraus erwächst ein Mißtrauen gegenüber seinem Gedächtnis und große Unsicherheit hinsichtlich der eigenen Herkunft. Die Verantwortung dafür liegt letztlich bei den Nazis, die ihn seiner aus Polen eingewanderten Eltern beraubten. Der Vater fiel am Tag nach dem deutsch-französischen Waffenstillstand einer Granate zum Opfer, die Mutter wurde 1943 nach Auschwitz deportiert. Da er seine Eltern nicht mehr nach seinen Ursprüngen fragen kann und das eigene Gedächtnis aussetzt, hält sich Georges an wenige Fotos, die ihn, einen fremden, wenig fotogenen Buben, mit seiner Mutter, seinem Vater oder seinen diversen Tanten zeigen. Diese Bilder lösen vereinzelte Erinnerungsfetzen aus, der Ich-Erzähler im zweiten Teil zu einem unvollkommenen Puzzle zusammenzufügt.

Georges Perec sucht nach Indizien, die wie Narben und Bruchstellen auf besondere Verletzungen hindeuten, die von seiner jüdischen Herkunft und dem Verlust seiner Eltern herrühren könnten. Sein Gedächtnis bewahrt folgerichtig Eindrücke auf von Behinderungen durch eine Armverletzung mit sechs, einen Leistenbruch, einen Schlüsselbeinbruch und einen Schlittenunfall, den er verursacht hat[74]; außerdem sind zwei Fälle

[74] Perec: W und die Kindheitserinnerung, S. 70f. und 98–100.

ungerechter Bestrafungen in der Schule haften geblieben, für die vielleicht sein jüdisches Stigma der Grund gewesen sind.[75] Auf eine Narbe an der Oberlippe, die ihm ein Klassenkamerad mit einem Skistock zufügte, legt er als besonderes Kennzeichen großen Wert, können doch Narben als Indizien dienen, mit deren Hilfe die Identität des „richtigen" Perec alias Winckler, für den sonst niemand bürgt, einwandfrei ermittelt werden kann.[76] Bei den Brüchen handelt es sich jedoch um eingebildete Brüche: im Fall des Sechsjährigen diente der Arm in der Schlinge nur als Alibi dafür, mit einem Kindertrupp des Roten Kreuzes in Sicherheit vor den Deutschen gebracht zu werden. Der Schlüsselbeinbruch passierte in Wirklichkeit einem Klassenkameraden. Perec identifizierte sich aber deshalb mit dem Verletzten, weil es dem Waisenkind gefiel, besonders schutzbedürftig zu erscheinen und mit besonderer Zuwendung rechnen zu dürfen. Ein Hang, sich mit dem Opfer zu identifizieren, erlaubt Rückschlüsse auf eigene Zurücksetzungen während des Krieges.[77] Als Perec 1958 bei den Fallschirmspringern seinen Militärdienst absolvierte, erlebte er den Absprung, freien Fall ins Leere und die Angst, der Fallschirm könnte sich nicht öffnen, als Parabel seiner ungewissen, haltlosen Existenz. Seitdem er überzeugt davon war, daß es notwendig sei, sich hinabzustürzen und seitdem er das „tolle" Gefühl kannte, wie sich der Fallschirm öffnete, konnte er sich selbst akzeptieren.[78]

George Perec versorgt den Leser mit einer Fülle von Kreuzverweisen, die auf eine Verbindung der beiden Geschichten – der Kindheit in Frankreich ohne die Mutter und der kontrafaktischen Existenz auf W zusammen mit der Mutter – deuten. Die Beschreibung der Gesellschaft auf W, die sich dem Leser allmählich als Parabel für das „Univers concentrationnaire" enthüllt[79], wird mit einer spannenden Vorgeschichte im Stil von Jules Verne[80] eingeleitet. Ein Funktionär einer Seenotrettungsgesell-

---

[75] Ebd., S. 156.

[76] Ebd., S. 131f.

[77] Vgl. die Analyse der Bruch-Metaphorik und der „eingebildeten Brüche" auf S. 70 und 99.

[78] Georges Perec: Der Sprung mit dem Fallschirm. In: ders.: Geboren 1936. Bremen: Manholt 1993, S. 33–46.

[79] Perecs Schlußzitat (S. 197) aus David Roussets Essay L' univers concentrationnaire (Paris 1946) liefert die Probe auf das Exempel seiner Entlarvung der olympischen Insel als totalitäre, menschenunwürdige Anstalt.

[80] Vincent Bouchot: L' intertextualité vernienne dans W ou le souvenir d' enfance. In: Études littéraires, 23, No. 1–2 (1990), S. 110–120.

schaft informiert den Deserteur Gaspard Winckler darüber, daß er seinen neuen Namen einem taubstummen Jungen verdanke, dessen Mutter ebenfalls ein Ehrenmitglied der Rettungsgesellschaft gewesen sei. Dem Jungen zuliebe habe sich die berühmte Sängerin Cäcilia Winckler auf eine Weltreise begeben. Sein psychischer Zustand habe sich jedoch durch die neuen Eindrücke nicht verändert, und das Boot sei auf mysteriöse Weise mit allen Insassen außer Gaspard Winckler vor Feuerland zerschellt.[81] Ob Gaspard Winckler vielleicht davor von seiner Mutter auf einer Insel ausgesetzt worden sei, möge sein Double, der französische Deserteur gleichen Namens, klären.[82] Der taubstumme Junge Gaspard Winckler, der auf der Weltschiffsreise verloren ging, aber möglicherweise die Havarie auf der Insel W überlebt hat, *ist* das Waisenkind Georges Perec. Gleichzeitig ist auch der Deserteur mit dem falschen Namen Gaspard Winckler, der sich auf die Spur des verschollenen Namensgebers setzt, mit Georges Perec identisch.[83]

Die Reise führt Winckler alias Perec nach W, wo sich scheinbar alles um den Sport dreht. Die Beschreibung der gesellschaftlichen Spielregeln von W verdrängt im zweiten Teil des Doppelromans den echten und falschen Gaspard Winckler. Der Erzähler läßt in der Schwebe, ob Winckler der Augenzeuge ist, der W inspiziert und über das Leben auf W erzählt. Die Fiktion Wincklers dienten nur dazu, die Verbindung zwischen Frankreich, Deutschland und dem utopischen Ort W anzudeuten. Auch die Mutter – Cäcilia Winckler alias Cécilie Szulewicz – geht im Kollektiv der Frauen unter, die nur als begehrte Beute sexuell ausgehungerter Sportler eine Rolle spielen. Der Sozialstatus der Sportler auf W gründet sich auf die Zahl ihrer Siege und Niederlagen, ebenfalls ihr körperlicher Zustand, weil Verlierer mit Essensentzug bestraft werden. Folglich verringern sich ihre Chancen, noch einmal ihre Überlegenheit zu beweisen, von Niederlage zu Niederlage. Um diesen eindeutigen Nachteil auszugleichen, wodurch die Wettkämpfe an Interesse verlören, greifen die Regierenden auf W und ihre Funktionäre mit willkürlichen Sonderrege-

---

[81] Perec: W und die Kindheitserinnerung, S. 56–60.

[82] Ebd., S. 75f.

[83] Alan Astro sieht nur die eine Richtung der Allegorie: Der Deserteur sei Georges Perec, das einzige Familienmitglied, das den Krieg überlebte, und die Suche des Deserteurs nach dem verschollenen Kind, sei Perecs eigene Suche nach seiner Kindheit. Alan Astro: Allegory in Georges Perec's „W ou le souvenir d' enfance“, in: Modern Language Notes 102, H. 2 (1987), S. 867–876, hier 869.

lungen ein. Diese laufen dem Prinzip, daß sportliche Leistung belohnt wird, schnurstracks entgegen, so daß rationales Handeln mit dem Ziel, zu siegen, für jeden begabten Sportler unkalkulierbar wird. Der olympische Geist ist die Ideologie, welche den autodestruktiven Charakter der Gesellschaft auf W den Sportlersklaven verhüllt. Nur auf den ersten Blick huldigen alle, Funktionäre und Sportler, auf W der olympischen Idee sportlicher Tüchtigkeit. Ihre „Verherrlichung des Sieges" heißt den totalen „struggle for life" für gut, in dem jedes Mittel zulässig ist und sich jeder selbst der nächste ist.[84]

> Es gibt zwei Welten, die der Herren und die der Sklaven. Die Herren sind unerreichbar und die Sklaven zerfleischen sich gegenseitig. Doch selbst das weiß der Sportler von W nicht. Er glaubt lieber an seinen Stern. Er wartet darauf, daß das Glück ihm lächelt.[85]

Die fortschreitende Enthüllung im Winckler-Teil, daß das wahre Gesetz auf W die sinnlose Zerstörung der Ressourcen der Sportler sei, korrespondiert im Perec-Teil der Verdichtung und chronologischen Vernetzung der Erinnerungsfetzen im Laufe der Kinder- und Jugendzeit. In den letzten beiden Kapiteln kommen die Erfahrung von Georges in der KZ-Ausstellung und die des Lesers von Wincklers W-Beschreibung beinahe zur Deckung. Die Erinnerungsarbeit von Georges endet, sobald er den Tag erreicht, an dem er die KZ-Ausstellung besucht hat. Damit ist dem Leser endlich klar, aus welchen Quellen sich die Vision des Zwölfjährigen speist.

Wichtige Zäsuren in Perecs Erinnerungsarbeit sind das Datum der eigenen Rettung und der Deportation der Mutter. Seitdem ist das Verbindungstau zur Mutter gerissen, und das Ich zerfällt ohne Halterungen in zwei Hälften: eine konstituiert den französischen Intellektuellen, die andere hält sich im Geiste dort auf, wo die Mutter ist. Ellis Island ist der symbolische Zwischenort, auf dem sich das mit sich selbst zerfallene Ich einzig zu Hause fühlt.[86] Da die chronologische Reihung der Erinnerungsflicken nicht gelingt und das Gedächtnis trügt, versucht der Schriftsteller Perec Halt zu finden in der sorgfältigen Registrierung der „items", die das kollektive Gedächtnis seiner Generation ausmachen, al-

---

[84] Ebd., S. 187 und 109.
[85] Ebd., S. 194.
[86] Perec: Geboren 1936, S. 101.

so z.B. in der Auflistung sämtlicher Betten, in denen er geschlafen hat, oder sämtlicher Zimmer, die er jemals bewohnt hat.[87] Anstelle einer traditionellen Autobiographie entstehen Listen und Aufschreibübungen, die der Vergewisserung der eigenen Identität und Freiheit dienen sollen. In jeder poetischen Übung stellt sich Perec eine neue Aufgabe und fingiert sich dazu ein poetologisches Gesetz, dessen Befolgung die Einheit des Werks äußerlich garantiert und das seine Freiheit der Wörterwahl und Kombination einschränkt. Spielerische Selbstbestimmung ist das Grundgesetz von Perecs Poetik, ein Antidotum gegen die totalitäre Abrichtung im „Univers concentrationnaire". Die Emanzipation der signifiants von herkömmlichen significations geschieht in seinen surrealen poetischen Texten.

Der Mythos Auschwitz prägt folglich Perecs poetische „bricolage" (Claude Lévi-Strauss) ebenso wie Kertész' Schreiben, nur auf andere Weise. Für Kertész ist die mythische Auschwitz-Erfahrung wie ein schwarzes Loch, das all seine künstlerischen Energien einsaugt und bündelt. Sein Schreiben besteht im fortwährenden Zeugnis-Ablegen. Sein Fluchtpunkt ist die Entlarvung des Humanismus als Ideologie des totalitären Systems. Perecs künstlerisches Ideal, für jeden poetischen Text die Gesetze erst zu schaffen, die seine Bedeutung konstituieren, macht aus der Not, zum freien Fall gezwungen zu sein, ohne sich auf Halterungen verlassen zu können, eine Tugend. Die Erinnerungslücken und Verwechslungen des Gedächtnisses sind Symptome für den Verlust der Eltern und die Labilität der Identität. In den Erinnerungslöchern nistet aber die poetische Imagination. Schreiben besteht aus Arten des Registrierens, diese sind Formen des Sich-Erinnerns, und das Ergebnis, der poetische Text, hat immer eine autobiographische Wurzel. Er steht anstelle der chronologisch wohlgeordneten Autobiographie: Die Freude am selbstgewählten poetologischen Gesetz, z.B. dem Lipogramm, das eine regelrechte ars combinatoria in Gang setzt, entspringt der Not, sich bewußt selbst einen Halt suchen zu müssen, da Eltern und Verwandte fehlen, die ihm eine Sicherungsleine reichen könnten.[88]

---

[87] Perec: Träume von Räumen. Bremen: Manholt 1990 (erstmals französisch 1974).

[88] Diesen Zusammenhang zwischen Autobiographie und selbstverordneter Poetik sieht auch Jean-Michel Raynaud: Pour un Perec lettré, chiffré. Lilles 1987, S. 214: „XLIX–dans vos livres aussi vous jouiriez avec les réels rêves et les irréels vécus, leur intimant secrètement d' obéir, pas toujours, à d'autres règles, jouant de ce jeu que vous mettriez entre vos jeux et nos évidences; pour le plaisir. Et tout en les offrant, malicieux donateur, nous pourrions apercevoir votre sourire tandis que, dans ces incessants va-et-

> Ich schreibe, weil wir (die Familie) zusammengelebt haben, weil ich unter ihnen geweilt habe, einer unter ihnen gewesen bin, ein Schatten inmitten ihrer Schatten, ein Körper nahe bei ihren Körpern; ich schreibe, weil sie in mir ihr unauslöschliches Zeichen hinterlassen haben und weil das Schreiben die Spur dieses Zeichens ist: die Erinnerung an sie ist für das Geschriebene tot; das Geschriebene, das Schreiben, ist die Erinnerung an ihren Tod und die Bejahung meines Lebens.[89]

Perec folgt dem Impuls, eine von Fotos evozierte Gedächtnisspur einzukreisen und sie inmitten der kollektiven Erinnerungszeugnisse festzuschreiben. Perec ersetzt in seiner „littérature potentielle“ den „pacte autobiographique“ (Philippe Lejeune) durch einen Appell an den sympathetischen Leser, sich in den Spuren eines kollektiven Gedächtnisses, in denen Georges Perec auf der Suche nach dem individuellen wandelt, mit ihm wiederzufinden.[90]

> Diese Autobiographie der Kindheit ist aus der Beschreibung von Fotos heraus entstanden. Fotos, die als Relais gedient haben, als Annäherungsmittel an eine Wirklichkeit, von der ich behauptete, daß ich keine Erinnerungen an sie habe. In Wirklichkeit ist sie aus einer minutiösen, wegen der Genauigkeiten, der Einzelheiten fast besessenen Erforschung heraus entstanden.[91]

Das Unsagbare ist nicht im Geschriebenen aufzufinden wie der Wolf im Märchen oder der Deus ex machina am Ende eines Dramas. Nach Perec

---

vient se pourraient vivre et l'etrange fiction de la réalité, et l' étrange réalité de la fiction, pour le plaisir. - XIXL.“ Vgl. auch Franz Penzenstadler: Die Poetik der Gruppe Oulipo und deren literarische Praxis in Georges Perecs „La disparition“. In: Zeitschrift für französische Sprache und Literatur 104 (1994), S. 162–182.

[89] Perec: W oder die Kindheitserinnerung, S. 55.

[90] Perec: Geboren 1936, S. 83. Judith Gollub: Georges Perec et la Littérature Potentielle. In: The French Review 45, H. 6 (1972), S. 1098–1105; Claude Burgelin bezeichnet Perec wegen dieses Appells an den Leser, der ebenso schreiben, d.h. die Welt beschreiben könne wie er, als „écrivain démocratique“. Vgl. Claude Burgelin: Le penomène Perec. In: Esprit 151 (1987), S. 65–75; zur Poetik autobiographischen Schreibens bei Perec s. außerdem Michael Sheringham: Ego redux? Strategies in New French Autobiography. In: Dalhousie French Studies 17 (1989), S. 27–35.

[91] Ebd., S. 84.

ist es aber „das, was das Schreiben lange zuvor ausgelöst hat“.[92] Die ersten Schreibversuche stammen vom Zwölfjährigen unter dem Eindruck des Pariser Ausstellungsbesuchs. Die Wahl der Gattung und Schreibweise steht in einem Zusammenhang mit dem Alter, in dem Nazi-Okkupation, Deportation der Eltern und KZ-Haft erlebt wurden, und mit der Weise, wie den Kindern und Jugendlichen ihre Stigmatisierung als Jude erklärt wurde.

---

[92] Ebd., S. 54.

Donald Haase

Overcoming the Present

Children and Fairy Tales in Exile, War, and the Holocaust

Introduction

I come to exile and Holocaust studies indirectly, that is, through research on the reception of fairy tales, a genre that plays a significant role in the last two hundred years of German literary history. So pervasive is the genre that Jack Zipes has written of "the German obsession with fairy tales."[1] It was, therefore, all the more perplexing to me to find that in all of modern German literary history, essentially the only period thought to be virtually barren in terms of fairy tale production was that of exile.[2]

In trying to make sense of that unusual gap, I discovered an interesting phenomenon: the exile fairy tale. As I have shown elsewhere, the fairy tale survived in exile and did so for compelling reasons. In the first place, the social, political, and satirical potential of the fairy tale – especially as it had been developed in potent political adaptations by progressive writers during the Weimar period – made the genre ripe for use among politically engaged exile writers such as Bertolt Brecht, Alfred Döblin, Thomas Theodor Heine, Max Horkheimer, Ödön von Horvath, Erika and Klaus Mann, Kurt Schwitters, Albin Stübs, and others.[3] Moreover, classical fairy tales provide writers with a ready store of easily recognized, culturally charged texts and motifs that are easily adapted in new contexts. Finally, the classical fairy tale's themes of transforma-

---

[1] Jack Zipes: The Brothers Grimm. From Enchanted Forests to the Modern World. New York: Routledge 1988, pp. 75-95.

[2] The view was summed up in Zipes: Fairy Tales and the Art of Subversion: The Classical Genre for Children and the Process of Civilization. New York: Wildman 1983. Zipes writes: "[N]othing of major significance in the fairy-tale genre was produced in exile," p. 164.

[3] Donald Haase: The Politics of the Exile Fairy Tale. In: Wider den Faschismus. Exilliteratur als Geschichte. Ed. by Sigrid Bauschinger and Susan L. Cocalis. Tübingen: Francke 1993, pp. 61-75 and Haase: Thomas Theodor Heine's Exile Märchen. In: Exile and Enlightenment: Studies in German and Comparative Literature in Honor of Guy Stern. Ed. by Uwe Faulhaber et al. Detroit: Wayne State University Press 1987, pp. 207-215.

tion and of exile and return home make it in one respect the exile genre par excellence.[4]

For the topic I am addressing in this paper, it is instructive that two of the most popular theories of fairy-tale reception in the postwar era were influenced by exiles. The political utilization of the fairy tale was advocated by Ernst Bloch, who stressed the utopian nature of the genre as an anticipation of a better world.[5] In addition, the fairy tale's role as a strategy for overcoming existential and psychological problems – including separation anxieties and the search for integration – was popularized by Bruno Bettelheim in his influential work *The Uses of Enchantment: The Meaning and Importance of Fairy Tales*. Although significantly different in their point of origin – Marxist philosophy on the one hand and Freudian psychoanalysis on the other – both Bloch and Bettelheim emphasize the fairy tale's utopian nature and its modeling of strategies for wish fulfillment and survival.[6]

Given the role of the fairy tale among exile writers, and given its utopian import for both adults and children as theorized by Bloch and Bettelheim, it now seems reasonable to inquire how the utopian genre might have functioned for children not only in the context of exile, but also in the stressful contexts of war and Holocaust. In other words, if the fairy tale is a childhood favorite under normal circumstances, and if it also has the potential to serve as an effective strategy for political and psychological survival, then we can reasonably ask what role it might have played in the lives of *children* who experienced exile, war, and the Holocaust. In this paper, I want to explore that question by surveying some preliminary evidence.

The Children's Fairy Tale in Exile

Most of the exile fairy tales I have examined in previous essays were intended for a politically astute adult audience. As the last decade of research has shown, however, exiles also produced a diverse corpus of

---

[4] Haase: 'Verzauberungen der Seele': Das Märchen und die Exilanten der NS-Zeit. In: Emigranten- und Immigrantenliteratur. Bd. 8. Akten des VIII Internationalen Germanistenkongresses, Tokyo 1990. Munich: Iudicium 1991, pp. 44-50.

[5] Bloch's utopian ideas about the fairy tale had appeared already in the 1930s. Ernst Bloch: Originalgeschichte des Dritten Reichs. In: Das Wort 12, No. 2 (December 1937), pp. 54-73.

[6] Zipes has said in The Brothers Grimm that the Grimm-tales "read like innovative strategies for survival," p. 27.

children's and juvenile literature,[7] which includes fairy-tale publications. Although the actual reception of these tales by children in exile is difficult to ascertain, we can at least make some inferences about the intentions of the works in question from their contents and the contexts of their production. Let me offer two examples.

Bruno Schönlank's *Schweizer Märchen* were published in Swiss exile in the fall of 1938, five years after his emigration to that country.[8] These twenty-five tales are not retellings or adaptations of traditional German tales, but Schönlank's own unique creations, many based on Swiss settings, culture, and folklore.[9] The local focus of these "Swiss tales" and the generally ambivalent and ironic depiction of the Swiss people, geography, and culture clearly indicate that Schönlank did not intend to limit his audience to exiled children alone.[10]

To be sure, the themes of exile and reunion do seem to emerge on occasion, for example in the tales of "Der Wandergesell und die Brunnennixe" and "Die Fledermaus vom Lindenhof;" but the volume of tales

---

[7] See Thomas S. Hansen: Emil and the Émigrés: German Children's Literature in Exile, 1933-1945. In: Phaedrus: An International Annual of Children's Literature Research 11 (1985), pp. 6-12; Bettina Herre: Kinder- und Jugendliteratur im politischen Exil 1933-1945. In: Bulletin Jugend + Literatur 20, No. 6 (June 1989), pp. 15-22. Guy Stern: Exil-Jugendbücher als Politikum. In: Wider den Faschismus, pp. 41-60. See also the exhibit catalog Kinder- und Jugendliteratur im Exil 1933-1950. Eine Ausstellung der Sammlung Exil-Literatur der Deutschen Bücherei Leipzig. Leipzig: Deutsche Bibliothek 1995.

[8] Schönlank was one of the German exiles who had published important social fairy-tales during the Weimar period. See Es wird einmal...Soziale Märchen der 20er Jahre. Ed. by Bernd Dolle, Dieter Richter and Jack Zipes. Munich: Weismann 1983; pp. 132-135 and 186-87; and Fairy Tales and Fables from Weimar Days. Trans. and ed. by Zipes, Hanover: University Press of New England 1989, pp. 3-28, 74-80, and 201-202.

[9] Schönlank also incorporates earlier work into this 1938 collection of tales. See "Die geflickte Hose," which had been published earlier in: Der Kraftbonbon und andere Großstadtmärchen. Berlin: Büchergilde Gutenberg 1928.

[10] Peter Stahlberger points out that although many refugees did not find the welcome reception they expected in Switzerland, there were some exceptions, among them Bruno Schönlank. Nonetheless the Schweizerische Schriftstellerverein (SSV) was not universally supportive of all exile writers and were "gegen die kleinen Zeilenschreiber, gegen die verantwortungs- und charakterlosen Skribenten, die weder zu den Prominenten noch zu den politischen Verfolgten zu zählen sind, und die in die Schweiz kamen, weil sie glauben, hier ein bequemeres Leben führen zu können." Document of the SSV from May 25, 1933; cited in: Peter Stahlberger. Der Zürcher Verleger Emil Oprecht und die deutsche politische Emigration 1933-45. Zürich: Europa-Verlag 1970, p. 110. The SSV did not approve or encourage the work of Schönlank, who was perceived as a "Berliner in schweizerischen Sennentrachten," p. 110.

does not significantly address directly the plight of the exiles. By the same token, Schönlank's frequently localized, urban tales do not shun reality or offer an escapist fantasy. Instead, the recurring theme of community and the numerous children's characters who often set things right hold out to young readers an empowering message of hope consistent with the social, utopian tales that the politically engaged Schönlank had published in the 1920s. While we lack specific information about the juvenile reception of the book, I can nonetheless point out that the contemporary relevance of Schönlank's exile tales was noted by a reviewer in the issue of *Die Weltwoche* of December 16, 1938: "Unsre harte Zeit herrscht mit Notwendigkeiten und darüber mag man es vergessen, daβ es immer noch Dichter [wie Bruno Schönlank] gibt, die uns helfen können zu leben."[11]

In 1944 another volume of children's fairy tales appeared in exile: Robert Lohan's *Es war einmal: Sechs schöne deutsche Märchen neu erzählt.*[12] Published in New York, this German-language volume of six traditional German tales retold by Lohan – a writer, theater director, and pedagogue – was intended for an audience of German-speaking refugee children. While authorial comments contrasting the modern world with the once-upon-a-time world of the fairy tale give the appearance of distancing the stories form the child's actual circumstances, the illustrations by Harry Roth include some fairly contemporary fashions. Taken together, the authorial comments and illustrations end up actually invoking contemporary reality. As in the case of Schönlank's stories, Lohan's tales ultimately mitigate against escapist fantasy by drawing the reader's attention to contemporary life.

This effect is nowhere more evident than in the collection's lead story, "Hänsel und Gretel." Instead of simply setting the story in the for-

---

[11] Concerning the question of the book's reception by children, it should be noted that the final pages of Schweizer Märchen, p. 141, announced Eine Preisfrage für die kleinen und großen Leser von Bruno Schönlanks 'Schweizer Märchen.' Readers were encouraged to complete an entry-form on the last page and to indicate their favorite among the twenty-five tales. The tale receiving the greatest number of votes would be considered the favorite tale, and the first twenty-three ballots drawn by lot from those entrants having voted for the favorite tale would receive cash prizes. The results were to have been published in the 16 January 1939 issue of the Tages-Anzeiger. A review of those results might give us at least a small glimpse of how some children responded to the collection.

[12] Robert Lohan: Es war einmal. Sechs schöne deutsche Märchen neu erzählt. New York: Frederik Ungar 1944.

est without explanation – as most children would already have heard it – Lohan begins by explaining that there once was a time when there were dense forests instead of the urban world of great cities, automobiles, and streets.[13] This apparent contrast draws in fact explicit attention to the reader's own reality. Moreover, the family's plight is not attributed to a great famine, as it is in Grimm, but to the outbreak of *war*, another allusion bearing directly on the reality of the refugee child.

What the child in exile is supposed to take away from these tales, we can infer from the section of stories adapted by Lohan, which include "Hänsel und Gretel," "Rotkäppchen," "Tischlein, deck dich," "Dornröschen," "Die boshafte Ziege," and "Der kleine Däumling." The vulnerable heroes and heroines of these stories – who are defined primarily as children – experienced in various ways separation and exile, reunion and return home; and they all triumph over the threat of evil and injustice. Such themes speak to the experience and anxieties of the refugee child, and the successful adventures of Lohan's small heroes offer children the hope expressed even for the small mouse in the last sentence of the volume's last story: "Hoffentlich kam sie gut nach Hause."[14] With this, the book returns to the dominant theme with which it opened: the return home.

Children and Fairy Tales under Fascism and in War

Because the fairy tale holds out hope for a better life beyond the present – a life in which dangers have been overcome, needs are met, and evil is punished – it would not be surprising to find that children living under the stress of fascism and war also found refuge in the fairy tale.[15] In her

[13] Ibid., p. 7.

[14] Ibid., p. 80.

[15] In his study Laughter in Hell: The Use of Humor during the Holocaust. Northvale: Jason Aronson 1991, Steve Lipman gives one example of anti-Nazi popular culture that confirms the fairy tale's role in providing ironic emotional release to adults living under the repressive rule of Nazism. He notes that "The introduction of the Nazi race laws in 1935 [...] brought a flood of jokes about the search for 'Aryan grannies' – proof of one's pure genealogy. In a revision of Little Red Riding Hood, the fairy tale's heroine meets the big bad wolf in the forest. "'Where are you going?' asks the wolf. 'I'm looking for my grandmother,' answered Little Red Riding Hood. Sighs the wolf, 'Aren't we all?'" (p. 201). Lipman characterizes such therapeutic humor as "the currency of hope" (p. 10) and explains that "during the Holocaust, religion and humor served a like – though not identical – purpose: the former oriented one's thoughts to a better existence in the next world, the latter pointed to emotional salvation in this one" (pp. 11-12).

defense of fairy tales published in a 1939 issue of *The Horn Book*, Wanda Gág stated that it was precisely "modern children" who needed the fairy tale, "since their lives are already overbalanced on the side of steel and stone and machinery – and nowadays, one might well add, bombs, gas-masks and machine guns."[16] There is in fact evidence that, when war came to Germany, some children did find useful survival strategies in fairy tales. While the Nazi cultural and educational institutions used the fairy tale to promote a National Socialist agenda, xenophobia, and militarism,[17] reports of the genre's reception by German children living under fascism suggest that at least some children utilized the *Märchen* in their own ways to survive the chaos and violence of war.[18] One example comes from the recollection of researchers carrying out a project in the late 1980s involving the creative writing of fairy tales by German schoolchildren. The researchers themselves are reported as remembering their own reliance on fairy tales as a welcome refuge from hardships of wartime and postwar life. They recalled in particular

> [...] Dämmerstunden, in denen aus Sparsamkeitsgründen noch kein Licht gemacht werden durfte – es war Kriegs- und Nachkriegszeit – , die aber die willkommene Möglichkeit boten, Rotkäppchen, Hänsel und Gretel, Rumpelstilzchen und andere Märchenfiguren immer und immer wieder erneut zum Leben zu erwecken.[19]

---

[16] Wanda Gág: I Like Fairy Tales. In: The Horn Book 15, No. 2 (1939), p. 76.

[17] See Hermann Bausinger: Volksideologie und Volksforschung: Zur nationalsozialistischen Volkskunde. In: Zeitschrift für Volkskunde 61 (1965), pp. 177-204; Christa Kamenetsky: Folktale and Ideology in the Third Reich. In: Journal of American Folklore 90 (1977), pp. 168-178; and Zipes: Fairy Tales and the Art of Subversion, pp. 134-169.

[18] Focusing on a different group of recipients in more recent times, the empirical research of Kristin Wardetzky has shown how children make fairy tales their own by reshaping the conflicts depicted in the genre to empower themselves and to deal with their own priorities. Wardetzky studied a large sample of tales composed by children between the ages of eight and ten in the German Democratic Republic. See: Märchen – Lesarten von Kindern. Eine empirische Studie. New York: Lang 1992; and The Structure and Interpretation of Fairy Tales Composed by Children. In: Journal of American Folklore 103 (1990), pp. 157-176.

[19] Irmintraut Hegele: Es war einmal – Kinder gestalten Märchen. Kreatives Schreiben in fiktiven Schreibsituationen. In: Und immer ist es die Sprache. Festschrift für Oswald Beck zum 65. Geburtstag. Ed. by Nikolaus Hofen. Baltmannsweiler: Schneider 1993, p. 212.

The fact that the storytelling event remembered here should be so typical – almost stereotypical – while the conditions under which it occurred were so atypical, suggests that the fairy tale helped restore a sense of normalcy to the stressful, abnormal conditions under which the children actually lived. This re-creation of normal existence seems to have been temporarily achieved not only through the re-enactment of the children's storytime, but also through the imaginative resurrection of the *familiar* fairy tale heroes and heroines who – everyone a survivor – were brought to life again and again. In holding out the hope of new life and in re-creating the familiarity and normalcy of life without war, fairy tales and storytelling function in this context as more than escapist fantasy.

The fairy tale's role as a meaningful and empowering refuge – as a proactive survival strategy – under fascism and war is illustrated by the experience of psychotherapist Ingrid Reidel. She recollects and explains how as a child in wartime she used fairy tales to protect herself from anxiety, especially during bombings:

> [...] ich erlebte [Märchen] als schützende, mit mir verbündete Gegenmächte gegen den Chaos. Sie halfen mir die Angst zu überstehen, unverstört zu bleiben, auch wenn die äußere Gefahr und die Panik der Menschen um mich herum anhielten. Es war, als zeigten sie mir ein dem Chaos übergeordnetes, überlegenes, sinnhaftes Gefüge von Ereignissen und Beziehungen, in denen das Böse wohl seinen Ort und seine Zeit, aber nicht das letzte Wort hatte.[20]

According to her recollection, fairy tales were for her not an escapist fantasy, but a protest against incomprehensible conditions, a strategy for combating the chaotic, evil forces that threatened her and for endowing life with meaning. In recognizing and confronting evil – not in sanitizing or ignoring it – and in setting stronger forces against it, the tales gave her strength to face a chaotic world, empowered her to overcome anxiety, and reassured her that the evil would pass.

These personal memories of the fairy tale's role in maintaining sense and sanity in the havoc of war and postwar life have a curious fictional counterpart in Hugo Hagn's remarkable book of 1949, *Die wunderbare Himmelfahrt der Brüder Grimm: Ein Märchen-Roman für Kinder und*

---

[20] Mario Jacoby, Verena Knast and Ingrid Riedel: Das Böse im Märchen. Fellbach: Bonz 1978, pp. 7-8.

Eltern.[21] Hagn's postwar fantasy depicts the afterlife journey of the Brothers Grimm through *Märchenland* on their way to St. Peter and the last judgment at the gates of heaven. They are accompanied on their journey not only by well-known fairy-tale characters and by the illustrator Ludwig Richter, but also by a German family that has been separated and killed in the war. What brings the soldier-father, stepmother, and two children together in the afterlife of *Märchenland* is their profound love for Grimms' tales. So beloved were the tales by the family that the son, Hanspeter, had his book with him when the bomb that killed the stepmother and children was dropped. As Hanspeter says of the book:

> Das ist mir das Liebste auf der ganzen Welt, außer der Annemarie und meiner Mutter und dem Vater, weißt du; von den Sachen meine ich: darum trage ich das Buch mit. Weißt du, ich hatte es im Keller dabei, als die Flieger kamen und die große Bombe warfen. Und da waren dann die Annemarie und ich gleich tot. Aber sieh auch, da ist am Einband eine Ecke weg. Aber es fehlt keine einzige Seite.[22]

While the tales, of course, could not actually protect from physical harm, Hagn – intent on rehabilitating the Brothers Grimm – tries to represent their stories as the ultimate salvation for a nation ravaged by war.

Whatever therapeutic value fairy stories may have, Hagn envisions a role for them that is far too ambitious, too taxing, too sentimental, and simply too unrealistic; and in doing so he ultimately trivializes the trauma and reality of the child's wartime and postwar experiences. Nonetheless, Hagn's book provides an example of how fairy tales were represented in the postwar period as a dehistoricized antidote to the trauma of war.[23]

---

[21] Hugo Hagn: Die wunderbare Himmelfahrt der Brüder Grimm. Ein Märchen-Roman für Kinder und Eltern. Stuttgart: Franckh 1949.

[22] Ibid., p. 50.

[23] Hagn's book represents one side of the fairy-tale debate that gained new momentum in the postwar era and was carried out in both Germanys. See Ruth B. Bottigheimer: The Publishing History of Grimms' Tales. In: The Reception of Grimms' Fairy Tales: Responses, Reactions, Revisions. Ed. by Donald Haase. Detroit: Wayne State University Press 1993, pp. 92-94; and Zipes: The Struggle for the Grimms' Throne: The Legacy of Grimms' Tales in the FRG and GDR since 1945. In: The Reception of Grimms' Fairy Tales, pp. 167-168.

The Fairy Tale in the Holocaust

When we turn to children facing the horror of the Holocaust and life and death in the concentration camps, the notion of the fairy tale as a survival strategy seems initially absurd. It is useful to recall, however, that it was a survivor of Buchenwald and Dachau – Bruno Bettelheim – who promoted the fairy tale as a tool not only in helping children overcome psychological conflicts and anxieties in the maturation process, but also in creating existential and moral meaning in children's lives. I am not subscribing here to Bettelheim's specific psychoanalytic or moralistic view of fairy tales, which is very problematic;[24] I am, however, underlining the connection this *survivor* sees between the "future-oriented"[25] nature of the genre, the child's search for meaning in life, and the ensuing ability of the child to cope with crises and to project satisfactory resolutions. I am interested, in other words, in the primacy Bettelheim as a survivor grants to the fairy tale and in his utopian understanding of it, especially as these are linked to his own fantasy of a return home and reunion with his vanished family – a topic I have addressed elsewhere.[26] In short, Bettelheim is important in considering the relationship between the Holocaust and fairy tales for two reasons: 1) because the importance he attributes to the fairy tale can be linked in part to his own experience of the Holocaust; and 2) because his generally utopian view of the tale's function – stripped of his moralizing – helps explain its role as an emotional survival strategy in the context of the Holocaust.

It was, of course, another survivor of the camps and Viennese psychologist – Viktor E. Frankl – who articulated the importance of hope as the primary tool of survival. "The prisoner who had lost faith in the future – his future," observed Frankl, "was doomed. With his loss of belief in the future, he also lost his spiritual hold; he let himself decline and become subject to mental and physical decay."[27] From this it is legiti-

[24] See, for example, Bottigheimer: Bettelheims Hexe: Die fragwürdige Beziehung zwischen Märchen und Psychoanalyse. In: Psychotherapie – Psychosomatik – Medizinische Psychologie 39, No. 8 (1989), pp. 294-299. See also Alan Dundes: Bruno Bettelheim's Uses of Enchantment and Abuses of Scholarship. In: Journal of American Folklore 104 (1991), pp. 74-85 and Jack Zipes: Breaking the Magic Spell. First edition 1979. Reprint: New York: Methuen, 1984, pp. 160-182.

[25] Bruno Bettelheim: Uses of Enchantment, p. 11.

[26] Haase: 'Verzauberungen der Seele'.

[27] Viktor E. Frankl: Man's Search for Meaning. Boston: Beacon Press 1962, p. 74.

mate to hypothesize that the fairy tale as a ready utopian structure should be somehow in evidence whenever hope is a *sine qua non* of survival.

In fact, the fairy tale finds expression in a variety of forms and media in the Holocaust. Nelly Toll, for example, who spent years of her youth in hiding in Poland, turned to art as a means of coping with her fears. Included in her juvenile work is an illustration of "Aschenputtel," that heroine who is marked by, but ultimately rescued from the ashes.[28] Of her own art, Toll notes that she was able to overcome the incomprehensible reality of the present in her pictures by "focusing on [her] past and visualizing a better future",[29] a strategy that echoes the dual once-upon-a-time and happily-ever-after of the fairy tale's structure. In studying the art of other children who were imprisoned in Theresienstadt, Toll observes, that, unlike boys who "depicted the horrible reality around them," young female artists "focused more often on memories of the lost past" and filled their pictures with images of "love and happiness" – including princesses and castles,[30] which are drawn of course not from the personal sphere but from the ready stock of culturally charged fairy tale motifs known to children.[31] Such art was, according to Toll's account, a way "to preserve [...] hope as a means of survival."[32]

Not all instances of fairy-tale creations during the Holocaust and in the camps were idyllic projections of "love and happiness." The following *Kindermärchen* that emerged from the camp experience is pointedly subversive and gives sardonic expression to a utopian projection of just deserts for the voracious and evil monster of Nazism:

Es war einmal ein Drache,
Der hatt' ein großes Maul
Und Zähne wie ein Tiger
Und Hufe wie ein Gaul.
Er hatte immer Hunger

---

[28] Nelly Toll: Without Surrender: Art of the Holocaust. Philadelphia: Running Press 1978, p. vii.

[29] Ibid., p. 96.

[30] Ibid., p. 98.

[31] It has been noted in Children's Drawings from the Concentration Camp of Terezín. Prague: State Jewish Museum, n.d., p. 5. Children's art works from Theresienstadt most frequently evoke "the lost and happy childhood of their little authors" by depicting "meadows full of flowers and butterflies, fairy-tale motifs, [and] children's plays."

[32] Nelly Toll: Without Surrender, p. 98.

Und fraß die ganze Stadt.

Fraß Länder auf und Völker
Und wurde doch nicht satt.
Er hat von früh bis abends
Gefressen und geschmatzt
Doch bei dem letzten Bissen
Ist er am End zerplatzt.[33]

Less sardonic but no less subversive there is also the children's opera *Brundibár*. Composed by Hans Krása in 1938-39 with a libretto by Adolf Hoffmeister, the opera was performed by children in Theresienstadt. Its theme of the triumph of good over evil, symbolized by the victory of resourceful children over the thieving organ-grinder Brundibár, served as a surreptitious indictment of and moral triumph over the SS, who unwittingly sanctioned the opera's performance as part of their plan to deceive the world about the nature of the camps.[34] Another, similar example of a subversive fairy-tale performance in the camps is reported by Hanna Hoffmann-Fischel, who testifies to a children's performance of *Schneewittchen* in Birkenau, which was encouraged by the SS and inspired by images of Walt Disney's *Snow White and the Seven Dwarves* that had been painted by one of the inmates.[35] As with *Brundibár*, this performance was informed by its context and gave expression to the immediate conflicts in the children's lives:

> Wir übten mit den Kindern Tänze und Chöre ein, dichteten das Stück um und paßten es unseren Verhältnissen an. So erschienen die Zwerge als Vertreter der Ordnung und Sauberkeit. Die Demoralisierung, gegen die sie angingen, wurde durch die böse Stief-

[33] ...und draußen blühen Blumen. Kinder im KZ. Ed. by Dorothea Stanic. Berlin: Elefanten Press 1979, p. 26.

[34] For more information on *Brundibár* and the context of its performance, see Und die Musik spielt dazu. Chansons und Satiren aus dem KZ Theresienstadt. Ed. by Ulrike Migdal. Munich: Piper 1986, pp. 43-55. Excerpts from a first-hand account of rehearsals and the opera's performance, written by fourteen-year-old Rudolf Laub and published in the camp literary magazine *Vedem*, are translated into English and reprinted in Children's Drawings from the Concentration Camp of Terezín, p. 8; see also p. 17.

[35] Inge Deutschkron: ...denn ihrer war die Hölle. Kinder in Ghettos und Lagern. Köln: Verlag Wissen und Politik 1965, pp. 52-53.

mutter verkörpert. Es wurde eine sehr schöne Aufführung, und für die Kinder war es das schönste Erlebnis ihres Lebens – für die meisten von ihnen leider auch das letzte.[36]

The wish-fulfilling fantasies of the concentration-camp fairy tale could also be of an even much more pragmatic nature, as is this poignant example by Karel Fleischmann of Theresienstadt, where the utopian desire is stunning in its simplicity. “Es war einmal ein König und der hatte Hunger. Er ging zum Schalter und sagte: ‘Zweimal!’”[37]

Hunger and its fulfillment is a fundamental theme of many fairy-tales, just as it was a primary object of the dreams and desire of the camps’ prisoners – as we know from numerous accounts.[38] It is relevant here that even the private fantasies and coping mechanisms of adults who survived the Holocaust as children reflect fairy-tale structures and motifs. In her study of how displaced Jewish children coped during World War II, psychologist Flora Hogman relates the fantasy of one survivor whose strategy of preserving hope in adulthood uses the essential structure of the fairy tale and the ascent of its oppressed here: “I wanted to feel like the king,” the survivor related, “better than other people. As a result of the war, I felt poor, no food or clothes. I didn’t accept that. I was dreaming [...] that some day [it] would be like before the war [...] I wanted to better myself. I was ambitious.”[39]

The Fairy Tale and Postwar Coping

What is particularly interesting about psychologist Hogman and her interest in the coping mechanisms of displaced Jewish children who survived the war is not only that she herself spent her childhood in hiding after the disappearance of her Czech parents in the war, but also that as an adult she has studied evil in folk tales and written “moral tales for children [...] which,” in her own words, “appear to be in some ways an expression of and a way to relate to the war experience.”[40] In other words, not unlike her colleague Bettelheim, this psychologist-survivor

---

[36] Deutschkron: p. 53.
[37] Stanic: ...und draußen blühen Blumen, p.103.
[38] See for example Frankl: Man’s Search for Meaning, p. 27
[39] Flora Hogman: Displaced Jewish Children during World War II: How They Coped. In: Journal of Humanistic Psychology 23, No. 1 (1983), p. 62.
[40] Ibid., p. 51.

has turned to the fairy tale as a means of coping with her experience of war, exile and Holocaust. Even more telling is the fact that in the postwar era, even into the present, the children of exiles and of victims and survivors of the Holocaust – and others as well – return in diverse ways to the fairy tale to describe, comprehend, and grapple with another generation's experiences. In her 1989 review of the recently published fairy tale *Dear Mili* by Wilhelm Grimm,[41] American writer and children's book author Lois Metzger reflects on her mother's salvation by the Children's Transport and her postwar reunion with her family. If Wilhelm Grimm's tale had been known to her mother when she was small, Metzger speculates, it might have helped her cope with her journey into exile.[42] In another example, children's book and fantasy author Jane Yolen re-appropriates the story of Sleeping Beauty in her 1992 novel *Briar Rose*, which fictionalizes a chapter of Holocaust history and uses the fairy tale to remember and structure a grandmother's tale of survival.[43] Art Spiegelman's *Maus* and it's sequel rely on a comic book adaptation of the animal fable to memorialize and explain the story of his survivor-father.[44] And Diane Samuels' 1995 play *Kindertransport*,[45] which portrays a surviving daughter's being forced by her own daughter to come to grips with her past, uses as its principal leitmotif the legend of the "Rattenfänger," who appears as a character within the drama.

Conclusion

This preliminary survey is meant only to assert the hypothesis that the fairy tale – which is now well established as a significant adult genre in exile – also functioned as a genre received and produced by children not only in exile, but also during war and the Holocaust. Questions remain, of course: How representative are the examples adduced here? How reliable are adult recollections of their childhood reception of the fairy tale? Can additional corroborating reports be located in interviews, oral histories, diaries, and autobiographies? Are there, as Nelly Toll suggests, differences in the reception of the tales by gender? What psychological

---

[41] Wilhelm Grimm: Dear Mili. New York: Farrar, Straus and Giroux 1988.
[42] Lois Metzger: Past Present. In: The Nation (December 25, 1989), p. 802.
[43] Jane Yolen: Briar Rose. New York: Tor Fantasy and Tom Doherty Associates, 1992.
[44] Art Spiegelman: Maus. A Survivor's Tale. New York: Pantheon 1986. Also: Maus II. A Survivor's Tale. New York: Pantheon 1991.
[45] Diane Samuels: Kindertransport. New York: Plume 1995.

models best explain the therapeutic effects of fairy tales in these various contexts? What is the role of not just classical German tales but also Jewish and other ethnic folk tales? What is that scope of uses to which fairy tales were put by both the first and later generations between 1933 and the present? And why have postwar generations used the fairy tale as a lens through which to view the past? Despite these questions and the work that remains to be done, and despite the importance of not over-generalizing, I think that the evidence presented here points to at least on significant conclusion: While the educational and cultural institutions of the National Socialists appropriated the fairy tale in order to shape and control responses to it, adults and children victimized by the Nazis reclaimed the genre to meet their own needs and purposes. It is this existentially grounded, individualized, non-institutional reclamation of the protean and culturally embattled fairy-tale that holds a key to our understanding whatever therapeutic, utopian, and liberating potential it may have. And clarifying those issues – which have been central to fairy tale scholars – may help illuminate questions posed in Holocaust studies about the psychological and political responses of children in exile, war and the Holocaust.

Deborah Viëtor-Engländer

Education – Identity – Survival

Five Children's Formative Years in Third Reich Camps

Autobiographies in Retrospect

I selected five autobiographical texts, all of which were published long after 1945. Inge Deutschkron (b. 1922) published *Ich trug den gelben Stern* (1978)[1] when she was 56. Sally Perel (b. 1925) published *Ich war Hitlerjunge Salomon* (1990)[2] when he was 65. When she was 42, Raja Engländerova (b. 1929) saw her experiences published in Celeste Raspanti's play *I Never Saw Another Butterfly* (1971).[3] Jost Hermand (b. 1930) published *Als Pimpf in Polen* (1993)[4] when he was 63. Ruth Klüger (b. 1931) published *weiter leben* (1992)[5] when she was 61. These five people are survivors: two of them survived concentration camps, one lived both as a Jewish girl and then illegally as a German girl, one Jewish boy spent four years in the Hitler Youth, and the fifth, a German, described his experiences as a "Pimpf" evacuated to Poland during the Third Reich. In two cases the children lived in daily and hourly fear of discovery as Jews. In another case the child assumed a German identity after escaping an attempted "evacuation" of camp inmates by the SS. One child's life was developed into a play; the other four accounts are all purely autobiographical. In all cases the written records of their childhood memories were published many years after their experiences.

Identity and Memory

Three of the children went through severe identity crises. For example, Sally Perel, author of *Ich war Hitlerjunge Salomon*, is still, fifty years later, suffering from the problems of a split personality. In three autobiographies the authors are experimenting with a process of self-healing

---

[1] Inge Deutschkron: Ich trug den gelben Stern. Berlin: dtv 1985 (erstmals 1978).

[2] Salomon Perel: Ich war Hitlerjunge Salomon. Berlin: Nicolai 1992.

[3] Celeste Raspanti: I Never Saw Another Butterfly. Woodstock: The Dramatic Publishing Company 1971.

[4] Jost Hermand: Als Pimpf in Polen. Frankfurt: Fischer 1993.

[5] Ruth Klüger: weiter leben. Göttingen: Wallstein 1992.

by use of the written word: trying to get rid of a trauma through writing. It is particularly significant that the writers of the three autobiographies describing camps – concentration camps and Hitler Youth camps – were in their sixties when they wrote and published their accounts: Klüger (61), Hermand (63), and Perel (65). All three felt that they could not go on living while attempting to release the traumas of their past. Klüger refers to this process in her title, how actually to manage to go on living. Time may have acted as a filter to a certain degree, but at a certain point in their lives they were forced into verbal expression.

The three accounts are presented on different linguistic levels. The language in Perel's autobiography (which has been made into a film) is the least sophisticated and most direct, and his formulation was the simplest: "Um mich davon zu befreien, mußte ich mir alles im wahrsten Sinne des Wortes von der Seele schreiben."[6] He also admits wondering for forty years whether he had the right to feel that he was a Shoah victim, for he had worn a swastika on his cap and lived in relative comfort in the Hitler Youth during the war. Guilt pervades his entire book. Unlike Perel's use of memories to heal trauma, *I Never Saw Another Butterfly*, based on Raja Engländerova's experiences, was written as a memory play, using memories of Shoah survivors to give the memories to others. Having met many Shoah survivors, the author, Celeste Raspanti, felt that the only way they could deal with the experience implanted in their psyche was to treat it at a distance, as we treat memories. Raspanti tried, in her use of memories, to create a form of reality for people who will never actually experience anything comparable, but they can come much closer to it. The impact of traumatic memory is illustrated in one of the Terezin children's poems (not included in the play):

> The heaviest wheel rolls across our foreheads
> To bury itself deep somewhere inside our memories.[7]

Identity: "What's in a name?"

On the simplest level, it is particularly relevant that the four authors of the autobiographies underwent or were prepared to undergo name

---

[6] Perel: Ich war Hitlerjunge Salomon, p. 8. Subsequent quotations from the book are cited by page numbers within the main body of the text.

[7] Children's Drawings and Poems from Terezin. Prague: Stani Zidovske Museum 1959, p. 20. The poem was written by someone with the name of "Mif".

changes. Ruth Klüger, Inge Deutschkron, and Salomon Perel all lived under different names: Ruth Klüger under the name of Ruth Kalisch;[8] Inge Deutschkron as Gertrud Dereszewski and then Inge Richter;[9] and Salomon Perel as Josef Perjell (33-34) – a name he gave instinctively when being interrogated. Perel also agreed to be adopted by Hauptmann von Münchow (44).

In the days before the camps, Ruth Klüger's decision to keep her first name Ruth was a symbolic attempt to identify with Judaism after her rejection by Austria: "Als mein ungefestigter Glaube an Österreich ins Schwanken geriet, wurde ich jüdisch in Abwehr. Vor Hitler war ich für alle Welt die Susi, dann hab ich auf dem anderen Namen bestanden, einen jüdischen Namen wollte ich, den Umständen angemessen"(40).

In *Pimpf* Jost Hermand describes his work for a farmer after the war who wanted to adopt him. The boy Jost agreed and was quite prepared to assume the name of Kaiser,[10] but this was prevented by his parents. Unlike the others, in his case the name change would have been of his own free will. One may assume that the underlying reason for changing his name was an unexpressed desire to free himself from the identity of the person who had suffered in the Hitler Youth camps. One may also assume it was an instinctive wish to heal himself by seeking close contact with animals and nature on the farm, a wish that he had tried to fulfill in the camps with very little success, except when encouraged by one teacher (35).

Salomon Perel still suffers from the feeling that his Jupp personality deformed him. In the camp, he was confronted by ideology in its most extreme form, and the fact that he was circumcised put him in daily and hourly fear of being discovered and killed. The homosexual Heinz Kelzenberg who discovers that he has been circumcised does not betray him (49-50), but even having showers becomes a daily problem. Because his identity problems are one of the major topics of his book, the writing itself was an attempt to solve a schizophrenic situation and to release himself from mental pressure he could no longer cope with.

---

[8] Klüger: weiter leben, p. 180. Subsequent quotations from the book are cited by page numbers within the main body of the text.

[9] Deutschkron: Ich trug den gelben Stern, p. 108 and p. 169. Subsequent quotations from the book are cited by page numbers within the main body of the text.

[10] Hermand: Als Pimpf in Polen, p. 108. Subsequent quotations from the book are cited by page numbers within the main body of the text.

Sally Perel was a psychological victim, for he lived with the threat of being exposed at any time. What were the psychological techniques of survival and how could anyone stand that kind of stress for years on end? His solution after the war was to ignore it and concentrate on immediate things, getting a job, and bringing up a family. In his view many people in Israel, where he was living, felt that Shoah victims had not resisted and had allowed themselves to be 'led to the slaughter,' hence the Shoah was not a subject that was frequently discussed. After forty years, when he retired, Perel began to come to terms with the two elements in his personality and found to his horror that sometimes he was reacting like the Hitlerjunge Jupp instead of like Sally. Writing his autobiography and discussing it was his way of healing himself and releasing his feelings of guilt. There are numerous passages written on his identity crisis: he describes the "second skin" of his Jupp identity before he feels his personality has become deformed by it (39); then his split personality (71); and finally how he achieves a form of "seelisches Gleichgewicht"(87) which enables his temporary survival. It is a form of existence: "Jupp, der Hitlerjunge, und Salomon, der Jude, vertrugen sich wie Feuer und Wasser. Dennoch existierten beide in demselben Körper, in derselben Seele" (81). But it is only temporary:

> Ich hatte manchmal Mühe zu erkennen, in welcher Persönlichkeit ich mich gerade aufhielt. Mein Doppelleben brachte mich selber durcheinander, und oft hätte ich nicht zu sagen vermocht, welche Rolle ich lieber spielte. [...] Eines Tages prallten die beiden Identitäten aufeinander und brachten mich aus dem Gleichgewicht. Es passierte im Rassenkundeunterricht. Der Lehrer rief mich auf und bat mich, die Notwendigkeit der Vernichtung der jüdischen Rasse zu erklären. (166-168)

And at the end of the book the author states: "Sally Perel war wiedergeboren. [...] Doch Jupp blieb nach diesen Ereignissen noch in mir" (181).

The Mother-Relationship

Adoption is also a crucial issue in several of these autobiographies. It is not a coincidence, for adoption is similar to a name change in symbolizing the removal of a shell, a chrysalis of previous identity in order to assume a different one. Inge Deutschkron and Sally Perel successfully assumed false identities for a very simple reason: they had the choice between life and death – it was a question of survival. However, Inge Deutschkron commented that it would have been easy (187) for her and her mother to remain "die Richters" (182), but they wanted to reclaim their own identity (185). Similarly, in *Butterfly* there is no identity crisis whatsoever; Raja is a Jewess and she survives as one, and she did not have to assume any other identity at all. Ruth Klüger's mother obtains false identity papers for herself, her daughter, and her adopted daughter a few weeks after leaving the concentration camp (180). For Inge Deutschkron and her mother, their illegal living situation among 'ordinary people' in Germany strains their nerves but does not destroy them. They received help from a number of people, whereas Sally Perel feared everyone.

For Perel, Hermand, and Klüger, the mother-relationship is crucial for their sense of identity. Perel's case is again the most clear-cut: he thinks longingly of his parents, writes a poem for his mother (113-114), and tries to follow his mother's dictate to survive: "Ihr sollt leben" (14). For Ruth Klüger and Jost Hermand, it is a more complex matter: their identities emerge through and against their mother-relationships. Ruth Klüger's anti-relationship with her mother is one of the most important in her life and affects everything she does. Klüger's mother was concerned with her own sphere of influence and would have preferred a bedridden dependent child to look after, rather than a healthy one which would be able to live independently of her (58). However, Klüger admits that the most positive and unusual thing she can say about her mother is that her mother adopted a child in Auschwitz (154). Ruth Klüger discovers and defines her own identity by opposing her mother, which actually facilitates her search for herself. She claims that she has never forgiven her mother for preventing her from going to Palestine with a children's transport (62) and later for suggesting that they both commit suicide in the electric wire of Auschwitz-Birkenau (113). But in my view her anti-relationship with her mother and her need to exorcise it was one of the driving forces which led her to write her book.

Jost Hermand's book is dedicated to the memory of his mother. In one of the few essays on the book to date, Biddy Martin discusses the mother-relationship.[11] Martin totally ignores the fact that Hermand ad-

---

[11] Biddy Martin: Narcissism, Sexuality and Responsibility. In: Responsibility and Commitment. Ethische Postulate der Kulturvermittlung. Festschrift für Jost Hermand. Ed.

mits that he did not write his mother a single letter when on the farm after the war, and he admits that he agreed immediately to adoption by the farmer he worked for after the war. Martin also fails to mention that his vulnerability was caused by his stammer which made him one of the children who were going to be underdogs anyway, and not only his attachment to his mother. Martin claims that it is Hermand's gendered style that will make him likely to experience abuse, which is completely inaccurate and has no basis in the text.[12] Hermand sees his experiences in the camps as the survival training which enabled him to make something of his life after the war and thinks it tragic that it should be so:

> Und so bin ich vielleicht als zartes, sprachgestörtes Unterklassenkind durch das unbarmherzige Abhärtungstraining der KLV-Lager davor bewahrt worden, ein sogenannter Schwächling und damit ein – in allen momentan existierenden Gesellschaften – verachteter Versager zu werden. (107)

Hermand thinks that otherwise he would have remained a "Mother's boy" and unable to cope with life such as it was; this is a sharp condemnation of society as he sees it. His mother represents everything that National Socialism is not, for she has humanitarian and moral standards. It would have been easy for her to achieve the social advancement she was in fact seeking by becoming active in the movement, but she thinks it plebeian and not worthy of her son, whom she tries to help, protect and support in every way possible. Her son, in turn, confides totally in her and this gives him the psychological strength to resume a normal life after the camp years, when he accepted what was happening with a total lack of expectations, or anything but blind obedience. His confidence in his mother is the only vent for the pressure put on him. In his opinion and from the perspective of an older adult, one of the worst aspects was the attempt to make the boys in the camp feel they belonged to the Germanic 'master-race' and were hence entitled to despise the Poles of their surroundings as lesser beings (69-71).

---

by: Klaus L. Berghahn/Robert C. Holub/Klaus R. Scherpe. Frankfurt/Berlin/Bern/New York: Lang 1996, pp. 171-183.

[12] Ibd., p. 182.

The Children's Perspective

In considering the children's perspective, I am not attempting to differentiate between the male and female perspective, that would require another and longer study. In many female autobiographies the authors feel that their lives had been shaped by others. In all four autobiographies under consideration here the children's lives were shaped by circumstances beyond their control. The two Hitler Youth camps in any case concentrated on developing a certain type of survival skills for boys which were not applied to girls in the same way. Perel sees the child's perspective as a saving grace: "Meiner Jugend ist es zuzuschreiben, daß ich trotz der furchtbaren Ereignisse noch einigermaßen bei Verstand und in einem gewissen Sinne gleichmütig blieb. Ich hatte damals keine genaue Vorstellung von der wirklichen Gefahr. Auch was die Zukunft für uns bereithielt, konnte ich mir nicht ausmalen." (24-25) Ruth Klüger insists on her right to her own memories, however filtered they may be. She knows that memories are not always reliable: they can filter, they can stylize, but it is essential to have them. She feels that children realize far more than adults think they do, and if one tries to make them forget, they invent games instead and hide them from adults (73).

The Function of Education

The function of education is central to understanding the children's experiences during the Third Reich years. In their lives before deportation, the exclusion from school was a profound shock for the Jewish children. Inge Deutschkron's book starts with a reference to education rather than Judaism: it was more of a challenge to her to hold her own at the *Gymnasium* after four years in a "weltliche Schule" than because she was Jewish (9). She explains that less that a quarter of Jewish children went to Jewish schools before the Third Reich because the Jewish schools educated children for life in a Jewish community, which did not seem relevant for the more assimilated German Jews: "Die jüdische Schule erzog ihre Schüler in erster Linie für ein Leben in einer jüdischen Gemeinschaft, wie sie in Berlin vornehmlich von den jüdischen Einwanderern aus Polen aufrechterhalten wurde" (25).

Ruth Klüger notes that in Theresienstadt the Zionist atmosphere of the children's home attempted to "aus Judenjungen junge Juden machen" (89). In the concentration camps, secret education was a symbol of hope for survival. Learning, painting, drawing and writing poems were a form of healing in Theresienstadt. Ruth Klüger confirms the portrayal of education in Theresienstadt in *I Never Saw Another Butterfly*: "Wer nur erlebt, reim- und gedankenlos, ist in Gefahr, den Verstand zu verlieren. Ich hab den Verstand nicht verloren, ich hab Reime gemacht" (127). Many camp inmates found poems a support in times of horrible suffering. One possible reason given by Klüger is the fact that poetic language had a definite form and hence gave support; another aspect frequently mentioned was that it was also not only a way of satisfying mental hunger, but, in the words of an inmate and echoed by Klüger, a means of forgetting hunger and misery, as when one's mind was occupied, hunger and thirst were easier to bear (122-127).

Klüger reiterates that formal education was strictly forbidden: "Geregelter Unterricht für die Kinder von Theresienstadt war von der deutschen Lagerverwaltung streng untersagt" (99) and this is exactly what Raja Engländerova recorded verbally and which was presented in *Butterfly*. But one child always kept guard, and when the SS men approached the lessons suddenly became mere games, which were accepted as part of the 'show camp' that Theresienstadt was supposed to be. But education was not permitted.[13] The Nazis considered learning a crime for Jews. For the inmates, continuing one's education was also a sign that some day normal life might be possible again and then one could perhaps resume life with new knowledge. In the camps, classical music had a vitally important function; in the Nazi KLV camps anything of this kind was completely lacking. In contrast, "We have few books but we have many songs," says an inmate to a child just arrived in Theresienstadt.[14] Karl Fleischmann's poem written in Theresienstadt in 1944 and which is quoted in English in *Butterfly* reads:

> Doch einer von uns
> wird diese Kinder wieder singen lehren
> und mit Bleistift auf Papier schreiben,
> daß zwei mal drei sechs ist.
> Denn einer von uns
> wird sicher überleben. (40)

---

[13] Raspanti: I Never Saw Another Butterfly, pp. 40-41.

[14] Raspanti, p. 11.

Hans Krása's opera *Brundibár*, a folk tale about an evil organ grinder, was performed in the camp, often with different children playing the roles because the previous ones had been deported to Auschwitz. This was a way of giving the children strength and enabling them to portray feelings on the stage. When Czech children performed the opera for Terezin survivors in a commemoration in 1991 and in 1995 the survivors all joined in the final song with the words, "You're not alone, standing together the victory is ours." And after fifty years the survivors remembered every word of the song.[15]

Hermand's text *Als Pimpf in Polen* offers the absolute contrast, for the knowledge that was a saving grace in the camps was derided in the KLV. They too had few books and in retrospect he writes, "Zu denken, daß wir über ein Jahr ohne ein einziges Buch auskommen mußten" (57). However, songs did play a central role. But these were songs of war and battles, which had anything but a healing effect (61-63). On the contrary, these songs still haunt him to this day. In the KLV camps there was not only an almost complete absence of any real concept of education, but the teachers too made little or no effort to fulfill their teaching function. The children accepted subjects like "Rassenkunde" dumbly, without attempting to question them. There are parallels between Hermand the "Pimpf" and Perel the "Hitlerjunge" as both describe the protagonist's situation in "Rassenkunde" classes – so similar and yet so completely different. For instance the Jewish child is characterized as "ein typischer Abkömmling der ostbaltischen Rasse."(97) Inge Deutschkron describes a similar situation in her book, where a 'Jewish ear' became classified as an "arische[s] Demonstrationsobjekt" (29).

Perel's experiences in the Hitler Youth school can be compared to those of the younger children in the KLV camps: their everyday life, their training as cogs in the Nazi machine, the brainwashing and the ideology the Hitler Youth tried to indoctrinate them with. One can contrast this to everyday life in the concentration camps as described in *weiter leben* and in *Butterfly*. The Hitler Youth camp represented Hitler's anti-educational concept which stated as quoted by Hermand, "Mit Wissen verderbe ich mir die Jugend" (15). Instead of being educated, boys were to be steeled to become fighters. A humanistic or classical education was considered a "Anhäufung von totem Wissen" (67). Hit-

---

[15] Patricia Petersen: The Children of Terezin. In: University of St. Thomas Magazine. Winter 1992, p. 15.

ler's concept had only one aim – to prepare the boys to accept death unflinchingly at any moment. Toughness was the thing that counted – to be achieved by drill and paramilitary training and to lead to battle, victory, or even death. There was no sense of true comradeship or solidarity, only of aggressive egoism. For this reason Jost Hermand, when at school after the war, was enthusiastic about anything from the past which reinforced humanistic values (111). Towards the end of his book. Hermand expresses his disappointment in realizing that it was this very toughness he despised as a child in the Hitler Youth camp that actually helped him to survive after the war (115). In his view it was a tragedy that the camp had that function. But he saw his own survival as a possibility of promoting certain personal ethical ideals.

Conclusion

As I mentioned at the beginning, as children, three of the authors suffered from severe identity crises. But they developed coping strategies, such as writing down their experiences, as ways of dealing with their trauma. However, transferring these traumatic experiences into a narrative form did not necessarily yield the cathartic effect they had hoped for. Two of the authors relived their suffering and the pain increased rather than decreased. For both Klüger and Hermand, the transference occurred in the latter half of a eminently successful professional life. The protagonist of *Butterfly,* too, is still affected by her years in the camp but without any identity crisis at all.

For the former children, their previous suffering had a decisive effect on their will to succeed in coping with life. Indeed one, Jost Hermand, did extremely well as a university professor, as a scholar and as an intellectual. Another, Inge Deutschkron, is very successful as a journalist. Yet another, Salomon Perel, succeeded in a technical field, concentrated on losing his Hitlerjunge-Jupp identity and merging into the State of Israel, where the attitude towards Shoah survivors was not, during the fifties and sixties, a comfortable one. There, and elsewhere, the unspoken question was always: Why did you not resist? Why did you let them do it to you? Klüger, also successful herself as a professor of German Literature and as a scholar and intellectual, considered such questions highly inappropriate. For her, the question why there was no resistance, implies that there should have been resistance. Thus, she remarks scathingly:

> Ich sagte, ich hätte immer gefunden, es sei eine Unverschämtheit von den Lebenden, von den Ermordeten noch ein bestimmtes Benehmen während des Sterbens zu verlangen, etwas, das ihren Mord für uns erträglicher macht, heroische Gesten eines nutzlosen Widerstands oder märtyrerhafte Gelassenheit. Sie starben nicht für uns, und wir, weiß Gott, leben nicht für sie. (96)

Laureen Nussbaum

Anne Frank, The Writer

Before focusing on Anne Frank, I would like to pay tribute to G. L. Durlacher, another child of Jewish German parents, who – like the Frank family – had fled to The Netherlands in the thirties. Just one year older than Anne, young Durlacher survived Auschwitz and as a sixteen year old came back all alone to The Netherlands, where eventually, he established himself as a sociologist. Haunted by his memories, he published his terse Auschwitz memoirs in 1985, followed by four additional, equally compact and gripping autobiographical books. As far as I know, only his Auschwitz-book and his childhood memories have been translated into English under the titles *Stripes in the Sky* and *Drowning* respectively.[1] I am sad that Durlacher died last July, just before his 68th birthday. I had meant to visit him upon our next trip to The Netherlands, before submitting his books to a closer study and presenting them to a wider readership.

The theme of this essay is "Anne Frank, the Writer." The best known representative of all the Jewish children victimized by the Nazis, Anne Frank has become an icon: the heroine of a romanticized play and subsequent film that made her name a household word all over the world and, at least in this country, the object of heated debates about her putative Jewishness (or the lack thereof). While she has become an icon, her talent and her aspirations as a writer have generally not been taken seriously. However, the editor of a recent anthology, *Women Writing in Dutch*, published by Garland Press, included Anne Frank among the 17 female authors whose writings deserve the attention of readers of English. When he solicited contributions for the tome, I was either the first or the only one who signed up for Anne Frank; hence, I was given the honor.[2]

[1] Gerhard Durlacher: Stripes in the Sky. A Wartime Memoir. London: Serpents Tail 1991 and Drowning: Growing up in the Third Reich. London: Serpents Tail 1994.

[2] Laureen Nussbaum: Anne Frank. In: Women Writing in Dutch. Ed. by Kristiaan Aercke. New York/London: Garland Publishing House 1994, pp. 523-575.

I knew Anne Frank. My sisters and I grew up just like Anne and Margot as immigrant children in Amsterdam's "river district." In Frankfurt our parents had belonged to the same liberal Jewish congregation, and especially during the first years of the German occupation, the Frank girls would frequently visit our apartment in Amsterdam. In 1947, Otto Frank, the only survivor of the Frank family, was my husband's best man at our wedding.

That was the year Anne's *Achterhuis* was published for the first time. For quite a while, it seemed to me that the book's main merit lay in the fact that it was the spontaneous expression of a young girl, who despite the oppressiveness and the anxieties of living underground, was trying to develop herself and to cut loose from her parents, in search of her own way through life. For all I knew, there was only one version of Anne's Diary, and although there were minor discrepancies between the Dutch and the subsequent English and German editions, I always believed Otto Frank's assertion that he had published "all that was essential."

In 1986, six years after the death of Mr. Frank, when the Dutch *Institute for War Documentation* issued the integral, critical version of Anne Frank's Diaries, my eyes were at last opened.[3] On March 28, 1944 via the BBC's Radio Oranje, Minister Bolkestein – then Dutch Secretary of Education, the Arts and Sciences in Exile – called for first-hand source materials. Stimulated by this call, Anne decided to rewrite her spontaneous entries with an eye to publication after the war. On May 20, 1944, the almost fifteen year old started her thoroughgoing revision, of which she had written 324 pages when she and the seven other hiders were arrested by the Nazi authorities two and a half months later.

Anne's revised text in the integral edition is printed as 'text *b*' under her original writings (the *a*-version). At the bottom of the page, one finds Otto Frank's published *c*-version, an amalgam of the versions *a* and *b*. Those who want to read the revised text, Anne had prepared so diligently for publication, will have to consult the voluminous critical edition, which contains also the copious scientific apparatus of the authenticity studies. They will find it difficult not to be distracted by the parallel versions *a* and *c*.

---

[3] The Diary of Anne Frank: The Critical Edition. Ed. by David Barnouw and Gerrold van der Stroom. Trans. Arnold J. Pomerans and B.M. Mooyaart. New York/London etc.: Doubleday 1989. Quotations from Anne Frank's Diaries in the text will be from this edition and are cited in parentheses.

In a review of the 1986 critical edition of Anne Frank's *Diaries* Mr. C. Blom, former director of Contact publishers, who had brought out the first edition of Anne Frank's *Diary* 40 years earlier, calls for "the definitive edition of *Het Achterhuis*, the complete publication of the final text as Anne Frank herself, had she been allowed to live, or her editor would most likely have handed it in."[4] Yet, in the anniversary year of 1995, fifty years after the end of the Second World War, Anne Frank's final text, the one she intended for publication, still has not seen the light of day. There certainly were a number of commemorative events meant to highlight Anne Frank or simply to cash in on her popularity. The striking eyewitness film *Anne Frank Remembered* by the British documentary film maker Jon Blair belongs to the former group, while the apparently very debatable animated Japanese film by Takinori Toshimoto, and the visit to Amsterdam by twenty-six "Annes" from as many countries fall under the doubtful category. In the United States, the remembrance of the liberation of the Bergen-Belsen concentration camp, where Anne Frank had died miserably fifty years ago, was the occasion to put the American translation of the new Otto Frank/Mirjam Pressler-edition of *Het Achterhuis* on the market. The pretentious subtitle, *The Definitive Edition*, is a totally unjustified, deceptive marketing device.[5]

There is, in fact, nothing "definitive" about this new edition of Anne's diary-letters. Sadly, it is a hodgepodge of Anne's revised texts, stitched together with bits and pieces of her original entries and offset by larger passages from the *a*-version, many of which Anne had rejected and eliminated in her astute and careful revision. Actually, this new edition does even less justice to Anne's intentions than the original version published under the aegis of her father. Most objectionable, though, is the fact that in her "Foreword" Mirjam Pressler perpetuates the myth that Otto Frank had omitted mostly sexual themes and scathing remarks made by Anne about her mother, and that now since the times have become more enlightened, we can handle a more complete text in which the teenage girl may at last speak freely for herself.[6] Thus, Pressler appeals to the foolish curiosity of Anne Frank's large following and satisfies the public need to identify with her. The book is selling well to the

---

[4] Opinion piece. In: NRC-Handelsblad, May 14, 1988.
[5] The Diary of a Young Girl: Anne Frank. The Definitive Edition. Trans. Susan Massotty. New York/London etc.: Doubleday 1995.
[6] Ibid., p. VI.

benefit of the publishers and the Anne Frank Fund in Basle, Switzerland, sponsor of the new edition. For Anne Frank, who can no longer speak for herself, it certainly does nothing to gain her recognition as a writer in her own right.

Ruth Klüger, a well-known Professor of German Literature from the University of California-Irvine, tells in her recent autobiography, *weiter leben,* how she had suffered in her youth from the patronizing highhandedness of editors. Born in Vienna in 1931, Klüger had survived the horrors of various concentration camps. In her book she recalls how in 1945, a newspaper had published parts of her two Auschwitz poems, embedded in tearfully sentimental journalistic prose. Fourteen-year old Klüger had been indignant that she wasn't taken seriously as a young poet, who had something to say about surviving Auschwitz. She was deeply hurt that, conversely, she was viewed only as a compassion-evoking child from the concentration camps, who had written some verses.[7]

Since Anne revised her original text with insight and skill, she would have been equally indignant had she known how she is being used as a symbol onto which millions of people can project their feelings of guilt and of compassion. She, too, would feel deeply hurt by the fact that fifty years after her death, her intentions and her work as a writer have still not been taken seriously, despite her dedicated efforts.

A reader poring over the *b*-version in *The Critical Edition* of *The Diary of Anne Frank,* in order to see whether or not this fragment can stand on its own merits, will find it hard not to look at the parallel printed *a*-version for the sake of comparison. In doing so, *this* reader could not help but be impressed with the amount of self-criticism and literary insight the barely fifteen-year old Anne brought to bear upon her revision, omitting whole sections, reshuffling others and adding supplementary information so as to create a most interesting and readable text. In the process, she must have used all her writing talent and the know-how she gleaned from her extensive reading. Though growing up in The Netherlands and reading mostly in Dutch, Anne was thoroughly imbued with what George Mosse calls the *Bildungsideal*, the enlightenment ideals of culture and education, to which most liberal and assimilated Jews in

---

[7] Ruth Klüger: weiter leben – Eine Jugend. Göttingen: Wallstein 1992, p. 198.

Germany had subscribed.[8] The literary scholar Sylvia Patterson Iskander of the University of Southwestern Louisiana has compiled a list of all the books Anne read during her two years in hiding. In addition to Cissy van Marxveldt's fiction for teenage girls, especially the first volume of the *Joop ter Heul* series that inspired Anne to write her entries in the form of letters, a number of first class biographies of historical figures stand out on this reading list. Anne must have schooled her style on those books.[9]

Her revised manuscript starts two weeks before her life in hiding, on June 20, 1942, with an introduction in which she evokes effectively the interest of the reader by belittling her aspirations as a diary writer. She explains that despite her popularity, she feels quite often lonely and for this reason she wants to write her diary in letter form, as if addressing an imaginary girlfriend, Kitty, to whom she can open her heart. After a short autobiographical sketch, her first 'dear Kitty' epistle follows under the same date.

Anne only needs four entries in the revised text to make clear that her life as a Jewish 7th grader, forced to attend a segregated Jewish school in occupied Amsterdam, is still livable in the spring of 1942, despite all the unreasonable restrictions. This life comes to a close with the observation of the end of the school year early July, in the Joodse Schouwburg (Jewish Theatre), a place that at this juncture was not yet connected with the subsequent horrors of deportation. In an especially well-written and compact entry, Frank tells us how during a brief walk with her father, she learns for the first time about the family's hiding plans, and she touches upon the fears this prospect invokes in her (204).

A few days later, the Franks' hiding plans are implemented. Anne's very gripping account of the consternation is well known: on Sunday, July 5, her sixteen-year old sister, Margot, receives an order to report for work in Germany which is followed by the very quick decision for the whole family to go into hiding the next day. Father Frank included Anne's *b*-version of those fateful days almost unchanged in his early edition of *Het Achterhuis*. The same holds true for Anne's detailed de-

---

8 George Mosse: German Jews Beyond Judaism. Bloomington: Indiana University Press 1985.

9 Sylvia Patterson Iskander: Anne Frank's Reading. In: Children's Literature Association Quarterly 13, No. 3 (Fall 1988), pp. 137-141; see also Iskander: Anne Frank's Autobiographical Style. In: Children's Literature Association Quarterly 16, No. 2 (Summer 1991), pp. 78-81.

scription of the location and of all the rooms of the annex, a section that exists only in her revision. With that depiction, Anne very consciously laid the groundwork for her later diary letters, so the reader can form a clear image of the place where she was hiding and doing her chores; where she was studying, arguing, agonizing and hoping; and where under the pressures of the time she developed rapidly into an autonomous person and into a young writer.

When shortly afterwards the family Van Pels moves into the annex, Anne skillfully sketches each of its members with a brief and telling comment. She uses this occasion to have Mr. Van Pels report how he helped spread the rumor that the Frank family had probably escaped to Switzerland (219-221).

Anne shows a remarkable gift for observation and what she observes, she renders succinctly, often in the form of a short dialogue. A good example is her description of an argument between mother Frank and mother Van Pels about unselfishness. It ends like a vignette: "Mrs. Van Pels returned and started to wrangle loudly, in German, in a mean and uncivilized manner, just like a fat, red fishwife; it was a joy to behold. If I could draw, I would have loved to draw her in that pose; she was so funny, that little, crazy, stupid woman. I, certainly, learned one thing and that is – you only get to know people for real if you've had a good brawl with them. Then and only then can you judge their character!" (255-256).

The reader is not likely to forget scenes like this one, nor Anne's humorous description of herself as "an island between the waves of beans" after a bag of brown beans had burst open on the attic staircase above her head (301). In addition, she agonizes over the increasing number of deportations of Jewish people she knew and about the horrible conditions in the camps. When the BBC mentions gassing, a deeply perturbed Anne writes on October 9, 1942: "Maybe this is the quickest way to die."

The increasing danger for Jews causes the seven hiders to take in an eighth person. In the middle of November, 1942, dentist Pfeffer joins them. He has heart-rending stories to tell about the deportations. Compared to that, Anne deems her own feelings of forlornness, of 'a great void' around her, trivial. Yet, she is bothered by the fact that she is often being misinterpreted and that people get upset with her for no good reason (Nov. 20, 1942).

While revising her text, Anne eliminated most of the bursts of anger formerly directed against her mother. In the light of the prevailing myth, it is interesting that Otto Frank reinstated in the *c*-version, for example, in the entry of October 3, 1942, some nasty comments, Anne herself had omitted in her revision. The same holds true for Anne's remark about her longing for her first menstruation, which she elided in her rewrite. Father Frank included it in the *c*-version of the October 29, 1942 entry.

Anne's *a*-version from Mr. Pfeffer's arrival to December 22, 1943 has been lost, except for a very few, dispersed passages. Hence, for the existing editions, Otto Frank and later Mirjam Pressler had to rely almost exclusively on the revised *b*-text for these thirteen months, much to the benefit of the composition and literary quality of this part, I believe. The revised text covering this period comprises most of those illustrative vignettes which tend to stay with the readers of Anne's *Diary*.

On the one hand, there is the systematic description of the daily routine of the eight people in hiding, written in August 1943 (for example, the evening and morning activities, the lunch break and the main meal with witty thumbnail sketches of each of the eaters around the table), and on the other hand, there are the special episodes that interrupt this routine. Anne, the keen observer, reports with insight and flair, be it on a dentist's treatment (325-326) or on an air raid (360). Her "Ode to My Fountain Pen" is a true jewel of autobiographical story telling (413-414).

In addition, she writes lovingly about the rescuers, the family's faithful helpers: "Miep is just a little pack horse, carrying ever so much. Almost daily she tracks down vegetables somewhere, and she brings everything in big shopping bags on her bike. She also is the one who supplies us with library books. We always look forward eagerly to Saturday becausc that is when the books come; just like little children who get presents. Normal people don't know what books mean to folks like us, who live locked up. Reading, studying and the radio are our only diversions" (366).

There are other, recurrent themes: the shortage of food; the news from outside, mostly focusing on the progress of the war; and the heated arguments between Anne and her mother, between Mr. and Mrs. Van Pels, between the Frank family and the Van Pels family, and between the latter and Mr. Pfeffer. On March 27, 1943, reporting about a German decree ordering that within a few weeks the Germanic countries "had to be cleansed of Jews" Anne comments acidly, "as if they were cockroaches."

On November 8 of the same year, she reflects in a most poetic way about her fear that the family hide-out will no longer be a safe oasis. A few weeks later, she describes a nightmare about her schoolfriend Hanneli Goslar, imagining her far away in a concentration camp, begging for Anne's help. She expresses her deep regret about the fact that she had once deserted this very good friend, and she ponders about Hanneli's faith in God and about the difference between her friend's terrible fate and her own good luck (422-423).[10] This last entry demonstrates an increase in Anne's critical introspection at the end of 1943.

In revising her text for that year, the young writer had concentrated on vivid descriptions of life in the *Achterhuis*. Subsequently, however, her focus would shift to her transition from adolescence to adulthood: to her growing inner independence from her parents, her increasing sense of autonomy. Her mood fluctuates between gratitude for her relatively safe existence in the hide-out and resentment for having her carefree youth and her freedom taken away by the Nazis.

There is a telling description of a much appreciated Christmas visit from the wife of one of the rescuers: "If somebody just comes in from the outside, with the wind in his clothes and the cold on his face, then I would like to put my head under the blankets, so as not to think: 'When will we again be allowed to smell outside air?'" Anne craves to feel young and free, but she also notes that she has to control her feelings. The *b*-version of her text of December 24, 1943 closes with the following words: "Just imagine if all eight of us were to start complaining or putting on unhappy faces, where would we end up?"

Otto Frank apparently deemed it necessary here, as well as in subsequent entries to supplement Anne's revised version with more lachrymose passages she had eliminated and sometimes also with passages from other entries. Consequently, the tidy composition of Anne's *b*-version goes lost. Moreover, here again, father Frank's insertion includes negative remarks about Anne's mother, which Anne herself had cut out (432).

---

[10] Ironically, in the end, Hanneli Goslar survived the war. In Willy Lindwer's moving book The Last Seven Months of Anne Frank. New York: Pantheon Press 1991 – based on interviews with six women who were in concentration camps with the Frank girls and translated by Alison Meersschaert – Hannah Pick-Goslar tells how she tried to help Anne in Bergen-Belsen shortly before Anne succumbed.

The long entry of January 5-6, 1944, omitted by Anne, was also reinstated by Otto Frank. It tells about a psychological wound inflicted on Anne by her mother years ago. Similarly, in the process of rewriting her text of March 2, 1944, Anne had left out criticism of her elders in the house, especially of her mother. Otto Frank re-inserted most of those observations in his *c*-version. In the light of the prevailing myth, it is even more curious that father Frank re-instated Anne's spontaneous remarks about her developing body, her menstruation, and her "terrible urge" to touch her breasts in bed at night, while Anne had elided those passages in her revision (442-443).

It is difficult to reconstruct what principles or ideas might have guided father Frank in the editing of the *c*-version. Most notably in the case of the texts of the first months of 1944, he selected time and again the more emotional passages of Anne's *a*-version, some of which Anne had dispensed with, while she had reworked others into fictional stories. Already in 1943, parallel with her diary entries, she had written some short prose fiction, meant for a separate book of stories. At the end of February 1944 she sublimated her vision about her beloved grandmother (see *a*-version December 29, 1943) into the consolatory story "The Guardian Angel" and shortly after that, she turned her crush on Peter Van Pels into the teenage love story "Happiness." Both pieces can be found in *Anne Frank's Tales from the Secret Annex.*[11]

By the time she was rewriting her entries of the beginning of 1944, Anne had gone through a great deal of inner development, and she had distanced herself from her tempestuous infatuation with Peter. On June, 14 she notes that he is letting her down in numerous ways, and on July 6, she writes that she finds Peter weak, that he tends to look for the easy way out, and that, sadly, he has not set himself a concrete goal in life. Finally, on July, 15, she mentions that she is pondering a great deal about him: "I know very well that I conquered him instead of Peter conquering me. I designed a dream image of him, choosing to see him as a quiet, sensitive, dear boy. [...] Now he clings to me and, for the time being, I can't find a way to shake him off and stand him on his own two feet." This insight informed Anne's approach to her revision. Major passages gushing with enthusiasm about Peter, written less than half a year before, she excluded in her rewrite. A few other Peter-texts she changed.

---

[11] Translated by Michel Mok and Ralph Manheim. New York: Washington Square Press 1983.

The same holds true for her retrospective of March 7, 1944 in which she disengages herself spiritually from her parents. In this very courageous affirmation of life, she eliminates Peter altogether.

Father Frank ignored all of that evidence of growth. Apparently, he felt a need to preserve the image of his beloved, tempestuous little Anne and did not know how to handle the more mature, objective and autonomous young writer.

As mentioned earlier, the Frank family was arrested by the Nazis before Anne could finish her rewrite. Hence, for the last four months in hiding there exists no *b*-version. One can safely assume that, while revising her old texts, Anne also jotted down her new entries with the idea of eventual publication in the back of her mind. After an emotional crisis on April 4-5, 1944, when she was still mulling over the notion of converting her diary notes into a publishable book, Anne pulls herself together and writes: "I have to work in order not to remain stupid and to get ahead, to become a journalist, because that's what I want to be. I know that I have writing ability, a number of my stories are good, my *Achterhuis* descriptions show a sense of humor, much of my diary is expressive, but [...] whether I have real talent remains to be seen [...] Around here, I am my own best and sharpest critic [...] I am quite aware of what is well written and what is not."

A week later, on April 11, 1944, Anne gives a most fascinating account of the scare caused by a burglary in the premises at the Prinsengracht and of its effect on the people hiding there. Even unrevised, this long entry is a small masterpiece which Anne finishes again with a courageous affirmation of life and of her own inner resources.

With the Allies' invasion of Normandy on June 6, 1944, hope and impatience as well as fear of military violence enter into Anne's existence. In addition, her inner development toward the person she wants to become quite naturally has its ups and downs. Hence, her spontaneous entries often lack balance. Therefore, it would not be an easy task to distill a final version out of Anne's texts of her last four months in hiding, as called for by Mr. Blom. Yet, it is high time that interested people will be able to read the major fragment of Anne's book exactly the way she prepared it for publication.

The integral edition with its parallel *a*-, *b*-, and *c*-versions remains an indispensable tool for critical research. In it, one can trace Anne's socialization process, as Berteke Waaldijk and Denise de Costa from the

Women's Studies Department at the University of Utrecht have done.[12] In fact, the latter just published a fine study in Dutch, with a "Summary in English," entitled "Anne Frank and Etty Hillesum. Spirituality, Authorship and Sexuality".[13] One can also delve into the development of Anne's writing style as I did in a Dutch periodical for language teachers.[14] This kind of feminist, developmental or comparative studies is of scholarly interest, just as it is relevant for experts to juxtapose the sketches by Van Gogh with his subsequent paintings of the same *motifs*. Similarly, the examination of Goethe's *Urfaust* in parallel print with his much later *Faust I* has surely led to worthwhile insights. In both cases, however, the scholarly interest in the genesis of a work was sparked by the recognition of the final product as a piece of art.

Only when I started concentrating on Anne Frank's writing for the American anthology mentioned above, did it become clear to me that the history of the publication of Anne Frank's *Diary* is an anomaly. My conclusion: readers who appreciate a well written book, but who are not necessarily involved with Women's Studies or literary criticism, have the right to read Frank's war-time story in a form as close as possible to the author's own final version. Conversely, we owe it to Anne Frank that, at long last, she be taken seriously as the writer she really was, before the Disney people decide to market her as their next popular heroine, Pocahontas-style.

---

[12] Berteke Waaldijk: Reading Anne Frank as a Woman. In: Women's Studies International Forum 16, No. 4 (1993), pp. 327-335. See also Denise de Costa: 'We zitten hier als uitgestotenen': Ballingschap en (zelf)censuur in de dagboeken van Anne Frank. In: Lover No. 2 (1994) pp. 4-7.

[13] Denise de Costa: Anne Frank & Etty Hillesum – Spiritualiteit, schrijverschap en seksualiteit. Amsterdam: Balans 1996, pp. 352-359.

[14] Laureen Nussbaum: Schrijven met Anne Frank. In: Levende Talen 486 (Jan. 1994), pp. 4-8.

Meinhard Stark

Kinder deutscher Exilanten in der UdSSR

Das Tagebuch der Sonja Horstmann und andere Überlieferungen

Am 14. Juni 1944 griff die sechzehnjährige Sonja Horstmann nach mehr als einjähriger Unterbrechung wieder zur ihrem Tagebuch und schrieb:

> *Oh, wieviel Zeit ist vergangen? Wieviele unerwartete Wendungen! Wie glücklich war ich, als ich die vorgehenden Zeilen schrieb. Und jetzt??!*
>
> *Aber beginnen wir von vorn.*
>
> *Die Prüfungen habe ich bestanden. [...][1] Mitte Juni [1943][2] beschloß ich, in einem Betrieb zu arbeiten. Zuerst wollte ich mich erholen, Beeren sammeln. Aber ich kannte die besten Beerenplätze nicht und hatte keine Ahnung, wo ich Heidelbeeren oder Himbeeren finden könnte. Ich hatte auch keine passenden Schuhe und Sachen, um in den Wald zu gehen. Außerdem hatte ich niemand zum Mitkommen. [...] Also ging ich als Botin in die Personalabteilung des Betriebes Nr. 132, arbeitete in einem kleinen Häuschen außerhalb des Werkgeländes. Als Deutsche ließ man mich nicht direkt im Betrieb arbeiten. [...] Das Schlimme ist, daß die Schuhe zerfetzt waren. Es war schwer zu laufen. Dann hatte ich von dem ewigen Nicht-Satt-Essen eine große Schwäche. Einmal geriet ich mit dem Chef aneinander. Ich ging nicht zur Vorstadtwirtschaft. Dafür wollte er mich rauswerfen, worüber ich sehr froh war. Aber, als ich das Gesuch vorlegte, ließ er mich nicht weg. [...] Ich bekam 168 Rubel, ein Mittagessen und zusätzlich 100 Gramm Brot, was schon sehr viel half. Zum 1. Oktober [1943] kündigte ich und ging, um in der 8. Schulklasse weiter zu lernen. [...]*

---

[1] Jeweils Auslassungen durch den Autor.

[2] Jeweils Einfügungen durch den Autor.

Authentische Quellen, eben Tagebücher und Briefe, wie sie die heranwachsenden Sonja Horstmann[3] oder Nina Kosterina[4] hinterließen, sind selten überliefert. Mancher Überlebende schrieb über die Kinder- und Jugendjahre in der UdSSR wie Wolfgang Leonhard[5], Irma von Wolfenhagen[6] oder Henry-Ralph Lewenstein[7]. Andere versuchten die Lebensgeschichten verfolgter Kinder episch zu gestalten, so Anatoli Pristawkin in *Wir Kuckuckskinder*[8]. Heute können wir vor allem mittels lebensgeschichtlicher Interviews auch von jenen Menschen und ihren Erinnerungen erfahren, die bislang kaum zu Wort kamen.[9] Wissenschaftliche Forschungen stehen noch am Anfang.[10] So unterschiedlich die angeführten Überlieferungen und Schilderungen auch sein mögen, sie gestatten einen Einblick in eine bislang unbekannte Lebenswelt Heranwachsender in der Sowjetunion der dreißiger und vierziger Jahre – fern des gern verbreiteten Klischees sowjetischer Propaganda: „Die Kinder unsere lichte Zukunft".

Das Tagebuch der Sonja Horstmann

3. Mai 1941: Gestern war mein Geburtstag. Die Mädchen kamen. Wir machten Späße, trieben Unfug, spielten irgendwelche Szenen.

---

[3] Sonjas Tagebuch. Aufzeichnungen aus der sowjetischen Emigration 1941–1944. Rundfunkfeature von Meinhard Stark. Ostdeutscher Rundfunk Brandenburg, Potsdam 1994.

[4] Das Tagebuch der Nina Kosterina. Moskau 1936–1941. Frankfurt a.M.: Verlag Neue Kritik 1981.

[5] Wolfgang Leonhard: Die Revolution entläßt ihre Kinder. Köln: Kiepenheuer & Witsch 1955.

[6] Irma von Wolfenhagen: Meine seltsame Liebe zu Rußland. Als „Repressiertenkind" im Waisenhaus von Astrachan 1937 bis 1940. Frankfurt a.M.: Haag + Herchen 1993.

[7] Henry-Ralph Lewenstein (Johnston): Die Karl-Liebknecht-Schule in Moskau 1932–1937. Erinnerungen eines Schülers. Lüneburg: Verlag Nordostdeutsches Kulturwerk 1991.

[8] Anatoli Pristawkin. Wir Kuckuckskinder. Frankfurt a.M.: Fischer 1993.

[9] Im Rahmen der Forschungen zu meiner Dissertation „Deutsche Frauen des GULag. Eine zeit- und lebensgeschichtliche Befragung" habe ich – soweit möglich – auch die Schicksale von Kindern ehemaliger GULag-Häftlinge verfolgt. Ein biographisch wie zeitgeschichtlich angelegtes Projekt über österreichische Schutzbund-Kinder, die 1934 in die UdSSR kamen, realisiert zur Zeit der österreichische Historiker Dr. Hans Schafranek in Wien.

[10] Erste Forschungsergebnisse legte Corinna Kuhr in ihrer beachtlichen Magisterarbeit vor: Vgl. Kinder von „Volksfeinden" als Opfer der stalinistischen Säuberungen von 1937/38. Magisterarbeit masch. Köln 1994.

Am Abend gingen wir zum Platz vor unserem Haus: Iveta, Dusja und ich. Ein Haufen Spitzbuben war dort! Wir ließen uns mit dem Teufel ein, nahmen uns bei den Händen und machten drauf los. Wir haben uns einfach furchtbar aufgeführt.

Heute gehe ich zum Geburtstag von Lida Klimowa. Ich weiß nicht, was ich schenken soll. Wenn sie mich sieht, bringt sie mich um: Sofa mit Perlenkette, silbernem Medaillon und Goldring. Zum Geburtstag hat Lidka von ihrer Mutter einen Büstenhalter Größe zwei bekommen. Einfach verrückt! [...]

Mit dieser Eintragung begann die gerade dreizehnjährige Sonja Horstmann ihr Tagebuch. Ihre Eltern, Dagmar und Hermann Horstmann, mußten als Kommunisten mit ihrer kleinen Tochter 1933 das nationalsozialistische Deutschland verlassen und kamen über Frankreich, Belgien und Holland Ende 1934 in die UdSSR.[11] Die Familie wohnte in einem Wohnblock für deutsche Exilanten. Der Vater arbeitete zunächst in seinem Beruf als Rechtsanwalt im Büro der „Internationalen Roten Hilfe", später in der Redaktion der *Deutschen Zentral-Zeitung*. Die Mutter war als Schreibkraft und Übersetzerin tätig, dann studierte sie, legte ein Examen ab und arbeitete in der Bibliothek für fremdsprachige Literatur. Nach den Monaten der Flucht stellte sich in Moskau erstmals wieder ein Gefühl der Sicherheit her. Die Zukunft mutete beinahe grenzenlos an. Auch Sonja lebte sich schnell ein, besuchte die Schule, wurde Pionier. Ihre russischen Freundinnen nannten sie bald Sofa oder Sonitschka. Wohl noch am Abend, nach ihrer Geburtstagsfeier am 2. Mai 1941, entschloß sich das Mädchen ein Tagebuch zu führen. Die Eintragungen nahm sie in russischer Sprache vor. Anfangs waren es verdichtete Beschreibungen von Erfahrungen heranwachsender Mädchen, die so oder ähnlich auch heute noch erlebt und reflektiert werden.

5. Mai 19941: Bin totwütend auf Mutter. Ich sagte ihr alles, was mir auf dem Herzen lag. Sie erkennt nur ihre Arbeit an, mehr

---

[11] Gestapo-Akte über Hermann Horstmann in: Nordrhein-Westfälisches Hauptstaatsarchiv, RW 58/7380. Die Ausbürgerung der Familie Horstmann, einschließlich von Sonja Horstmann, betrieb der Polizeipräsident von Düsseldorf seit 1934; 1939 wurde diese vollzogen. Interview mit Dagmar Horstmann am 15. und 16. Juli 1991 sowie ihre „SED-Kaderakte" in: Bundesarchiv, SAPMO, Parteiarchiv IV 2/11/v. 4933.

nicht. Ich räume jeden Tag das Zimmer auf, muß mich auf 20 Prüfungen vorbereiten, habe viel zu lernen, aber sie stellt es nicht nur mir, sondern auch Bekannten und Nachbarn gegenüber so hin, als ob ich nichts tue, nur meine Hausaufgaben. Höre ich eben auf zu lernen! Ich sagte ihr, wenn sie das nicht erlaubt, dann wird sie's schon merken. Sie sagte, daß sie kein Mittag mehr kochen und nur noch arbeiten wird. Na und! Es hindert sie keiner. Vor Beleidigung habe ich, als sie herausging, gleich losgeheult.

Gestern habe ich zum ersten Mal im Leben einen Büstenhalter umgemacht. Heute hat mich Ljukmanow in der Schule gefragt, ob alle deutschen Mädchen so schön sind, oder nur ich. Goldstein betatschte mich so, daß ich es nicht merken sollte. Er sagte, daß ich feste Brüste habe. Der Dummkopf! Der versteht nicht, daß ich einen Büstenhalter trage. Es sind doch Verrückte in unserer Klasse. Jemand brachte eine vorrevolutionäre Ausgabe des Buches „Die Syphilis im Dorf“ mit und zeigte es allen. [...]

14. Mai 1941: Ich bin manchmal wie eine Verrückte. Oh Götter! Ich möchte irgend jemand sehr lieben. Ich weiß nicht, wie ich es erklären soll. Ich hätte gern, daß mich auch jemand liebt, sich um mich sorgt, behütet, daß mich jemand liebkost. Ich bin irgendwie verrückt. [...] Vor einer dreiviertel Stunde war ich noch allerbester Stimmung, aber jetzt, wie zum Trotz, ist alles wieder verdorben. Was soll ich bloß machen? [...]

2. Juni 1941: Es ist heute ein Monat seit dem Tag vergangen, als ich das Tagebuch begann. Gestern Abend habe ich mir den amerikanischen Spielfilm „Ein Lied über die Liebe“ angesehen. Die Handlung spielte in Italien und es wurde pausenlos gesungen. [...] Ich war begeistert. [...]

Wenige Wochen später überfallen deutsche Truppen die Sowjetunion. Sonja Horstmanns erste Reaktion, niedergeschrieben vier Tage nach dem Einmarsch:

26. Juni 1941: Wie entsetzlich! Seit dem 22. Juni haben wir Krieg mit Deutschland! Ersticken müßte man dieses ganze deutsche

Gesindel! Aber sie werden durch unsere große, mächtige Rote Armee in den Boden gestampft. Am 22. Juni sprach Genosse Molotow. Seine letzten Worte waren: ‚Unsere Sache ist richtig. Der Feind wird zerschlagen. Der Sieg wird unser sein.' [...]

In der Nacht zum 24. oder 25. Juni, ich erinnere mich nicht genau, heulte um 3.15 Uhr die Sirene. Fliegeralarm. Wir stiegen hinunter in den Luftschutzkeller, das heißt in die Werkstatt des Tischlers. Dort war soviel auf den Regalen aufgetürmt, daß wenn eine Bombe fiele, wir nicht wegen der Bombe, sondern wegen des Gerümpels sterben würden, das auf uns fällt. Wir saßen dort bis 5.00 Uhr morgens. Mama hat sich mächtig erschrocken, weil sie annahm, daß das die faschistischen Scheusale waren. Als wir nach Hause kamen, konnte ich lange nicht einschlafen. Schließlich fand ich doch Ruhe und schlief wie eine Tote bis 10.00 Uhr.

Vera zeichnete auf einem Plakat einen Rotarmisten, der Hitler erwürgt. Es ist ausgezeichnet gelungen! Sie zeichnete eine mit Hakenkreuzen übersäte gelbe Schlange mit einer Hitlerfratze. Weil der Rotarmist den Führer würgt, quellen dessen Augen soweit hervor, daß sie beinahe aus den Augenhöhlen fallen. Sowohl der Kopf Hitlers wie sein Schnurrbart sind ihr sehr gelungen. Einwandfrei hat sie ihn gezeichnet.

Mutter und Tochter bereiteten sich im Sommer 1941 allein auf die Evakuierung aus Moskau vor.[12] Frauen und Kinder sollten als erste die Stadt verlassen. Wieder gaben die Horstmanns alles auf, was ihr Leben ausmachte: die Arbeit, die Wohnung, die Freunde, die ganze Existenz. Und außerdem wußten sie nicht, wie sich die sowjetischen Stellen zu ihnen, den Deutschen, verhalten werden. Dagmar Horstmann war froh, daß ihre Tochter in perfektem Russisch, ohne den verräterischen Akzent, mit den sowjetischen Behörden sprechen konnte.

[12] Dagmar und Hermann Horstmann sind auch in der „Sonderfahndungsliste UdSSR des Chefs der Sicherheitspolizei und des SD, das Fahndungsbuch der deutschen Einsatzgruppen im Rußlandfeldzug 1941" verzeichnet. Vgl. die Faksimileausgabe von Werner Röder: Sonderfahndungsliste UdSSR. Erlangen: Verlag für zeitgeschichtliche Dokumente und Curiosa 1976, S. 76.

Insbesondere während der Terrorjahre 1936 bis 1938 wurden quasi alle Ausländer, allen voran Deutsche, als potentielle Spione und Saboteure betrachtet, Tausende von ihnen verhaftet.[13] Die meisten Russen hatten Angst mit den wenigen, zurückgebliebenen Ausländern engeren Kontakt zu halten. Zu den Opfern der „Säuberung" gehörte auch Sonjas Vater.[14] Im Februar 1938 war Hermann Horstmann von Soldaten des Volkskommissariats für Innere Angelegenheiten, NKWD, verhaftet worden. Einige Monate starb er, wie es in dem erst auf vehementer Nachfrage Dagmar Horstmanns offiziell ausgehändigten Totenschein hieß, an „Herzversagen".[15] Die Leiche des Toten gab das NKWD nicht frei, ein Grab existierte nicht.

Wie die zehnjährige Sonja 1938 Verhaftung und Tod des Vaters erlebte, ist nicht bekannt. In ihrem Tagebuch kommt er ebensowenig vor, wie andere Erinnerungen aus den ersten zehn Lebensjahren. Sie glaubte fest an die Unschuld ihres Vaters, so Dagmar Horstmann in einem Interview, konnte aber ebenso wenig an den sowjetischen „Sicherheitsorganen" zweifeln.

Die Evakuierung im Juli 1941 brachte Sonja Horstmann und ihre Mutter in die Baschkirische Sowjetrepublik, mehr als 1000 km östlich von Moskau. Nach kurzen Auseinandersetzungen mit der örtlichen Verwaltung konnte die Mutter als Lehrerin für deutsche Sprache in der Stadt Sim arbeiten. Sonja schrieb in ihr Tagebuch:

> *Am 20. August sind wir in Sim angekommen. Fünf Nächte haben wir in der Schule auf Sofas übernachtet und erst am 25. ein Zimmer erhalten. Jetzt sind wir sehr zufrieden. Die Hausherren, ältere Leute ohne Kinder, sind gut zu uns.*

---

[13] Vgl. die Artikelserie in sowjetischen Zeitungen von L. Sakowski, Kommissar 1. Ranges für staatliche Sicherheit, Leiter der Leningrader Gebietsverwaltung des Volkskommissariats für Innere Angelegenheiten unter dem Titel „Über einige Methoden und Kniffe der ausländischen Spionageorgane und ihrer trotzkistisch-bucharinschen Agentur". Die Serie erschien auch in der Moskauer „Deutschen Zentral-Zeitung" vom 6. bis 18. Juli 1937, sowie auch als eigenständige Broschüre.

[14] Vgl. In den Fängen des NKWD. Deutsche Opfer des stalinschen Terrors in der UdSSR. Berlin: Dietz Verlag 1991, S. 101.

[15] Auf dem Totenschein des NKWD war der Tod für den 24. Mai 1938 angegeben. Der Totenschein selbst war auf den 7. Juni 1940 datiert.

Bei mir sind irgendwelche Pickel an der rechten Hand und unter der Brust entstanden. Gerade waren sie verheilt, als sie auf dem Rücken schon wieder da waren, nur schlimmer. Das tut sehr weh.

Wie schrecklich! Die Deutschen haben gestern Dnepropetrowsk eingenommen, Odessa ist von den Deutschen eingekreist, Leningrad ist belagert; Smolensk – eingenommen, Kiew – eingenommen. Was ist das nur! Werden wir etwa nie mehr nach Moskau zurückkehren? Vorgestern haben wir den Film „Zirkus" gesehen. Ich habe richtig geweint, als ich den Roten Platz und das Hotel „Moskwa" so friedlich sah. Wenn ich doch dorthin könnte.

Sonja Horstmann machte nicht täglich Aufzeichnungen von ihrem Leben in der Evakuierung. Sie schrieb von ihren Erlebnissen in der Schule oder Zuhause, verfolgte den Kriegsverlauf und das Schicksal Einzelner.

1. September 1941: Heute war der erste Schultag. Wir hatten Russisch, Literatur, Mathematik, Singen, Geographie und Deutsch. In Deutsch haben wir Mama. Wunderbar! Die Geographielehrerin ist ganz jung. Ich dachte zuerst, sie ist eine Schülerin der 8. oder 9. Klasse. Der Gesanglehrer ist ein Asiate. [...] Der Mathematiklehrer ist sehr groß. Er verzieht den Mund immer so komisch. [...]

In der Klasse sind 36 Schüler, alles Mogiljower und Moskauer. Das Kollektiv ist nicht gut. Wenn einer irgendwas nicht richtig sagt, lachen alle. [...]

2. September 1941: Ich wollte noch von der jungen Biologielehrerin Ljubow Nikolajewna berichten. Mama und mir hat sie ihre Geschichte erzählt: ‚Zu Beginn des Krieges habe ich bei Bialystok gewohnt. Als unsere Einheiten zurückgingen, haben die Deutschen unser Haus beschossen. Wir schliefen, als das Geschoß einschlug. Plötzlich brach eine Mauer ein und ich verletzte mich an der Hüfte. Ich sprang auf und sah, daß Mutter und Bruder auf dem Fußboden lagen und tot waren. Einer meiner Brüder fiel schon im Finnischen Krieg 1939. Ich rannte aus dem Haus, blu-

tend, nur im Hemd und barfuß. Blutend lief ich im Hinterland der Deutschen der Roten Armee hinterher. Einige Male wurde auf mich geschossen. Schließlich kam ich bei den Unseren an und man legte mich ins Lazarett. Man gab mir zwei Kleider, einen Rock, zwei Jacken und ein Paar Schuhe. Was ich noch brauchte, suchte ich mit Hilfe meines dritten Bruders zusammen. Der ist jetzt auch an der Front und kann sein, schon tot. So bin ich ganz allein.'

Ema Lalajan, eine Klassenkameradin aus Mogiljow erzählte: ‚Jede Nacht schliefen wir angezogen, mit zwei, drei Kleidern. Wer hatte, zog noch einen Pullover drüber. Als die Deutschen begannen Mogiljow einzunehmen, rannten wir über den Friedhof und haben uns vor den Kugeln hinter den Grabsteinen versteckt. Es gab Tote und Verletzte. Mama, Papa, meine Schwester und ich rannten anfangs gemeinsam. Während wir versuchten dorthin zu laufen, wo noch nicht geschossen wurde, merkte ich, daß ich allein war. Von meiner Familie war keiner mehr da. Ich begann zu suchen und fand meine kleine Schwester, die da saß und weinte. Meine Schwester hatte ich gefunden, aber wo Vater und Mutter sind...[16] *Ich weiß es nicht. Vielleicht sind sie schon nicht mehr am Leben.'*

Sie entkam mit einem einzigen Kleid und Sandalen. Mehr hatte sie nicht. Solche idiotischen Anfälle wie vor dem Krieg, als ich wie ein Dummchen schrieb, habe ich nicht mehr. Das war nur aus Langeweile.

Im Laufe weniger Monate wurde aus der lebensfrohen und -bejahenden Sonja ein Mädchen, das deprimiert den Vormarsch der deutschen Wehrmacht zur Kenntnis nahm und sich sehnsüchtig in ihre Lebenswelt der Vorkriegszeit zurücksehnte.

30. November 1941: Die Lage an der Front hat sich nicht verbessert. Rostow am Don hatten die Deutschen erobert, wir haben es aber zurückerobert. Bestimmt sind von der Stadt nur Ruinen übriggeblieben. Oft frage ich mich, ob ich Moskau je noch einmal

---

[16] So sind Auslassungen im Original gekennzeichnet.

wieder sehen werde, meine Freundinnen, das Haus, die Nachbarn, die Schule, die Lehrer? Besonders Lida Tschernowa fehlt mir. Lebt sie? Tanjuscha, ihre kleine Schwester und ihre Mutter? Ich sitze und denke, meine liebe Liduschenka, was ist mit dir, wo bist du, lebst du? Sie fehlt mir und ich hätte nicht gedacht, daß ich so an ihr hing. Weswegen? Sie hat mir, meiner Meinung nach, nichts außergewöhnlich Gutes getan.

Den ganzen Tag habe ich gesessen und Karten gelegt. Ich weiß nicht, ob ich es schrieb: in Ulu Teljak habe ich es von einer armen Bäuerin gelernt. Für mich und Lida kommt heraus, daß sie lebt, sich wegen irgendeiner Karo-Dame Sorgen macht, ich aber in ihrem Herzen bin. [...]

Ich bin noch krank, Grippe. Auf dem Kopf ist wieder so ein verdammtes Furunkel entstanden. Davon tut mir der ganze Kopf weh. Das Ohr, die Drüsen am Hals schwollen an.

1. Dezember 1941: Die letzen Wochen arbeitete ich im Kolchos. Heute hatte ich einen Traum: Ich wäre zu Hause in Moskau. Nach Hause möchte ich! Gestern haben wir wieder Butter geschlagen. Mama ist zur Arbeit gegangen. Sie wird spät nach Hause kommen; sie hat Pädagogischen Rat am Ende des Quartals.

Ich sitze allein hinter dem Verschlag, so als ob ich schlafen gegangen wäre. Aber ich schlafe nicht. [...]

Nach dieser Eintragung nimmt Sonja ihr Tagebuch mehr als 12 Wochen nicht zur Hand. Die Gründe nennt sie am Beginn ihrer nächsten Niederschrift, am 19. März 1942.

Ich habe gar keine Lust zu schreiben: – keine Zeit – kann nicht – weil es viele Neugierige gibt – weiß nichts.

Das Leben für Sonja und ihre Mutter, wie für die Mehrheit der Evakuierten und Einheimischen, wurde immer unerträglicher. Der Krieg und seine mannigfachen Auswirkungen verursachten auch tausende von Kilometern hinter der Front Not und Elend. Nicht selten wurde die dramatische Lage durch eine korrupte und selbstgerechte Lokalbürokratie weiter zugespitzt, die ein bestimmtes Kontingent der knappen Waren für sich beanspruchte und sich auch unter den Kriegsbedingungen Vorteile zu verschaffen wußte.

Lange schon schrieb Sonja über ihre bedrohliche Versorgungssituation, über Krankheiten, Ungeziefer und ihren einsetzenden körperlichen Verfall.

> *19. März 1942 [...] Jetzt geben sie im Speisesaal das Mittagessen nur noch gegen Lebensmittelmarken aus. Man gab uns einen Talon für ein Mittagessen. Es war sehr wenig: ein Teller Suppe, magere Nudelsuppe. Kartoffeln sind zu Ende. Salz ebenfalls. Zum Glück hat uns Mamas Privatschülerin – in diesem Falle, die Frau eines Konstrukteurs – einen Eimer Kartoffeln, ein Stück Schweinefleisch und ein Töpfchen Erbsen geschenkt. Eine andere Schülerin gab uns Salz und zwei Köpfe gefrorenen Kohl, die wir schon aufgegessen haben. [...]*
>
> *Mama und ich sind häufig krank. Bei Mama hat der Arzt Tuberkulose gefunden. Ich weiß nicht, ob es stimmt oder nicht. Aber, ich habe große Angst.*
>
> *20. März 1942: [...] Was bin ich nur verlaust! Der ganze Kopf ist voller Nissen. Ich war die Läuse beinahe los und nun sind es wieder so viele! Und jetzt habe ich keinen Kamm. Der ist kaputt gegangen. Ich kann nicht schlafen, so juckt es.*
>
> *Im Dorf ist Flecktyphus. Er überträgt sich durch Läuse. Hab große Angst ihn zu bekommen. [...]*
>
> *22. April 1942: Mit nicht wenig Kummer habe ich mich wieder aufgerafft zu schreiben. Meine Stimmung – unbrauchbar! Ich habe alles so satt! Besonders dieses verhaßte Sim mit seinen Einwohnern.*
>
> *Am Sonntag [...] war ich im Kino und sah den Film „Die Niederlage der deutschen Truppen bei Moskau". Ein erschütternder, ein schrecklicher Film.*

Die letzten Tage habe ich mich nicht wohl gefühlt. Der Kopf tat weh, Schwindelgefühle... Ja, wovon soll man sich auch gut fühlen?!!! Es gibt keine Kartoffeln. Man kann keine kaufen, nur tauschen. Für das Pud Kartoffeln werden 200 Rubel verlangt, genau soviel wie für ein Kilo Honig, Fleisch oder ein Pfund Butter.[17] *Mutter und ich leben von einer Portion Nudeln. Heute bekamen wir zwei. Die Kartoffeln, die wir für unseren Zucker eingetauscht hatten, sind nun auch zu Ende gegangen. Zucker gibt man uns aber auch keinen mehr. Nur Kinder erhalten ihn. Ich zähle nicht mehr als Kind. Mama will ihr letztes gutes Kleid eintauschen. Was soll man machen. Das Leben ist mehr wert, als ein Kleid. Aus Moskau gibt es auch nichts Erfreuliches, nur Hunger. Briefe bekommen wir nicht.*

Mama hat jetzt wenigstens gute Verbindungen. Sie unterrichtet den Sohn des Betriebsdirektors, die Frau des Hauptkonstrukteurs, deren Verwandte im Handel arbeitet und noch eine andere Frau. Dort bekommt sie für ihre Deutschstunden ein Mittagessen.

Aber ich bin vom Thema abgekommen: Ich fühlte mich schlecht und ging zwei Tage nicht zur Schule. Heute konnte ich wieder nicht gehen. Ich mußte nach Salz anstehen. Für 600 Gramm stand ich fünf Stunden. Nach Brot steht man drei Stunden an.

Jetzt habe ich Hausaufgaben für Biologie gemacht. Algebra und Geschichte habe ich noch nicht gemacht. Ich kann nicht [...], ich habe keine Lehrbücher. Ich wollte eigentlich über etwas ganz anderes schreiben, wollte Gedichte abschreiben. [...] Weiterschreiben macht keinen Spaß. Ich habe es satt!

---

[17] Pud: alte, russische Maßeinheit, 1 Pud entsprechen ca. 16,3 kg. Während der Kriegsjahre stieg die tägliche Arbeitszeit in der UdSSR auf zehn und mehr Stunden. Durch die vielen Überstunden erhöhte sich der Lohn. Facharbeiter und Ingenieure, besonders in der Schwerindustrie, konnten zwischen 5.000 und bis zu 10.000 Rubel verdienen. Die Mehrheit der Berufstätigen mußte sich mit durchschnittlich zwei- oder dreitausend Rubel zufrieden geben. Auf dem Land verdiente man noch weniger. Für diese Menschen waren die Angebote des freien Marktes kaum erschwinglich. Vgl. Salomon M. Schwarz: Arbeiterklasse und Arbeitspolitik in der Sowjetunion. Hamburg: o.Verlag 1953, S. 217, 230.

29. April 1942 [...] Am 28. April bekamen wir auf den Schein, auf dem der Arzt attestierte, daß Mama an Tuberkulose erkrankt ist und einer verbesserten Ernährung bedarf, 500 Gramm Butter, Käse und zehn Eier. Nur waren von den zehn Eiern zwei faul und die anderen stanken. Kartoffeln bekamen wir keine einzige. Für Mamas Kleid gab die Frau des Konstrukteurs nur fünf Pud Kartoffeln, die uns aber erst gehören, wenn ihr Mann dem Handel zugestimmt hat. [...] Mit Nudeln wird es auch immer schlimmer und schlimmer. Ich stehe danach von früh 4.00 Uhr bis gegen 8.00 Uhr an, und dann geben sie nur einen Teller.

Am 27. April waren wir zur 21 Uhr Vorstellung und sahen „Die Frontfreundinnen“.

Ich habe das Schreiben satt, ich habe das Leben satt, ich habe alles satt! Die Stimmung ist gänzlich gefallen. Nur in der Schule werde ich immer etwas fröhlicher. Ich möchte leben, lieben, aber es ist niemand da zum Lieben. [...] Übermorgen ist der 1. Mai. Gewöhnlich ist das schön, wir gehen zur Demonstration. Aber jetzt! Dann ist mein Geburtstag. Alles ist anders als gewöhnlich. Nur schimpfen, nichts zu Essen, Langeweile. Das ist das Leben!? Aber was willst du machen! Man muß für die Zukunft leben, man muß den Kopf oben behalten, nicht in Melancholie verfallen und ich versuche das. [...]

In den nächsten 12 Monaten machte Sonja nur vier Eintragungen. Sie berichtete über die kurzen Freuden in der Schule, ihre Sehnsucht nach Früher, vor allem aber über die schwierige Versorgung, Krankheiten und ihre körperliche Auszehrung. Im April 1943 schrieb sie:

Habe mich endlich wieder hingesetzt, um zu schreiben. Ich schreibe selten. Worüber soll ich auch schreiben? Über das Leben? Da gibt's es nichts zu sagen. Was passierte Neues? Die Kartoffeln sind alle. Zuerst konnten wir noch welche kaufen, dann tauschten wir Mamas Kleid und den Wecker ein. Jetzt gibt es überhaupt keine Kartoffeln mehr. So schlecht wie jetzt haben wir im vergangenen Jahr nicht gelebt. Das Pud Kartoffeln gibt es jetzt auf dem Markt für 650 Rubel. Frida hat zwar einen Teil unserer

Sachen aus Moskau geschickt, aber jetzt ist der Tauschhandel verboten worden. Man darf nichts mehr verkaufen. Trotzdem tauscht Mama heute vielleicht unsere Uhr ein. Was tun! Essen muß man. So werden wir nicht lange durchhalten. [...]

In der Schule ist es lustig. Nur manchmal kommt Langeweile auf. Ich weiß nicht, wohin ich mich dann vor lauter Schwermut flüchten soll. Ich könnte losheulen.

In so einem Fall hilft nur ein interessantes Buch zu lesen. [...]

Gerade eben kam Larisa und schenkte mir einen Strauß erster Frühlingsblumen, Anemonen. Ein wunderbarer Duft. In der Klasse halte ich mit keinem der Mädchen eine besonders enge Freundschaft. Alle wohnen weit weg von mir. Mit Larisa bin ich zwar befreundet, aber ich spüre, daß ich mit ihr nicht so befreundet sein kann, wie ich es möchte, das heißt ihr alle meine Wünsche und Gedanken zu offenbaren. Aber, ich möchte gern so einen, mir nahestehenden Menschen haben.

Nur knapp 50 Seiten eines dicken Schreibheftes hat Sonja Horstmann hinterlassen, hinterlassen können. In zwei selbst gebastelten Poesiealben sind Gedichte und Eintragungen von Sonja und ihren Freundinnen aus den Jahren 1941 bis 1944 überliefert; daneben einige Briefe an die Mutter und von Larisa, der Freundin aus Sim. 1948 kehrte Dagmar Horstmann allein nach Deutschland, in die Sowjetische Besatzungszone, zurück. Sie hatte ihren Mann in einem NKWD-Gefängnis verloren und ihre Tochter in der Evakuierung.

Das Interview mit Tanja Malinow

Das lebensgeschichtliche Schicksal von Käte Bresser und ihrer Tochter Tanja[18] steht exemplarisch für jene Kinder, die unmittelbar durch Inhaftnahme ihrer Eltern während der „Säuberung“ 1937/38 gewaltsam für lange Zeit von ihren Familien getrennt wurden.[19] Käte Bresser folgte ih-

---

[18] Die Namen sind anonymisiert.

[19] Vgl. Meinhard Stark: Opfer des Stalinismus – Verfolgte Generationen. In: Biographien in Deutschland. Soziologische Rekonstruktionen gelebter Gesellschaftsgeschichte. Hrsg. von Peter Alheit und Wolfram Fischer-Rosenthal. Opladen: Westdeutscher Verlag 1995,

rem Ehemann, Mitglied der KPD, 1934 in die UdSSR. Schon in Deutschland war sie 1933 für sechs Monate als Geisel für ihren geflohenen Mann von der Gestapo inhaftiert worden. Gemeinsam lebten und arbeiteten sie in Moskau, 1936 kam ihre Tochter Tanja zur Welt. Ein Jahr später wurde ihr Vater vom NKWD als deutscher „Spion" verhaftet und am 24. Dezember 1937 erschossen. Per Befehl des Volkskommissars für Innere Angelegenheiten, Jeshow, vom 15. Juni 1937 und auf Beschluß des Politbüros der KPdSU vom 5. Juli 1937, wurde die Verhaftung aller Familienangehörigen von sogenannten „Volksfeinden" und „Spionen" dekretiert.[20] Im Februar 1938 traf es Käte Bresser. Die noch nicht zweijährige Tochter Tanja riß man ihr auf der NKWD-Dienststelle gewaltsam aus den Armen. Als „Angehörige eines Volksfeindes" und als „Spionin" bestrafte sie ein Sondergericht des NKWD mit acht Jahren GULag-Haft. Jahrelang suchte sie von dort aus mittels offizieller und geschmuggelter Briefe ihre Tochter, bis sie Tanja in einem Kinderheim fand.

Das kleine Mädchen erlebte den Krieg zwar in räumlicher Sicherheit, vor allem aber als Hunger. In einem Interview erzählte sie:

> *Ich kann mich ganz deutlich erinnern, daß wir immer im Abfall gesucht und die Kartoffelschalen gesammelt und gegessen haben. [...] Zum Abendbrot haben wir zwei, drei Pellkartoffeln gekriegt, ein Stück Brot und zwei, drei Kartoffeln. Das war das herrlichste Essen. Aber sonst. Manchmal haben wir auch Butter bekommen, kann ich mich erinnern. [...] Da haben wir die Butter mit dem Zucker vermischt und in ein Taschentuch gemacht und gedrückt bis es aus den Löchern raus kam. Das haben wir so abgeleckt, [...] da haben wir uns eine Leckerei selber gemacht [...]*"[21]

Von klein auf lebte Tanja in einem Kinderheim, Erinnerungen an ihre Eltern oder die Familie kennt sie nicht. Sie vermißt sie deshalb anfangs auch nicht. Mit den Jahren entwickelte sie allerdings eine Vorstellung von ihren Eltern, die sich auf die sporadischen, brieflichen Mitteilungen der Mutter stützte, wesentlich stärker jedoch auf eigenen, aus der Sicht

---

S. 398–416. Vgl. „Feindin des Volkes". Im Netz von Stalins Geheimpolizei. Rundfunkfeature von Meinhard Stark. RIAS, Berlin 1993.

[20] Diese und andere Dokumente bei Corinna Kuhr: Kinder von „Volksfeinden", S. II.

[21] Interview mit Tanja Malinow am 18. März und 18. April 1991.

des Kindes, sehr logischen Fiktionen beruhte. Das sich langsam bewußt werdende Mädchen hatte sich eine Erklärung zu erarbeiten, warum es in diesem Kinderheim aufwächst und sich die Fragen zu beantworten: wer sind meine Eltern, wo sind sie, zu wem gehöre ich?

Tanja wurde als deutsches Kind unter sowjetischen Kindern aufgezogen, sie lebte und empfand als Russin. Wie wohl für die meisten herangewachsenen Kinder des Heimes gab es für Tanja deshalb nur eine einzige Erklärung für die Abwesenheit ihrer Eltern: sie sind an der Front und kämpfen gegen die deutschen Eindringlinge. Diese, aus ihrer Sicht begreifliche und gewünschte Vorstellung, wurde durch konkrete Erlebnisse weiter vertieft und verfestigt:

> *Die Frage, wieso wir eigentlich im Kinderheim sind, haben wir uns nie gestellt. Jeder hat gewußt, daß irgendwo seine Eltern sind. Und ein paarmal kamen auch Männer ins Kinderheim, natürlich in Uniform. Und jedes Kind hat ihn gefragt, ob er von der Front kommt und ob er da ihren Vater gesehen hätte. Und er hat jedem Kind geantwortet. Viele fragten: und mein Vater? Wie ist dein Name? Ich heiße so und so. Ja natürlich, den hab ich gesehn, antwortete der Mann.*

1946, Tanja ist zehn Jahre alt, teilte man ihr mit, sie könne zu ihrer Mutter fahren, nach Sibirien, in die Nähe von Nowosibirsk. Dort erfuhr Tanja nun, daß ihre Mutter nicht als „Heldin“ an der Front des „Großen Vaterländischen Krieges“, sondern als „Volksfeindin“ in einem Lager eingesperrt war. Sie erfuhr auch, daß sie Deutsche und keine Russin ist. Kann sein, das Mädchen erinnerte sich in diesem Moment an die Schimpfworte für Deutsche, oder an die Kriegsspiele im Kinderheim, in denen die Deutschen immer die Bösen waren. Und nicht zuletzt erfuhr Tanja: die Mutter, und damit auch sie selbst, sind lebenslänglich in diese Gegend verbannt. Tanjas erste Reaktion gegenüber ihrer Mutter: *Da habe ich ihr gleich gesagt, wenn ich gewußt hätte, daß du Deutsche bist, dann wäre ich niemals gekommen.*

Aus dem Schutz der Gemeinschaft des Kinderheims geriet sie in die stigmatisierte Minderheitengruppe der Deutschen und der Verbannten in einem sibirischen Dorf. Mit Vollendung des 14. Lebensjahres mußte sie sich selbst, wie ihre Mutter, regelmäßig auf der Miliz melden. Wenn sie dies verweigerte, was Tanja mehrmals tat, führten bewaffnete Posten das

Mädchen dem zuständigen Milizkommandanten vor. Der Schock über den Wandel der bisherigen Identität und die Benachteiligungen in den folgenden Jahren belasteten Tanja ihr Leben lang.

Das von beiden ersehnte Zusammentreffen im Jahr 1946 baute vor allem im zwischenmenschlichen, im emotionalen Bereich, unüberwindliche Barrieren auf. Vor allem für Tanja war ihre Mutter eine wildfremde Frau. Gelegenheit sich behutsam anzunähern, schrittweise eine halbwegs intakte Mutter-Kind-Beziehung aufzubauen, ließ die Notsituation der Verbannung nicht zu. Tanja wurde – völlig unerwartet und ungewohnt – nurmehr zur notwendigen zweiten Stütze, die Versorgung, Haushaltung und Viehwirtschaft – neben dem Schulbesuch – zu bewältigen hatte. Das ging nicht reibungslos. Die Mutter: *Ich habe sie eben erziehen müssen. Ich wollte sie erziehen, wie deutsche Verhältnisse sind.* Und die Tochter erinnert sich:

> *Ich habe damals natürlich versucht, mich zu wehren. Und es ist auch mehrmals passiert, daß ich abgehauen und mehrere Tage im Wald irgendwo alleine gewesen bin, [...] und nicht nach Hause wollte, weil dort ständig nur Arbeit war. Als ich mit der Schule fertig war, bin ich in die Stadt gegangen und lernte dort weiter. Dann bin ich nur noch zum Wochenende zur Mutter gefahren.*

Die Entfremdung ließ sich kaum überwinden. Tanja Malinow war und blieb hinundhergerissen. Ende der fünfziger Jahre übersiedelte sie widerwillig mit ihrer Mutter – ohne ein Wort Deutsch zu können – in die DDR. Abrupt kehrte sie nach einigen Monaten zurück in die Sowjetunion, um doch nach Jahren wieder zu kommen. Tanja Malinow resümiert: *In Rußland war ich immer die Deutsche, und hier bin ich immer die Russin.*

Im Interview 1991 gaben beide unabhängig von einander an, über Jahre daran gezweifelt zu haben, ob sie der richtigen Mutter bzw. Tochter wieder begegnet sind. Erst in den letzten Jahren gelang Mutter und Tochter der Versuch die jeweilige Lebensgeschichte des Anderen besser zu verstehen und mit der eigenen zu verbinden.

Kollektive Erfahrungen

Es mögen einige Hundert deutscher Kinder und Jugendlicher gewesen sein, die als Kinder von politischen Exilanten in der UdSSR aufwuchsen und dort geprägt wurden. Kaum jemand war darunter, in dessen Familien- oder Freundeskreis niemand verhaftet wurde, oder während des Krieges nicht unter dramatischen wirtschaftlichen Bedingungen leben mußte oder gar starb. Einige weitere Beispiele seien hier noch angefügt:

– Die Kommunistin Erna Kolbe wurde im Februar 1938 verhaftet, Wochen später ihr Mann. Die zweijährige Tochter gab das NKWD zur Adoption frei und wuchs in einer russischen Familie auf. Nach 18 Jahren begegneten sich Mutter und Tochter wieder. Die junge Frau, die die Hintergründe ihrer wahren Herkunft nun erstmals erfuhr, stieß ihre leibliche Mutter zurück und lebt bis heute in Rußland. Später entwickelte sich eine zurückhaltende und eher rationale Beziehung.[22]

– Familie Schiffmann, deutsche Kommunisten und Juden, verhaftete das NKWD 1938 in Smolensk. Der Vater wurde erschossen, die Mutter mit zehn Jahren Lager und Aberkennung des Erziehungsrechtes bestraft, das Schicksal des zwölfjährigen Sohnes Gerhard ist bis heute ungeklärt.

– Irmgard Schünemann verhaftete das NKWD wegen angeblicher antisowjetischer Propaganda im Juli 1941.[23] Ihr Vater, Bruder und Ehemann waren schon 1938 erschossen worden. Die fünfjährige Tochter Elvira verbannte man mit ihrer Großmutter aufs Land. Nach zehn Jahren sahen sie sich wieder.

– Antonie Satzger, deren Mann schon 1941 verhaftet wurde, arretierte das NKWD am 31. Januar 1944. Drei Kinder im Alter von vierzehn, acht und sechs Jahren blieben zurück. Sie erlebten schlimme Zeiten in verschiedenen Kinderheimen, fielen mehrfach sexuellem Mißbrauch zum Opfer. 1952 kam die Mutter aus dem Lager zurück und gebar wenige Monate später in der Verbannung ihr viertes Kind. Ihre erste gemeinsame Behausung war eine mit bloßen Händen gegrabene Erdhütte.

Das durch den Nationalsozialismus erzwungene Exil und die Verfolgungen in der UdSSR griffen in vielfältiger Weise traumatisierend in die Lebensgeschichten der heranwachsenden Kinder und Jugendlichen ein und hinterließen bei den Überlebenden bis in unsere heutigen Tage ihre Wirkung. Kinder wurden gewaltsam von ihren Eltern getrennt und über Jahre in Kinderheimen verwahrt, Kleinkinder zur Adoption freigegeben.

---

[22] Vgl. Erna Kolbes Lebensgeschichte in „Wenn Du willst Deine Ruhe haben, schweige". Deutsche Frauenbiographien des Stalinismus. Hrsg. von Meinhard Stark. Essen: Klartext Verlag 1991, S. 126ff.

[23] Vgl. Akteneinsicht. Eine deutsche Familie in Stalins Sowjetunion. Rundfunkfeature von Meinhard Stark. Ostdeutscher Rundfunk Brandenburg, Potsdam 1996.

Die zurückgelassenen Mädchen und Jungen hatten den Verlust ihrer Eltern zu verarbeiten, sich eine Vorstellung von ihnen zu bewahren oder überhaupt erst zu erarbeiten und den Tausch des bisherigen Familienalltags gegen das sterile Massenregime einer Heimverwaltung hinzunehmen. Nicht selten trugen sie in ihren Akten das Stigma „Angehöriger eines Volksfeindes". Da, wo die Kinder auf engagierte und sensible Pädagogen stießen, konnte das Alltagsleben zwar Erleichterung finden, keineswegs aber die Eltern und ein intaktes Familienleben ersetzen.

Der Überfall Deutschlands auf die UdSSR am 22. Juni 1941 löste nicht nur ein strengeres Regime für die deutschen Häftlinge im GULag aus, sondern auch neue Verhaftungen und Verbannungen. Wochen später begann die Evakuierung von Teilen der Zivilbevölkerung in weiter östlich gelegene Regionen der UdSSR. Verbannte und Evakuierte waren gleich der heimischen Bevölkerung vor allem Hunger, Ungeziefer und Krankheiten ausgesetzt. Kinder litten am meisten darunter. Auch Betteln schützte oft nicht vor dem Hungertod. Hinzu kamen besondere Benachteiligungen gegenüber Deutschen, teils in der Versorgung, vor allem aber nach Kriegsende bei den beruflichen Chancen der Jugendlichen.

Wie die Kinder selbst im Laufe der Jahre die Verhaftung, die Trennung von ihren Eltern interpretiert haben, ist sicher sehr individuell. Aus Sicht der Kinder war die Arretierung der Beginn ihres Traumas, die Einsamkeit der Hilflosen, die Verlassenheit der Zurückgebliebenen, hineingestoßen in eine unbekannte Welt. Sie fühlten sich vor allem als diejenigen, die verlassen wurden. Welche Verantwortung oder gar Schuld sie damals oder später für das Geschehene ihren Eltern oder aber den sowjetischen „Sicherheitsorganen" zusprachen, oder im Kontext der sowjetischen Propaganda zusprechen konnten – für die Wiederherstellung intakter Familienbeziehungen eine relevante Fragestellung – bleibt offen. Wenn sich nach Jahren der Lagerhaft – acht bis zehn Jahre waren das „Normale" – Kinder und Mütter wiedersahen, trafen teils völlig unbekannte bzw. völlig entfremdete und verfremdete Menschen aufeinander. Aus der Sicht der Kinder waren diese Begegnungen eine erneute emotionale, auch kulturelle Belastungsprobe. Meist verschlechterte sich sogar der bisherige soziale Status der Herangewachsenen. Die gestörten Mutter-Kind-Beziehungen konnten unter den existentiell schwierigen Verhältnissen der Verbannungsjahre kaum mehr hergestellt werden. Vor allem Kinder, die bei russischen Adoptiveltern aufwuchsen, wichen der sich wieder herstellenden Familie aus, oder verweigerten sich ihren leiblichen Müttern vollends; die Väter waren meist erschossen worden oder starben im GULag.

Ein ebenso belastender Prozeß für die nunmehr erwachsenen Exilkinder war die Remigration, die Übersiedlung in die DDR ab Mitte der fünfziger Jahre. Die Mehrheit lebte und fühlte als Russen und empfand die Sowjetunion trotz allem als ihre Heimat. Zumindest lag sie ihnen näher als ein unbekanntes Deutschland, das ihnen vor allem als Aggressor und Kriegsgegner in Erinnerung geblieben war. Vor allem deshalb fiel die Übersiedlung in die DDR nicht leicht. Eine vollständige kulturelle Transformation ist wohl nur den Wenigsten gelungen. Bis heute bestehende Sprachbarrieren sind nur ein äußeres Zeichen der anhaltenden Anpassungsprobleme. Nicht selten banden sich Exilkinder mit ausländischen Partnern, die ähnliche Probleme hatten oder versuchten ihre/n russische/n Freund/in mitzunehmem. Ein Teil folgte den Müttern nicht und verblieb in der UdSSR. Andere kehrten der neuen Heimat bald wieder den Rücken Richtung Osten, und kamen dann doch wieder – um wenigstens ihren eigenen Kindern den problematischen Identitätswechsel zu ersparen. Auch die bessere Versorgungssituation in der DDR konnte die Rücksiedlung beschleunigen.

Nur als Ausnahme ist der Wechsel so konsequent betrieben worden, daß man sogar den Vornamen eindeutsche, und aus Irina – Ina, aus Tolja – Anatol machte, oder gar in den Westen ging. Für die meisten blieb bis heute eine besondere Affinität gegenüber der UdSSR und dem, was sich nach deren Zusammenbruch herausbildete.

Die DDR-Behörden machten die Remigranten aus der UdSSR, die über Jahre einfachsten Standart gewohnt waren, schon mit Normalitäten überglücklich: u.a. einer eigenen Wohnung, fließendes Wasser, gesundheitliche Versorgung, Pensionsansprüche. Den Exilkindern bot die DDR meist Studienplätze an und sorgte sich um deren beruflichen Erfolg. Die Vergangenheit, die eigene Verfolgung in der UdSSR, jahrelange Lagerhaft und der Tod von Angehörigen, hatte dagegen in der DDR zu ruhen. Mehr noch, SED-Funktionäre verboten bei Drohungen darüber zu reden. Freilich wollten die Betroffenen teils auch selbst das Erlebte vergessen und verdrängen. Aus der GULag-Haft wurde so in den offiziellen Lebensläufen „Arbeit in verschiedenen Gegenden der Sowjetunion“, aus Erschießung des Ehemannes „Gestorben während des Krieges“. Dieser Umstand belastete nicht nur die Leidtragenden selbst, sondern behinderte zusätzlich auch die Kommunikation zwischen den Kindern und den verbliebenen Elternteilen. Das gegenseitige Erinnern und Erzählen war vielfach blockiert. Hilfe von außen, von Psychologen oder Therapeuten beispielsweise, gab es so gut wie keine. Das problematische Verhältnis zu den eigenen Kindern, kompensierten die Mütter oft in erfüllten und harmonischen Beziehungen zu ihren Enkelkindern, die sie – wegen beruflicher Karrieren der eigenen Kinder – nicht selten auch aufgezogen.

Die langen Jahre der Trennung und die schwierigen Zeiten in der Verbannung oder Evakuierung haben den natürlichen Familienzusammenhang vielfach gestört, oder gar völlig zerstört. Das, worauf die Frauen in all den Jahren im GULag gehofft hatten, was sie überhaupt am Leben gehalten hat – das Wort ‚Mutter' aus den Mündern ihrer Kinder zu hören – trat für viele nicht ein. Wohl gleichermaßen bedrückte die Kinder der Umstand, daß sich ihnen dieses Wort sperrte und eine emotionale Bindung zu ihrer leiblichen Mutter kaum mehr herstellen ließ.

Sonja Hilzinger

Schreiben im Exil

Margarete Steffins Erzählungen und Stücke für Kinder

Für Gabriele

I

Die Frauen-im-Exil-Forschung hat in den letzten Jahren beeindruckende Ergebnisse zu Tage gefördert, was die spezifischen Produktionskontexte, Schreibstrategien, Werkstrukturen, Stoffe und Motive sowie die Rezeption von Autorinnen im Exil betrifft. Zu den aufregenden Entdeckungen dieser ‚Ausgrabungsarbeiten' gehört auch Margarete Steffin, deren Rang als Autorin durch die Publikation aus dem Nachlaß unter dem Titel *Konfutse versteht nichts von Frauen*[1] erstmals sichtbar wurde – fünfzig Jahre nach ihrem Tod in einem Moskauer Krankenhaus im Juni 1941. Damals war sie 33 Jahre alt, und ihre literarische Produktivität entfaltete sich in den knapp neun Jahren des Exils in Frankreich, Dänemark, Schweden, Finnland und der Sowjetunion. Den schwierigen Verhältnissen der Exilzeit ist es geschuldet, daß ihr Nachlaß als fragmentarisch anzusehen ist.[2] Hinzu kommt, daß ihre Produktion sich dem Werkbegriff im herkömmlichen Sinn eher sperrt. Es ist deshalb durchaus berechtigt, an ihrem Schaffen exemplarisch das „Problem der Nicht-Manifestierbarkeit weiblicher Autorschaft für die historische Avantgarde"[3] zu dis-

---

[1] Margarete Steffin: Konfutse versteht nichts von Frauen. Nachgelassene Texte. Hrsg. von Inge Gellert. Mit einem Nachwort von Simone Barck und einem dokumentarischen Anhang. Berlin: Rowohlt 1991.

[2] Der Steffin-Nachlaß liegt im Bertolt-Brecht-Archiv (BBA); der Briefwechsel Steffin-Benjamin im Walter-Benjamin-Archiv (WBA) der Akademie der Künste in Berlin. Einen Überblick über den Nachlaß gibt Inge Gellert: Editorische Notiz. In: Steffin: Konfutse, S. 303-306. Zur Nachlaßgeschichte vgl. Marika A. Zipirian: Puzzle. Aus dem Bertolt-Brecht-Archiv. Werkstattbericht über den Briefwechsel Bertolt Brecht/Margarete Steffin. In: Mitteilungen. Akademie der Künste zu Berlin 28, Nr. 5 (1990), S. 20-23.

[3] Chryssoula Kambas: Walter Benjamin – Adressat literarischer Frauen. Zur Überlieferung von Briefen an Walter Benjamin. In: Weimarer Beiträge 39, H. 2 (1993), S. 242-257, hier: S. 247. Kambas stellt fest: „Eine erstaunliche Zahl intellektueller, literarischer und künstlerischer Frauen korrespondierte in den dreißiger Jahren mit Walter Benjamin. Ihr Anteil am Gesamtvolumen der im Berliner Nachlaß aufbewahrten Briefe an Benjamin beträgt ein gutes Viertel." (S. 243) Unter den Schreiberinnen dieser (unveröffentlichten) Briefe sind Hannah Arendt, Gertrud Kolmar, Elisabeth Hauptmann, Margarete Steffin,

kutieren, was hier jedoch nicht geschehen kann. Sie war Mitautorin bzw. Mitarbeiterin an den zwischen Sommer 1933 und Frühjahr 1941 entstandenen Werken, die unter dem Autornamen Brecht rezipiert wurden und werden, wobei der exakte Nachweis ihres spezifischen Anteils allerdings nicht zweifelsfrei zu erbringen ist.[4] Neben ihrer Produktion unter frem-

---

Dora Benjamin, Helen Hessel, Asja Lacis, Germaine Krull, Gisèle Freund und andere. Kambos kommt zu folgendem Fazit: „Anders als die literarischen Briefe des bürgerlichen Säculums sind die Briefe der literarischen Frauen an Walter Benjamin prätentionslos Nicht-Kunst, kultivieren keine Individualität, die über den Adressaten die Nachwelt gewinnen möchte. Die meisten Briefe sind frei von Reflexionen und Theoretisierungen, meist auch frei von einbekannten Empfindungen; sie sind, wenn es nicht um technische Absprachen geht, angefüllt mit Berichten, Hinweisen, Empfehlungen, Vorschlägen, Bitten und geben auf bemerkenswerteste Weise Einblick in das Exil als Lebenssituation. Stilistisch bilden sie eine Mitteilungsform aus, die antithetisch zum empfindsamen Brief steht. Es sind Produkte der neuen Art des Briefeschreibens, aus der Zeit des Telefons und der Schreibmaschine. Sie tragen dem Rechnung, daß die Schreiberin mit dem Adressaten ebenfalls im Medium – meist seiner, oftmals eigener – gedruckter Texte kommunizieren kann. Die Briefe einer bestimmten, im Berliner Benjamin-Nachlaß vergleichsweise zahlreich vertretenen Gruppe von Frauen, sind Zeichen des veränderten Stellenwertes der Privatbriefe und der besseren Vorbildung der Frauen. So richten sie sich an den Autor aus ihrer eigenen intellektuellen Sphäre heraus. Nicht allein im Hinblick auf Benjamin, sondern vor allem zur Überlieferung der weiblichen literarischen Bereiche ist eine Publikation der Frauenbriefe dringlich. Bezeichnenderweise ist der Frauenbrief des frühen 20. Jahrhunderts als Thema wie als Material kaum erschlossen." (ebd.)

[4] Eine denkbare Lösung aus diesem Dilemma – das sich vergleichbar übrigens auch am Beispiel der Produktionsgemeinschaft von Inge Müller und Heiner Müller stellt – wäre die verstärkte Erforschung der kollektiven Produktionsweise des unter dem Autornamen Brecht tradierten Werks, die dieses von den Anfängen an bestimmte. Ein solches Projekt würde eine grundlegende Reflektion, Infragestellung und Neustrukturierung der gängigen Begriffe von ‚Autor' und ‚Werk' voraussetzen. In der Brecht-Forschung gilt nach wie vor der Grundsatz „Man sieht nur, was man weiß", d. h. man geht von dem Muster Brecht = Autor, Steffin = Mitarbeiterin aus. So nimmt Mittenzwei ohne Begründung an, daß Steffins Mitarbeit an dem Gebharda-Fragment auf ihr Stück Wenn er einen Engel hätte von Einfluß war – warum nicht umgekehrt? Siehe: Werner Mittenzwei: Das Leben des Bertolt Brecht oder Der Umgang mit den Welträtseln. Berlin und Weimar: Aufbau 1986, Bd. I, S. 582. So bemerkt Knopf im Zusammenhang mit dem Dreigroschenroman, daß Steffins Mitarbeit daran nicht zu überschätzen sei, und zitiert eine – „wie immer ‚scherzhafte'" Briefpassage Brechts an Steffin –„‚Überhaupt hat es den Anschein, als hättest Du ein Meisterwerk geschaffen, alter Muck. Insbesondere wird Deine klare Sprache gepriesen [...]'", die er wie folgt interpretiert: „Brecht tut hier so, als wäre der gesamte Roman eigentlich von Margarete Steffin geschrieben worden." Siehe Jan Knopf: Brecht-Handbuch. Lyrik, Prosa, Schriften. Stuttgart: Metzler 1984, S. 324. Ja, warum eigentlich nicht? So wurde die falsche Zuschreibung des Gedichts „Geliebter, hast du es denn nicht gelesen?" (noch bei Herta Ramthun: Die Entdeckung des ‚unauffälligen Worts'. In: Notate 4 (Juli 1986), S. 12-13) erst kürzlich korrigiert. Siehe Gerhard Seidel:

dem Namen – Barbara Hahn spricht in diesem Kontext von einer Tradition weiblichen Schreibens unter falschem Namen[5] – hat sie etwa fünfzehn Gedichte, einige autobiographische Texte, an die fünfundzwanzig Erzählungen (darunter einige Entwürfe und Fragmente), vier Geschichten und zwei Stücke für Kinder, zahlreiche Übersetzungen und Nacher-

---

Anerkennung durch Aneignung? Ein Sonett Margarete Steffins, bearbeitet von Bertolt Brecht. In: Edition als Wissenschaft. Festschrift für Hans Zeller. Hrsg. von G. Martens und W. Woesler. Tübingen: Niemeyer 1991, S. 181-185. - In den inzwischen zahlreichen Studien, die Brechts Arbeits- und Liebesbeziehungen zu Elisabeth Hauptmann, Margarete Steffin, Ruth Berlau und anderen thematisieren, werden zwei m.E. problematische Aspekte weitgehend undiskutiert gelassen: die Reproduktion des gängigen Schemas vom Mann als Täter und der Frau als Opfer sowie die Legitimität der Forderung nach Übereinstimmung von privatem Verhalten und politischem Anspruch bzw. Werkintention. Vgl. hierzu Michael Töteberg: Porträt einer Mitarbeiterin. In: Merkur Nr. 7 (1976), S. 695-700. - Sara Lennox: Women in Brecht's Works. In: New German Critique 14 (1978), S. 83-96. - Jurij Okljanski: Povest' o Malen'kom Soldate. [Erzählung vom kleinen Soldaten] Moskau: o.V. 1978. - Ute Wedel: Die Rolle der Frau bei Bertolt Brecht. Frankfurt a.M. u.a.: Lang 1983. - Laureen Nussbaum: The Evolution of the Feminine Principle in Brecht's Work: Beyond the Feminist Critique. In: German Studies Review 8 (1985), S. 214-244. - Sabine Kebir: Ein akzeptabler Mann? Brecht und die Frauen. Berlin: Buchverlag der Morgen 1987. - „‚Lieber Bidi!' Margarete Steffin: Eine Mitarbeiterin Brechts. (Feature, Deutschlandfunk, Sendung: 9. Feb. 1988) - Herbert Frenken: Das Frauenbild in Brechts Lyrik. Frankfurt a.M. u.a.: Lang 1993. - John Fuegi: Brecht and Company: Sex, Politics, and the Making of the Modern Drama (1994); dt.: Brecht & Co. Hamburg: Europäische Verlagsanstalt 1997. - Jutta Brückner: Lieben Sie Brecht? (Film, 1993). - Gerda Marko: So erwirbt der Apfel seinen Ruhm, indem er gegessen wird...Bertolt Brecht und Marieluise Fleisser, Elisabeth Hauptmann, Margarete Steffin, Ruth Berlau. In: Gerda Marko: Schreibende Paare. Liebe, Freundschaft, Konkurrenz. Zürich/Düsseldorf: o.V. 1995, S. 171-191.

5 Barbara Hahn: Unter falschem Namen. Von der schwierigen Autorschaft der Frauen. Frankfurt: Suhrkamp 1991. - „Zur Kennzeichnung eines modernen Autors genügt ein einziges Wort. Wir sprechen von Goethe und Kafka, von Schiller und Benn. Wir sagen: die Günderrode, aber nicht der Novalis. Bereits diese Sprachregelung zeigt, daß Autorschaft keine neutrale Instanz ist. Ihr ist ein Geschlecht eingeschrieben – ein Autor ist männlich." (ebd., S. 7) Mit diesen Sätzen leitet Hahn ihren Essay ein, dessen Schwerpunkt auf den schreibenden Frauen des 19. Jahrhunderts liegt. Das Muster der Schreibkonstellationen des 20. Jahrhunderts unter dem Stichwort „Arbeitsehe[n]" benennt sie lapidar: „Alle arbeiten zusammen an Texten, die später unter einem Namen erscheinen – fast ausschließlich unter dem des Mannes." (ebd., S. 72f.) - Die Geschichte der modernen Literatur enthält nicht wenige solcher der traditionellen Geschlechterarbeitsteilung verpflichteten Produktionsgemeinschaften, und die verschärften Bedingungen des Exils in den dreißiger und vierziger Jahren haben im allgemeinen zu deren Verfestigung beigetragen. Vgl. Heike Klapdor: Überlebensstrategie statt Lebensentwurf. Frauen in der Emigration. In: Frauen und Exil. Zwischen Anpassung und Selbstbehauptung. München: text + kritik 1993, S. 12-30.

zählungen von Werken aus dem Russischen, Dänischen, Norwegischen, Finnischen und Englischen sowie eine umfangreiche Briefkorrespondenz mit ihrem eigenen Namen gezeichnet.[6]

1908 in Berlin geboren, war Steffin[7] geprägt von ihrer proletarischen Herkunft und der politischen Sozialisation in der Arbeiterkulturbewegung der zwanziger Jahre.[8] Von Beruf Buchhalterin, bildete sie sich autodidaktisch in Abendkursen und trat als Rezitatorin in den „Roten Revuen" und als Laienschauspielerin auf.[9] Ihre Beziehung mit Brecht begann im Winter 1932/33, wenig später folgte sie ihm ins Exil. Aus diesem Zeitraum, dem Beginn dieser Liebe und des Exils, datieren die meisten ihrer Gedichte, ihrer autobiographischen Texte und einige ihrer Erzählungen. Im Zentrum der Lyrik steht die Erfahrung von sinnlicher Leidenschaft, Sehnsucht und Verlassenheit; die autobiographischen Texte thematisieren Kindheit und Jugend. In beiden Bereichen kann man von weiblichem Schreiben in dem Sinn sprechen, daß die Spezifik ihrer individuellen weiblichen Erfahrung Schreibweise und Motive ihrer Produktion entscheidend prägte. Zu den Voraussetzungen ihres Schreibens

---

[6] Vgl. Gellert, Editorische Notiz, 1991.

[7] Die Lebensgeschichte Steffins ist inzwischen gut erforscht. Neben den Beiträgen von Simone Barck (vgl. u.a. Der Soldat der Revolution war eine Frau. In: Steffin: Konfutse, 1991, S. 347-365) ist hier vor allem zu verweisen auf Wolfgang Jeske: „Wenn sie einen Engel gehabt hätte..." Das kurze Leben der Margarete Steffin. Typoskript (BBA B 619). - Stefan Hauck und Rudy Hassing: Chronik Margarete Steffin. In: Focus: Margarete Steffin. The Brecht-Yearbook 19. Hrsg. The International Brecht Society. Madison: University of Wisconsin Press, 1994, S. 45-52. (Hier auch der Hinweis auf die in Arbeit befindliche Steffin-Biographie von Hartmut Reiber.) - Entsprechend subjektiv geprägte Informationen enthalten die Erinnerungen von Eisler (Hanns Eisler: Fragen Sie mehr über Brecht. Gespräche mit Hans Bunge. Leipzig: Deutscher Verlag für Musik 1975) und Berlau: Brechts Lai-Tu. Erinnerungen und Notate von Ruth Berlau. Hrsg. und mit einem Nachwort von Hans Bunge. Darmstadt/Neuwied: Luchterhand 1985. - Eine literarische Darstellung Steffins findet sich in Peter Weiss: Ästhetik des Widerstands. 2. Bd. Frankfurt: Suhrkamp 1978. Vgl. auch Robert Cohen: Bio-bibliographisches Handbuch zu Weiss' Ästhetik des Widerstands. Hamburg: Argument 1989.

[8] Darin lag ein Großteil ihrer Bedeutung für Brecht begründet. In seinem Gedicht „Die gute Genossin M.S." schrieb er: „Und eine von euch / Habt ihr mir mitgegeben. // Daß sie prüfe / Alles, was ich sage; daß sie verbessere / Jede Zeile von nun an / Geschult in der Schule der Kämpfer / Gegen die Unterdrückung." In: Bertolt Brecht: Gesammelte Gedichte. Bd. 2. Frankfurt: Suhrkamp 1976, S. 595.

[9] In der Uraufführung von Brechts Gorki-Bearbeitung Die Mutter vom Januar 1932 spielte Steffin die Rolle des namenlosen Dienstmädchens, Weigel die Titelrolle – eine gewisse tiefere Symbolik dieser Rollenbesetzung im Hinblick auf das Leben Brechts drängt sich nachgerade auf.

im eigenen Namen gehörte die räumliche und innere Distanz von Brecht. Erstere ermöglichte ihre Krankheit, die Lungentuberkulose, die sie zu mehrmonatigen Ausfallzeiten für die gemeinsame Arbeit mit Brecht zwang.[10] Letztere, hervorgerufen durch Irritationen und Verlassenheitsgefühle in der Beziehung zu Brecht, den sie nicht nur mit Helene Weigel, sondern auch mit Ruth Berlau zu teilen hatte, verschaffte ihr den notwendigen Freiraum, sich schreibend ihrer Autonomie zu versichern.

In Steffins literarischer Produktion spielen die Auseinandersetzung mit der eigenen Kindheit im Berliner Arbeitermilieu, mit der Trauer um den versagten Kinderwunsch und zwei Schwangerschaftsabbrüche, die Sensibilität für die spezifische Welterfahrung und die Konflikte von Kindern sowie das ausgeprägte Interesse an Kindern als Rezipienten eine besondere Rolle. Dahinter wird ein großes Mitgefühl für diejenigen sichtbar und spürbar, die zu den Schwachen und Unterdrückten gehören und dennoch eine ursprüngliche Menschlichkeit, deren Kennzeichen Freundlichkeit, Neugier, Vitalität und Empathie sind, zu bewahren vermögen. Unter diesem Aspekt sind auch Steffins Gedichte und Erzählungen über die Ausbeutung einer Frau durch einen Mann im Namen der „Liebe" – über den autobiographischen Bezug hinaus – dieser Darstellungsintention zuzuordnen. Das Wechselverhältnis von Abhängigkeit und Autonomie, von Bei-sich-selber-bleiben und notwendigem Bezogensein auf einen anderen Menschen, eine Gemeinschaft oder eine Idee, erkundet Steffin sowohl im privaten wie im politischen Kontext.[11] Wo sie sich explizit an Kinder wendet – in ihren beiden Stücken *Wenn er einen Engel hätte* und *Geisteranna*[12] sowie in den vier im schwedischen bzw. finnischen Exil entstandenen Kindergeschichten,[13] geschieht dies mit aufklärerischer, ja sogar direkt erzieherischer Absicht.

„Purk" und „Maria", zwei dieser Geschichten, thematisieren am Bei-

---

[10] Ihr Gedicht „Heut träumt ich, daß ich bei Dir läge" entstand im Januar 1933 in der Charité in Berlin; ihr Stück Wenn er einen Engel hätte während eines Kuraufenthaltes im Kaukasus im Winter 1934/35; ihr zweites Kinderstück Die Geisteranna Ende 1936 im Öresund-Hospital in Kopenhagen.

[11] Was für die literarische Produktion des Exils eher ungewöhnlich ist, ist die Tatsache, daß Steffin klassenkämpferische, keine antifaschistischen Akzente setzt.

[12] In: Focus: Margarete Steffin, 1994, S. 1-44.

[13] „Purk" und „Maria" sind Mitte der dreißiger Jahre in Schweden entstanden. „Barbara" schrieb Steffin als Geburtstagsgeschenk für die zehnjährige Barbara Brecht im Oktober 1940; 1940/41 entstand, ebenfalls im finnischen Exil, die „Geschichte von Mary Miller und ihrem Hund Yo-Yo". Die Erzählungen sowie das Stück Wenn er einen Engel hätte sind publiziert in Steffin: Konfutse, 1991.

spiel zweier etwa fünfjähriger Kinder jeweils einen Konflikt, der durch die Konfrontation eigener Wertmaßstäbe mit diesen entgegenstehenden Reaktionen oder Zwängen der Umwelt ausbricht, und dessen Lösung. Diese heißt in beiden Fällen: die Kinder halten zwar an ihren Werten fest – sei es spontane Hilfsbereitschaft oder die Liebe zu einem Wurf junger Katzen – aber nicht um jeden Preis. Sie lernen, ihre eigenen Grenzen zu erkennen und dem mit Einsicht zu begegnen, was die Erwachsenen Realität nennen, ohne sich dabei aufzugeben. „Barbara" ist das einfühlsame Porträt der zehnjährigen Brecht-Tochter, die sich mit bemerkenswerter Klugheit und Sensibilität in den – bedingt durch die Exilsituation – auf viele Arten schwierigen Verhältnissen in Familie und Schule behauptet. Für sie schrieb Steffin die „Geschichte von Mary und ihrem Hund Yo-Yo", die von der Macht der Phantasie handelt und ganz pragmatisch zum Englischlernen gedacht war im Hinblick auf die bevorstehende Emigration in die USA. In dieser Geschichte lernt ein kleines Mädchen ihre Einsamkeit dadurch zu überwinden, daß sie sich als Spielgefährten einen kleinen Hund erfindet, der auf phantastische Weise für ausgleichende Gerechtigkeit sorgt und stets auf der Seite der zu kurz Gekommenen, der Schwachen und (scheinbar) Wehrlosen steht.

In dem für Kinder als Schauspieler geschriebenen Stück *Die Geisteranna* gelingt es einer Gruppe von Kindern, sich gegenüber den Erwachsenen durch eine solidarische und phantasievolle Aktion ein Schiff als Abenteuerspielplatz zu erhalten. Wie in *Wenn er einen Engel hätte* geht es auch hier um Aufklärung und Emanzipation im weitesten Sinn, um die Befreiung von falschem Glauben, von falschem Bewußtsein. Besonderes Gewicht legt Steffin in *Die Geisteranna* auf die Emanzipation der Mädchen, die die ihnen zugeschriebene Rolle als Seeräuberbräute verweigern, ihre Ängste besiegen und selbstbewußt zum Gelingen der Aktion beitragen.

Die Schreibanlässe zeigen Steffins Kindergeschichten als quasi private Beobachtungen im unmittelbaren Lebensumfeld. Ihren Rang als sprachliche Kunstwerke erhalten sie durch die spröde Einfachheit und die psychologische Genauigkeit ihrer Gestaltung.[14] Es sind kunstvolle,

---

[14] Vgl. Exil in der Tschechoslowakei, in Großbritannien, Skandinavien und Palästina. Hrsg. von einem Redaktionskollektiv. Leipzig : Reclam 1980 (= Kunst und Literatur im antifaschistischen Exil 1933-1945 Bd. 5), S. 503: „Die Finnischen [s. Anm. 12, S.H.] Geschichten der Steffin sind in Haltung und Sujet von der langjährigen Zusammenarbeit mit Brecht beeinflußt, originär aber in der schlanken Fabulierkunst, der gestischen Ge-

präzise Prosatexte mit parabelhaften und anekdotischen Zügen. Auf kleinstem Raum – die Geschichten sind z.T. nur wenige Seiten lang – entfalten sie philosophische Tiefgründigkeit und einen Reichtum an spielerischer Phantasie, die utopisches Potential einschließt. Der intentionale Aspekt steht nicht im Vordergrund – im Unterschied zu den Stücken, wo er stärker profiliert ist. Struktur und Sprache ihrer Stücke verweisen auf die Didaktik des Lehrstücks, bereichert um phantastische und humoristische Elemente.[15]

II

Steffins Handschrift als Autorin ist von ausgeprägter Eigenständigkeit und zugleich eingebunden in den Produktionskontext mit Brecht. Sie war sich der Problematik bewußt, als Mitarbeiterin im Brechtschen Arbeitskollektiv und zugleich als Autorin im Exil unter eigenem Namen zu schreiben. Ihr Stück *Wenn er einen Engel hätte*, dessen Entstehungs- und Veröffentlichungsgeschichte durch Briefe gut dokumentiert ist, belegt dies exemplarisch. Es zeigt eine Welt ohne Gott, in der der Mensch dem Menschen ausgeliefert ist, in der das todbringende Vertrauen in einen Schutzengel identisch ist mit falschem Bewußtsein, eine Welt, die sich nur dann zum Vorteil der Unteren verändert, wenn diese ihr Schicksal selbst in die Hand nehmen.[16]

---

nauigkeit und der Klarheit der Sprache – Qualitäten, die Brecht an der Steffinschen Schreibweise liebte. "

[15] Vgl. ebd., S. 492f. - Sabine Gross: Margarete Steffin's Children's Plays: Anti-Illusionism with a Difference. In: Focus: Margarete Steffin, 1994, S. 67-90.

[16] Über autobiographische Hintergründe gibt die Erzählung Die große Sache (in: Steffin: Konfutse, 1991, S. 14-20) Auskunft. Das Thema des Vertrag[s] mit Gott behandelt die gleichnamige, im September 1933 in Paris entstandene Erzählung (in: Steffin: Konfutse, 1991, S. 90-94 und das Gedicht „Ich erhielt vom lieben Gott ein Schreiben", (in: Steffin: Konfutse, 1991, S. 205) variiert das Motiv mit ironisch-witzigem Unterton. - Die Einflüsse, die von Brecht-Stücken und aufgrund eigener Beteiligung Steffins an unter Brechts Namen tradierten Werken auf ihr Stück wirkten, wären eine eigenständige Untersuchung wert. Auf den ersten Blick ersichtlich ist, daß die Kapitalismuskritik Steffins sich entwickelt am zeitgeschichtlichen Hintergrund der Weltwirtschaftskrise und darin den Kontexten des Films Kuhle Wampe, dem Dreigroschenroman und dem Stück Die heilige Johanna der Schlachthöfe vergleichbar ist. In Johannas letzter Rede heißt es: „Darum, wer unten sagt, daß es einen Gott gibt / Und keiner ist sichtbar / Und kann sein unsichtbar und hülfe ihnen doch / Den soll man mit dem Kopf auf das Pflaster schlagen / Bis er verreckt ist." (in: Brecht, Gedichte, 1976, Bd. 4, S. 1152) Dieselbe Kritik des – vom Klassenstandpunkt aus – falschen Bewußtseins in Gestalt von Religionskritik prägt strukturell das Steffin-Stück. Dieselbe Reduktion der Ausbeutung der Arbeiterklasse auf

Während Steffins Krankenhaus- und Sanatoriumsaufenthalt von September 1934 bis Mai 1935 in der Sowjetunion entstanden die Konzeption des Stückes[17] sowie erste Fassungen des späteren Vorspiels und der ersten beiden Bilder.[18] Was Steffin schrieb, schickte sie an Brecht, der sich in London, später in Skovbostrand aufhielt. Aus dieser ersten Arbeitsphase sind keine Briefe Steffins, sondern nur die Antwortbriefe Brechts erhalten, so daß wir nicht wissen, welche Art der Zusammenarbeit oder des Austauschs Steffin angestrebt hat. Brecht jedenfalls installierte von Anfang an ein hierarchisches Verhältnis, das an die wohlwollende Unterstützung des Lehrers seiner begabten Schülerin, des Vaters seiner zu fördernden Tochter gegenüber erinnert.[19] Diese Struktur ordnet die eigenständige Leistung der Autorin Steffin ihrer emotionalen Beziehung zum geliebten „meister" unter. Die Schlußfolgerung liegt nahe, daß dieses Beziehungsmuster nicht nur den brieflichen, sondern auch den sonstigen kommunikativen Austausch zwischen Brecht und Steffin, auch oder vielleicht gerade im Zusammenhang mit ihren eigenen Arbeiten

---

deren materiellen Ausdruck im Hunger, wie Steffin sie im „Lied des Schiffsjungen" umsetzt, ist auch im „Lied von der Suppe" (in: Brecht, Gedichte, 1976, Bd. 2, S. 461f.), in dem Stück Die Mutter und in den Gedichten der Deutschen Kriegsfibel (in: Brecht: Gedichte. Bd. 2, 1976, S. 633ff.) zu beobachten.

[17] Vgl. Steffin an Benjamin, 13. Dez. 1934: „Besinnen Sie sich noch auf den kleinen Plan des ‚Schutzengels', von dem ich Ihnen mal erzählte? Ich habe jetzt im Klub inmitten spielender, erzählender, klavierender Leute einen Rohentwurf fertig gemacht und bin sehr befriedigt davon, obwohl er ganz auf Agitpropton abgestimmt ist, was nicht bleiben darf." (WBA, Microfiche 116)

[18] Dies geht hervor aus den Antwortbriefen Brechts. Brecht an Steffin, 15./25. Nov. 1934: „der schutzengel ist s e h r schön. Du solltest ihn zuerst in prosa, als erzählung schreiben. ganz einfach und realistisch. also wenn er durchs zimmer schwebt, wie er das macht, wenn die stube arm, das heißt klein ist. auch die mutter, wenn sie betet, genau beschreiben, von aussen, wie sie da aussieht, dass das knieen sie schmerzt usw. mach das! ich hatte Dich sehr gern, als ich die 2 seiten las." (BBA Z 23/120). - Brecht an Steffin, 9. Nov./20. Dez. 1934: „schick doch bald mehr von der schutzengelgeschichte! sie kam mir sehr amüsant vor, ich lachte sogar laut." (BBA Z 23/116) - Brecht an Steffin, 28. Dez.[1934]/8. Jan. 1935: „anbei etwas zu dem schutzengelstück, das mir s e h r gut gefällt. leider habe ich nur 1. und 2. bild bekommen und vorher etwas prosa, aber nicht das direkte vorspiel. du musst das fertig machen. es ist so leicht und angenehm geschrieben und sehr zum lachen. gut für kinder, aber nicht nur. ich hab es ja immer gesagt. natürlich kann ich, der alte, der meister, noch eine menge beitragen am ende, aber umso besser." (BBA Z23/114-115) - Brecht an Steffin, 17./21.Feb. 1935: „der szenenentwurf ist sehr schön, aber den werden wir mündlich besprechen." (BBA Z 23/ 109-110).

[19] Brecht an Steffin, 11./13. Sept. 1934: „liebe grete, du kommst mir vor wie eine tochter, die ins feld zog. gib acht auf dich!" (BBA Z 23/130)

prägte.

Im Laufe des Jahres 1935 hat Steffin offenbar das Stück, ihrer ursprünglichen Konzeption folgend, zu einem vorläufigen Abschluß gebracht, mit dem sie jedoch unzufrieden war. Den Briefwechsel mit Brecht über das Schutzengel-Stück nahm sie im Herbst 1935 wieder auf, als Brecht sich in den USA aufhielt und sie selbst in Kopenhagen arbeitete. Von dort schrieb sie ihm einen Brief, dessen doppelte Anrede ungewöhnlich ist und so auch nicht noch einmal in der überlieferten Korrespondenz erscheint: „sehr verehrter bertolt brecht! – geliebter bidi!“[20] In dieser Anrede greift Steffin zwar die doppelte Beziehungsstruktur auf, aber in umgekehrter Reihenfolge: sie spricht zuerst den Autor, dann erst den Geliebten an. Sie selbst ist in der Sprache dieses Briefes in erster Linie präsent als die Autorin, die einen kompetenten Gesprächspartner braucht für ein zentrales Problem, das sich ihr während der Arbeit an ihrem Stück stellt, und in zweiter Linie die sich verlassen und vergessen fühlende Geliebte, die sehnsüchtig auf einen (brieflichen) Liebesbeweis wartet. Brechts Antwort fiel in beiden Hinsichten knapp aus.[21] Seine anfänglich positive Haltung dem Stück gegenüber – er bezeichnete es

[20] Steffin an Brecht, 28. Okt. 1935: „sehr verehrter bertolt brecht!–geliebter bidi! - es ist der 28. oktober und trübsinnig stelle ich fest, dass wieder kein brief ankam, obwohl ich ihn für heute *ganz* gewiss erwartete. geht es Dir gut? lieber bidi, schreibe mir. lieber bidi. - ich bin äusserst unzufrieden mit dem letzten bild des ‚schutzengels‘ (prozess) und habe mir eine umarbeitung vorgenommen: der knabe karl werner wird nun *nicht* gerettet (nur die andern, die auf dem untergehenden schiff waren, er war zu klein und unerfahren und wurde von einer welle runtergespült). die szene im hafen von odess[a] fällt weg (das ist wirklich einfachstes agitprop) und statt dessen kommt im schlussbild karl werner, der ersoffene, in den himmel. ein prozess um ihm herum findet statt (mit staatsanwalt, verteidiger, presse usw.[)] [das folgende ist durchgestrichen; weiter mit] die sowjetunion kommt nur vor, wenn bei zeugenaussagen irgendwann erwähnt wird, dass die russische sektion 1922 endgültig geschlossen wurde. der knabe karl werner kriegt zum schluss eine grosse rede gegen schutzengel, himmel und ‚sogar‘ den lieben gott, der angeblich allgütig, allweise, allwissend...und alle fragen: wo ist der liebe gott? damit schliesst das stück. vor den vorhang tritt der kleine engel und erzählt ganz nebenbei leicht davon, von seinen messungen. (evtl. kann er das auch als zeuge mitten im prozess machen. [)] der kleine engel ist ja eine nette figur, wenn man ihm nicht die grosse dumme antikriegsrede gibt. nur wenn ers im prozess macht, fehlt mir der schluss mit ‚wo ist der liebe gott‘ und ein anderer schluß ist mir noch nicht eingefallen. - bitte, lieber bidi, schreib mir deswegen, wenn Du mal ein bissche[n] zeit hast.“ (BBA Z 23/158)

[21] Brecht an Steffin, 14./28. Nov. 1935. Am Schluß dieses kurzen Briefes schreibt er: „die letzte szene des engels ist für meinen geschmack ein wenig zu politisch im weltmass[s]tab. er erinnert an faust, zweiter teil, wenn es auch amüss[!]anter ist.“ (BBA Z 23/101-102)

mehrfach als „sehr schön" – ist nun, ein Jahr später, auf ambivalente Weise kritisch: daß die letzte Szene ‚politisch' sei, wäre zweifellos ein Lob, aber ‚zu politisch' verweist auf Unangemessenheit; Reminiszenzen an Goethes Faust könnten positiv ausgelegt werden, aber hier schwingt der Vorwurf des Plagiats bzw. die Orientierung an einem zu hochgegriffenen Vorbild mit.[22] Brecht verweigerte nicht nur eine produktive Mitarbeit an Steffins Stück, sondern er verweigerte ihr offenbar auch in den langen Monaten der Trennung die brieflichen Zeichen seiner Liebe, was bei Steffin, die ohnehin durch die Krankheit geschwächt war, zu einer psychischen Krise führte. Den Winter 1935/36 bis zum April 1936 verbrachte sie wieder in Sanatorien in Moskau und auf der Krim. In Abständen von wenigen Tagen gingen ihre Briefe an Brecht, neben den Berichten über ihre diversen Aktivitäten in seinem Auftrag immer gleiche Aussagen über ihre Verlassenheit und Bitten um Liebesbeweise enthaltend.[23] Der Eindruck läßt sich schwerlich abwehren, daß Brecht die Autonomiebestrebungen seiner Geliebten und Mitarbeiterin als Autorin, die im eigenen Namen schrieb, durch Liebesentzug sanktionierte.

Steffins Briefe an Brecht reflektieren ihre existentielle Abhängigkeit von ihm, unter der sie extrem leidet, aber nicht den daraus resultierenden Konflikt für ihr eigenes Schaffen. Als ein Reflex auf ihre Auseinandersetzung mit diesem Konflikt läßt sich jedoch ihr faktischer Umgang mit der Arbeit am Schutzengel-Stück begreifen, die zu einem Akt der Selbstbehauptung wurde – und das trotz der zunehmenden Kritik von Brecht und auch Eisler und der Schwierigkeiten in bezug auf die Veröffentlichung des Stückes. Wahrscheinlich hat Steffin – ohne die erhoffte

[22] Zum Thema Brecht und Plagiat muß hier weiter nichts gesagt werden.

[23] „...mir ist es schon gleich, wo wir sind, wenn Du nur bei mir bist." 20. Feb. 1936 (BBA Z 13/113-116) - „Ich war sehr krank. Es war scheusslich. Am meisten, weil Du nicht schriebst. Ich halte es nicht aus, wenn Du nicht bei mir bist, mir schreibst, das ist sehr schlimm, aber was soll ich da machen." 22. Feb. 1936 (BBA Z 13/117) - „...ich habe immer sehr freundlich an Dich gedacht, auch wenn ich geschimpft habe, weil – nochmals – Du nicht schriebst, und ich brauche Dich sehr, mehr, als ich je dachte und als recht und billig ist." 24. Feb. 1936 (BBA Z 13/119) - „...es ist sehr schlimm für mich, allein zu sein so furchbar lange. und wenn ich denke, Du bist nicht allein, bin ich wütend und will nicht allein sein." - „Und wenn ich [hs. eingefügt: auch] verstehe, dass Du ‚zu hause' sein willst einige zeit, so stösst mir natürlich mächtig auf, dass ich kein ‚zu hause' habe. nirgends. ich muss immer für mich und meine koffer um einen platz bitten." - „ich brauche wirklich dringend [Rest des Briefes hs.:] Liebe. Deine Liebe. Es ist vielleicht [nicht lesbar, weiter mit] es ist zu schwer für mich." Dieses und die vorangegangenen Zitate: März/April 1936 (BBA Z 13/138)

Unterstützung durch Brecht – ihr Stück noch in der Sowjetunion fertiggestellt und möglicherweise hat sie versucht, es Becher für die Exilzeitschrift *Internationale Literatur* anzubieten.[24] Im Mai berichtete Steffin in einem Brief an Benjamin von Veröffentlichungen Brechts in England und der Sowjetunion und fügte selbstbewußt und doch mit resignativem Unterton hinzu: „meine werke sind noch unveröffentlicht, zum grössten teil auch noch nicht geschrieben. mein rechtes ohr ist taub, ausserdem singen die telegrafendrähte drinnen tag und nacht ununterbrochen weiter. ja, das leben."[25]

Vermutlich im Sommer 1936 in Dänemark, parallel zur Arbeit mit Brecht an dem fragmentarisch gebliebenen Stück *Das wirkliche Leben des Jakob Gebherda oder Träume eines Dutzendmenschen* sowie an dem Spanien-Stück *Die Gewehre der Frau Carrar*, hat Steffin ihr Schutzengel-Stück überarbeitet und Eisler schrieb die Musik für die drei Lied-Einlagen.[26] Im Dezember-Heft des Jahres 1936 der ebenfalls in Moskau erscheinenden Exilzeitschrift *Das Wort* (deren Mitherausgeber Brecht war) erschien eines der Lieder aus dem Stück unter dem Titel „Lied des Schiffsjungen".[27] Im Oktober 1936 machte die Ausweitung ihrer Tuber-

---

[24] In ihrem Kalender für das Jahr 1936 steht unter dem Datum des 4. April und des 5. Mai „Becher - Schutzengel". (BBA 2112/84) - Johannes R. Becher war seit 1933 Chefredakteur der deutschen Ausgabe der in Moskau erscheinenden Zeitschrift Internationale Literatur, die zu einem wichtigen Forum für die deutschsprachige Exilliteratur wurde. Neben Brecht publizierten hier Seghers, Bredel, Heinrich Mann, Feuchtwanger, Arnold Zweig und andere. Vgl. Exil in der UdSSR. Hrsg. von einem Redaktionskollektiv. Leipzig: Reclam 1979 (= Kunst und Literatur im antifaschistischen Exil Bd. 1), S. 164.

[25] Steffin an Benjamin, 20. Mai 1936 (BBA 2173/39-30).

[26] Daß Eisler das „Lied des Schmalhans", das „Lied des Seetods" und den „Chor des Himmels" vertonte, geht aus einem Brief Steffins an Benjamin vom 7. Sept. 1937 (WBA, Microfiche 118) hervor. Der Nachlaß im BBA enthält jedoch nur die Noten für das „Lied des Schmalhans" (BBA 212/30-32) unter dem Titel „Lied des Schiffsjungen".

[27] Am 11. Feb. 1937 schreibt Steffin an Benjamin: „mein kleines gedicht vom schmalhans reissen alle in grund und boden. aber trotzdem habe ich meine stücke fertiggemacht, sie werden nur noch abgeschrieben." (WBA Microfiche 118) Am 14. März 1937 schreibt sie: „Warum mein ‚schmalhans' den Leuten nicht gefällt, habe ich nicht herauskriegen können. Bredel fand ihn so schlecht, daß er ihn auf keinen Fall drucken wollte." (WBA Michrofiche 118) - M.E. ist der Bezug zwischen diesen Briefstellen und dem veröffentlichten „Lied des Schiffsjungen" nicht eindeutig. Wenn es sich bei dem „kleine[n] gedicht vom schmalhans" um die im Wort publizierte Fassung handelt, bleibt der Widerspruch unaufgelöst, daß Bredel das Gedicht nicht hatte drucken wollen. Daß er auf Brechts Bitten hin getan haben sollte, ist unwahrscheinlich, da Brecht das Gedicht schlecht fand. Im Steffin-Nachlaß gibt es unter dem Titel „schmalhans" zwei Fassungen. Die „Ballade von Schmalhans, dem Küchenmeister" (BBA 16/78) ist identisch mit der

kulose von den Lungen ins rechte Ohr einen mehrmonatigen Aufenthalt im Kopenhagener Öresund-Hospital erforderlich. Während dieser Zeit fertigte Steffin die vermutlich abschließende Fassung ihres Stückes an (ob dies mit einer erneuten Überarbeitung verbunden war, ist nicht dokumentiert) und schrieb ihr zweites Kinderstück *Die Geisteranna.*[28]

---

von Eisler vertonten Fassung „Lied des Schiffsjungen". Es handelt sich um eine fünfstrophige Ballade, die zunächst von der Armut und dem Hunger in dem proletarischen Milieu erzählt, dem der Schiffsjunge Hans entstammt. Hans' erste Ausfahrt auf einem Schiff (das Schiff mit den wohlhabenden Reisenden an Deck und der schuftenden Mannschaft unter Deck repräsentiert modellhaft das Oben und Unten) bringt ihn, der sich endlich gerne einmal sattessen möchte, in Kollision mit Schmalhans, dem Küchenmeister, der ihm weismachen will, daß die Verhältnisse eben so sind, wie sie sind, und daß er zufrieden sein sollc. Hans' Traum „von einem ganz großen Reinemachen" enthält eine Umsturzutopie: die Schiffsjungen jagen die Schmarotzer ins Meer und erschlagen Schmalhans: „Kochen jetzt selbst unsre Suppe / Und essen sie aus bis zum Grund". Eine 2. Fassung (BBA 346/85-86) gilt als Fragment eines 1937 datierten Brecht-Gedichts und wurde als solches aufgenommen in: Grosse kommentierte Berliner und Frankfurter Ausgabe. Gedichte 4 (= Werke XIV). Gedichte und Gedichtfragmente 1928-1939. Berlin und Weimar: Aufbau 1993, S. 385. Der Kommentar gibt weder an, daß das Gedicht im Kontext mit Steffins Stück Wenn er einen Engel hätte zu lesen ist, noch – was entscheidender ist – daß im Steffin-Nachlaß im Zusammenhang mit der Signatur dieses Gedichts vermerkt ist, daß es nach Aussage von Elisabeth Hauptmann von Steffin stamme. Auf dem Typoskript hatte Brecht handschriftlich Vorschläge für Reimwörter notiert. Reichte dies aus für die Zuschreibung? Dieses in der Ich-Perspektive des Schmalhans geschriebene kurze Gedicht ist sehr viel dynamischer und weniger naiv als die Ballade. Schmalhans ist hier der Küchenmeister, der mit dem Fraß, den er den Unteren vorwirft, diese provozieren will und darüber zornig wird, daß sie nicht zornig werden: sie verdienen, was sie kriegen, wenn sie sich nicht wehren. Es muß Spekulation bleiben: wenn Steffin dieses Gedicht – zwar im Kontext ihrer Arbeit am Stück, aber nicht integriert in dieses – geschrieben hat und Brecht und Eisler es schlecht fanden, ließen sich Brechts handschriftliche Vorschläge als Beleg seiner kritischen Mitarbeit lesen. Dieser Sachverhalt könnte auch erklären, warum Steffin im März 1937 an Benjamin schrieb, daß Bredel das „kleine gedicht vom schmalhans" so schlecht fand, daß er es „auf keinen Fall drucken wollte". Hingegen hat er aber das thematisch ähnliche, jedoch aus dem Stück stammende „Lied des Schiffsjungen" gedruckt, worauf Steffin aber nicht eingeht. Wenn Steffin aber das Schmalhans-Gedicht zur Veröffentlichung an Das Wort geschickt hatte, dann muß dieses spätestens im Sommer 1936 fertig gewesen sein. Nach der Ablehnung Bredels hätte Steffin ihm dann das von Eisler vertonte „Lied des Schiffsjungen" geschickt, welches im Dezember-Heft erschien – allerdings ohne Hinweis auf das Stück.

[28] Steffin an Benjamin, 29. Okt. 1936: „Mein neues Stück wäre fertig, wenn ich eine Schreibmaschine hier hätte, aber es strengt mich sehr an, mit der Hand zu schreiben [...] ich habe 4 Bilder fertig, 7 werden es." (WBA Microfiche 117) Da das zweite Kinderstück, das nach Hauck/Hassing (in: Focus: Margarete Steffin, 1994, S. 49) im November/Dezember 1936 entstand, nur fünf Bilder aufweist, Wenn er einen Engel hätte aber

Steffin hat sich durch kritische Äußerungen Brechts und auch Eislers nicht von der eigenen Wertschätzung ihrer Arbeit abbringen lassen; allerdings ging ihre wachsende Unabhängigkeit als Autorin vom ‚Meister' einher mit der Suche nach Anerkennung als Autorin von anderer Seite. Sie bat Benjamin um kritische Lektüre[29] und schickte im März 1937 das Stück nach Moskau an Becher zur Veröffentlichung in *Internationale Literatur*[30]; in der Juli-Nummer erschien jedoch nur ein Bild ohne Hin-

---

sieben sowie ein Vor- und Nachspiel, kann sich diese Bemerkung nur auf das Schutzengel-Stück beziehen.

29 Steffin an Benjamin, 14. März 1937: „Ich komme heute mal mit einer sehr großen Bitte: Sie erinnern sich sicher an die beiden Stücke, die ich fertigmachen wollte. Jetzt sind sie also fertig. Finden Sie es unverschämt, wenn ich Sie bitte, die beiden durchzulesen? (100 Schreibmaschinenseiten zusammen, aber schnell zu lesen). Ich möchte gern hören, was sie dazu sagen." (WBA Microfiche 118) Auf Benjamins interessierte Antwort hin – „Ich möchte sehr gerne die beiden Stücke von Ihnen lesen. Und ich kann es auch schnell tun; [...]" (Benjamin an Steffin, 29.3.1937, WBA Microfiche 118) – schrieb Steffin zurück: „ich schicke Ihnen mal dies stück ‚wenn er einen engel hätte' (das andere *können* Sie nicht lesen, es ist doch zu sehr kinderstück), allerdings müsste ich es leider zurückhaben, aber Sie könnten es mir unfrankiert zurückschicken oder vielleicht dem dudow mitgeben?" (Steffin an Benjamin, 9. Apr. 1937, WBA Microfiche 118) Dem folgenden Brief Benjamins ist nicht nur zu entnehmen, daß ihn Steffins Stücks wirklich interessierte, sondern daß er sie offenbar auch als Autorin wahr- bzw. ernst nahm, denn er bot im Gegenzug ein eigenes Werk an: „Nun habe ich Ihre[!] Stück vom Engel täglich erwartet; ich muß Ihnen sagen, dass mir der Titel davon ganz besonders gefällt. Bitte schicken Sie es doch gleich ab. Sie werden dann im Sommer von mir den ‚Fuchs' bekommen. Ich denke, dass er in drei Monaten erscheinen wird." (Benjamin an Steffin, 26. April 1937, WBA Microfiche 118) Knapp zwei Monate später fragte Steffin nach: „[...] das kleine stück werden Sie hoffentlich erhalten haben, aber vielleicht heben Sie es auf, weil ich kein exemplar mehr habe? hat es Ihnen ein bißchen gefallen?" (Steffin an Benjamin, 9. Juni 1937, WBA Microfiche 118) Benjamins Antwort ist nicht überliefert, aber darauf bezugnehmend schrieb Steffin: „[...] vielen dank für Ihren netten satz über den ‚schutzengel' und über das zurücksenden." (Steffin an Benjamin, 7. Juli 1937, WBA Microfiche 118)

30 Dies ist belegt durch den Eintrag unter dem Datum des 23. März 1937 in Steffins Kalender: „an becher den schutzengel". (BBA 2112/116ff.) Im Juli schrieb sie an Benjamin: „den SCHUTZENGEL führt mir hier keiner auf, wegen zensur, gotteslästerungsparagrafen. becher will in IL ein kleines stück abdrucken; ein bild. schade, daß es auch drüben nicht geht. vielleicht, wenn man da wäre, ginge es." (20. Juli 1937, WBA Microfiche 118) Den Abdruck des 2. Bildes in der Juli-Nummer von Internationale Literatur kommentierte Steffin: „was mein stück angeht: ein kleiner teil, und zwar nur das bild ‚herr fischer, wie tief ist das wasser' ist in IL abgedruckt. leider ohne versprochene inhaltsangabe des ganzen und ohne bemerkung, dass es aus einem kinderstück ist. es scheint mir so eher unbrauchbar. ausserdem höre ich jetzt immerfort von den lieben freunden, die es vor 3 monaten noch *sehr* gut fanden, dass es ganz verfehlt sei, wir könnten nicht wie hitler jetzt in antireligiosität machen, wir hätten wichtigeres zu tun. na schön. es tut mir

weis auf den Gesamtkontext des Stückes. Auch Versuche zur Aufführung des Stückes schlugen fehl.[31]

Unzweifelhaft hatte kein anderer ihrer Texte für Steffin eine vergleichbare Bedeutung für ihre Selbstbehauptung als Autorin, die im eigenen Namen schrieb, wie das Stück *Wenn er einen Engel hätte*. Den Kampf um die Anerkennung ihrer Autorschaft führte sie mit enormem Einsatz und unter widrigsten Umständen. Daß sie ihn schließlich verloren gab, mag auch mit der fortschreitenden Krankheit zusammenhängen, die ihre Kräfte zunehmend aufzehrte.[32] Resigniert schrieb sie im Juni 1940 an ihren dänischen Freund Crassus: „Ich selbst möchte so schrecklich gern auch produktiv sein, aber ich muss Ihnen etwas gestehen: immer, wenn ich etwas beginne, habe ich Angst davor, dass die Leute sagen werden, ich habe es nicht selbst gemacht, und deshalb höre ich wieder auf. Oder ich glaube, dass es nichts taugt. Das einzige, was ich jemals fertigbekommen habe, war das Stück für Kinder. Sie können sich erinnern, ich habe versprochen, es Ihnen zu schicken. Aber ich habe es niemals getan. Und wie es dann weiterging: als wir umzogen, verlor ich das Manuskript! Eine Schande. Ich habe eben zwei alte Stücke (von mir ‚persönlich') hervorgeholt und finde sie sehr gut. (es kann unmöglich

---

trotzdem leid, ich mag die arbeit ja und traue mich eigentlich nur schwer an etwas neues. ich bin sozusagen enttäuscht. aber, wie mir eisler (der die lieder erst gern vertonte [aus freien stücken] und der jetzt fragt, wer mir den floh ins ohr gesetzt habe, so was zu schreiben) sagt: der weg ist halt dornig." (Steffin an Benjamin, 7. Sept. 1937, WBA Microfiche 118)

[31] Am 29. Dez. 1937 schrieb Steffin an Benjamin: „lou eisler schickte mir einen optimistischen brief, das[s] es so aussieht, als ob der schutzengel an einem prager kindertheater angenommen werden würde, aber ich werde mich nicht zu früh freuen." (WBA Microfiche 1937)

[32] In Briefen ist die Rede von zwei literarischen Projekten, die Steffin aufgrund von Brechts Kritik bzw. aus Zeitmangel aufgab. Anfang 1934 schrieb sie Benjamin: „ich hatte 50 seiten eines grossartigen kriminalromans geschrieben. bevor er sie las, bestätigte brecht mir, dass mit meinem eintreten in die kriminalliteratur es heissen würde ‚vor grete' und ‚nach grete'. aber *nach* dem Lesen sagte er sehr höflich, einige skizzen auf anderem gebiete lägen mir anscheinend mehr und ich sollte mir das nochmal durch den kopf gehen und vor allem liegen lassen!" (BBA 2173/78) - Anfang 1939 schrieb sie an Benjamin: „der kleine roman ist doch wieder eingeschlafen. er sollte von einem kleinen jungen handeln und in bln. spielen, 1932/33." (BBA 2173/125)

richtig sein, von ‚Stücken' zu sprechen, nun ja). Aber auch hier fehlt das meiste, warum habe ich niemals Ordnung in meinen eigenen Dingen?"[33]

III

In *Wenn er einen Engel hätte*, einem Stück in sieben Bildern, einem Vor- und einem Nachspiel, hat Steffin die Prinzipien des nicht-aristotelischen, des epischen Theaters und des Lehrstücks umgesetzt, dabei auch Erfahrungen aus der sowjetischen Tradition des proletarischen Kindertheaters einbezogen.[34] Sie konzentrierte sich auf die Aufgabe, den Zusammenhang von Armut, falschem Bewußtsein und politischer Wehrlosigkeit darzustellen. Diese Zusammenhänge erhalten im Stück jene Erkennbarkeit und Durchsichtigkeit, die notwendig sind, um die Veränderbarkeit der Verhältnisse aufzuzeigen. Die Fabel ist so einfach wie die These: die Befreiung der Unteren kann nur deren eigenes Werk sein, sie dürfen sich auf kein ‚gütiges Schicksal', auf keine ‚Macht von oben' verlassen, wenn es um die irdische Gerechtigkeit und ihr eigenes Leben(sglück) geht. Eine Mutter bittet um einen Schutzengel für ihren arbeitslosen Sohn Karl; indem er sich auf diesen verläßt, bekommt er zwar eine Arbeit als Schiffsjunge, aber weil die Profitgier des Reeders stärker ist als sein Mitgefühl für die Besatzung des seeuntüchtigen Frachters, kommt Karl während eines Orkans ums Leben.

Wenn er einen Engel hätte ist ein anti-illusionistisches Stück, das auf nüchterne Aufklärung setzt, dabei unterhaltsam und mit Humor vorgeht. Die Unterbrechung der Handlung durch Lieder, die Dramaturgie des Vorspiels mit der hölzernen Schutzengelattrappe und des Nachspiels – *Der Darsteller des Schutzengels Georg kommt vor den Vorhang* – sind

[33] Steffin an Crassus (d.i. Knud Rasmussen), 5. Juni 1940 (BBA E 10/77-78). Steffins Briefe an Crassus sind in dänischer Sprache geschrieben, ich zitiere nach der Übersetzung von Barbara Ohl (BBA Z 28/210). Der Satz in ( ) ist nachträglich eingefügt.

[34] Im Steffin-Nachlaß gibt es keinen Hinweis darauf, daß sie sich theoretisch mit den Prinzipien des epischen Theaters oder des Lehrstücks auseinandersetzte. Sie war jedoch seit Anfang der dreißiger Jahre an der Entwicklung der Lehrstückmethode in Auseinandersetzung mit der Theaterarbeit der sowjetischen Avantgarde (Tretjakow, Meyerhold, Lacis) beteiligt und kannte zweifellos die einschlägigen Schriften Benjamins. Vgl. Inge Gellert: „Wir reden nicht...!" Über die Körperlichkeit von Texten. In: Korrespondenzen. Zeitschrift für Theaterpädagogik 10, H. 19/20/21 [Brechts Lehrstücke] (1994), S. 76-79. - Melchior Schedler: Exkurs: der Rote Oktober des Kindertheaters 1918-1937. Asja Lacis, Walter Benjamin und ihr ‚Programm eines proletarischen Kindertheaters'. In: Melchior Schedler: Kindertheater. Geschichte, Modelle, Projekte. Frankfurt a.M.: Suhrkamp 1977, S. 127-146 und S. 209-255.

orientiert am Prinzip der „Distanz“, die der „Einfühlung“ entgegengesetzt ist. Steffin ist nicht gelegen an der Entwicklung der Charaktere, sondern ihre Figuren stehen für die Verhältnisse, denen sie entstammen und die sie entweder zu stabilisieren trachten, weil sie ihnen Profit bringen, oder die sie umstürzen wollen, weil sie sonst darin untergehen. Die Kapitalismuskritik des Stückes wird entwickelt an der Dialektik von Armut und Profit; die Solidarität der Unteren bleibt utopischer Gegenentwurf.

Die himmlische Ideologie meint hier nicht Religion, sondern die Ideologie der Oberen, mit der diese den Unteren die Sicht auf die Verhältnisse vernebeln, ein falsches Bewußtsein, das aufgrund seiner immanenten Widersprüchlichkeit und der Unfähigkeit seiner Repräsentanten seiner eigenen Auflösung Vorschub leistet und so von alleine seinem Untergang entgegengeht. Die Religionskritik Steffins ist lediglich exemplarische Kritik an falschem Bewußtsein, an der Schicksalsergebenheit, der Unmündigkeit und Passivität der Unteren. Der Himmel in Steffins Stück ist ein maroder Betrieb, dessen Lächerlichkeit und notorisches Unterfunktionieren zwangsläufig ins Chaos führt. So wie der hölzerne Schutzengel im Vorspiel sich als bloße Attrappe erweist, ist der ganze Himmel eine Attrappe, denn Gott – so zeigt sich am Ende – existiert gar nicht. Mit der Eliminierung dieser transzendentalen Instanz bleibt lediglich die irdische Wirklichkeit als möglicher Ort von Glück und erfülltem Leben. Als Karl dies begreift, ist es allerdings zu spät.

Der Zustand der Welt im kleinen wie im großen ist der einer Welt ohne Gott, das heißt, ohne Menschlichkeit, Gerechtigkeit und Hoffnung. So läßt der Reedereibesitzer nicht trotz, sondern wegen der Sturmwarnung den seeuntüchtigen Frachter auslaufen, um die Prämie zu kassieren – den Tod der Mannschaft kalt einkalkulierend. So werden in Deutschland Pazifisten in Konzentrationslagern interniert und ihre Schutzengel arbeitslos, während Hitler seine Leibgarde hat und keinen Schutzengel braucht. So wird in Kanada Getreide ins Meer geschüttet, um den Preis zu halten, während anderswo Menschen verhungern.

Steffins Arbeitsweise ist wie die Brechts nicht allegorisch, sondern modellhaft: zeigen, was ist. Die Vereinfachungen, die ihr Stück enthält – sowohl im Hinblick auf die Kapitalismuskritik wie auf die Kritik des falschen Bewußtseins und natürlich auch auf die Umsturzutopie – zielen auf den Horizont der jugendlichen Rezipienten. Sie lernen auf amüsante Weise, was die Welt, in der sie leben, im Innersten zusammenhält – der

Profit weniger aus der Ausbeutung vieler – und sie lernen, daß sie sich nicht auf einen Schutzengel verlassen dürfen, wenn sie nicht untergehen wollen. Steffin weiß, wovon sie schreibt. Die Lebensverhältnisse der Unteren sind genau und realistisch dargestellt. Den Kinderfiguren des Stücks – den kleinen Geschwistern Karls und dem kleinen Engel – bleibt es vorbehalten, mit einer nur scheinbaren Naivität den Dingen auf den Grund zu gehen, die Wahrheit der Verhältnisse offenzulegen. Auf diese Weise bereiten sie die Kommentierung des auf der Bühne Gezeigten durch den Darsteller des Schutzengels Georg im Nachspiel vor: „Seine [d.h. Karls, S.H.] Feinde waren nicht die Elemente / Sondern Leute, die verdienen wollten / Und für ihre elenden Prozente / War es, daß sie untergehen sollten. / Nicht der Himmel, seht ihr, konnt ihm schaden! / Nicht der Himmel, seht ihr, konnt ihn retten! / Nur er selber konnte sich da raten. / Wenn die Karls nur eine Ahnung hätten / Wie naiv es ist, auf Engel bauen / Anstatt auf sich selbst! Na ja...ich meine... / Diese Engel also...im Vertrauen / Außer im Theater gibt's gar keine. / Wenn die Karls das alle wüßten, wär es besser. / Denn dann würden sie sich auf sich selber stellen / Und so siegen über die Gewässer / Ruhig fahrend durch die höchsten Wellen."[35]

IV

Trotz intensiver Bemühungen um Veröffentlichungen bzw. Aufführung ihrer Kindergeschichten und ihrer Stücke für Kinder gelang es Steffin nicht, mehr als „Das Lied des Schiffsjungen" und das 2. Bild „Herr Fischer, wie tief ist das Wasser" aus ihrem Stück *Wenn er einen Engel hätte* zu Lebzeiten zu publizieren.[36] Dabei ging es ihr zweifellos nicht

---

[35] Steffin: Konfutse, S. 301.

[36] Die Nachweise über die Veröffentlichungen Steffins unter eigenem Namen sind mit Sicherheit nicht komplett. Hauck und Hassing erwähnen eine in der Zeitschrift „Terrasse" veröffentlichte Reportage (Reisebericht?) über die Krim aus dem Jahr 1933 (vgl. Focus: Margarete Steffin, 1994, S. 46), Gellert verzeichnet die Veröffentlichungen von Übersetzungen (Grieg, Nexö, Kirk) (vgl. Steffin: Konfutse, S. 305). In einem Brief Steffins an Brecht erwähnt sie eine Novelle, die sie „kolzows redaktion" für 250 Rubel verkauft hat (17. Feb. 1936, BBA Z 23/141). Der sowjetische Schriftsteller Michail Kolzow war Leiter des Moskauer Zeitschriften-Verlags Jourgaz, wo z.B. die Tageszeitung DZZ – Organ der deutschen Werktätigen in der UdSSR und die literarische Exilzeitschrift Das Wort erschienen. Kolzow und seine deutsche Frau Maria Osten waren an der Redaktion von Das Wort beteiligt, und Steffin war mit beiden befreundet. Offiziell zeichneten Brecht, Feuchtwanger und Bredel für die Redaktion. Vgl. Exil in der UdSSR, 1979, S. 196f. - Alle bisher nachgewiesenen Veröffentlichungen (einschließlich der

allein um den ‚Ruhm' der Autorschaft, sondern auch um mögliche Honorare, die ihr materiell eine gewisse Unabhängigkeit von Brecht ermöglicht hätten. Die schwierigen Veröffentlichungsbedingungen der Exilzeit trugen das Ihrige dazu bei, daß ihre Bemühungen nicht erfolgreich waren. Darüberhinaus kann man annehmen aufgrund der beiden kleinen Publikationen in den Moskauer Exilzeitschriften *Internationale Literatur* und *Das Wort*, daß den dortigen Redakteuren vorwiegend an klassenkämpferischen bzw. antifaschistischen Texten gelegen war, d.h. an deren politischer Funktionalisierbarkeit. Sowohl das „Lied des Schiffsjungen" wie auch die Szene im Reedereibüro erlauben eine solche Funktionalisierung.

Obwohl Steffin Mitglied der Kommunistischen Partei war, stand sie der Politik der Sowjetunion unter Stalin nicht unkritisch gegenüber. Ihre häufigen Aufenthalte in der Sowjetunion sowie ihre Freundschaften mit sowjetischen und deutschen Kommunisten dort – darunter Asja Lacis, Michail Kolzow und Maria Osten – erlaubten ihr Einblicke nicht nur in die konkreten Probleme des Alltagslebens in der Sowjetunion (Wohnungsmangel, Privilegienwirtschaft usw.), sondern auch in die Auswirkungen der stalinistischen Säuberungen, deren Opfer Kolzow und Osten wurden.[37] Ihre Arbeit an *Wenn er einen Engel hätte*, soweit sie

---

Übersetzungen) Steffins zu Lebzeiten und unter ihrem Namen erfolgten in den beiden Moskauer Exilzeitschriften Internationale Literatur und Das Wort. 1939/40 bat sie, von Schweden und später von Finnland aus, ihren dänischen Freund, den Journalisten Crassus um Vermittlung bei der Veröffentlichung bzw. dem Verkauf ihrer Kindergeschichten. Vgl. BBA E 9/48, E 9/123.

[37] Wie aus dem Protokoll der Sitzung der deutschen Schriftsteller im Moskauer Exil vom 8. Sept. 1936 hervorgeht, hatte es im Zusammenhang mit der Besetzung des Films „Kämpfer" einen Konflikt mit Brecht gegeben, der gegenüber Gustav von Wangenheim Weigel in der Rolle der Mutter durchsetzen wollte. Über Piscator gelangte das Gerücht zu Brecht, die Jüdin Weigel sei in Moskau unerwünscht. In diesem Zusammenhang äußerte sich Wangenheim: „Aus dieser Geschichte ist eine teuflische Geschichte von Brecht gemacht worden, indem er erklärte, ich verfechte den Standpunkt, Juden dürfen in Moskau nicht spielen. Steffin hat vor Parteigenossen und Parteilosen erklärt, das muß in die ausländische Presse, der Wangenheim muß aus der Partei ausgeschlossen werden. Das ist eine Sache, die ich zu Papier gebracht und dann in der Komintern abgegeben habe." (Die Säuberung. Moskau 1936. Stenogramm einer geschlossenen Parteiversammlung. Hrsg. von Reinhard Müller. Hamburg: Rowohlt 1991, S. 416) - Benjamin notierte unter dem 1. Juli 1938, daß er in Svendborg mit Brecht und Steffin über die Verhältnisse in der Sowjetunion gesprochen habe; dabei habe Steffin die Vermutung geäußert, daß Tretjakow nicht mehr am Leben sei. (Walter Benjamin: Versuche über Brecht. Hrsg. von R. Tiedemann. Frankfurt a.M.: Suhrkamp 1978, S. 166) In diesem Gespräch ging es auch um Ernst Ottwalt, der im Herbst 1936 verhaftet worden und 1943 in einem sibirischen Lager

durch Briefe dokumentiert ist, zeigt, daß sie eine zunehmend kritischere Haltung gegenüber der Sowjetunion entwickelte. An Benjamin schrieb sie im Dezember 1934, daß sie mit ihrem ersten Entwurf zum Stück insgesamt zwar sehr zufrieden sei, „obwohl er ganz auf Agitpropton abgestimmt ist, was nicht bleiben darf."[38] Dieser Aspekt beschäftigte sie weiterhin. In einer frühen Fassung hatte sie sowohl die Hauptfigur Karl wie auch die übrigen Matrosen des Frachters durch die Mannschaft eines sowjetischen Dampfers retten lassen. Im Oktober 1935 schrieb sie an Brecht: „die szene im hafen von odess[a] fällt weg (das ist wirklich einfachstes agitprop) und statt dessen kommt im schlußbild karl werner, der ersoffene, in den himmel. ein prozess um ihn herum findet statt [...] die sowjetunion kommt nur vor, wenn bei zeugenaussagen irgendwann erwähnt wird, dass die russische sektion 1922 endgültig geschlossen wurde."[39] Ihr wurde es also zunehmend wichtiger, nicht nur von der Konzeption des Stückes her (Karl wird nicht durch die sowjetischen Matrosen gerettet, sondern ertrinkt), sondern auch im Hinblick auf prosowjetische Propaganda eine Rücknahme der ursprünglichen Agitprop-Tendenzen vorzunehmen. Nicht von ungefähr spielt auch das Motiv des Prozesses sowohl in *Wenn er einen Engel hätte* wie auch in *Die Geisteranna* eine Rolle. Am 19. August 1936 hatte der erste große Schauprozeß gegen Sinowjew, Kamenev und andere begonnen. Die antifaschistischen Emigranten in westlichen Exilländern reagierten bekannterweise sehr unterschiedlich auf die Prozesse und die Säuberungen in der Sowjetunion. Anna Seghers im französischen Exil schrieb zum Beispiel ihr Hörspiel *Der Prozeß der Jeanne d'Arc zu Rouen 1431*.[40] Steffin läßt in ihrem Schutzengel-Stück den Erzengel Gabriel, bezogen auf den

---

ums Leben kam. (Vgl. Hermann Weber: „Weiße Flecken" in der Geschichte. Die KPD-Opfer der Stalinschen Säuberungen und ihre Rehabilitierung. Frankfurt a.M.: ISP-Verlag 1989, S. 110f. - Siehe auch In den Fängen des NKWD. Deutsche Opfer des stalinistischen Terrors in der UdSSR. Berlin: Dietz Verlag 1991, S. 168) Ottwalt hatte 1931 Texte geschrieben für Steffins Auftritte in den „Roten Revuen". - Maria Osten, die im Mai/Juni 1941 die sterbende Grete Steffin in Moskau betreut hatte, wurde unmittelbar nach dem Tod Steffins verhaftet und im August 1942 erschossen. (Vgl. Weber, „Weiße Flecken", S. 110; In den Fängen des NKWD, S. 168f.; Simone Barck: „Ein schwarzes Schaf mit roten Stiefeln". Fragmentarisches über die Schriftstellerin Maria Osten. In: notate 2/1990).

[38] Steffin an Benjamin, 13. Dez. 1934 (WBA Microfiche 116)

[39] Steffin an Brecht, 28. Okt. 1935 (BBA Z 23/158)

[40] Dieses Hörspiel wurde erstveröffentlicht in Internationale Literatur 7, H. 5 (1937), S. 74-90.

Prozeß im Himmel, den Satz äußern: „Dieser Fall gehört zu den immer zahlreicheren Fällen, wo ein Urteil sehr schwer zu fällen ist.“[41] Wenngleich dieser Satz nicht überbewertet werden darf, kann er doch als Indiz gelesen werden für die Irritationen, die durch die Kommunistenverfolgungen in der Sowjetunion für GenossInnen in westlichen Emigrationsländern resultierten – insbesondere, wenn sie wie Steffin, zugleich über eigene Erfahrungen vor Ort und aus Gesprächen mit dort lebenden Freunden verfügten.

Steffins Stück *Wenn er einen Engel hätte* enthält zahlreiche zeitgeschichtliche Anspielungen und Bezüge, die bei der Uraufführung des Stückes 1978 im Berliner Theater der Freundschaft[42] verständlicherweise als Rezeptionshindernis wirkten, so daß diese verspätete Hommage an die Stückeschreiberin Steffin zu keiner positiven Resonanz führte und auch kein nachhaltiges Interesse an der Gesamtheit ihres Schaffens im Exil hat wecken können.

Brecht hat mehr als dreißig Gedichte für Steffin geschrieben, er widmete ihr den „Kinderkreuzzug“ und gab der von ihr zusammengetragenen Kollektion von Gedichten aus den Jahren 1937-40 den Namen *Steffinsche Sammlung.* Seine Gedichte für Steffin datieren aus drei Phasen, denen jeweils ein thematischer Schwerpunkt entsprach: in den Jahren 1933/34 entstanden die „Sonette“ und die „Englischen Sonette“, im Jahr 1937 folgten die „Lieder des Soldaten der Revolution“ und im Juni 1941 schrieb er den Zyklus „Nach dem Tod meiner Mitarbeiterin M.S.“: mit ihren jeweils zentralen Motiven von Liebe, Kampf und Tod folgen sie dem Handlungsmuster der Tragödie.[43] Am Zustandekommen der Lebenstragödie Steffins waren nicht nur die Krankheit, an der sie starb, und die schwierigen Verhältnisse der Exilzeit beteiligt, sondern vermutlich auch ihr kräftezehrender Kampf um die eigene Autorschaft. Brecht hat sie im Gedicht an den Himmel entrückt und taufte den Orion „das Steffinische Sternbild“.[44] Ich möchte mit einer irdischeren Variante schließen, mit der Rede des Karl Werner aus *Wenn er einen Engel hätte:*

---

[41] Steffin: Konfutse, S. 286f.

[42] Vgl. Hartmut Reiber: Margarete Steffin: „Wenn er einen Engel hätte". Anmerkungen vor der Uraufführung am 14. Februar im Theater der Freundschaft. In: Sonntag 5 (1978), S. 6. - Ingrid Seyfarth: Kein ungetrübtes Vergnügen. *Wenn er einen Engel hätte* von Margarete Steffin im Theater der Freundschaft. In: Theater der Zeit 4/1978, S. 20-21.

[43] Vgl. Herbert Frenken: Das Frauenbild in Brechts Lyrik. Frankfurt a.M. u.a.: Lang 1993, S. 205-223.

[44] Brecht: Gedichte. Bd. 3, 1976, S. 827.

Lieber hätt ich gegessen richtiges Brot. / Ich wär gern unten noch ein wenig herumgegangen / – Mein Leben hat doch eben erst angefangen – / Im Winter natürlich mit einem dicken Schal / Und im Sommer auch mit einer bunten Mütze einmal. / Und ich hätte mir gern mal einen großen Berg angeschaut / Und eine Musik gehört, schön und laut. / Gern hätte ich auch einmal im Alkazar getanzt / Oder mich faul in ein Alstercafé hingepflanzt / Und mir auch ein Glas Bier bestellt / Und in der Tasche geklimpert mit Geld. / Kurz, ich vermisse das alles sehr / Denn jetzt ist alles aus, und es kommt nichts mehr.[45]

[45] Steffin: Konfutse, S. 293.

Tamara S. Evans

S. O. S. Schweiz

Emigranten schreiben Kinderbücher

Von der Schweiz sei hier die Rede und von den Kinderbüchern, die in jenem Land zwischen 1933 und 1945 geschrieben worden sind. Wieviel von all dem, was sich jenseits der Grenzen abspielte, konnten Schweizer Kinder nach 1933, während des Krieges und in der unmittelbaren Nachkriegszeit aus ihrer Lektüre erfahren? Wie – falls überhaupt – wurde meiner Generation, die erst Anfang der fünfziger Jahre ins Lesealter kam, Zeitgeschichte vermittelt? Was wurde ihr in der Kinderliteratur über die Schweiz im Zweiten Weltkrieg erzählt; was über das Schicksal von Flüchtlings- und Waisenkindern; und was über die Verfolgung und Vernichtung der Juden? Sehr wenig und sehr viel – eine widersprüchliche Antwort also. Auf diesen Widerspruch möchte ich später zurückkommen. Daß sich die Kinderliteratur in Deutschland jahrzehntelang um die Aufarbeitung der jüngsten Geschichte gedrückt hat und damit der selben Verdrängung verfallen ist, der zum Beispiel auch den Geschichtsunterricht geprägt hat, wissen wir alle. Wie aber ist es um die Schweiz bestellt, deren Eiertanz im Hinblick auf die Geschichte ihrer Neutralität während des Zweiten Weltkriegs wieder einmal Schlagzeilen macht?

Mir drängen sich diese Fragen deshalb auf, weil ich selber zwar in der Schweiz geboren, aber in Emigrantenkreisen aufgewachsen bin und, soweit meine Erinnerungen zurückreichen, immer schon, wenn auch lückenhaft, wußte, was geschehen war. Noch Jahre nach dem Krieg schlug meine Mutter, die 1932 als Medizinstudentin von Berlin nach Bern gekommen war und nie wieder zurückgegangen ist, einen großen Bogen um die Amtsgebäude an der Predigergasse, und so wurden auch mir die Schweizer Fremdenpolizei und ihr berüchtigter Chef schon als Kind ein Begriff. Tante Lotte und Onkel Max, die mit ihren beiden Kindern aus dem französischen Exil dank eines mutigen Priesters in die Schweiz schlüpfen konnten, lebten eine Weile bei uns und sie schickten später Jello-Pudding aus Amerika; Briefe von Verwandten, die früher einmal in Danzig, in Königsberg oder in Warschau und Wilna gelebt hatten, kamen jetzt von der Insel Maurizius, aus Palästina und später aus Israel. Von andern, mir unbekannten Verwandten gab es alte Fotos; wenn man nach ihnen fragte und wissen wollte, wo sie sind, dann hieß es, sie seien umgekommen, was auch für Kinderohren etwas anderes bedeutete als „gestorben". Ehemalige Kommunisten und solche, die es immer noch waren, gingen bei uns aus und ein; es gab einen Kurier der polnischen Exilregierung, einen uralten Berliner Kabarettisten und Olga, das russische Kindermädchen, die wieder zurück mußte. Da mir zu Hause der Zugang zu allen Büchern offen stand, stieß ich, kurz nachdem ich lesen gelernt hatte, unter den medizinischen Lehrbüchern meiner Großtante, auf eine von einer jüdischen Organisation herausgegebene Publikation mit Informationen, Zahlen und Statistiken über die Vernichtungslager, über Zahngold und die industrielle Weiterverarbeitung der Körper der Ermordeten. Bilder brauchte es keine; das kindliche Vorstellungsvermögen tat das seine. Anfang der fünfziger Jahre verbrachte ich die Pessachtage mit meiner Großtante am Genfersee – in einem Altersheim für Überlebende. Nach dem Essen standen die Herren auf, schlugen die Hacken zusammen und sagten „Mahlzeit". Erstmals hörte ich den Namen „Theresienstadt" und fürchtete mich, in die Räume zu treten, wo die alten Leute zusammensaßen, sich unterhielten oder einfach warteten. Nur ein einziges Kind außer mir war da: ein etwas älterer ungarischer Junge aus dem jüdischen Kinderheim oberhalb Vevey – der besuchte seine Großmutter und hatte Glück, weil er das Manishtana auf mich abschieben konnte. Wir steckten viel zusammen. Ich redete – er kaum. Er war in Auschwitz gewesen und hatte dort seine Eltern verloren.

Doch zurück zum Thema. Was gab es in jenen Jahren an Lesestoff, der Kindern in der Schweiz etwas über das Leiden ihrer Altersgenossen im heimgesuchten Ausland vermitteln konnte und der – sei es über die Schul- und Stadtbibliotheken, sei es in den Buchhandlungen – leicht zugänglich war? Welche Autoren standen zur Verfügung? Unter Schweizer Kinderbuchautorinnen und -autoren: niemand. Die versahen uns mit Dorf- und Kleinstadtgeschichten, die von schweizerischer Lebensart und schweizerischem Gemeinschaftssinn handelten und in denen zwar allerhand Trauriges geschah, am Ende aber dank gütiger Erwachsener – dem Pfarrer etwa oder der Großmutter – alles wieder gut und schön war; sie versahen uns außerdem mit Geschichten aus helvetischer oder eidgenössischer Vergangenheit. Das hatte spätestens 1938, nach dem Anschluß und nach München und unter dem Banner der „Geistigen Landesverteidigung", seine guten Gründe, denn es galt den Widerstandswillen der Bevölkerung zu mobilisieren und ganz besonders der Jugend zu vermitteln, daß die kleine Schweiz sich früher schon gegen mächtige Feinde heldenhaft zur Wehr gesetzt und zu behaupten vermocht hatte.[1] An zwei Bücher erinnere ich mich, die ganz und gar aus dem Rahmen fielen, an *S.O.S. Genf* und an *Das Schiff ohne Hafen*. Sie nämlich setzten sich mit den Zeitläufen auseinander und mit der Möglichkeit, daß Kinder ihr Schicksal selber in die Hand nehmen können und sollen. Sie waren, wie ich sehr viel später erst erfahren habe, von Emigranten geschrieben worden. Von wem denn sonst! *S.O.S. Genf* – von Oskar Seidlin und Richard Plant – ist die Geschichte einer Gruppe von Rumänischen Kindern, die sich zum Völkerbund aufmachen, um Hilfe für ihre von einer Überschwemmungskatastrophe verheerten Heimat zu erbitten. *Das Schiff ohne Hafen* von Lisa Tetzner, der vierte Band ihrer neunbändigen Kinder-Odyssee, war in meiner damaligen Erfahrung – und ich war eine Leseratte – überhaupt das einzige Buch, das jene Themen aufgriff, die zwar wesentlich mit der eigenen Identitätsbildung zu tun hatten, außerhalb der Familie aber, in der Schule zum Beispiel, nicht einmal tangiert wurden. Mirjam mit ihrer Tante auf der Überfahrt ins Exilland – mit ihr konnte ich mich identifizieren; die hätte ich selber sein können.

Gelesen oder wiedergelesen habe ich im Zusammenhang mit unserer Tagung in Reno wenn nicht alle, so doch die für meine spezifische Fragestellung wichtigsten Kinder- und Jugendbücher, d. h. Jugendbücher mit einer soziopolitischen Dimension, die Emigranten zwischen 1933 und 1945 in der Schweiz verfaßt haben. Es handelt sich, in der Reihenfolge ihres jeweiligen Erscheinungsdatums, um folgende Texte: 1937 *Pedronis muß geholfen werden* von Oskar Seidlin. In dieser Erzählung werden fahrende Leute, Zigeuner im grünen Wagen, von Schweizer Kleinstädtern bezichtigt, einen goldenen Apfel, das alte, kostbare Wahrzeichen der Stadt, gestohlen zu haben – einfach weil sie Ausländer sind. Dank der wachsenden Solidarität zwischen den einheimischen und fremden Kindern wird der wirkliche Täter, der scheinbar so aufrechte Stadtschreiber, zum Schluß des Diebstahls überführt. 1939 erschien *S.O.S. Genf*, 1940/41 *Die schwarzen Brüder*, unter Lisa Tetzners Namen veröffentlicht, aber wohl von ihrem Mann, Kurt Kläber alias Kurt Held ver-

[1] Vgl. hierzu Kinder- und Jugendliteratur. In: Lexikon der Schweizer Literaturen. Basel: Lenos 1991, S. 216f.

faßt und von ihr lediglich überarbeitet,[2] und 1941 *Die rote Zora und ihre Bande* ebenfalls von Kurt Held. Sowohl *Die schwarzen Brüder* als auch *Die rote Zora* handeln von Kindern, die sich auf der Suche nach Freiheit und Gerechtigkeit zu Schicksalsgemeinschaften zusammenschließen – im ersten Fall die im Mailand des 19. Jahrhunderts sich zu Tode schuftenden Tessiner Schornsteinfegerjungen, im andern eine Gruppe elternloser und vernachlässigter Kinder an der dalmatinischen Küste, die sich gegen die Bonzen in ihrem Fischerdorf zu behaupten vermögen. Last but not least, wären die zwischen 1944 und 1949 veröffentlichten, bereits vor Kriegsende abgeschlossenen neun Bände von Lisa Tetzners Kinder-Odyssee, *Die Kinder aus Nr. 67* zu erwähnen, das einzige Werk, das eine eindeutig antinationalsozialistische Position aufzuweisen hat.[3] Erschienen sind diese Bücher alle in dem auf Kinderliteratur spezialisierten Sauerländer Verlag Aarau – mit Ausnahme von *S.O.S. Genf*, einem Buch, das nach Sauerländers Absage vom Zürcher Humanitas Verlag übernommen wurde, der Emigranten gegenüber „verhältnismäßig offen" gewesen sein soll.[4]

Was die Produktion und unmittelbare Rezeption dieser Bücher betrifft, handelt es sich um *Schweizer* Bücher – die Absatz- und Verteilungsmöglichkeiten für diese Kinderliteratur beschränkten sich ja zumindest während der Kriegsjahre ausschließlich auf die deutschsprachige Schweiz; *Schweizer* Bücher sind es aber auch wegen ihrer stilistischen und inhaltlichen Besonderheiten, die – und darum geht es mir vor allem – von den spezifischen Produktions- und Rezeptionsverhältnisse im Exilland oft nicht fein säuberlich getrennt werden können. So scheint

---

2 Vgl. Susanne Koppe: „Versuch einer Bio-Bibliographie von Kurt Kläber (Kurt Held)." Wissenschaftliche Hausarbeit masch. Ludwig-Maximilians-Universität München 1988, S. 69.

3 Nicht berücksichtigt wurden die meist kurzen und für noch jüngere Leser geschriebenen Texte von Irmgard von Faber du Faur sowie die Jungmädchenbücher von Elsa Margot Hinzelmann; außerdem die von Lisa Tetzner nach 1933 noch in Deutschland erschienenen Bücher und das Mädchenbuch Die Reise nach Ostende. Aarau: Sauerländer, 1937. Ebenfalls nicht berücksichtigt – obzwar gelesen – habe ich Richard Plauts ganz und gar belangloses, 1936 bei Sauerländer erschienenes Buch Die Kiste mit dem großen S. Der erste Band der Kinder-Odyssee konnte 1932 bzw. 1933 noch in Deutschland erscheinen. Mehrere Bände erschienen in Übersetzung in Schweden, bevor Sauerländer die Bücher im Original herausbrachte.

4 Vgl. Gustav Huonker: Literaturszene Zürich: Menschen, Geschichten und Bilder 1914–1945. Zürich: Unionsverlag 1985, S. 160. S.O.S. Genf erschien im selben Jahr in englischer Übersetzung bei der Viking Press in New York.

es mir beispielsweise gänzlich verfehlt, Lisa Tetzner und Kurt Kläber einen Strick daraus zu drehen, daß sie in der Schweiz keine parteigetreuen sozialistischen Kinderbücher geschrieben haben.[5] Eine solche Kritik sieht vollends an den schweizerischen Gegebenheiten vorbei und trägt der höchst prekären Situation, denen schreibende Emigranten in der Schweiz ausgesetzt waren, keinerlei Rechnung.

Die Angst vor wirtschaftlicher Konkurrenz bestimmte die Einstellung gegenüber den Emigranten; immer wieder sorgte der Schweizerische Schriftstellerverein durch Schreiben an die Fremdenpolizei dafür, daß die meisten keine Arbeitsbewilligung erhielten und nicht wußten, wovon sie leben sollten.[6] Sowohl Seidlin und Plant als auch Tetzner und Kläber wurde die Arbeitsgenehmigung vorerst verweigert. Oskar Seidlin, der in Wirklichkeit Oskar Koplowitz hieß, konnte dank seines Pseudonyms und dem Einverständnis eines Feuilletonchefs oder Verlegers gelegentlich publizieren. 1938 emigrierten er und Richard Plant in die USA. Dank guter Beziehungen zu Traugott Vogel, einem Zürcher Lehrer und Kinderbuchautor, bekam Lisa Tetzner 1937 einen Lehrauftrag am Seminar Basel. Über Kläber wurde seiner politischen Vergangenheit wegen – er war als Mitbegründer des „Bundes proletarisch-revolutionärer Schriftsteller", als Mitherausgeber der *Linkskurve* und als Leiter des Internationalen Arbeiterverlags einer der wichtigsten kommunistischen Kulturmacher gewesen – ein totales Schreibverbot verhängt. *Die schwarzen Brüder*, zur Hauptsache von Kläber geschrieben, mußten, wie bereits erwähnt, unter Tetzners Namen erscheinen. Für die *Rote Zora* konnte er eine Sonderbewilligung erhalten. Er veröffentlichte das Buch dann aber vorsichtshalber doch unter seinem Pseudonym. Bezeichnend für die Situation der Emigranten ist etwa die Korrespondenz des Sekretärs des Schweizerischen Schriftstellervereins mit dem Kantonalen Arbeitsamt der Stadt Basel, nachdem das Warenhaus Rheinbrücke 1942 sich um eine Genehmigung zu einem Leseabend Lisa Tetzners bemüht hatte:

> Der [...] Schriftstellerverein betrachtet es als seine Aufgabe, den schweizerischen Autoren das im Lande vorhandene – leider durch die Umstände immer kleiner werdende – Arbeitsvolumen unter

---

[5] Dies ist der Fall bei Werner Mittenzweig: Exil in der Schweiz. Leipzig: Reclam 1981, S. 270.

[6] Näheres in Die Schriftstellerverbände. In: Lexikon der Schweizer Literaturen, S. 391f. Siehe auch Huonker, Literaturszene Zürich.

> allen Umständen zu erhalten. Dazu gehört grundsätzlich auch das Vorlesen eigener und fremder Autoren. Es ist mir nun nicht bekannt, ob in Basel oder anderswo Schweizer Autoren wohnen, die sich mit dieser Aufgabe abgeben könnten. Auf jeden Fall gibt es in Zürich eine Reihe hervorragender schweizerischer Märchenerzählerinnen und Schauspielerinnen, welche dieser Aufgabe ebenso gewachsen wären. Wenn das Warenhaus Rheinbrücke nachweist, daß keine solchen Kräfte schweizerischer Abstammung vorhanden sind, mag die Bewilligung erteilt werden.
>
> [Wir] möchten [...] noch auf einen anderen Gesichtspunkt hinweisen: wir kennen den Inhalt der von Frau Kläber vorgetragenen Märchen nicht. Aber wir bezweifeln, ob es sich um Werke handelt, die ausschließlich schweizerischen Geist atmen. Wir sind es aber in dieser Zeit unserer Jugend schuldig, alles zu tun, um bestimmte ausländische Einflüsse von ihr fern zu halten.[7]

Abgesehen vom Futterneid wurden die Emigranten also auch mit einer kulturell fundierten Feindseligkeit konfrontiert. Gewiß, Kläber war von der Gestapo in der Nacht des Reichstagbrandes verhaftet worden. 1935 wurden seine sämtlichen Schriften und teils auch diejenigen von Tetzner in der ersten „Liste des schädlichen und unerwünschten Schrifttums" in Deutschland verboten. 1938 wurde beiden die deutsche Staatsbürgerschaft aberkannt. Trotzdem waren sie, wie die meisten Emigranten, den Schweizer Lesern als deutsche Autoren suspekt. Ein Verlag wie Sauerländer, der bereits 1935 beschlossen hatte, exilierte Kinder- und Jugendliteratur in sein Programm aufzunehmen, sah sich dadurch auch ständig unter Druck gesetzt, auf Gleichschaltung im eidgenössischen Stil zu drängen, denn – wie Sauerländer es formulierte – was „nicht als schweizerisch propagier[t]" werden konnte, war finanziell „eine ziemliche Belastung."[8] Die Autoren, die sich irgendwie durchbringen mußten,

---

[7] Zitiert von Klara Obermüller: Der Mann hinter der Roten Zora. In: Tagesanzeiger-Magazin, 19. Okt. 1974, S. 32.

[8] Sauerländer am 30. März 1939 an Irmgard Mannheimer-von Faber du Faur. In der Verlagskorrespondenz des Archivs Sauerländer in Aarau. Dank gebührt an dieser Stelle Herrn Tobias Greuter, dem Archivar des Verlags, der mich im Sommer 1996 in Aarau mit viel Interesse und Wissen beraten hat. Bereits 1935, als Lisa Tetzner erstmals bei Sauerländer ein Manuskript vorlegte, empfahl der freie Lektor Carl Günther dem Verlag folgenden Kurs: „Persönlich halte ich dafür, daß kein durchschlagender Grund vorliege, warum der Verlag H.R.S. keine Emigrantenliteratur aufnehmen sollte. Rücksichten ge-

hatten gar keine andere Wahl, als die Änderungsvorschläge der Lektoren und – nach Kriegsausbruch – die Zensurverordnungen der Schweizerischen Armee (Abteilung Presse und Funkspruch, Sektion Buchhandel) zu befolgen. Selbstzensur sowie die Zensur in ihren formellen und informellen Modalitäten haben, wie aus der unveröffentlichten Verlagskorrespondenz hervorgeht, ihre deutlichen Spuren in der von Emigranten verfaßten Schweizer Kinderliteratur jener Epoche hinterlassen.

Ich möchte jetzt etwas näher auf *S.O.S. Genf* und dann ganz besonders auf *Die Kinder aus Nr. 67* eingehen. Unmittelbarer als die andern Exilkinderbücher rücken sie zeitgeschichtliche Probleme und die Möglichkeit politischen Eingreifens ins Zentrum ihrer Handlung. Ihrer Veröffentlichung legten sich darum auch weitaus größere Probleme in den Weg als jenen Exiljugendbüchern, deren Handlungen zeitlich oder räumlich sehr viel entrückter waren. Das fing schon bei der Sprache an. In seiner Korrespondenz zur eventuellen Veröffentlichung von *S.O.S. Genf* bei Sauerländer schreibt Seidlin am 1. April 1939 aus New York: „Sollten Sie im Sprachlichen eine größere Angleichung an das Schweizerische wünschen, so wäre auch dies natürlich ohne große Schwierigkeiten zu machen [...], so daß keine Schweizer Kritik an irgendeinem unhelvetischen Ausdruck Anstoß nehmen k[ö]nnte."[9] Es ist fast, als ob Oskar Seidlin Sauerländers Brief an Lisa Tetzner gelesen hätte, den dieser zehn Tage früher verfaßt hatte. Dort heißt es nämlich:

> Nun ist die Situation heute aber so, daß man kein Jugendbuch bringen kann, das von Deutschen geschrieben ist [...]. Auf keinen Fall darf [...] der Leser den Eindruck bekommen, daß das Buch von einer Norddeutschen geschrieben sei. Sonst riskieren wir, daß es vom Publikum abgelehnt wird. Denn das Publikum fragt nicht danach, ob die Schreiberin imperialistisch oder demokratisch ein-

---

schäftlicher Natur aufs III. Reich hat der Verlag wahrscheinlich nicht sehr viele zu nehmen, da er doch hauptsächlich dem schweizerischen Leben eingebaut ist. Dieser Umstand legt aber die Erwägung nahe, daß der Verlag diesem schweizerischen Leben Rücksicht zu tragen hat. Dies gilt, meine ich, besonderen auch bei der Aufnahme von Emigrantenliteratur: die aufzunehmende Literatur muß irgendwie entweder schweizerisch gewendet sein oder eine so starke allgemeinmenschliche Haltung haben, daß sie ohne weiteres von der schweizerischen Leserschaft aufgenommen werden kann. Mit andern Worten: der Verlag H.R.S. kann nicht wohl ein Buch herausbringen, bei dem unter uns das Fremde stärker wirkt als das Vertraute." Dr. Carl Günther an den Verlag, Aarau vom 31. Jan. 1935.

9 Verlagskorrespondenz Archiv Sauerländer, Aarau.

gestellt sei. Es stellt eben nur fest, daß es sich um keine Schweizerin handelt.[10]

Immer wieder wurde Lisa Tetzners Sprachstil von den Lektoren kritisiert. Zeigte sie sich zunächst kompromißbereit, so begann sie sich – vor allem als das Kriegsende absehbar wurde – entschieden gegen diese Kritik zu wehren. In dem langjährigem Gerangel um die Publikation der Kinder-Odyssee schreibt sie 1943 an den Verlag:

> Sicher kann man die Redeweise der Berlinerkinder durchgängig in ein reines, orthographisch richtiges Deutsch setzen, obgleich mir nicht wohl dabei ist, empfinde ich es doch als schulmeisterlich trocken und unwahr [...]. Und sind wirklich die Jugendbücher in der Schweiz dazu da, damit die Kinder richtiges Deutsch lernen, so müßte man wohl zuallererst die Schweizer Jugendbücher korrigieren [...]. Aber wie gesagt, es soll da in meinem Fall kein Hindernis sein und ich will diese Konzession gern auf mich nehmen.[11]

Sechs Monate vor Kriegsende, platzt ihr die Geduld ob der Kleinlichkeit der Lehrer: „Ich habe soeben das Gutachten und die Korrekturvorschläge des Herrn Lektors eines wackeren Schullehrers gelesen," schreibt sie im November 1944 an Sauerländer und erklärt ihm, daß sie auf die meisten Vorschläge nicht eingehen will, weil sie es vor ihrem „künstlerischen Gewissen" nicht verantworten könne, „von mir aus als Deutsche ein [...] Berliner Kind anders denken und sprechen zu lassen als es das tut." Sie schlägt Sauerländer vor, ihm das Manuskript so, wie es ist, zu übergeben, damit es „dann von dem betreffenden schweizerisch zuständigen Herrn ‚überarbeite[t]'" wird und „mit dem Vermerk [erscheint] *in schweizerisches Deutsch übersetzt* von Peter Kunze oder Ulrich so und so [...]. Dann steht sogar gar nichts im Wege *diese* Mirjam mit zahlreichen Zürcher oder Berner Provinzialismen [...] zu belasten (Verlogen bleibt das so wie so, denn es gibt kein solches Flüchtlingskind.)"[12]

---

[10] Verlagskorrespondenz Archiv Sauerländer, Aarau vom 20. März 1939.

[11] Verlagskorrespondenz Archiv Sauerländer, Aarau vom 23. Mai 1943.

[12] Verlagskorrespondenz Archiv Sauerländer, Aarau vom 2. Nov. 1944. Verena Rutschmann, Leiterin des Schweizerischen Jugendbuchinstituts in Zürich, vermutet, daß Tetzners wie auch Kurt Helds Deutsch, „das sich vom helvetischen Schrift- und Schuldeutsch erheblich unterschied," ein Grund dafür gewesen ist, daß man ihnen den verdien-

Auch mit der Wahl ihrer Themen mußten sich die Emigranten an die Erwartungen Schweizerischer Lektoren anpassen. So bittet Lisa Tetzner 1935 bei Sauerländer mit der folgenden Begründung um die baldige Veröffentlichung ihres Mädchenbuchs, *Die Reise nach Ostende:*

> Sie wissen, daß ich Ausländerin bin, und im Hinblick auf meine Arbeits- und Aufenthaltsbewilligung, die in diesem Herbst wieder erneuert werden müßte, wäre mir doch eine frühere Herausgabe erwünscht, weil ich an Hand dieses Buches gerade zeigen kann, wie fruchtbar auch für mein Schaffen der Tessin wurde und wie sehr ich heute davon abhängig bin. Die deutschen Stoffe und Probleme sind nicht mehr die meinen, ich lehne sie ab und werde mehr und mehr zu Schweizer Stoffen kommen. Die Bedingungen für Ausländer sind heute sehr schwer, und Sie werden begreifen, daß mir allein darum an einer möglichst baldigen Herausgabe meines ersten, mehr schweizerischen Buches liegt.[13]

Selbst Oskar Seidlin, der in Sauerländers Worten „dem Hexenkessel Europa entronnen"[14] war und sein Buch bereits bei Viking in New York untergebracht hatte, sieht sich veranlaßt, für *S.O.S. Genf* ein gutes Wort einzulegen, indem er betont, daß der Schweiz in diesem Buch eine durchaus zentrale Rolle zukommt:

> Daß das ganze Buch [...] in der Schweiz spielt, ist ja gewiß ein Vorteil. Obwohl es in Genf spielt, ist es dennoch kein ‚politisches' Buch, denn der Völkerbund kommt, soweit er eine Rolle spielt, nicht als politische, sondern humanitäre Institution vor. Ich bin sicher, daß die Schweizer Lehrer das Buch [...] sehr begrüßen werden, besonders auch, weil der Hauptschauplatz die „École Internationale" in Genf ist, in der Kindern aller Sprachen und Nationen die gleiche demokratische Erziehung zuteil wird. Aus diesem Grunde scheint mir das Buch echt schweizerisch, und

---

ten Jugendbuchpreis nie zugesprochen hat, „auch nicht nach ihrer Einbürgerung in die Schweiz." In: Verena Rutschmann: Fortschritt und Freiheit: Nationale Tugenden in historischen Jugendbüchern der Schweiz seit 1880. Zürich: Chronos 1994, S. 79. Für die vielen bibliographischen Hinweise möchte ich Frau Dr. Rutschmann danken.

13 Verlagskorrespondenz Archiv Sauerländer, Aarau vom 14. Juni 1935.

14 Verlagskorrespondenz Archiv Sauerländer, Aarau. Sauerländer an Seidlin am 12. April 1939.

> es wird sicher in allen offiziellen Schweizer Kreisen Zustimmung finden.[15]

In immer neuen Ansätzen bemühte sich auch Lisa Tetzner, ihren Verleger zu überzeugen, daß in ihrer Kinder-Odysee, in der sie sich nun doch wieder „den deutschen Stoffen und Problemen" zuwendet (will sagen ‚Furcht und Elend des Dritten Reiches', d.h. Flucht, Krieg und Exil), die Schweiz als Idee nicht nur strukturbildend, sondern auch ideologisch von größter Bedeutung ist. 1943 zum Beispiel schreibt sie Sauerländer:

> ‚Die Kinder aus Nummer 67' werden nämlich sogar ein hohes Lied der Schweiz! Sie zeigen in den zwei letzten Erzählungen die hohen humanitären Missionen der Schweiz und zeigen, was Ordnung, Recht und wahre Volksdemokratie vermögen. So hoffe ich auch, daß es dem ‚Gedanken' der Schweiz dereinst in der Literatur ein bleibendes Denkmal setzt.[16]

Die Kinder aus Nr. 67, durch die politischen Ereignisse aus Berlin in die Fremde vertrieben, und die vielen Kinder und jungen Menschen, die sich während dieser Irrfahrten zu ihnen gesellen und sich auch wieder von ihnen trennen, treffen sich nach dem Krieg in der Schweiz wieder, um dort einen pazifistischen Bund zu gründen, der – wie die Schweiz im Kleinen – für das friedvolle Zusammenleben aller Menschen auf der Welt eintreten soll. Bei der vielfachen Kodiertheit dieser Bücher (wie auch jener in den Büchern von Kurt Held) ist es schwer auszumachen, inwieweit es sich hierbei um Zugeständnisse an die schweizerische Verlagspolitik, an die Zensur und die Leserschaft handelt und inwieweit die ‚Idee der Schweiz' Tetzners eigenen utopischen Vorstellungen entsprach. Gerade ihre in der Kinder-Odyssee mehrfach zum Ausdruck gebrachte Kritik an der Asylpolitik der Schweiz läßt vermuten, daß Lisa Tetzner sehr genau zwischen der Schweiz als Ort des Exils und der Schweiz als Prinzip Hoffnung zu unterscheiden wußte – was übrigens

---

[15] Verlagskorrespondenz Archiv Sauerländer. Geschrieben in New York am 1. April 1939.

[16] Verlagskorrespondenz Archiv Sauerländer, Aarau vom 23. Mai 1943. Ähnlich bereits am 7. April 1943.

keineswegs bedeutet, daß sie und Kurt Held sich der Schweiz gegenüber nicht auch tief verpflichtet gefühlt haben.[17]

Die Sekundärliteratur betont immer wieder, wie realistisch, wie hautnah die Schrecknisse des Krieges und der Verfolgungen in der Kinder-Odyssee beschrieben werden.[18] Tetzners Wissen über die Landschaften und die Landungsschwierigkeiten in *Das Schiff ohne Hafen* hatte sie beispielsweise „jüdischen Reisebriefen" entnommen, „die [ihr] von der Zentrale für Auswanderung (Zürcher israelitischen Kulturbund) übermittelt" [worden waren].[19] Trotzdem fällt auf, wie wenig präzise Einzelheiten beispielsweise über die nationalsozialistische Verfolgung, die Konsequenzen des Rassismus und über den Verlauf des Zweiten Weltkriegs zu erfahren sind. Trotz mancher Einwände von Seiten der Gutachter, Rezensenten und Buchhändler, daß man Kinder nicht belasten und ihnen keine Kriegsbücher schenken solle, wollte Tetzner ihre junge Leserschaft keineswegs schonen:[20]

> Ich glaube nicht, daß wir in einem Jahrhundert, wo das Radio und die Schlagzeilen der Zeitungen mit Ausrottungen im Großen und Kleinen die Wohnstube heimsuchen, die Kinder noch hinter einem Gartenhag halten können, und [ich glaube] daß wir ihnen

---

[17] Zum Thema Schweiz in der Kinder-Odyssee siehe auch Andreas Rode: Das Exilwerk Kurt Helds und Lisa Tetzners. Magisterarbeit masch. Johannes-Gutenberg Universität Mainz 1994, S. 92-94.

[18] Zu den realistischen Beschreibungen in Die Kinder aus Nr. 67 siehe Elena Geus: Märchen und Wirklichkeit: Zum 100. Geburtstag von Lisa Tetzner am 10. November 1994. In: Märchen Spiegel Nr. 5 (Nov. 1994), S. 24. Susanne Koppe: Lisa Tetzner – 10. 11. 1894 - 2. 7. 1963. In: Jugendliteratur Nr. 1 (1994), S. 27; Susanne Koppe: In aufgelöster Zeit ehrlich – Zum 100. Geburtstag von Lisa Tetzner, Autorin der ‚Kinder aus Nr. 67' und Begründerin der antifaschistischen Kinderliteratur. In: Die Zeit. Nr. 45, 4. Nov. 1994, S. 24; Rode: Das Exilwerk Kurt Helds und Lisa Tetzner, S. 86 und 112f.; Gisela Bolius: "Leben und Werk der Schriftstellerin Lisa Tetzner," Diss. masch. Freie Universität Berlin 1995, S. 264.

[19] Verlagskorrespondenz Archiv Sauerländer, Aarau; Tetzner an Sauerländer am 7. April 1943.

[20] Kurt Held schreibt Sauerländer, daß Die schwarzen Brüder kritisiert worden sei, weil darin schlechte Menschen vorkommen: „Es sei eine Schande der heutigen Jugend schlechte Menschen zu zeigen, davon käme nur die Schlechtigkeit in die Welt." Verlagskorrespondenz Archiv Sauerländer vom 27. Nov. 1941. Hierzu auch Lisa Tetzner an Sauerländer am 19. März 1939: „Gerade heute haben wir die Pflicht, den jugendlichen Menschen, nachdem wir ihnen jahrzehntelang die Welt nicht so gezeigt haben, wie sie ist, einmal wieder ganz tief in die menschlichen Leidenschaften und Niederträchtigkeiten hineinsehen zu lassen."

> beizeiten, ohne zu starke Desillusion den Weg weisen müssen, wie sie durch den modernen Dschungel einer aufgelösten Welt kommen können.[21]

Teilweise mag der Mangel an historischem Detail dadurch zu begründen sein, daß Tetzner ihre junge Leserschaft nicht langweilen wollte. Ebenso aber erkennt man hier die Eingriffe der Zensurbehörden und die besonderen Wünsche des um Absatz besorgten Verlages. Hegte Sauerländer 1943 Bedenken, die beiden ersten, in Berlin angelegten Bände zu veröffentlichen, weil sie „[i]n der heutigen Zeit [...] in der Schweiz nicht tragbar [wären]" und „die Sympathien für Berlin nicht vorhanden" seien – es handelt sich um das Berlin der späteren Weimarer Zeit – so hatte er in Hinsicht auf die folgenden Bände ganz andere Bedenken.[22] Tetzners Kritik am faschistischen Deutschland ist ihm in *Erwin kommt nach Schweden* zu aggressiv und er befürchtet, das die Zensur die Veröffentlichung nicht gestatten würde: „Das Reich Hitler wird doch ziemlich schwer angeschuldigt und dies ist zurzeit nicht erwünscht."[23] Es sei eben viel heikler, erklärt er Tetzner, wenn eine Emigrantin dies schreibe, als wenn eine Schweizerin dies geschrieben hätte.[24]

Sowohl den Lektoren als auch Tetzner gegenüber äußert Sauerländer seine Bedenken hinsichtlich der Rolle, die die Juden im vierten Band der Kinder-Odyssee, *Das Schiff ohne Hafen*, spielen. An den Lektor Paul Ammann-Fehr schreibt er 1943:

> Es interessiert uns dann auch, Ihr Urteil über das Manuskript zu hören. Symphatischer ist mir selber die erste Erzählung (Erwin in Schweden), die zwar aggressiver ist, uns aber doch besser liegt, als die zweite Erzählung, in der die Juden eine etwas große Rolle spielen. Immerhin erzählt die zweite Erzählung der Jugend eine furchtbare Tragödie unserer Zeit.[25]

Wenige Tage später äußert er sich im selben Sinn auch Lisa Tetzner gegenüber:

---

21 Zit. in Susanne Koppe: Lisa Tetzner. Jugendliteratur Nr. 1 (1994), S. 27.
22 2. Juni 1943.
23 5. Jan. 1943.
24 2. Juni 1943.
25 22. Juli 1943.

> Recht vorsichtig werden Sie sein müssen beim Einbeziehen von Juden, wie sie im Bande ‚Das Schiff ohne Hafen' als Hauptpersonen einbezogen wurden. Denn die Stimmung gegenüber den Juden ist eine recht ungünstige, auch bei Leuten, die die Judenverfolgungen aufs Schwerste verdammen. Daran sind aber die Juden selbst schuld, denn sie führen sich vielfach so ungeschickt, so in einer unglaublichen Mentalität auf, die man ihrer Intelligenz nicht zutrauen sollte. Die äußerst starke Abneigung gegen sie, die auch bei uns herrscht, wird einem Buche unter Umständen Abbruch tun. Deshalb wollte ich auf diesen Punkt ganz besonders aufmerksam machen.[26]

Sauerländers Entschluß, die Veröffentlichung auch von Band 4 voranzutreiben, wird wohl weniger durch die beschwichtigende Antwort der Emigrantin Tetzner beeinflußt worden sein, als vielmehr durch das positive Gutachten seines Schweizer Lektors: „Frau Tetzner hat wirklich die Gabe, Wesentliches zu sagen. Der Inhalt erscheint mir auch keineswegs zu tendenziös gefärbt. Leider ist es ja so, wie Frau Tetzner es darstellt."[27] Zwei Jahre später, wenige Wochen vor Kriegsende, war es wiederum ein Gutachter, der sich gegen die Bedenken des Verlegers für Tetzners Darstellung des Novemberpogroms im 7. Band der Kinder-Odyssee einsetzte:

> Die ‚ziemlich schweren Anschuldigungen', derentwegen Du gewisse Bedenken hast, betreffen wohl die Schilderungen der Judenverfolgungen in Berlin: ich habe nicht das Gefühl, daß sie über das hinausgehen, was man s. Zt. allenthalben in den Zeitungen hat lesen können. Dazu kommt, daß [...] die allgemeine Stimmung es erlaubt, heute so frei über diese Dinge zu sprechen (besonders im Rahmen einer solchen Buchfolge, die sich eben doch mit dem Elend des Krieges beschäftigt).[28]

Neben den Einwänden und Bedenken des Verlags, die wohl zur Folge hatten, daß erfahrene Emigranten wie Tetzner und Held prophylaktisch

---

[26] 27. Juli 1943.
[27] Dr. Paul Ammann-Fehr an Sauerländer am 6. Okt. 1943.
[28] Verlagskorrespondenz Archiv Sauerländer, Aarau; Carl Günther an Sauerländer am 6. April 1945.

ein gewisses Maß an Selbstzensur walten ließen, mußte Tetzner sich außerdem auch noch mit dem Schweizer Armeekommando, Sektion Buchhandel, auseinandersetzen. Im Fall der *Kinder aus Nr. 67* verlangte die Zensurstelle 1943 die Streichung aller Anspielungen auf Hitler. Die Aufführung deutscher Ortschaften mußte unterbleiben. „Das Manuskript", hieß es, „soll so durchgearbeitet werden, daß das ‚Aktuelle' zurücktritt."[29] 1944 mußte in Band 3 folgender Satz Erwins, der auf bessere Zeiten hofft, gestrichen werden: „Dann wird alles allen gehören und jeder wird frei sein zu denken und zu sagen was er will." Der Zensor war der Ansicht, daß „diese rein kommunistische These [...] nicht in ein schweizerisches Jugendbuch gehört."[30] Noch im April 1945 verlangte ein Experte die Streichung von „Verbrecher", und „Teufel", Ausdrücke, die in der Erzählung von Franzosen in bezug auf die Deutschen verwendet werden. „Wir glauben [...] Ihnen heute schon sagen zu dürfen," schreibt der Experte an Sauerländer, „daß wir nicht das Gefühl haben, daß das neue Werk von Lisa Tetzner für Ihren Verlag besonders glücklich sein wird, denn es hat doch etwas Stoßendes an sich, wenn eine Ausländerin ihr Gastrecht dazu benützt, um letzten Endes in unserer Jugend eine Haß Atmosphäre zu erzeugen."[31] Der Krieg war schon zu Ende, als das Seilziehen zwischen dem Verlag und Tetzner über eine von der Zensur beanstandete Stelle zur schweizerischen Asylpolitik immer noch anhielt.[32] Verfolgt man dieses „zähe Ringen um den politischen Gehalt"[33] der Kinder-Odyssee, so ist es wohl schon sehr viel gewesen, daß Lisa Tetzner in den neun Bänden einmal die Dinge wirklich beim Namen nennen durfte — im letzten Band, der erst 1949 erscheinen konnte, als der Krieg auch in der Schweiz zu Ende war:

---

[29] Verlagskorrespondenz Archiv Sauerländer, Aarau; Armeekommando, Sektion Buchhandel, am 11. Juni 1943 an den Verlag H. R. Sauerländer.

[30] Verlagskorrespondenz Archiv Sauerländer, Aarau; Armeekommando, Sektion Buchhandel, am 1. März 1944 an den Verlag H. R. Sauerländer.

[31] Verlagskorrespondenz Archiv Sauerländer, Aarau; Armeekommando, Sektion Buchhandel, am 19. April 1945 an den Verlag H. R. Sauerländer.

[32] Verlagskorrespondenz Archiv Sauerländer, Aarau; Armeekommando, Sektion Buchhandel, am 19. April 1945 an den Verlag H. R. Sauerländer; Tetzner an Sauerländer am 5. Mai 1945; Sauerländer an Tetzner am 13. Mai 1945.

[33] Elena Geus: Märchen und Wirklichkeit, S. 65.

„Aber wohin werden sie deportiert?" fragte Maria leise.
„Nach Osten. Dort werden sie getötet, sobald sie nicht mehr arbeiten können. Man sagt, daß sie besondere Lager zu ihrer Vergasung eingerichtet haben."
„Oh,", sagte Maria, „oh, warum das?"
„Sie wollen sie los sein, weil es Juden sind."[34]

Welche Schlußfolgerungen lassen sich aus den vorangegangenen Beobachtungen und Überlegungen ziehen? Zunächst einmal, daß immerhin eine ansehnliche Anzahl von Exilkinder- und Jugendbüchern, die alle die vorgegebenen Muster der eidgenössischen Heimat- und Kinderliteratur durchbrochen haben – wenn auch unter schwierigsten Verhältnissen – in der Schweiz erscheinen konnten. *Die schwarzen Brüder* und *Die rote Zora* sind allmählich sogar Klassiker der Gattung geworden. Die Kinder-Odyssee zeigt uns, daß sich zwar in der „Sklavensprache" im Bereich der Kinderliteratur die heiklen zeitgeschichtlichen Themen behandeln ließen, was auf der Ebene der Erwachsenenbelletristik schlicht nicht möglich war. Man hätte also in den *Kindern aus Nr. 67* als junger Leser und junge Leserin recht viel erfahren können über diesen „modernen Dschungel einer aufgelösten Welt". Aber es war letztlich doch wenig, denn gerade diese Bücher verkauften sich schlecht, und ich wüßte nicht, wer sie der Schweizer Jugend jener Jahre empfohlen hätte.[35]

---

[34] Die Kinder aus Nr. 67. München: dtv 1990, S. 76.

[35] In der 8. Auflage von Das gute Jugendbuch. Kein Ort: Verlag Schweizerischer Buchhändlerverein 1944 [eventull 1946?], einer von der Jugendschriften-Kommission des Schweizerischen Lehrervereins zusammengestellten Liste, werden zwar drei Bände der Kinder-Odyssee als Titel erwähnt (Erwin kommt nach Schweden, Das Schiff ohne Hafen und Die Kinder auf der Insel), doch deuten die Verkaufszahlen nicht darauf hin, daß es Bestseller gewesen sind. Die nach dem Krieg erschienenen Bände (7–9), die für junge Erwachsene gedacht waren, sind von den Listen des Lehrervereins nicht erfaßt worden.

Sigrid Thielking

„Rosa Weiss wollte wissen..."

Ansätze und Strategien zur didaktischen Vermittlung des Themas Holocaust*

Im Dezember 1964 unternimmt der Schriftsteller Peter Weiss eine Ortsbegehung in Auschwitz, das sich ihm als Ort, an dem die Stimmen der Vergangenheit sprechen könnten, jedoch verweigert. Sein spröder Rapport vermag deshalb nur zu vermelden, daß sich der Besucher gerade hier der Vergangenheit, der „Gewalt dieser Abwesenheit" und, mehr denn je, seiner eigenen Ohnmacht bewußt wird. Nur einmal, ganz gegen Ende des gespenstischen Rundgangs, wird die Hermetik der erstarrten, fast surrealistisch anmutenden Ruinenlandschaft des Vernichtungslagers durchbrochen, ja von einer lebendigen Wahrnehmung überlagert: „Stimmen. Ein Omnibus ist vorgefahren, und Kinder steigen aus. Die Schulklasse besichtigt jetzt die Ruinen. Eine Weile hören die Kinder dem Lehrer zu, dann klettern sie auf den Steinen umher, einige springen schon herab, lachen und jagen einander, ein Mädchen läuft eine lange ausgehöhlte Spur entlang, die sich neben Schienenresten über ein Betonbruchstück erstreckt. Dies war die Schleifbahn, auf der die toten Leiber zu den Loren rutschten. Zurückblickend auf meinem Weg zum Frauenlager sehe ich die Kinder noch zwischen den Bäumen und höre, wie der Lehrer in die Hände klatscht, um sie zu sammeln."[1]

Diese Szene aus dem Erinnerungstext *Meine Ortschaft* bleibt unkommentiert, steht für sich. Offen ist, was die Einblendung evoziert: das Paradox kindlicher Unbeschwertheit, neugieriges Wissenwollen und scheinbar unbelastetes Vergessenkönnen – oder das durch die Eindrücke der äußeren Unterrichtsorganisation geprägte Programm eines Pflichtbesuchs. Unabhängig davon trifft die Episode freilich genau den Kern aller Didaxe.

---

* Der vorliegende Text erscheint auch abgedruckt in: Der Deutschunterricht 4 (1997), S. 50-57.

[1] Peter Weiss: Meine Ortschaft. In: Peter Weiss: Rapporte. Frankfurt a. M.: Suhrkamp 1968, S. 123f.

Für Kinder und Jugendliche das unvorstellbare Grauen des Holocausts didaktisch aufschließen? Gedenkorte aufsuchen im Rahmen einer Klassenfahrt? *The Holocaust for Beginners,* wie ein britisches Sachbuch[2] im Comic-Stil heißt? Solch provokative Fragen rühren an zentrale Problemstellungen, bringen ein Knäuel noch kaum gelöster Probleme ans Licht:

– Wie viel an Information oder besser Konfrontation ist dem Fassungsvermögen kindlicher Psyche zuträglich? Oder muß hier nicht philanthopine Rücksicht vor aufklärerischer Intention stehen?

– Läuft die vorsorglich ‚didaktische Reduktion', ohne die kein Thema vermittelt werden kann, hier nicht besonders Gefahr, zu verkürzen und schon damit zu verfälschen?

– Liegt nicht bereits eine Stilisierung vor, wenn in der Einleitung zu einem neueren Bilderbuch zum Holocaust-Thema behauptet wird, Kinder besäßen „die Gabe des Erstaunens und die Kraft der Empörung, Fähigkeiten, die Erwachsene bisweilen verlieren?"[3]

– Oder aber führt die Konfrontation mit einem Thema, das die Erwachsenen noch immer zwischen Darstellungsverbot und Erinnerungsgebot schwanken läßt, zwangsläufig zu ‚didaktischer Verfrühung', Überforderung und damit zum Gegenteil des Gewollten?[4]

– Inwiefern stößt das Sprechen über Auschwitz immer mehr auf generationsbedingte Verwerfungen? Ist es nicht an der Zeit, Familien-Rücksichten zu nehmen und die – möglicherweise schon tief gespaltenen – Erinnerungsmuster dreier Generationen zu bedenken?

– In welcher Phase gesellschaftlicher Befindlichkeit, bei welchem Stand der „Erinnerungspolitik"[5] ist didaktische Vermittlung opportun? Und welche historiografischen Schwellen bisheriger Auseinandersetzungen mit dem Holocaust-Geschehen schieben sich davor?

---

[2] Haim Bresheet, Stuart Hood und Litza Jansz: The Holocaust for Beginners. Cambridge: Icon, 1994.

[3] Jo Hoestlandt: Die große Angst unter den Sternen. Mit Bildern von Johanna Kang und einem Vorwort von Claude Roy. München/Wien: Hanser 1995 (erstmals französisch 1993), S. 5.

[4] Vgl. dazu Michael Sahr: Wieviel Wahrheit brauchen die Kinder? Elisabeth Reuters realistische Bilderbuchgeschichte Judith und Lisa. In: Praxis Deutsch 19, H. 111 (1992), S. 27-35. Oder Heribert Weber: Nationalsozialismus und Kinderbuch. In: Grundschule 5 (1989), S. 43-47.

[5] Vgl. Peter Reichel: Politik mit der Erinnerung. Gedächtnisorte im Streit um die nationalsozialistische Vergangenheit. München/Wien: Hanser 1995.

Ich werde im Folgenden, als Konsequenz dieser Fragen, einen entsprechend weitgefaßten Begriff von Didaktik als vielfach institutionalisiertem öffentlichen Vermittlungsprozeß anlegen und dazu einige literarische Beispielfälle von Nichtbewältigung und Überwältigung aus der bundesrepublikanischen Geschichte in den Blick rücken. Die Auseinandersetzung scheint, jedenfalls in der Rückschau, einer deutlichen historischen Phasierung zu unterliegen, die ich, idealtypisch verkürzt, nach den jeweils dominierenden Vermittlungsfunktionen beschreiben werde: 1. Verschieben und Aussparen; 2. Anrühren und Ermitteln; 3. Fiktionalisieren und Offenlassen sowie 4. Provozieren und Treffen.

1. Verschieben und Aussparen

Mit den Themen der Judenverfolgung und -vernichtung haben sich nicht allein die Deutschlehrer lange Zeit schwer getan. Und selbst wo explizit eine didaktische Vermittlung anvisiert ist, bleibt diese häufig auf ein eng kanonisiertes Textrepertoire fixiert. Holocaust-Texte haben – auch analog zu ihren schwierigen Produktions- und Distributionsbedingungen – erst relativ spät und zögerlich Eingang in Schullesebücher und Lektüreempfehlungen gefunden. Das entspricht auch der Beobachtung, daß sich die sogenannte Trümmer- oder Heimkehrerliteratur seit den späten vierziger Jahren mit dem Thema nur ganz am Rande auseinander setzt. Abgesehen von sporadischen Andeutungen hier und dort liefert nur eine zentrale Episode in Heinrich Bölls Roman *Wo warst du, Adam?* (1951) ein nicht unproblematisches Gegenbeispiel.[6] Bis in die frühen sechziger Jahre hinein finden allenfalls das *Tagebuch der Anne Frank* oder Albrecht Goes' christlich motivierte Buße-Erzählung *Das Brandopfer* gewisse curriculare Akzeptanz und Resonanz.[7] Das gesellschaftliche Klima ist bestimmt durch Bigotterie, durch stillschweigende Verdrängung und

---

[6] Vgl. Jochen Vogt: Heinrich Böll. München: Beck 1987, S. 43-47; Michael Serrer: Parallelisierung und Grenzverwischung. Zur Darstellung von Juden im Werk Heinrich Bölls. In: ZfDPh 114 (1995), Sonderheft, S. 50-64.

[7] Goes war auch Verfasser des Vorworts zur Taschenbuchausgabe des Tagebuchs der Anne Frank (1955). Goes' Erzählung Das Brandopfer steht für die in erster Linie christlich-bekennende Bußhaltung. Sie erscheint 1954 und wird 1961 erneut aufgelegt. Auch Matthias Brand erwähnt sie: „Außer dem Bericht Der Totenwald von Ernst Wiechert, Albrecht Goes' Brandopfer und Remarques Der Funke Leben ist in den Westzonen und der BRD bis 1958 fast kein nennenswerter literarischer Text über die Konzentrationslager erschienen. Man wollte davon nichts mehr hören, es störte die Volksgemeinschaft der Konsumenten." Matthias Brand: Stacheldrahtleben. Literatur und Konzentrationslager. In: Sammlung 4 (1981), S. 133-142.

mitunter schon wieder lautstarke neonazistische Pöbeleien. Die Knaben des „Bundes heimattreuer Jugend" verleihen 1960 an Gesangsabenden ihren Phantasien von noch gigantischeren Gaskammern Ausdruck (Refrain: „Da kommt ihr dann alle hinein").[8]

Die Aufmerksamkeit, die Paul Celans Gedicht *Todesfuge* (1948) erregt, bezeichnet ein singuläres Phänomen, das durch die frühe Auszeichnung mit dem Büchner-Preis verstärkt worden sein dürfte.[9] Zum Jahresende 1960 druckt *Der Deutschunterricht* unter der Überschrift „Bemühungen um ein Gedicht" zwei didaktische Beiträge von Peter Seidensticker und Wolfgang Butzlaff mit detaillierten Anweisungen zur Besprechung des bis heute zweifellos berühmtesten Holocaust-Gedichts.[10] Beide stellen Paul Celans *Todesfuge* in den Mittelpunkt fachdidaktischer Planungen, und zwar noch ganz im Sinne zeittypischer Arglosigkeit, nämlich ohne in ihren Analysen auch nur ein einziges Mal die Worte „Konzentrationslager" oder „Auschwitz" zu verwenden. Insbesondere Butzlaff warnt vor den Gefahren der literaturwissenschaftlichen Interpretation im Unterricht der Prima. Ich zitiere Einwände aus seiner ‚didaktischen Handreichung' für die Fachkollegen: „Erstens nämlich darf man bei den Schülern nicht genaue Kenntnisse vom Schicksal der Juden unter dem Hitler-Regime erwarten. Was der Lehrer als Zeitgenosse bewußt erlebt hat, muß der Schüler als historisches Wissen erst erlernen. Die Besprechung der ‚Todesfuge' könnte demnach leicht in eine Erörterung der Judenverfolgung abgleiten, wobei dann das Gedicht nur noch Anlaß, nicht aber ständiger Mittelpunkt des Gespräches wäre. Zweitens muß man daran zweifeln, ob die Fuge [...] den Schülern bei der Behandlung des Gedichtes so gegenwärtig ist, daß sie deren Gesetze hier wiederfinden oder vermissen."[11]

Der Musiklehrer, bezeichnenderweise nicht der Geschichtslehrer, wird zur fächerübergreifenden Unterstützung aufgefordert. Im Lernzielhorizont von Butzlaffs Ergebnissicherung spiegeln sich die Konsequenzen, wenn es heißt:

---

[8] Vgl. Günther Anders: Besuch im Hades. Auschwitz und Breslau 1966. Nach ‚Holocaust' 1979. München: Beck 1985, S. 13.

[9] Vgl. Jochen Vogt: Treffpunkt im Unendlichen. Über Peter Weiss und Paul Celan. In: Peter Weiss Jahrbuch 4 (1995), S. 102-121, besonders S. 104f.

[10] Der Deutschunterricht 12 , H. 3 (1960), S. 34-42 (Seidensticker) und S. 42-51 (Butzlaff).

[11] Ebd., S. 43.

> Jetzt kann man die Leistung des Dichters als solche und im Vergleich zur Musik zusammenfassend würdigen. Er ist der Polyphonie, die sich in der Sprache nicht erreichen läßt, sehr nahegekommen durch Verzahnung der Motive. [...] Die Einstellung des Dichters ist mit dem ‚wir' eindeutig gegeben, er steht auf seiten der Juden. Das allein widerlegt schon den möglichen Vorwurf der Formspielerei. Gleich weit entfernt hält sich Celan aber auch vom Aufschrei, von der Anklage, vom versifizierten Inhalt. Seine ‚Todesfuge' ist ein Vorbild dafür, wie aktuelles Geschehen durch Distanz schaffende Form und doch ohne Gefühlskälte künstlerisch bewältigt werden kann.[12]

Leidlich verschanzen läßt sich jenes „aktuelle Geschehen" hinter ästhetischen Formgesetzen; Gottfried Benns „Probleme der Lyrik" sind das unhinterfragte Maß aller Dinge. Ein anderer Interpret wird um dieselbe Zeit, 1961, auf seine Nachfrage zur Metaphorik des Gedichts vom Autor selbst auf den Boden der verdrängten Tatsachen zurückgeholt: „‚Das Grab in den Lüften' – lieber Walter Jens, das ist, in diesem Gedicht weiß Gott weder Entlehnung noch Metapher."[13]

2. Anrühren und Ermitteln

Gerade vor dem skizzierten Hintergrund von Betriebsblindheit und Ignoranz scheint es umso wichtiger, die wenigen Unternehmungen zu würdigen, die in den sechziger Jahren tatsächliche, wenn auch mitunter signifikant hilflose und naive Versuche der Aufklärung für Jugendliche darstellen (während zugleich zwei Theaterstücke, Rolf Hochhuths *Der Stellvertreter* und *Die Ermittlung* von Peter Weiss, den Erwachsenen und der politisch-kulturellen Öffentlichkeit eine bisher nicht gekannte Erinnerungs-Provokation zumuten). Ich möchte mit Rahel Mincs Textheft *Kinder der Nacht* und Inge Deutschkrons Dokumentation: *...denn ihrer war die Hölle* zwei der eher spärlichen Beispiele anführen. Die aus Lodz stammende Reformpädagogin Rahel Minc, geb. Lipstein, arbeitet in Polen als Lehrerin und Mitarbeiterin von Janusz Korczak, der 1943

---

[12] Ebd., S. 50f.

[13] Zit. nach Klaus R. Scherpe: Von Bildnissen zu Erlebnissen: Wandlungen der Kultur ‚nach Auschwitz'. In: Hartmut Böhme und Klaus R. Scherpe (Hrsg.): Literatur und Kulturwissenschaften. Positionen, Theorien, Modelle. Reinbek: Rowohlt 1996, S. 254-282, hier S. 259.

zusammen mit 70 seiner Schützlinge im Warschauer Ghetto ermordet wurde. Ihr selbst gelingt es, nach Frankreich zu emigrieren, wo sie sich für die Rettung jüdischer Kinder einsetzt. Im Nachkriegsfrankreich kümmert sie sich als Sozialfürsorgerin um einen Teil der Kinder und Jugendlichen, die nach der Befreiung des KZ Buchenwald in Frankreich ständiges Gastrecht erhalten und in einem Sanatorium in der Normandie gepflegt werden. Dort nimmt Rahel Minc, wie sie ihre Tätigkeit mit bezeichnender Behutsamkeit umschreibt, „Fühlung mit ihnen" auf; hier erfährt sie nach und nach die Details ihrer Leidensgeschichten, die sie in einer Anthologie zusammenstellt. Mit der Broschüre *Kinder der Nacht. Schicksale jüdischer Kinder 1933–1945* unternimmt sie 1963 den Versuch, Kinder und Jugendliche über den weitgehend tabuisierten Bereich zu informieren.[14] Obwohl bzw. gerade weil grausame Details ausgespart bleiben, sind es die Alltagsgeschichten in ihrem subtilen Grauen, die sie in prosaischer Sprache, manchmal mit Unbeholfenheit, oft mit hilflosem Pathos wiedergibt. Bei der Reintegration der beschädigten und verletzten Kinder in den Alltag wird Minc, die selbst fast alle Familienangehörigen im Holocaust verloren hat, unbeschreibbar Grausiges anvertraut. Ihre Erzählungen streifen die Grenze mehrfach, aber sie versuchen auch, die Schrecken zu sublimieren. Minc erzählt „kindgerecht" Episoden des Unrechts mit einem uns heute eher fremden Duktus von betulichem Humanismus. Bei ihrem Vermittlungsansatz steht noch ganz das vorsichtig dosierte Anrühren im Vordergrund; ihre pionierhafte Darstellung schlägt eine Brücke zu der Einfühlungsdidaktik der fünfziger Jahre. Vielleicht liegt hierin ein Grund, weshalb das Heftchen, in den sechziger Jahren mehrfach nachgedruckt, von der Bundeszentrale für politische Bildung empfohlen wird.[15]

Die zweite Kompilation, *...denn ihrer war die Hölle. Kinder in Ghettos und Lagern* sucht einen anderen Weg, nämlich den der streng dokumentarischen Ermittlung. Auch Inge Deutschkron ist ein Opfer der nationalsozialistischen Judenverfolgung; sie hat, seit Januar 1943 in Berlin untergetaucht, überlebt. Ihr 1978 veröffentlichter Bericht darüber, *Ich trug den gelben Stern*, wird in den achtziger Jahren zum Schulklas-

---

[14] Vgl. Renate Wall: Verbrannt, verboten, vergessen. Kleines Lexikon deutschsprachiger Schriftstellerinnen 1933 bis 1945. Köln: Pahl-Rugenstein 1988, S. 134f.

[15] Unverständlich bleibt allerdings, weshalb dabei der Titel zum Plural „Kinder der Nächte" mutierte.

siker werden.[16] Vorerst, im Jahr 1964, nimmt sie als Korrespondentin der israelischen Zeitschrift *Maariv* am Frankfurter Auschwitz-Prozeß teil, der nach der antisemitischen Welle im Gefolge eines Anschlags auf die Kölner Synagoge 1960 und dem Eichmann-Prozeß 1961/62 in Israel langsam die öffentliche Aufmerksamkeit für das Thema zu schärfen beginnt.[17] Deutschkron berichtet von dem (neben dem Nürnberger Kriegsverbrechertribunal) wichtigsten Prozeß im Nachkriegsdeutschland nach Israel, um die Geschehnisse „einer jungen Generation vor Augen zu führen, so zu vergegenwärtigen, daß sie begreifen konnte, warum ihre Vorfahren und Angehörigen auf europäischem Boden sich nicht auflehnten, warum sie starben, einfach starben, wie das Gesetz jener Tage es befahl."[18]

Während des Prozeßverlaufs wird ihr klar: Wann immer die in Auschwitz an Kindern verübten Greueltaten zur Verhandlung kommen, ist ein ‚Das rührt sie noch' zu beobachten. Hierin sieht sie ihren Ansatzpunkt, die vorherrschende Verstocktheit und Gleichgültigkeit zu erschüttern, und hofft so auf die „Möglichkeit, die Barriere des Nicht-wissen-Wollens zu durchstoßen"[19]. Ihre Dokumentation belegt nicht nur die furchtbaren Details des massenhaften Kindermordes, sondern legt erstmals ausdrücklich den Blick frei für den Lageralltag von Kindern. Deutschkron schreibt dazu: „Ich erfuhr bei dem Sammeln des Materials auch, daß Kinder in Vernichtungslagern ‚gelebt' haben – manche länger, manche kürzer. Und diese Schilderungen sagen meiner Meinung nach über die Mentalität der Henker und die Empfindungen von Kindern in ihrer Not fast noch mehr aus als die Schilderungen ihrer Vernichtung."[20] Entsprechend gliedert sie ihr Dokumentarmaterial in die Kategorien „Anfang", „Leben" und „Ende"; das mittlere Kapitel ist auch in didaktischer Hinsicht das Kernstück des Buches.

---

[16] Vgl. Guy Stern: Wirkung und Nachwirkung der antifaschistischen Jugendliteratur. In: Wir tragen den Zettelkasten mit den Steckbriefen unserer Freunde. Acta-Band zum Symposion „Beiträge jüdischer Autoren zur deutschen Literatur seit 1945". Hrsg. von Jens Stüben und Winfried Woesler in Zusammenarbeit mit Ernst Loewy. Darmstadt: Häusser 1993, S. 307ff.

[17] Vgl. Juliane Wetzel: Trauma und Tabu. Jüdisches Leben in Deutschland nach dem Holocaust. In: Ende des Dritten Reiches – Ende des Zweiten Weltkriegs. Eine perspektivische Rückschau. Hrsg. von Hans Erich Volkmann. München: Piper 1995, S. 449.

[18] Inge Deutschkron: ... denn ihrer war die Hölle. Kinder in Ghettos und Lagern. Köln: Verlag Wissenschaft und Politik 1965, S. 9.

[19] Ebd., S. 12.

[20] Ebd., S. 13.

3. Fiktionalisieren und Offenlassen

Seit den siebziger Jahren findet das Thema der Verfolgung und Drangsalierung von Juden zunehmend Eingang in die Kinder- und Jugendliteratur.[21] In der Mehrzahl handelt es sich um Schulgeschichten von Diskriminierung und Ausgrenzung, um beispielhafte Erzählungen von auseinander brechenden und abgerissenen Freundschaften, kurz: von der Entfremdung zwischen jüdischer und nichtjüdischer Kindheit im Dritten Reich. Die kinderliterarische Auseinandersetzung auf zumeist personalisierend-eindimensionaler Ebene ist bis heute nicht abgerissen, aber in der Shavit-Dahrendorf-Kontroverse um Hans Peter Richters Ganzschrift *Damals war es Friedrich* artikuliert sich Ende der achtziger Jahre die Kritik an der Unzulänglichkeit, ja Fahrlässigkeit der Darstellungsweise und ihrer Tendenz zur Verkürzung und Verharmlosung.[22]

Mit Roberto Innocentis *Rosa Weiss* erscheint 1986 erstmals ein illustriertes Kinderbuch, das sich wesentlich mit dem Holocaust-Geschehen auseinander setzt und eine entsprechend kontroverse Aufnahme findet.[23] Im Mittelpunkt steht ein fiktionales, parabelähnliches Verfahren, das jetzt auch Kinder unter zehn Jahren in Grundschulen und Kindertagesstätten als Adressatengruppe anvisiert.[24] In der Bildergeschichte von Rosa Weiss, die wissen will, bleibt allerdings die eigentliche Holocaust-Thematik von der Kriegsthematik überlagert; Innocenti bekennt, er „habe versucht, in Bildern einzufangen, wie ein Kind Krieg erlebt, ohne wirklich zu begreifen"[25]. Seine Heldin gehört zu dem von der Kinder-

---

[21] Eine Übersicht über das einschlägige Angebot der Kinder- und Jugendliteratur geben z.B. der Katalog: Ehe alles Legende wird. Die Darstellung des Nationalsozialismus in der deutschen Kinder- und Jugendliteratur (1945-1995). Begleitheft zur Ausstellung in der Kulturbrauerei vom 19. Mai bis 4. Juni 1995. Berlin: LesArt. Berliner Zentrum für Kinder-und Jugendliteratur o.J., hier besonders der Beitrag von Rüdiger Steinlein: Judenverfolgung/Holocaust, S. 63-80. Oder auch Malte Dahrendorf (Hrsg.): Das Vergangene ist nicht tot! Kinder- und Jugendbücher zum Thema Faschismus/Nationalsozialismus. Ein Verzeichnis. Bad Homburg: Mensch & Leben Verlagsgesellschaft 1994.

[22] Vgl. Zohar Shavit: Die Darstellung des Nationalsozialismus und des Holocaust in der deutschen und israelischen Kinder- und Jugendliteratur. In: Malte Dahrendorf und Zohar Shavit (Hrsg.): Die Darstellung des Dritten Reiches im Kinder- und Jugendbuch. Frankfurt a.M.: dipa 1988.

[23] Vgl. stellvertretend die Rezensionen von Bettina Hurrelmann. In: Grundschulzeitschrift 24 (1989) oder von G. Veit. In: Geschichte lernen 24 (1991).

[24] In Ergänzung zum Bilderbuch wird der Materialband Kinder als Opfer des Nationalsozialismus angeboten. Hrsg. von Rolf Beckmann, Albrecht Klare und Rainer Koch. Frankfurt a.M.: Alibaba Verlag 1986.

[25] Zit. nach Jens Thiele: Von den Schwierigkeiten, den Holocaust im Bilderbuch darzu-

und Jugendliteratur favorisierten Typ des subversiven Kindes/Mädchens, für das es wohl keine reale Entsprechung gab. Allerdings – und darin unterscheidet sie sich vom beliebten Banden- und Abenteuer-Schema – beobachtet Rosa Weiss still, ‚versteht' und agiert unbemerkt, gleichsam aus dem Abseits heraus. Als sie auf einem ihrer Streifzüge durch die Stadt unbemerkt Zeugin wird, wie ein schäbig gekleideter Junge ihres Alters aus einem geschlossenen Lastwagen einen Fluchtversuch unternimmt, den der Bürgermeister gemeinsam mit den Nazischergen vereitelt, folgt sie dem Lastwagen. Innocenti arbeitet diese Szene semidokumentarisch aus,[26] er montiert kontrastiv und stimmig in seine Illustration des Kleinstadttreibens jenes wohlbekannte, emblematisch gewordene Pressefoto des verängstigten jüdischen Jungen mit erhobenen Ärmchen aus dem Warschauer Ghetto hinein.[27] Rosas Nachforschungen führen sie in den Sperrbezirk auf der anderen Seite des Flusses: „Vor einem elektrischen Zaun blieb sie stehen. Dahinter standen Kinder, unbeweglich wie Holzpuppen. Rosa kannte keines von ihnen."

Die doppelseitige Illustration konfrontiert den kindlichen Betrachter aus der Weitwinkel-Perspektive mit einer Gruppe von mehr als zwanzig frierenden, abgemagerten, gesichtslosen Kindern unbestimmten Alters in zerschlissener Häftlingskleidung. Die meisten sind mit dem gelben Stern gekennzeichnet; alle verharren sie in Apathie. Im Kontrast zu dem penetrant ziegelbraunen Backsteinidyll der Stadt mit protzenden Spruchbändern und Naziemblemen schockiert hier der olivgrün-graue, schemenhafte Reigen der todgeweihten Kinder, die als einzelne keine anklagende Haltung mehr einnehmen, im Ensemble aber umso mehr. Seit dieser Konfrontation schmuggelt Rosa Weiss heimlich ihre Pausenbrote und andere häusliche Vorräte durch den Zaun. Keine sonstige Reaktion wird von ihr übermittelt. Sie vertraut sich keinem an, stellt keine Fragen. Ihre private Hilfsaktion währt bis zu jenem Tag gegen Ende des Krieges, an

---

stellen. In: Antisemitismus und Holocaust. Ihre Darstellung und Verarbeitung in der deutschen Kinder- und Jugendliteratur. Oldenburg: Bibliotheks- und Informationssystem der Universität Oldenburg 1988, S. 137.

[26] Zu Einzelheiten des künstlerischen Verfahrens vgl. Jens Thiele: Ist der Holocaust illustrierbar? Auf der Suche nach dem Bild. In: Manuel Köppen und Klaus R. Scherpe: Bilder des Holocaust und der Ort des Authentischen. (In Vorbereitung). Böhlau Verlag 1998. Vortragsmanuskript. S. 18f. (Ich danke Herrn Prof. Thiele für die Einsichtnahme in das Vortragsmanuskript.)

[27] Allerdings hat den Wiedererkennungseffekt nur der erwachsene Betrachter des Bilderbuches.

dem sie das Konzentrationslager zerstört und die Kinder nicht mehr vorfindet. Während sie noch am niedergebrochenen Stacheldraht über das Geschehene nachsinnt, trifft sie eine Kugel von unbekannter Hand tödlich. Die Stadt wird unterdessen durch andere Truppen besetzt, die Bilderbuchgeschichte endet völlig offen damit, daß die Mutter von Rosa Weiss „lange auf ihr kleines Mädchen wartete". Einstweilen beginnen Gras und bunte Wildblumen die Unglücksstelle und Rudimente des Konzentrationslagers zu überwuchern.

Politische Prognostik über die Verdrängung und eine verhaltene Hoffnungsemblematik gehen in ein problematisches Schlußtableau ein: Eine kleine Vignette, die als letztes Schmuckblatt den Bildband beschließt, zeigt ausschnitthaft ein Stückchen Stacheldraht, über dem eine einzelne blaue Glockenblume hängt und verwelkt. Innocenti visualisiert, mit Aleida Assmann formuliert, daß „(a)uf ein Gedächtnis der Orte [...] ohne flankierende Maßnahmen wenig Verlaß (ist), eher müßte man hier von einem ‚Vergessen der Orte' sprechen."[28] Von dem, was Vernichtung tatsächlich bedeutet, nämlich Auslöschung und Vergessen, ist in Kinderbüchern kaum die Rede; immerhin wird bei Innocenti dieses Letzte, Äußerste als Leerstelle thematisiert.

4. Provozieren und Treffen

In den letzten Jahren sind solche Versuche einer Fiktionalisierung zugunsten von (autobiografischen) Erzählungen Überlebender und Zeugnissen beispielhafter Spurensuche zurückgetreten. Nicht nur im Blick auf die Kinder- und Jugendliteratur scheint gerade in jüngster Zeit Bewegung in die Formen der Auseinandersetzung zu geraten. Auffällig ist neben den Erinnerungstexten der ersten (Opfer-) Generation eine neue, mitunter befremdliche Erlebnisperspektive, deren gemeinsamer Nenner mit Provozieren und Treffen beschreibbar ist. Eine zweite und dritte Generation aus Israel, USA, Österreich und Deutschland meldet sich lautstark, polemisch-pointiert und querdenkerisch zu Wort. Sie begibt sich mit einer relativen Unbefangenheit, die durch die Generationsdistanz möglich wurde, auf die Spuren zu jenen Orten, an denen ihre Eltern und Großeltern systematisch vernichtet wurden oder zufällig überlebten. Sie sind auf der Suche nach Authentizität, fordern Auskunft über das ihnen meist vorsorglich Verschwiegene, um die ausgesparten Leerstellen fa-

---

[28] Aleida Assmann: Das Gedächtnis der Orte. In: DVjS 68 (1994), Sonderheft, S. 17-35, hier S. 32.

miliärer Erinnerung zu füllen, um der gepanzerten Schutzhaltung und fortwirkenden Verstörung bis in ihre Generation hinein zu begegnen.

Einen symptomatischen Fall stellt die Prosa des 1960 in Prag geborenen Maxim Biller dar, der seit seinem zehnten Lebensjahr in Deutschland lebt. Sein respektlos-rotziger Reisebericht *Auschwitz sehen und sterben*[29] – in gewisser Weise auch Kontrafaktur zu Peter Weiss' *Meine Ortschaft* – läßt nicht nur die Tradition der Bildungsreise ins Leere laufen, wenn er von den Erlebnissen fünfzig junger deutscher Juden berichtet, die Neugierde und Skepsis gegenüber ihrem Trauma einer „verfickten ‚Trauerarbeit'"[30] im Frühjahr 1987 als „historischen Selbsterfahrungs-Stoßtrupp"[31] zu den ehemaligen Verbrechensschauplätzen treibt. In Auschwitz sehen sie mit fast touristischem Kennerblick auf die „Affekten-Sammlung"[32], empfinden – ähnlich wie Peter Weiss – die schockierende Absenz vergangener Gewalt in den Lagergedenkstätten und erfahren am eigenen Leib den virulenten polnischen Antisemitismus.

Etwa um die Zeit von Billers *unsentimental journey* macht sich der amerikanische Zeithistoriker Daniel Jonah Goldhagen, Sohn eines Überlebenden aus dem Czernowitzer Ghetto, zur Spurensuche in europäische Archive auf. Seine Nachforschungen eröffnen einen lange vorenthaltenen Dialog mit der Vergangenheit[33] und sorgen – geschickt vermarktet – für Furore, nicht zuletzt, weil sie eine ganze Zunft angreifen und deren bisherige Forschungszugriffe fundamental infrage stellen. Goldhagen, Jahrgang 1959, gehört wie Biller zu einer jungen, stärker emotional und erlebnishaft in die Diskussion eingreifenden Generation, die entweder der Diskursherrschaft eines kulturellen und wissenschaftlichen Erinnerungs-Establishments in Sachen Holocaust mißtrauen oder angriffslustig gegen Formen „stereotyp(er) Genozid-Sentimentalität"[34] revoltiert. Goldhagens Bestseller *Hitlers willige Vollstrecker. Ganz gewöhnliche Deutsche und der Holocaust* (1996) re-inszeniert auf effektvoll narrativem Weg die Holocaust-Taten der Deutschen, in dem er die bislang kaum aufgeworfene Frage nach der exzeptionellen Willfährigkeit deut-

---

[29] Maxim Biller: Auschwitz sehen und sterben. In: Maxim Biller: Die Tempojahre. München: dtv 1991, S. 115-131.
[30] Ebd., S. 116.
[31] Ebd., S. 117.
[32] Ebd., S. 121.
[33] Vgl. Die Zeit Nr. 32, 2. Aug. 1996, S. 11.
[34] Biller: Auschwitz sehen und sterben, S. 116.

scher Täternorm stellt. Und dies mit dem verblüffenden Resultat einer bis dahin nicht mehr für möglich gehaltenen Emotionalisierung der Holocaust-Debatte (die sich dann direkt fortsetzt in der ebenso breiten wie kontroversen Resonanz auf die Ausstellung des Hamburger Instituts für Sozialforschung, die die Verstrickung der deutschen Wehrmacht in den Genozid zur Debatte stellt). Es bleibt abzuwarten, ob dies einen erneuten Wahrnehmungswechsel zur Folge haben wird, bei dem sich das Augenmerk von den Opfern und deren später ‚anderer Memoirenliteratur'[35] erneut auf die Täterschaft und das ‚Böse an sich' richtet.

Die eigenartige Mixtur, der ‚Stoff' aus erinnerter, mehrheitlich sanktionierter Gewalttätigkeit (Stichwort: „eliminatorischer Antisemitismus") und Goldhagens telegenem *J'accuse* eignet sich für Talk-Shows und Podiumsdiskussionen, hat Einschaltquoten und Absatzzahlen gesichert. Eine dem Thema gegenüber angeblich saturierte und medial überversorgte Gesellschaft braucht immer neue, konsumierbare Reize. Eine jüngere Generation, die sich Auschwitz offenbar weniger aporetisch nähert und, wie Jürgen Kocka beobachtet hat, sich weniger scheut, „in der Schilderung des Grauens sich der Ästhethik der Medien"[36] anzunähern, verschafft sie ihr. Das einst Verdrängte wird so medial funktionalisierbar. Auf dem zwielichtigen Markt medialer Erinnerungsobsession – zwischen Shoah-Entertainment und inflationärem Denkmalskult – wird eben auch das inszenierend erinnerte Menschheitsverbrechen, der Holocaust selbst, als „Erlebnisraum"[37] stilisierbar.

Leisere und vielleicht treffendere Töne findet ein 1995 in den Dritten Fernsehprogrammen gesendeter Dokumentarfilm mit dem irreführend forensisch klingenden Titel *Nazi-Opfer brechen ihr Schweigen*. Hier spürt das Team von Naomi Bubis, Sharon Mehler und Theo Baltz den Spätfolgen abgebrochener Familiengeschichten exemplarisch nach. Ähnlich wie schon in neueren Kinderbüchern (etwa Kestenberg/Koorlands *Als eure Großeltern jung waren* oder Antje Dertingers *Ein Flugticket für Grandma Rosy*, beide 1993) versucht der Film am konkreten Fall dreier Familien, die letztlich kaum vermittelbare Kluft aufzuarbeiten. Ein sichtlich ‚getroffener' junger Israeli quittiert das Er-

---

[35] Sie hat auch die Kinder- und Jugendliteratur mittlerweile entscheidend geprägt.

[36] Jürgen Kocka, zit. nach Volker Ullrich: Goldhagen und die Deutschen. In: Die Zeit Nr. 38, 13. Sept. 1996.

[37] Vgl. Dirk Schümer: Erlebnisraum Holocaust. Wider die Inflation der Mahnmäler und Gedenkstätten. In: Frankfurter Allgemeine Zeitung, Nr. 263, 11. Nov. 1994.

lebnis quälender Spurensuche an der Seite seiner Großmutter mit der Sentenz „It is not my life". Die Aporien des späten Übermittelns an die nachgeborenen Generationen, nämlich das Abweisende, sich Verschließende der Gedenkorte, das Peter Weiss seinerzeit in Auschwitz erfuhr[38], aber auch das endlich in Gang kommende Generationsgespräch eben darüber, werden im Film thematisiert.

Hier vor allen Dingen muß jede Form didaktischer Vermittlung neu ansetzen und angesichts solcher Projekte scheint mir mehr denn je Léon Rosens Prognose von 1979 gültig: „Der Holocaust wartet immer noch auf die Möglichkeit seiner unauslöschlichen Bewahrung im Gedächtnis unserer entferntesten Nachkommen, wo sie sich auch befinden mögen."[39]

---

[38] „Ein Lebender ist gekommen, und vor diesem Lebenden verschließt sich, was hier geschah." In: Weiss: Meine Ortschaft, S. 124.

[39] Zit. nach Lionel Richard: Auschwitz und kein Ende. In: Kunst und Literatur nach Auschwitz. Hrsg. von Manuel Köppen. Berlin: Erich Schmidt Verlag 1993, S. 28.

Julia Klimek

Art Spiegelman's *Maus*

Drawing out the Implications of Witnessing in a Father/Son Relationship

Holocaust survivors often name as one of the reasons for survival their desire to later tell the story. The assumption is that speaking up about the events they survived, handing on the knowledge about them, would ensure remembrance in the following generations, and the memory of the past should teach important lessons.[1] But for a long time in fact, many survivors of the Holocaust did *not* talk about their ordeal in concentration camps or in hiding. The *forgetting* of the past became as important as the remembering, as if acknowledging the past threatened to tear apart a painstakingly reconstructed 'normal' life, defined by the desire to move on, to succeed according to societally defined markers. Often survivors talk about the past in detail for the first time when a person who appears to be engaged in historical (therefore assumed to be dispassionate) research approaches them, such as Claude Lanzmann working on his film *Shoah*, or an interviewer for the Visual History Foundation's "Survival of the Shoah"-project. It is easier to talk about the Holocaust trauma to these outsiders than to a member of one's family. The survivor parents may have considered what lessons to teach their children, and decided: Better not to know. But underneath the appearance of normalcy, these families are different, marked by trauma and the cost of survival, and the knowledge of the past implicitly seeps down to the next generation, even if the past is never directly addressed.

The story of *Maus*, a graphic novel published between 1980 and 1991 by Art Spiegelman, son of an Auschwitz survivor, illustrates such a parent-child relationship. Art grows up in the shadow of his father Vladek's Holocaust experiences, the lessons of which permeate Art's childhood in New York years after Vladek's ordeal in Poland should have ended with the happy conclusion of liberation and emigration to America. For many years, the father does not give an account of his life; his relating of the

[1] See Shoshana Felman and Dori Laub: Testimony: Crises of Witnessing in Literature, Psychoanalysis, and History. New York: Routledge 1991. Lawrence L. Langer: Admitting the Holocaust. New York: Oxford University Press 1995.

events is limited to occasional hints, which Art remembers as at once terrifying and confusing. When Art finally approaches his father, with the intention of using his story as material for a comic book, Art begins by asking for a little innocuous romance, the love story between his parents. Looking at history through the filter of the father's personal experience it becomes, in one sense, more easy to relate to than the abstract recounting of facts. On the other hand, as history invades the context of the family it also becomes that much more real and harder to bear, especially for the child of the survivor, who has to reexamine his or her relationship to the parent and is often driven into a traumatic crisis by the suddenly found knowledge.

Maus illustrates how the experience of the Holocaust is handed on from a person who witnessed it (the father) to the second generation (the son) and how the listener, who has not witnessed the original event, becomes implicated as an indirect witness himself. Vladek Spiegelman, by telling his survival story to his son Art Spiegelman, implicates Art: it is now Art's responsibility to tell the story and to remember it, to carry on history. By in turn telling a reader the story and thereby creating a new witness (twice removed from the action, but nonetheless an "eye"-witness, as the medium is a graphic novel), *Maus* implicates the reader in the continuation of history. What exactly does it mean to be implicated, and how does the history of a parent become the history of a child? What responsibility does Art take on when he 'draws' his father's history from his father and makes it available to an audience through 'drawings,' and how does the experience of listening affect his relationship with his father?

The first reaction of a reader who stumbles across *Maus* may be disbelief: how can a part of history as terrible as the Holocaust be rendered adequately through the medium of a comic strip? The answer is – it cannot. This is not the stuff of fantasy and adventure, of superheros in Sunday funnies; the mice in *Maus* are not long-lost relations of Mickey, and the material in *Maus* is not suited for a child. And although parts of Spiegelman's graphic novel tell about historical events, his emphasis is not on the representation of facts and events. What *can* be rendered convincingly is the struggle of representing the events of the Holocaust in any way at all. *Maus* focuses on the complex issues surrounding the telling of the story and of listening to it. Art, the *Maus* narrator and artist, has doubts regarding his strategy; he has doubts about his ability to do it justice. At the same time, he does take over the responsibility for the story after his father's death, completing the drawings by working from taped conversations with his father. Vladek, the father, has doubts as well – especially in the beginning he is reluctant to speak. It seems that some events cannot be represented. The ensuing silence, on the other hand, is also inadequate, as it suggests that there was *no* history. But there is a difference in the reluctance of the speakers: Where Art is unsure of how to present what he is now indirectly witnessing, Vladek has to live through the most frightening parts of his life again, as he tells his story. For him, the original witness, the act of re-presentation, the bringing back into the present what happened in the past, means the recreation of the events of his life. This retelling creates a kind of time warp that both Vladek and Art are subjected to, and during which Art becomes the witness. Art's reaction to this responsibility is a struggle. He wants to tell his father's story, and although his retelling of the story is in many ways cathartic, he finds that working with his father is more problematic than he may have originally anticipated. I also suggest that it is more problematic than he is aware of, and that we as readers of *Maus*, as witnesses to his struggle to produce the book, see this problematic in a way that he does not.

When we look at the comic strip *Maus* as art, or as a story-telling event, the interest lies not within the strip, within a coherent story line, but in the tension created between the two time periods, the two plot lines, the two characters telling the stories. On the one hand we listen to Vladek telling the story of how he and his wife Anja survived the Holocaust, and on the other hand we observe Art dealing with Vladek and his reaction to the story he is being told. There are several reasons why *Maus* as a comic strip works where a novel might not work. Art Spiegelman stresses that he found it easier to represent "truth" through drawing in the abstract, by using animal characters for people, for example.

> If one draws this kind of stuff with people, it comes out wrong. And the way it comes out wrong is, first of all, I've never lived through anything like that [...] I don't know what a German looked like who was in a specific town doing a specific thing. My notions

are born of a few score of photographs and a couple of movies. I'm bound to do something inauthentic.[2]

Through their 'inauthenticity,' the pictures of little mice and cats and pigs shock us out of a sense of familiarity, where yards of bookshelves of survivors' stories have ironically transported us. On the other hand, Spiegelman repeatedly drops out of the metaphor when he self-effacingly discusses it within the strip, and some of the most interesting questions are addressed through this dropping-out of the artificial reality he creates.

But there is another advantage I noticed in comparison to the traditional accounts: when personal photos are used to document a life, these records are usually divided in 'before the Holocaust' and 'after the Holocaust,' with the time in between, the focus point of the memoir, in relation to which the other photos (and the person's whole life, as it is a "survivor's story") are to be seen, represented by fuzzy archive materials, impersonal, and only in so far related to the person whose memoir we are reading as the experience was the same (or was it?). The life of the person is interrupted, divided into a triptych of past, present, and a disconnected middle ground. The individual experience of the middle years is replaced by an experience shared by millions. In a way this loss of individuality is a repetition of the effect of the camps, where the individual life did not count, and a person became a number among many.[3]

By using drawings, Art Spiegelman creates a continuity that spans Vladek's life and his own, total of 60 years, with no difference in visual quality. Backed up by this technique, Art Spiegelman blurs the distinction between present and past by moving between time frames in the dialogue between his father and himself. Our eyes move effortlessly from the ghetto in Poland to a picture of Vladek on the exercise bicycle in his house in Rego Part, New York, 1980. The fact that our mind cannot follow these jumps draws attention to and leads us to question the illusion of a smooth continuity.[4] The breaks in the continuity of the story

---

[2] Quoted in Joseph Witek. Comic Books as History: The Narrative Art of Jack Jackson, Art Spiegelman, and Harvey Pekar. Jackson: University Press of Mississippi, 1998. Art Spiegelman, Interview, on: Fresh Air. National Public Radio, Dec. 1986.

[3] Spielberg also tries to counteract this effect in Schindler's List, where he repeatedly focuses on names and faces to create a sense of personages instead of numbers.

[4] Note also the maps on the back covers of Maus I and Maus II, where maps of New York are juxtaposed against background of a map of Poland during WWII and Auschwitz, re-

line are due to the particularities of the story, not the availability of photograph material. In *Maus*, history does not break into three parts – before, during, and after – it follows a different representational strategy, which seems to lead to a more appropriate rendering of how history and its continuous presence works.

When we look at history as a continuum, the experience of the Holocaust is lived by not one generation, but all following generations who know about it. In the context of the family, the lessons that connect the following generation to the knowledge of the survivor are insidious. The prologue of *Maus I,* which reaches into Art's childhood, manages in one spread to show the extent to which his father's Holocaust experience overshadows Art's life. Art, rollerskating in Rego Park, has been left behind by his friends and complains to his father:

> Art: I fell, and my friends skated away w-without me.
> Vladek: Friends? Your friends?...If you lock them together in a room with no food for a week...then you could see what it is, friends![5]

We can assume that this moment in Art's childhood stands representative of many such instructional father/son conversations. This line of teaching, of handing on the experience of survival, including not just the need to be resourceful, but also that to be cruel (Vladek's story of survival is not pretty; it is completely focused on his *individual* survival, precluding any community save that of his marriage to Anja),[6] continues throughout the *Maus* dialogues. Vladek's instructions to Art on where to stand in line for food, where to stand during roll call, always to "save

---

spectively. The maps of New York are offset against a darker background through color and heavy frame lines, stressing the break between them. In both cases, it is Vladek as the story teller, whose mouse image bridges the gap between them.

[5] Art Spiegelman. Maus: A Survivor's Tale. New York: Pantheon Books/Random House 1986, p. 5.

[6] Compare this to Spielberg's film Schindler's List, which in many ways focuses on individual faces and names, but nonetheless allows a *community* to survive together, in this way suggesting that salvation lies in sticking together. Individual finds strength in belonging to a group and other members of the community will help you. This is a survival that is easier to bear than the survival of the individual who steps on the heads of corpses. The community allows for hope, the absolute solitude of individualism does not. Vladek tells of paying a woman to hide him and Anja: "What do you think? Someone will risk their life for nothing?" Art is incredulous at this business of survival.

something,"[7] do not seem to transfer to Rego Park and the Catskills very well, but the underlying lesson is that of resourcefulness, of paying attention, and of survival at all costs. What I find more important than the specific knowledge is that Vladek makes the attempt to teach, that he tries in many small instances to hand on his knowledge of a specific world to his son. This effort to *transfer* experience is related to the telling of the entire survival story, and of the idea of witnessing. Although once again he does not focus on the survival of the community (which would be more in line with the slogan 'We must remember, so that this may never happen again') but of the individual, Vladek wants his son to 'know.'

To Vladek, the primary function of telling his story may at first be that of teaching, but there is more to the telling of a traumatic event. In their collaborative work *Testimony*, Shoshana Felman and Dori Laub examine the relationship between the testimony in literature (such as the work by Paul Celan and Albert Camus) and the testimony experienced by the psychoanalyst listening to the stories of Holocaust survivors in interviews, and explore the meaning of testimony as witnessing:

> To testify is always, metaphorically, to take the witness stand, or to take the position of the witness insofar as the narrative account of the witness is at once engaged in an appeal and bound by an oath. To testify is thus not merely to narrate but to commit oneself, and to commit the narrative, to others: to take responsibility – in speech – for history or for the truth of an occurrence, for something which, by definition, goes beyond the personal, in having general (nonpersonal) validity and consequences.[8]

This witnessing, the telling of the story, is a responsibility to share the knowledge of what happened (or: what happens, in the larger implication), to teach.[9] The recipient of the lesson, in the case of *Maus* the survivor's son, validates the "record that hasn't been made"[10] by listening to

---

[7] Spiegelman, Maus I, p. 49, p. 58, p. 53.
[8] Felman and Laub, p. 204.
[9] Felman draws the parallel between teaching and the witnessing of trauma in the first chapter Education and Crisis, or the Vicissitudes of Teaching, where she describes her experience of teaching a class on testimony at Yale, which ended in the collapse of thc class under the pressure of "having witnessed" survivors' testimonies on video.
[10] Felman and Laub, p. 57.

the event which has not been recorded because "massive trauma precludes its registration; the observing and recording mechanisms of the human mind are temporarily knocked out, malfunction." The narrative, as it emerges in the telling, is for the first time understood, as it is re-experienced in the safe environment, distanced from the original event by time and space. Forty years after the experience of the original trauma, outwardly secure in a life between Rego Park and the Catskills, Vladek experiences the narrative again, but this time as the witness, through active involvement and as a creation of knowledge. This process of constructing a narrative and thereby reconstructing history, which Laub calls "reexternalizing the event,"[11] is also the process of transferring the story, of transmitting responsibility for the telling.

Vladek is aware of this aspect of telling the story. There is only one instance when he refers to himself as "eye witness," and interestingly, in it his "seeing" blends in with the knowledge he has received from another person who "saw." "You heard about the gas, but I'm telling you not rumors, but only what I really saw," Vladek begins his description of the crematorium.[12] And his description is accurate, includes a map of the buildings, a detailed account ("Zyclon B, a pesticide,..." "It was between 3 and 30 minutes..."), but he then admits that he is an *indirect* witness, that his "eye witnessing" is limited to the building, and does not include the action ("This guy who worked there, he told me..."). The following three panels are a dialogue between the direct witness and Vladek, who resists the detailed description (he interrupts his retelling of the dialogue with a reference to his current life – "The holes were so big, so like the swimming pool of the Pines Hotel here" – thereby dropping out of the time frame of narration). His description of himself as an "eye witness" allows for a wider interpretation of the term witness, as it includes the retelling of something that he only knows about through another person's description.

In what way does this implicate Art Spiegelman as in indirect witness of Vladek's experience? Dori Laub continues in his essay: "The testimony to the trauma thus includes his hearer, who is, so to speak, the blank screen on which the event comes to be inscribed for the first time."[13] Whereas the professional listener, the psychoanalyst, the volun-

---

[11] Ibid., p. 68.

[12] Spiegelman, Maus I, p. 71.

[13] Ibid., p. 57.

teer for Spielberg's Foundation for the "Survivors of the Shoah" project, theoretically walks away at the end of this shared journey of a narrative, Art is stuck with his father. His part in it goes beyond that of the temporary screen to be inscribed: he has to live with the continual lessons his father shares with him; the witnessing is not limited to a prescribed time frame; it bleeds all over his life. Art is inscribed with his father's story; it becomes part of him.

To what extent Art takes on his father's history in the retelling of Vladek's story is particularly noticeable in two points: his language, and the breaks in the chronology of the retelling. Art Spiegelman claims to have faithfully transcribed his father's words from tapes, only changing sentences to shorten them so they would fit into the panels. And indeed, the reader is taken in by what Michael Rothberg calls the "Shtetl-effect," the heavily accented voice of Vladek that seems to guarantee authenticity in the retelling. But as Rothberg, who has compared the actual tapes with the transcription in *Maus*, points out, this authenticity is doubtful:

> A particularly good example of Spiegelman's (unconscious) tendency to overdo his father's accent comes in a passage, featured in the exhibit and broadcast on Talk of the Nation, in which Vladek recounts the shooting of a prisoner, a shooting which reminds him of having seen a neighbor shoot a rabid dog. In the book, Art has Vladek say, 'How amazing it is that a human being reacts the same like this neighbor's dog' (*Maus II* 82). But on tape, Vladek says simply and grammatically, 'How amazing it is that a human being is like a dog.' This passage also contradicts Spiegelman's assertion that the changes he made were dictated by the necessity of condensing Vladek's speech, since in this case he adds words.[14]

There are two aspects to this change in the transcription: For one, Spiegelman stresses the accent he remembers of his father, and attempts to make the language, and thereby the story, more authentic. But he also adjusts the meaning of the sentence: there is a significant mellowing from the statement "a human being is like a dog" to "a human being *reacts* like a dog." Art, who is at this point telling the story, is not as hard nosed as his father. Rothberg shows another example of Art adjusting his

[14] Michael Rothberg: "We were talking Jewish:" Art Spiegelman's 'Maus' as 'Holocaust' Production. In: Contemporary Literature 35, No. 4 (1994), p. 668.

father's language: "We were talking Jewish" becomes "we spoke Yiddish."[15] Rothberg sees here a "generational divide," because Art may not have been comfortable with the older phrase "talking Jewish." These changes in language signify a shift from the son's position as a listener to that of the narrator of the story: although Art claims (and the drawings of his father speaking, the point of view of much of the narration of Art as an outsider looking on to the images Vladek's narration evokes on his drawing board support this claim for much of the novel) to be simply the illustrator of his father's story, he in fact becomes a second narrator. The story is now partially his. The fact that Art reworks the language (but claims not to have done this) demonstrates the changes a narration will inevitably undergo when it is retold/relived several times by two generations. Again, we see history as an ongoing process, handed down in the family from the father to the child.

In his collection of essays *Admitting the Holocaust*, Lawrence L. Langer notes a pattern regarding the inability of the witness to follow chronology as part of the witnessing process,[16] and this problem with chronology, and by extension continuity, is evident also in *Maus*. The time frame spanned in Vladek's story (mid-1930s to 1946) is actually slightly shorter than the re-presentation of this story in *Maus*. Both were told/published in installments, fragmented by intrusions of reality as well as reluctance to continue, doubts, tiredness.[17] Vladek's and Art's respective accounts experience the same fragmentation. Vladek occasionally drops out of his time when he is about to tell a particularly traumatic event, and each time Art pushes him to stay on track. This is most noticeable when Vladek is reminded of his first son Richieu, who died in the Holocaust. Under the pressure of the relived trauma of having to make a decision to give his son into hiding, together with the child of his friend Ilzecki, Vladek drops out of the historical frame of Poland, finds himself in Rego Park on his exercise bicycle, and within three drawings evokes three different time periods in relation to Richieu's death: "Ilzecki and his wife didn't come out from the war....But his son re-

---

[15] Spiegelman, Maus I, p. 150.

[16] Langer, p. 17.

[17] An argument could be made for the fragmentation of life as experienced particularly strongly by survivors of traumata, whose context of reasoning and faith has been completely shattered. This argument could be supported by the text of Maus, which is, by definition of the comic strip as a medium as well as the many different time lines, rendered as fragments.

mained alive, ours did not....And *anyway* we had to give Richieu to hide a year later."[18] These three sentences require a tremendous effort on Vladek's part which is physically demonstrated by his pedaling (first picture), standing up on the bike, as if pushing up a hill (second picture), and a resigned stopping in the retelling of the futile effort to save his son (third picture). In the following two panels, Vladek wants to skip ahead in time to finish his story of what happened to Richieu, but Art, with a stern face and extended microphone, insists on chronology ("*Wait*! Please, Dad, if you don't keep your story chronological, I'll never get it straight....Tell me more about 1941 and 1942.") and Vladek acquiesces ("So?...Okay. I'll make it so how you want it. 1941?...At the end of 1941 the Germans came...").

But whereas at this point Art is still keeping Vladek's narrative chronologically under control, Art's own chronology falls apart at several points of his narration, and this collapse of time occurs more often as the narration of *Maus* progresses. The first time we see this in *Maus I*, when Spiegelman includes the story "Prisoner on the Hell Planet: A Case History," published in 1973 in an underground comic book, *Short Order Comix*. The scratchboard drawings recount the events following his mother Anja's suicide in 1968, and the emotional state of the son, who is struggling with guilt and grief over his mother's death, is reflected in the drawing style with its exaggerated perspectives and claustrophobic compositions. Art draws himself dressed in the striped uniform of the concentration camp prisoner, connecting the impact of his parents' survival stories with his stay in a mental hospital, compacting their survival story with his. In what Joseph Witek calls "perhaps Spiegelman's boldest and most brilliant stroke," this is the only time the narrative that is presented as a continuous flow specifically through the art of drawing (as I point out earlier) is interrupted by a change in drawing style.[19] For a moment, the detachment that is the effect of drawing abstract mouse characters in flat contrasts of black and white, is broken down, and we see Art Spiegelman's struggle with his parents' history that predates his work on *Maus*, but is certainly present throughout the production of "Prisoner on the Hell Planet" is included as an artistic reminder of what the retelling of his father's story emotionally means to

[18] Spiegelman, Maus I, p. 81.

[19] I owe a new sensitivity to comic book art to Witek and his analysis of the different drawing styles and their effect on the reader.

Art Spiegelman. At the same time, we observe the past, the publication of this sub-narrative (subsequently to the triggering event), breaking into the time frame of the narration we see as the present, the interaction between Art and Vladek. Vladek is upset by this reminder of Anja's death, and for a moment we fear that the process of narration is cut off. It is only a temporary crisis, but it draws attention to the fragility of the process we are witnessing, and reminds us that the lives unfolding under our eyes as an abstract comic strip are those of real (human) characters, not fictional mice.

This drop out of the narration of *Maus* is again shown in the probably most memorable panel of the two books, where Art juxtaposes the various time lines he is working on: his father's past, his father's retelling of the past (Vladek has since died and Art is left with the tapes of his voice), his past work on *Maus*, and his present work on *Maus*. The chapter, titled "Time flies...," begins:

> Vladek died of congestive heart failure on August 18th, 1982...
> Francoise and I stayed with him in the Catskills back in August 1979.
> Vladek started working as a tinman in Auschwitz in the spring of 1944...
> I started working on this page at the very end of February 1987.
> In May 1987 Francoise and I are expecting a baby...
> Between May 16th, 1944, and May 24th, 1944 over 100.000 Hungarian Jews were gassed in Auschwitz...
> In September 1986, after 8 years of work, the first part of *Maus* was published. It was a critical and commercial success.[20]

Art is struggling to put these events in some coherent context, to see a progression, or even a relation between them. As he is caught in the production of history, the relationship between Art and Vladek is as problematic as the idea of creating life (Francoise's pregnancy) after the death of millions. The abstraction of these events can be read as *death-life-struggle-struggle-birth-death-struggle-birth*, with the work on and publishing of *Maus* as the only one that contains a progression from *struggle* to *birth*, and includes a history and a conclusion, giving the writing process a connection within itself that the other events lack.

---

[20] Spiegelman, Maus II: And Here My Troubles Began. New York: Pantheon Books/ Random House 1991, p. 41.

In the following panel, we see Art sitting at his drawing desk above a mountain of mouse corpses, outside the window a camp watch tower. The reality of his writing and the reality he is writing about are not separate as time and chronology would dictate, but have become enmeshed with each other in Art's mind. His commercial success, in a way resting on the Holocaust corpses at his feet, implicates him, as if it could in retrospect make him guilty of participating in a crime. Art, who until now has drawn himself as a mouse, his father's Jewish mouse son, now draws himself as a person wearing a mouse-mask. The device of the mask has been used throughout *Maus* as a metaphor for 'passing' as gentile, usually by Vladek. There is an identity crisis taking place in these panels, when Art has doubts whether this story that he is telling is rightfully his, or if he is appropriating a story that should not be told, or possibly should just not be told by him: by wearing the mask, Art attempts to distance himself from the story of his father and his people. Before our eyes the figure of Art, surrounded by interviewers in various masks (also 'fakes' – nothing can be taken at face value at this point of doubting), shrinks to the size of a child under the pressure of cameras and microphones. He reverts to the behavior of a child ("I want...I want...my Mommy"), and walks away from the desk, leaving behind the responsibility of writing/drawing, or witnessing, that is part of his life as Art Spiegelman, Vladek's grown son.

He recovers from this impasse by talking to Pavel, his therapist, also in mouse mask (his mask resembles Vladek's face, which underscores his function as a father figure). Both in masks, Art in the body of a child, the two have a conversation about the point of writing about the Holocaust:

Pavel: Sigh. I am not talking about your book now, but look at how many books have already been written about the Holocaust. What's the point? People haven't changed... Maybe they need a newer, bigger Holocaust. Anyway, the victims who died can never tell *their* side of the story, so maybe it's better not to have any more stories.

Art: Uh-huh. Samuel Beckett once said: "Every word is like an unnecessary stain on silence and nothingness."

(Frame in which both silently sit and smoke.)

Art: On the other hand, he *said* it.
Pavel: He was right. Maybe you can include it in your book.[21]

Walking away from Pavels's house, he grows back to his regular size as his thoughts focus on the technical aspects of drawing the tin shop his father worked in ("Maybe I could show the tin shop and not draw the drill press. I hate drawing machinery"). But he is reduced to the size of the child once more as soon as he hears his father's voice talking to him from the tape recorder, and this time he 'escapes' this reduction through continuing his work on the story. The shrinking/reverting to childhood, and thereby to childhood innocence and a time of not-knowing, temporarily releases Art from the process of working through Vladek's witnessing (which has now also become his). It also emphasizes that in relation to Vladek and his experience, Art will always be reduced to the level of a child, inexperienced, weak, small: the father always knows more (more horror, more fear) than the son. Only the dialogue with Pavel in the role of his father puts Art back on track in his work. Since this reverses Art and Vladek's earlier interaction, when it was Art's role to remind his father to keep going with the story, I suggest two possibilities at this point: Either this is simply a reversal of roles, or, as I would argue in light of Pavel as the father figure (and fellow camp survivor) reminding Art to continue ("He was right"), a *transfer* of the story has taken place. It is now Art's responsibility to continue the witnessing, in the voice of Vladek.

What does this witnessing mean to the 'corpses underneath his desk?' The one corpse who is most conspicuously absent from the narrative, although her death influences the story at several points, is that of Anja. In the narrative she dies a number of times: she is dead when the story begins (in the present time of Rego Park), commits suicide in the flashback of the "Life on Hell Planet"-narration, is metaphorically murdered by Vladek when he burns her diaries, and finally is put to rest peacefully under the shared head stone after being reunited with Vladek on the final page of *Maus II*.[22] The most poignant of these death scenes is that in

[21] Ibid., 45.

[22] Both in Prisoner on Hell Planet and in the ending of Maus I, the question of guilt is explored. In the sub-narrative of Anja's suicide, Art blames Hitler, himself, and his father for Anja's death, but also turns against Anja to hold her responsible for his own emotional death. On the other hand, we know that Anja was suicidal before the war, and there is a possibility of inevitability that seems to transcend guilt.

which Art finds out that Vladek destroyed the notebooks in which Anja reconstructed the story of her survival, of which no account remains. In this scene Vladek completely disavows Anja's story, which stands in contrast to Art's continual revisions of Vladek's story.

Vladek: This notebooks, and other really nice things of mother... one time I had a very bad day...and all of these things I *destroyed*.
Art: You *what*?
Vladek: After Anja had died I had to make an order with everything...These papers had too many memories. So I *burned* them.
Art: You *burned* them? *Christ*! you save *tons* of worthless shit, and you...
Vladek: Yes, it's a shame! For years they were laying there and nobody even looked in.
Art: Did you ever *read* any of them?...Can you remember what she wrote?
Vladek: No. I looked in, but I don't remember...Only I know that she said, "I wish my son, when he grows up, he will be interested by this."
Art: God *damn* you! You – you murderer! How the hell could you do such a thing!!

In the following panels, a partial reconciliation takes place between father and son, but Art remains mute in the face of this blow, and the narration of *Maus I* concludes with a drawing of Art walking away from his father and the story (the figure is outside the frame of the strip), accusing his father: "...murderer." Art equates his father's act of destroying Anja's notebooks, or her narrative, with the act of destroying the person, and by inference, the act of telling of the story with a form of survival. If life can be preserved by telling the story of an individual, then the act of writing, or witnessing, saves one corpse from becoming part of the anonymous mountain under his desk.[23]

[23] See also Dori Laub's transcriptions from interviews with survivors who felt that their survival defied Hitler, and who found strength against incredible odds in order to tell their family's story.

Art Spiegelman gives his father a kind of immortality through remembrance and the fictional life of a comic book (anti-)hero. At the same time, the writing of *Maus* is his own witnessing event, of both the story of his father's survival, which he partially internalized as a child (which demanded a 'survival' of its own) but only now actually writes, or draws, into being, and thereby experiences himself. Art Spiegelman explains that for him "the parts that are in the book are now in neat little boxes. I know what happened by having assimilated it that fully. And that's part of my reason for this project, in fact." The terrible story of his father's survival, which *Maus* lays out in the square, neat, organized frames of a comic book, seems to be complete, contained. But history is in no way 'wrapped up.' Art allows Vladek's story a happy ending when on the last page of *Maus II* Vladek and Anja are reunited under the full moon of Sosnowiec, where their story began ten years earlier, and we experience a sense of closure. Vladek ends his report: "More I don't need to tell you. We were both very happy, and lived happy, happy ever after." This triple happiness, stated so emphatically in a wish to see it that way, is mirrored by a triple closure: With the end of Vladek's story on the tape recorder, Art ends his book, and the last drawing refers to Vladek's death and his (now second) reunification with Anja under the same head stone. But the closure, as the triple happiness, remains fiction: the eyes looking at the head stone of Vladek and Anja Spiegelman are those of the reader, who has just completed his or her own witnessing of the story, as drawn before our eyes by Art Spiegelman. Although not implicated by family obligation, by the close relationship between parent and child Art and Vladek struggle with, we are made the next eye witnesses of a version of Vladek's story as we observe Art's artistic struggle with it.

Klaus Beckschulte

„ich hasse die sprache die ich liebe"

Leben und Werk von Robert L. Kahn

Sicherlich ist heute nur wenigen bekannt, wer Robert L. Kahn ist – sofern einige ihn nicht noch von früher her als Kollegen kennen oder als Mitarbeiter der Schlegel- oder Georg Forster-Ausgaben. Daher sei mit einem kurzen biographischen Abriß begonnen.

Robert L. Kahn wurde als Ludwig Robert Kahn am 22. April 1922 in Nürnberg als zweites Kind von Beatrice und Gustav Kahn geboren. Die Familie Kahn lebte dort in der Dietzstraße 1, ganz in der Nähe des zentral gelegenen Plärrers. Wie Ludwig Kahns Schwester Suse, die heute in den USA lebt, und nicht zuletzt seine Frau Lisa Kahn berichten[1], wuchs Ludwig Robert in einem sehr behüteten Umfeld auf. Der Vater war freier Unternehmer und die Mutter sorgte für die Kinder, war zugleich sehr musikalisch und gab ab und an einen Gesangsabend.

Im Laufe der zwanziger Jahre und schließlich zu Beginn der dreißiger Jahre wurde das Klima in der alten Reichsstadt für Juden zunehmend unerträglich. Die Stadt, in der sich Julius Streicher mit seinem unsäglichen Blatt *Der Stürmer* breit gemacht hatte – auf die Denunziantenseiten braucht hier nicht besonders eingegangen zu werden – diese Stadt also konnte den Kahns keine Heimat mehr bieten. Schon bei der Machtübernahme der Nazis 1933 war Gustav Kahn eines der ersten Opfer der Naziwillkür geworden.[2] So entschlossen sich die Eltern 1935, nach Leipzig überzusiedeln. Die Eltern hofften dort bei dem Bruder der Mutter Unterstützung und im „roten Sachsen" ein besseres Umfeld vorzufinden – zumal in Leipzig die größte jüdische Gemeinde in Sachsen beheimatet

---

[1] Susan Freudenthal: They All Were Uprooted. In: Abraham J. Peck und Uri D. Herscher (Hrsg.): Queen City Refuge: An Oral History of Cincinnati's Jewish Refugees from Nazi Germany. West Orange, New Jersey: Behrman House 1989, S. 185-196. Vgl. auch die Einführung von Helmut Kreuzer. In: Robert L. Kahn: Tonlose Lieder. Teilnachdruck der Erstausgabe 1978. Mit einem Nachwort von Käte Hamburger. Hrsg. von Helmut Kreuzer. Siegen 1986 (Vergessene Autoren der Moderne XXIV).

[2] Freudenthal: They All Were Uprooted, S. 185.

war.[3] Obwohl Ludwig Robert Kahn zwar auch hier eine jüdische Schule besuchte, hielt die Hoffnung nicht lange an, denn auch in Sachsen war schließlich der Einfluß der Nazis nicht mehr zu verdrängen – angefangen bei dem Verbot des Besuchs von Bibliotheken und Badeanstalten.[4]

Mit dem Umzug nach Leipzig ging ein sozialer Abstieg einher. War der Vater in Nürnberg noch freier Unternehmer, so war er nun ein Angestellter in einem Farbenladen. Zugleich wurden auch die räumlichen Verhältnisse beengter. Aus dem Haus in der Dietzstraße zog man nun in eine Wohnung in der Fregestraße 32 und im März 1939 in die Jacobstraße 10. Die besondere Belastung für die einzelnen Familien in den sogenannten ‚Judenhäusern' sind auch hinlänglich bekannt und müssen nicht nochmals gesondert ausgebreitet werden.

Im Mai 1938 war es den Kahns möglich gewesen, Suse nach New York in Sicherheit zu bringen, wohin inzwischen der Bruder der Mutter gezogen war, der auch die dafür notwendige Kaution hinterlegte. Diese Möglichkeit blieb Ludwig Kahn aber verschlossen, da sein Onkel keine zweite Kaution hinterlegen konnte. Die Eltern betrieben dennoch weiter die Ausreise mit unvermindertem Einsatz: so hatten sie bereits Wartenummern für die Einreise in die USA. Als dann aber die Ausreise anstand, mußten die Kahns feststellen, daß die Nummern zweimal vergeben worden waren und sie sich wieder erneut einreihen mußten, um eine weitere Nummer zu erhalten.[5]

Als schließlich der Vater im Rahmen der Vorfälle um die Reichspogromnacht eingesperrt und für einige Zeit in das KZ Sachsenhausen verschleppt wurde[6], war klar, daß nun jede Möglichkeit genutzt werden mußte, das Kind außer Landes zu bringen. So gelangte Ludwig Kahn mit einem Kindertransport im Mai 1939 nach England. Hier konnte er kurz die private Kendra Hall School in Croydon bei London besuchen, solange dies für die Eltern noch finanzierbar war. Bei Kriegsausbruch mußte er dann eine staatliche Schule besuchen und verdiente sich in einer Gerberei seinen Lebensunterhalt. Schließlich aber

---

[3] Kerstin Plowinski: Die jüdische Bevölkerung Leipzigs 1853—1925–1933. Sozialgeschichtliche Fallstudien zur Mitgliedschaft einer Großgemeinde. Diss. masch. Leipzig 1991, S. 90.

[4] Adolf Diamant: Chronik der Juden in Leipzig. Aufstieg, Vernichtung und Neuanfang. Chemnitz/Leipzig: Verlag Heimatland Sachsen 1993, S. 530.

[5] Freudenthal: They All Were Uprooted, S. 190.

[6] Dies wird in einem Schreiben des Sächsischen Staatsarchivs vom 16. Juli 1993 an Lisa Kahn bestätigt. Eine Kopie des Schreibens befindet sich im Besitz des Verfassers.

wurde er, wie viele Deutsche – ob Freund oder Feind – in England als ‚feindlicher Ausländer' festgenommen und auf der Isle of Man interniert.[7]

Die Bedrohung von staatlicher Seite schien für den 16jährigen kein Ende zu nehmen, als er mit vielen anderen nach Kanada verschifft wurde. Zudem war bekannt geworden, daß einer der vorhergehenden Transporte von einem deutschen U-Boot versenkt worden war. (Diese Transporte wurden, nebenbei bemerkt, nach Protesten in der britischen Presse und des Parlaments in London eingestellt.)[8]

Die tragische Situation Ludwig Kahns war, daß er bei dem Kindertransport nach England einer der ältesten war und als solcher bei der Betreuung der jüngeren unterstützend eingesetzt wurden, sodaß er hier durch die Betreuungsmaschen fiel.[9] Auf dem Transport nach Kanada hingegen war er einer der jüngsten, der sich gegen die anderen durchzusetzen hatte.

Im Lager in Kanada wurden zügig Kurse organisiert, um die Jugendlichen zu schulen und den Erwachsenen die Möglichkeit des intellektuellen Austausches zu geben. Dieser regelmäßige Unterricht wurde später als *Matriculation* anerkannt. Zu dieser Zeit änderte Ludwig Robert Kahn seinen Namen, indem er die beiden Vornamen vertauschte und damit ‚Robert' zu seinem Rufnamen machte. ‚Robert' war – im Gegensatz zu ‚Ludwig' – für Englischsprechende ein geläufiger Vorname. Es mag zugleich ein Versuch gewesen sein, überhaupt einen Neuanfang zu wagen. Durch Vermittlung jüdischer Organisationen wurde der sich nun ‚Robert' nennende Kahn von einem jüdischen Ehepaar aufgenommen, das ihm das Studium der Geschichte an der Dalhousie University in Halifax ermöglichte, welches er im Mai 1945 abschloß.

Nach dem Krieg erfuhr er von dem Schicksal, das seine Eltern erlitten hatten: Seine Mutter, die in erster Linie seine Bezugsperson gewesen war, war im Februar 1943 mit einem Transport nach Auschwitz geschickt und dort ermordet worden.[10] Der Vater, der wieder aus Sachsenhausen

---

[7] Karen Gershon (Hrsg.): Wir kamen als Kinder. Eine kollektive Autobiografie. Frankfurt a.M.: Alibaba 1988, S. 10 und 112ff. (Erstmals in den USA 1966 publiziert).

[8] Barry Turner: ...And The Policeman Smiled. London: Bloomsbury 1991, S. 151.

[9] Rebekka Göpfert (Hrsg.): Ich kam allein. Die Rettung von zehntausend jüdischen Kindern nach England 1938/39. München: dtv 1994, S. 14.

[10] Adolf Diamant: Deportationsbuch der in den Jahren 1942-1945 von Leipzig aus gewaltsam verschickten Juden (nach den Listen von der Israelitischen Religionsgemeinde Leipzig und dem Archiv Yad Vashem in Jerusalem). Frankfurt a.M.: Selbstverlag 1991, S. 173.

zurückgekehrt war, war fast ein Jahr zuvor im März 1942 gestorben, nachdem seine beiden Schwestern abgeholt worden waren. Daß Robert Kahns Vater seinem Leben selbst ein Ende gesetzt hat, läßt sich vermuten. Er ist in Leipzig begraben.[11]

Gerade der Tod seiner Mutter, erfüllte Robert Kahn mit großer Schuld, da er seine Mutter für einen soviel besseren Menschen als sich selber gehalten hatte. Dies war auch der Zeitpunkt, zu dem er seinen Glauben verlor, da er sich nicht vorstellen konnte, daß – sollte es einen Gott geben – er dieses zuließe. Gleichwohl blieb er der jüdischen Kultur verbunden, was nicht verwundert, wenn man ein solches Schicksal wegen seiner Zugehörigkeit zur jüdischen Glaubensgemeinschaft erleiden mußte.

Robert Kahns Adoptiveltern hätten es gerne gesehen, wenn er nach dem Studium die Geschäftsführung der Firma übernommen hätte, da deren eigene Kinder kein Interesse daran gezeigt hatten. Robert Kahn jedoch entschied sich, in deutscher Literatur zu promovieren, was er dann auch bei Helmut Boeschenstein an der University of Toronto über Kotzebue tat. Er war in der Folge einige Zeit in Seattle an der University of Washington tätig, bevor er 1962 an die Rice University nach Houston im Staate Texas ging, bis zu seinem Tode dort auch blieb und ab 1964 Chairman der Germanistischen Abteilung wurde.

Im März 1970 kam es schließlich zu einer Konstellation, die ihn in eine persönliche Ausweglosigkeit führte und er seinem Leben ein Ende setzte. Als erster ausschlaggebender Faktor hierfür muß sicherlich das erwähnte Schuldgefühl genannt werden. Es ist hinreichend beschrieben, daß die Schuldgefühle derjenigen Menschen, die den Holocaust ihrem Empfinden nach im Gegensatz zu ihren ermordeten Leidensgenossen gleichsam ‚unverdientermaßen' überlebten, und die daraus resultierenden Depressionen dem Betreffenden oft nur diesen einen Ausweg zuließen.[12] Zum zweiten sind die Auseinandersetzungen an der Rice University im Rahmen und infolge der 68er Studentenunruhen zu nennen. Die Einzelheiten lassen sich heute kaum noch nachzeichnen. Es steht aber fest, daß stabile

---

[11] Dies wurde vom Sächsischen Staatsarchiv in einem Schreiben vom 9. Juli 1993 an Lisa Kahn bestätigt. Eine Kopie des Schreibens befindet sich im Besitz des Verfassers.

[12] William G. Niederland: Folgen der Verfolgung. Das Überlebenden-Syndrom. Frankfurt a.M.: Suhrkamp 1980.
Vgl. auch Léon Grinberg: Psychoanalyse der Migration und des Exils. München/Wien: Verlag Internationale Psychoanalyse 1990, S.178. (erstmals in Spanien 1984 publiziert). Siehe auch die bekannten Zeugnisse von Primo Levi: Die Untergegangenen und die Geretteten. München: Piper 1990, S. 14, 82.

Strukturen an der Universität bei der Entschärfung der Konflikte geholfen hätten. Schließlich muß man den fehlenden Erfolg als Dichter erwähnen. Hätte Kahn hier die nötige Anerkennung erhalten, so hätte ihm das über berufliche Probleme hinweggeholfen und ihm weitere Möglichkeiten geboten, seine Schuldgefühle in der Dichtung aufzuarbeiten.

Damals aber fand er keinen Verlag, der seine Gedichte verlegen wollte und auch sein Auftritt im Jahr 1966 bei der Gruppe 47 in Princeton konnte kein Sprungbrett sein, da hier ein junger Provokateur mit seiner ‚Publikumsbeschimpfung' alle Aufmerksamkeit auf sich zog. Nach seinem Tod dauerte es nochmals acht Jahre bis seine Witwe Lisa Kahn bei Bläschke in Darmstadt einen Band mit Lyrik, den Kahn noch selber zusammengestellt hatte, publizieren konnte. [13]

An der Lyrik Robert L. Kahns lassen sich die düstere Stimmung des Alltags und nicht zuletzt seine in der Jugend gemachten Erfahrungen gut nachweisen. Aber auch die anderen Teile seines Schaffens, die sich im Nachlaß gefunden haben, wie seine Aphorismen oder seine Hommage an Heine betitelt „Deutschland. Kein Wintermärchen", zeigen seine ausführliche Auseinandersetzung mit den Erfahrungen und Erlebnissen, die er unter den Nazis machen mußte und die seine Familie erlitten hat. Aufgrund des begrenzten Raumes sei der Blickwinkel auf die Lyrik eingeschränkt.[14]

Der Band *Tonlose Lieder* ist in drei Teile gegliedert. Der erste ist mit „omega" überschrieben und befaßt sich – in der Tradition des Orpheus verstanden – mit der Situation des Sängers „tonloser Lieder". Bemerkenswert ist schon hier, daß mit dem Ende – dem Omega – begonnen wird, also von vornherein keine Entwicklungsperspektiven angeboten werden. Den zweiten Teil bildet der Zyklus „nürnberg – wunderschöne stadt", in dem sich Kahn mit Erinnerungen und Gedanken an die ehemalige freie Reichsstadt auseinandersetzt. Der dritte Teil schließlich trägt die Überschrift „da wo wir stehen" und stellt eine nachdenkliche Analyse des Zeitgeistes Ende der sechziger Jahre dar, deren Ergebnisse auch heute noch Bestand haben.

Greift man nun die zentrale Frage, nämlich die Frage nach der Identität, aus Christa Wolfs *Kindheitsmuster* auf: „Wie sind wir so geworden wie

[13] Robert L. Kahn: Tonlose Lieder. Darmstadt: Bläschke 1978.

[14] Zur weiteren Vertiefung und zum besseren Kennenlernen des Werks des Dichters sei auf das Buch von Klaus Beckschulte: „ich hasse die sprache die ich liebe". Leben und Werk von Robert Ludwig Kahn. München: Tuduv 1996 verwiesen.

wir sind?" und setzt sie als ein Thema des Kahnschen Schaffens um, so führt einen dies unweigerlich zu dem Gedicht „unpersönliches gesellschaftsspiel". Breitet sich doch hier in kunstvoller Form in der für Kahn bezeichnenden Collage-Technik ein Gefühls- und Assoziationssturm aus, der in seiner ganzen Plastizität die Befindlichkeiten – sofern man es dezidiert biographisch verstehen will – offenbart. Das Gedicht ist das zweite aus dem Zyklus „nürnberg – wunderschöne stadt". Im ersten Gedicht „banale ankunft" war zuvor collagiert eine Ankunftsszene beschrieben worden, in der schon die Vorbehalte eines nach Deutschland reisenden Holocaust-Überlebenden deutlich werden:

> *unpersönliches gesellschaftsspiel*
> *morgen früh/ rot weiß/ wenns gott will/ schwarz gold/ zinnsoldaten/ zwetschgenmännle/ dietzstraße 1/ marke adler/ häslein überfahren/ nachts lebkuchen/ am portal/ steinerner löwe/ ins geschäft/ kartoffelklöße/ hänschen klein/ abendkleid/ blieb allein/ maskenball/ blonde graue augen/ verdi mezzosopran/ mondlicht/ weißes pferd/ in der wüste/ stromerstraße/ stille nacht heilige/ 1. fcn puppentheater/ gänsemännchen/ frauenkirche/ germanisches museum/ o wie so trügerisch/ rauchzimmer/ briefmarken/ synagogenkuppel/ völkerbund/ metallwaren/ durchs wilde kurdistan/ du du liegst mir / im herzen arisch/ natürlich spd/ freitag abend/ zwei kerzen/ rotwein becher/ silberner becher/ huhn mit reis (oazults buttlesboa)/ heil sieg heil/ das wandern/ ist des/ müllers eisenbahn/ lichtenfels vacha/ alles umsteigen/ deutschland/ räuber und gendarm/ gelbe äpfel/ spitze tüte/ schulbank/ deutschland/ essenweinstraße/ warme semmeln/ über alles/ schöner brunnen/ kaffee hag/ trödlermarkt/ brüderlich/ rote nelken/ witz vom/ getauften/ juden fußball/ zusammenhält/ speditionsplatz/ weiß nicht was/ ss-männer stiefel/ soll es bedeuten/ schlagen den doktor/ tot angst/ schnurrbart goethe/ wer immer/ kultur schiller/ strebend sich/ gras hat er/ auf der/ deutschherrenwiese/ der reinste germanische/ typ sagt der/ fressen müssen/ sa-mann in/ der straßenbahn/ heimlich schüttelndes/ minjen kiddusch/ lachen angst/ singen im chor/ lechoh daudi/ sie spielt sehr / chopin bach oft klavier/ kino am plärrer/ langer weg jüdische/ volksschule obere/ turnstraße/ der große könig/ er benutzt/ viel odol/ mah nischtanoh halailoh/ hasseh selbsthaß/ (wodurch unterscheidet sich/ diese nacht von allen*

> *anderen/ nächten?) ein engel/ die 10 strafen/ bemüht/ erkorenes volk fleisch-/ töpfe benschen/ den können angst/ wie sand/ wie erlösen angst/ am toten meer/ fackeln die reihen/ festgeschlossen über/ alles fahnen/ erwache erwache/ uniformen wie schön/ es klitzert/ eisernes kreuz/ vor arras/ onkel roberts/ durchschossene uhr/ wenns judenblut/ in belgien geblieben/ die messerle/ jagen am ring/ bleib stehen/ angst angst/ ehrenkomplex/ märtyrerkodex/ spritzt/ haß/ haß/ haß*[15]

Dieses zweite Gedicht „*unpersönliches gesellschaftsspiel*" bezieht sich nun mehr auf Nürnberg: Zusammengestellt werden unter anderem Fragmente aus Volks- und Kinderliedern („Morgen früh wenn's Gott will", „Hänschen klein", „Das Wandern ist des Müllers Lust", „Ich weiß nicht, was soll es bedeuten"), einem Weihnachtslied („Stille Nacht"), Opernmelodien („O wie so trügerisch", „Du, du liegst mir im Herzen"), der dritten Strophe der deutschen Nationalhymne, dem Horst-Wessel Lied. Dazu kommen Erinnerungsfetzen an die Kindheit, die ihrerseits, abgesehen von Kinderspielzeug („zinnsoldaten") mit typischem Lokalkolorit gefärbt sind: „zwetschgenmännle", „dietzstraße", die benachbarte „stromerstraße", „speditionsplatz", „deutschherrnwiese", „am plärrer", „essenweinstraße", (hier war der orthodoxe Flügel der jüdischen Gemeinde mit seiner Synagoge situiert), „löwen am portal" (so soll der Hauseingang in der Dietzstraße ausgesehen haben), der „lange weg zur jüdischen volksschule", kulinarische Besonderheiten, wie „lebkuchen", „kartoffelklöße", „oazults buttlesboa (ausgelutschtes Hühnerbein), „warme semmeln", Sehenswürdigkeiten Nürnbergs „frauenkirche", „germanisches nationalmuseum".

Erinnerungen an Zuhause, insbesondere an die Mutter, die, wie schon erwähnt, sehr musikalisch gewesen sein soll, bilden eine weitere Ebene des Gedichts:[16] Daher die Anspielungen auf Opernmelodien, auf „verdi", „mezzosoprano", „chopin", „bach", „singen im Chor" (die Mutter war im Chor der Gemeinde aktiv), und letztlich auch ihr „klavierspiel". Zugleich finden sich Anspielungen auf den deutschen Nationalcharakter – neben der erwähnten dritten Strophe der Nationalhymne auch auf die Fahne der

---

[15] Kahn: Tonlose Lieder, S. 35-39.

[16] Vgl. auch Freudenthal: They All Were Uprooted. Siehe auch das Interview mit Lisa Kahn vom 18. April 1994. Die Aufzeichnung des Interviews befindet sich im Besitz des Verfassers.

wilhelminischen Zeit „schwarz-rot-weiß" und die der Weimarer Zeit „schwarz-rot-gold". Dazu sind noch die Erinnerungen an den aktiv praktizierten Glauben zu zählen: das „minjen kiddusch", „lechoh daudi", der Frage, die das Pessah-Fest einleitet „mah nischtanoh halailoh hasseh", den Sabbat-Vorbereitungen und dessen Übersetzung, und davon letztlich nicht zu trennen Hinweise auf die jüdische Tradition mit dem Verweis auf die 10 Strafen, „fleischtöpfe benschen".

Bei einem genaueren Blick auf die Collagetechnik zeigt sich die kunstvolle Zusammenstellung, die die Teile in einen neuen Zusammenhang stellt und somit einen neuen Bedeutungshorizont eröffnet. Hierzu blicke man auf die Passage ab „weiß nicht was soll es bedeuten": Dieses Lied der Rheinromantik deutet auf das kulturelle Erbe der Deutschen hin, wird dann aber sogleich kontrastiert durch die „ss-männer", die gewaltbereit mit ihren „stiefeln" auftreten und die einen „doktor" schlagen, wobei gerade das Schlagen eines Mannes, der einen akademischen Titel trägt, die Barbarei besonders deutlich macht. Dieser Sinnzusammenhang wird weiter geführt mit der Aufnahme der Namen von „goethe", „schiller", der wortwörtlichen Nennung von „kultur", schließlich dem Zitat aus *Faust I* „wer immer strebend [sich bemüht]" – dem Drama, als Beschreibung des Inbegriffs des Kulturmenschen zu verstehen ist. Dem gegenüber steht die Beschreibung der nackten Gewalt, in der Gepeinigte gezwungen werden, wie Tiere umher zu kriechen und Gras zu „fressen". Pointierter läßt sich kaum der Absturz des Volks der ‚Dichter und Denker' zu einmaliger Barbarei beschreiben.

Gleichwohl nimmt Kahn den Opfern gegenüber eine kritische Haltung ein, als er in der Passage, die auf das Pessach-Fest hindeutet, den „Juden" Selbsthaß attestiert – sicherlich ein harter Vorwurf, um das unverständliche Ausharren bei diesen Anfeindungen zu beschreiben. In gleicher Hinsicht muß auch der Schluß des Gedichts verstanden werden. Kahn nimmt die zwei Lexeme „Ehrenkodex" und „Märtyrerkomplex" auf, um auf die schicksalhafte Verstrickung von Nazis und Juden hinzuweisen. Offengelegt wird einerseits die wechselseitige Bedingung und Verzahnung des sogenannten ‚Ehrenkodexes' der Nazis mit seinem Wahnsinn der ‚Blutreinheit' auf der einen Seite und auf der andere Seite des Ausharrens desjenigen Teils der jüdischen Bevölkerung, der meinte, es handle sich nur wieder um eines der Pogrome, das die Juden schon so oft über sich ergehen lassen mußten. Durch Austausch der jeweils zweiten Worthälften wird diese Verschränkung besonders deutlich: Blutwahn wird zum „ehrenkomplex" und Ausharren wird zum „märtyrerkodex".

Eine weitere Konstante, die sich durch das Gedicht zieht, ist die Angst, die vom Ich mehrmals artikuliert wird – sei es nun direkt oder indirekt. So heißt es: „schlagen den doktor/ tot angst", „sa-mann in straßenbahn", „lachen angst", „den können angst", „wir erlösen angst", „angst angst". Hieraus resultiert das maßgebliche Gefühl des Hasses diejenigen betreffend, die diese Angst ausgelöst haben. Zurückgeworfen auf das elementare und existentielle Gefühl der Angst innerhalb einer Gesellschaft, deren Zivilisiertheit gerade dieses Gefühl überflüssig machen sollte, antwortet das Ich mit dem ebenso elementaren Gefühl des Hasses. Obgleich also die Opfer mit kritischen Augen gesehen werden, kann das lyrische Ich Haß nur angesichts des Schicksals äußern, das es erlitten hat.

In einem anderen Gedicht Kahns wird neben der Collage eine weitere Technik seines Schaffens deutlich. Richtet man sein Augenmerk auf das zehnte Gedicht des Zyklus, nämlich auf das „seelen-lied", so fällt die deutliche Diskrepanz zwischen einem heiterem, fast beschwingtem Ton und dem tragischen Inhalt auf:

seelen-lied/
aber/ meine tante/ grete/ ward im ofen/ ne pastete/ hatte/ eine zarte/
seele/ hatte/ eine heiße/ sohle/ nix pistole/ nix parole/ rin/ ins feuer/
bist/ ne kohle"[17]

Die Reduktion des Menschen im Vernichtungslager allein auf ein Stück Fleisch („pastete") entlarvt die ganze Menschenverachtung des Systems. Durch die Gegenüberstellung der Worte von „zarter seele" und „heißer sohle" wird jedes Sprechen über den Charakter der ermordeten Tante zur Farce, ja es verbietet sich fast angesichts dieses Schicksals. Die Tante starb weder aufgrund eines bewaffneten Widerstands gegen das Naziregime („pistole") noch für eine politische Weltanschauung („parole"). Vielmehr wurde sie einfach aus purer Willkür durchs Feuer zum chemischen Element, zur ‚Kohle' reduziert.

Das Sprechen über derartiges Grauen ist für Kahn nur mittels dieses heiteren, fast beschwingten Tones möglich, der das vermeintlich ‚unbeschwerte', weil alltägliche Töten demaskiert. Sowohl die umgangs-

[17] Kahn: Tonlose Lieder, S. 52.

sprachlichen Wendungen („ne", „nix", „rin") als auch die Reime („grete" – „pastete" – „pistole" – „parole" – „kohle") sind Mittel, die vordergründig die Leichtigkeit eines Kinderreims suggerieren, zugleich aber als Mittel der Distanzierung die Brutalität darstellen und damit ein Sprechen darüber ermöglichen und keineswegs eine ‚Pornographie des Grauens' darstellen. Vielmehr wird der Blick auf den fatalistischen Zynismus des Autors gerichtet, der diesen angesichts solcher Menschenverachtung erfüllt.

Dem Leser eröffnet sich bei der Lektüre des „lieds von zwei toten müttern" ein Eindruck von der Tiefe der ‚Schuld', die Kahn verspürte:

gestern habe ich von meiner mutter geträumt
die trug ein weißes kleid

sie lächelte friedlich und aufgeräumt
mit keiner spur von leid
ich bin froh

immer seh ich meine mutter im traum
nackt und blaß
sie zittert auf dem kalten zement
in der hand hält sie ein frottiertuch
ich ersticke vor haß[18]

Hier stellt Kahn die zwei Seiten (s)einer Mutter dar. Zweimal wird eine Mutter im Traumbild geschildert in Bildern real-irrealer Gegebenheiten. Auf der einen Seite steht die reine Mutter, das Bild, das fast jedes Kind von seiner Mutter hat. Sie trägt ein weißes Kleid und ist „friedlich und aufgeräumt". Auf der anderen Seite steht die Mutter, die wie so viele den Weg in die sogenannten ‚Duschräume' des KZ Auschwitz gehen mußte, wo sie zusammen mit oft noch hoffnungsvollen Menschen ermordet wurde. Deutlich sieht das Ich die Mutter auf den Beton der Gaskammer stehen – das Frottiertuch unverkennbar auf den als Duschraum getarnten Todesraum weisend. Gerade bei dieser Kontrastierung bleibt dem Ich nur Haß, an dem es zu ersticken droht. Wie real gerade der Autor den zweiten Teil des Gedichts empfand, obgleich er hier ‚nur' aufgrund von Berichten

[18] Ebd., S. 77.

anderer schildern konnte, zeigt sich in einer handschriftlichen Version des Gedichts aus dem Nachlaß.[19] Hier finden sich statt der letzten Zeile „ich ersticke vor haß" die Worte „ich rieche gas". Die Identifikation von Ich und getöteter Mutter wurde demnach in der späteren Version zugunsten einer Distanzierung aufgegeben. Auch die in der handschriftlichen Version vorgesehene Zeile „und eine perlenschnur um den hals", die nach „ein weißes kleid" eingeschoben werden sollte, findet sich in der letzten Fassung nicht mehr. Kahn wählt lieber eine strikte Trennung von ‚reiner Mutter' und ‚Opfer-Mutter', die getötet wird, wobei der Mutter durch ihre Unschuld – symbolisiert durch das weiße Kleid – gerade dieser Opfer-Charakter zukommt. Die „perlenschnur", bereits im ersten Teil erwähnt, würde auf eine „Versklavung" hinweisen und dem zweiten Teil in gewisser Hinsicht seine Wirkung nehmen, zumal nicht von dem Schmuckstück einer Perlenkette die Rede ist, sondern eher etwas Seilähnliches suggeriert wird.

Als Letztes sei noch ein Gedicht herausgegriffen, das eine Hommage an den Vater darstellt:

empfindsame ballade
manchmal im herbst/ trommeln die tropfen/ aufs dach/ denk ich an ihn/ fahre den kindern/ sacht über den scheitel/ fühl in der hand mir/ schlagen ihr herz/ / ruhig und stark/ / ehrlicher mensch er/ seele der liebe/ einfach naiv/ freundlicher blicke/ tränen im auge/ leicht zu verwunden/ glaube an güte/ (niemals primaner geworden)/ / hielt meine hand/ die zur faust sich geballte/ schützte mich damals/ (wie heute)/ / sahen zusammen hinauf/ zum balkon/ der donnernden rufe/ und glitzernde scheiben/ hin in das fahle/ gesicht mit den/ glotzenden augen/ gräßliche frucht/ vieler erhobener/ hände kreischender/ stimmen verzückter/ gewinn/ / das ist das urbild/ des bösen sagte er leise/ hielt meine hand mir/ (warm in der seinen)/ / grüble dir nach/ seh dich gebeugt voller gram/ im zerreißenden lager bei weimar/ rührende seele der klarheit/ (sicher im geist)/ und ich weine dir nach/ ich kalt und erstarrt/ wie ein stein ich kühler/ spiegel der wahrheit/ eisige tränen im herzen/ (hart bis zur mitte hinein)/ / da nun ich weiß/ um die armut der klugen/ der stolzen die

---

[19] Beckschulte: „ich hasse die sprache, die ich liebe", S. 252.

bosheit/ der schwachen und kleinen/ vater mein vater/ (zu spät)/ / im herbst/ wenn es regnet/ klage um dich/ aus der tiefe[20]

Gerade in diesem Gedicht wird erneut die Arbeitsweise Kahns deutlich. Kleinschreibung und Enjambement zwingen den Leser, sich den Inhalt des Gedichts zu erarbeiten. Ein flüchtiges Darüber-Hinweg-Lesen ist nicht möglich. Blickt man zudem genauer auf den Text, fällt dessen zyklische Struktur auf. Es beginnt mit dem Erinnern, in der „herbst" als Lebenszeitmetapher und als Zeit des Bilanzziehens benutzt wird. Schon im ersten Abschnitt erinnert sich das Ich als Vater an seine Kindheit und damit indirekt auch an seinen eigenen Vater. Zudem fällt der Friede der geschilderten Szene auf, in der der Regen als „trommeln der tropfen" mit dem Schlagen der Kinderherzen korrespondiert. Diese bedingungslose Kinderliebe aufgreifend erinnert sich das „ich" an den Vater, der sich zum Ideal-Vater verklärt, der es selber nicht leicht hatte und „niemals primaner geworden" sei und trotzdem das Ich beschützte bis in die heutige Zeit – eine bemerkenswerte Aussage, die große Liebe zum Vater spüren läßt. Nur beim Blick auf den Balkon des „Deutschen Hofes" in Nürnberg, auf dem Hitler, dieses „urbild des bösen" stand, und das die begeisterte Menge feiert, verliert der Vater sein Gleichgewicht und ist nicht mehr der gütige Vater. Zugleich aber hält er die Hand des Kindes in der seinen. Das Ich fühlt sich durch die Wärme gleichwohl noch weiter geborgen. Kahn setzt hier familiäre Wärme gegen die politische Eiferei, um mittels dieser Gegenüberstellung menschliche Kälte zu demaskieren. Diese ‚Kälte' führt auch den Vater in das „zerreißende lager bei weimar", das als Inbegriff deutscher Verrohung während der Nazizeit gelten kann, zumal es als Lager in der Nähe der Stadt Goethes und Schillers – den Trägern des Ideals der Humanität – gebaut und betrieben wurde.[21]

Das überlebende Ich weiß von der „armut der klugen", die meinten, das Grauen könne nicht lange vorhalten. Ebenso weiß es von der „bosheit der schwachen und kleinen", den nazistischen Kleingeistern, die meinten, Rache nehmen zu müssen, da das Leben sie betrogen habe. Daß dieses Ich davon weiß und das Schicksal seines Vaters kennt, kann es die Wahrheit nur wiedergeben oder widerspiegeln und muß sich selber von jeder zu

---

[20] Kahn: Tonlose Lieder, S.79-81.

[21] Es sei hier angemerkt, das der Vater Kahns nicht in Buchenwald, sondern in Sachsenhausen interniert war. Eine vordergründig biographische Lesart läßt sich also nicht durchhalten.

großen Nähe zurückhalten. Verhärtet durch das Schicksal, bewahrt es „eisige tränen im herzen". Einsam, ausgestoßen und verlassen greift das Ich die klassischen Rufe der ebenfalls Verlassenen auf. Zum einen verweist es auf Jesu Ruf am Kreuz „Mein Gott, mein Gott",[22] der hier gleichbedeutend mit dem Schicksal des Vaters gesehen wird. Zum anderen greift es, aus der Tiefe des Herzens kommend, die alttestamentliche Klage auf[23], die Trakl schon als ein *De profundis* anstimmte[24], womit Kahn die elementare Erfahrung des Lebens anspricht. Diese Klarheit ist bei Diskussionen und Schilderungen der Vertreibung selten zu finden und transzendiert gleichermaßen dieses Thema.

---

22 Mt. 77,46.

23 Psalm 130,1.

24 Georg Trakl: De profundis. In: Georg Trakl – Dichtungen und Briefe, Band I. Hrsg. von Walter Killy und Hans Szklenar. Salzburg: Otto Müller 1969, S. 46 und S. 262.

Hanna Papanek

Exile or Emigration: What shall we tell the Children?

Exil oder Auswanderung: Was sagen wir den Kindern?

Deutsch ist meine nicht-mehr-Heimatsprache-immer-noch-Muttersprache. English is my language of choice: *meine Wahlsprache,* my fourth language (after Czech and French), the one I began to learn just before I turned fourteen, the one I have used in most of my professional work as an anthropologist and sociologist, an observer of how people live in southern Asia, the one I later supplemented with other Asian languages needed in my work. Now that I write about exile in a book called *In Search of Exile*, I move between these languages – as I will do in this presentation – use them as metaphors for the transformations that exile asks of us, transformations that add to and subtract from our sense of ourselves. I have learned to think of myself as a 'Child of Exile': not an immigrant into a land of unlimited promise, and not as a 'Holocaust Survivor' because my family's timely exile from Nazi Germany as persecuted political opponents kept most of us out of the hell of the *Shoah,* even if the fires of that hell scorched the lives of family and friends.

Emigration, Exil oder Auswanderung?
I follow Bertolt Brecht in rejecting for myself and my family the label *Emigranten.* As he wrote in 1937:

> *Immer fand ich den Namen falsch, den man uns gab: Emigranten.*
> *Das heißt doch Auswanderer. Aber wir*
> *Wanderten doch nicht aus, nach freiem Entschluß*
> *Wählend ein anderes Land. Wanderten wir doch auch nicht*
> *Ein in ein Land, dort zu bleiben, womöglich für immer.*
> *Sondern wir flohen. Vertriebene sind wir, Verbannte.*
> *Und kein Heim, ein Exil soll das Land sein, das uns da aufnahm.*[1]

[1] Bertolt Brecht: Über die Bezeichnung Emigranten. In: Gesammelte Werke, Bd. 9. Frankfurt a.M.: Suhrkamp, 1967, p. 718.

Calling our flights and departures by the word exile rather than emigration lets me focus more narrowly on the causes and consequences of that choice for children. What can they be told about the reasons for leaving home and going to live elsewhere, having to learn a new language, a new culture? At what ages can children be helped to experience the transformations required by that change, making sure that they do not feel – like many children of divorce – that they were personally responsible? I have read about the six-year old Jewish child, who had tragically told a psychologist after leaving Germany: "Maybe if I'm very good and study very hard, Adolf Hitler will let me be a German child and like me too."[2]

What do we know about children's reactions to flight and departure and change? How do we prepare them? What do we learn about ourselves as parents or educators in doing so? What facilitates or inhibits children's learning about the circumstances of change, prepares them for future trauma, lets them work through the traumas experienced in the past? What is the effect on children of seeing their parents actively involved in fighting threats in their social and political world? And of parents fearfully turning aside from conflict?

My central question "What do we tell the children?" is, of course, a question about communication and education – more specifically, about providing children with detailed information about key features of their social, political, religious, and economic environment. Parental decisions about communicating these details reflect not only what matters to them, I think, but more profoundly their sense of power or powerlessness, their confidence or insecurity in dealing with their environment.

In my own experiences of exile from Germany and several subsequent *imposed* and *chosen* exiles I have learned that exile can be experienced very differently by children of similar ages, depending on their experiences *before* leaving home and *how* they were told *why* they had to leave. When children have been taken into the confidence of adults and can participate in the decisions that inevitably accompany departure and arrival, exile becomes more bearable because it is an experience the child shares with parents and others.

By contrast, children who have been shielded from a bitter reality 'for their own good' may feel abandoned rather than helped by parents

---

[2] Ernst Papanek (with Edward Linn): Out of the Fire. New York: Wm. Morrow & Company 1975, p. 98.

whose protectiveness may reveal their own fears and insecurities without helping the child, once the reality of flight must be confronted. I wonder whether adults do not also blind *themselves* by the very act of blocking the children's view, reaffirming the adults' sense of impotence in the face of powerful social pressures: they cannot bear to acknowledge situations they cannot change.

Children of Exile: Robinsoner and Kubaner

Today I will contrast two children's perspectives on exile and emigration from Nazi Germany in the 1930s, both recreated in later life: the first based on my own recollections, diary entries, and letters, the second drawn from an autobiographical fragment by the German lyric poet, Ludwig Greve, with whom I shared a year in the OSE Children's Homes for refugee children in France from 1939 to 1940.[3] (OSE now stands for *Oeuvre de Secours aux Enfants*, a long established Jewish organization to help children.) Although I believe both of these children's perspectives were not too different from that of others *in their group* or clique, I will not generalize beyond their limits. Since children's experiences of exile also differ greatly according to *when* they left home, *why*, and at *what age*, there were differences among my age-mates in the *Kinderheime* in terms of *actual ostracism or persecution* they had suffered and in their *awareness* of it.

To anticipate my conclusions at the outset: I found from my own experiences that the children of political exiles, who had been drawn into their parents' political commitments from an early age, understood the reasons for their exile better and adapted more aggressively to the changes demanded by exile than children from nonpolitical milieus, especially those whose parents had long delayed their departure and who had also tried to protect their children by not discussing political events.

My comparison focuses on Ludwig Greve's and my remembered childhoods before and during exile, between the ages of about five and about fifteen. It is drawn from several chapters of the book I am now writing, *In Search of Exile: The Participatory History of a Political Family, 1880–1995*. In each of the chapters of this book, I combine my

[3] Papanek: The Montmorency Period of the Childcare Program of the OSE. In: Fifty Years of OSE: Organisation pour la Santé et l'Education. Ed. by L. Wulman. New York: World Union OSE and the American Committee of OSE 1968, pp. 116-134. See also Papanek: Out of the Fire.

own memories of specific events with contemporaneous documents drawn from public archives and personal sources to develop a way of writing history in the way an anthropologist works in the field: drinking directly from the sources – *direkt aus den Quellen schöpfen*. I have called this "participatory history"– it may be a new genre of writing history that takes individual lives as points of departure to bridge the gaps between memoir and social or political history.

Ludwig Greve, whom we called Lutz, was a few years older than I and not one of my closest friends in the *Kinderheim* because he was not a member of my group, *die Robinsoner,* but *ein Kubaner*, terms I will explain presently. His deeply reflective autobiography *Wo gehörte ich hin? Geschichte einer Jugend*[4] tells me much that I did not know and that knowledge is stunning. After some years in Italy and Israel, Greve returned to Germany in midlife and gained recognition as a lyric poet. He worked at the *Deutsches Literaturarchiv* in Marbach am Neckar from 1957 to 1988, but died three years later at age 67 in a swimming accident. Sadly, I cannot consult him in person to talk about our experiences of exile but must depend on his book and the few letters he exchanged with Ernst Papanek, my late father-in-law and the Director of the OSE Children's Homes from 1938 to 1940, that I have found in the Ernst Papanek archives.

I and the friend I later married were part of a small and very cohesive German-speaking *Rote Falken Gruppe* in Paris, all children of German and Austrian Socialist families who had found asylum in France in 1938. For me, Paris was the second exile station: Prague had been the first from 1934 to 1938. Before coming to the OSE Homes when the war broke out, we had all lived in Paris with our parents.

Lutz Greve, by contrast, had been among the nearly one thousand German Jews on the tragic ship *St. Louis* that left Hamburg in May 1939, was turned back by Cuban authorities and refused entry to the United States, even though most passengers were on US immigration quota lists. Eventually the passengers were taken in by four European countries to avoid having to go back to Germany. The Greves came to France, where most adults from the ship were interned as foreigners and most of their children, including Lutz and his sister Evelyn, came to the OSE Children's Homes near Paris in June 1939. These children soon came to be

---

[4] Ludwig Greve: Wo gehörte ich hin? Geschichte einer Jugend. Ed. and with an Afterword by Reinhard Tgahrt. Frankfurt: Fischer 1994.

called *die Kubaner* and when our group of political children moved to the *Kinderheim* from our summer camp in Plessis Robinson when the war was declared on September 3, 1939, we were called *die Robinsoner*.

For us Socialist children, political events had become extraordinarily salient very early – in my case, from about age six in 1933 with Hitler's seizure of power, for the Austrians probably since the brief civil war in February 1934 – because all of our parents were passionate and deeply committed political activists. Our explanations of why we were in exile contained many positive elements: being part of an international movement fighting the Nazis and, even if this movement had been defeated for the moment, believing that the 'logic of history' would bring victory to our side in the end – explanations that the non-political children did not have. The political children were also able to feel that the persecutions we had experienced or heard about were not directed at us personally but at a larger whole. This was rarely true for the *Kubaner*. In short: belonging to a movement, partaking of a fighting ideology that gave us plausible explanations for world events that had such chaotic and upsetting effects on our lives provided personal strength to the children of families in political exile.

But the apolitical stance of many middle- and upper-class German Jews and the opposition by many of them to left-wing movements played a crucial role in shaping their perceptions of the dangers they faced. The questions I have raised about children's experiences of departure from home clearly also have to do with the decisions and non-decisions made by adults. For the majority of German Jews even after families had decided to leave, there was a terrifying failure of nerve on all sides and all exits seemed to be locked from both inside and outside.

By contrast, the political activists had a crucial factor in their favor: the international organizations of the Socialists and Communists – the Second International and the Comintern, respectively, as well as the trade unions affiliated with one or the other and the Jewish Labor Committee in the United States – played a major role in helping political activists legally or illegally to flee and to gain entrance to other countries of asylum. The work of the Emergency Rescue Committee in the US and the *Centre américain de secours*, led by Varian Fry in Marseille, saved hundreds of political families from the trap of Vichy France, including mine and those of most – but not all – of my friends from the OSE Homes.

Nazi Persecution and Terror against Political Opponents

For the children of anti-Nazi political activists in Germany, the dates speak for themselves, even though they are too often overlooked in the unspeakable details of the history of the *Shoah*. About ten percent of all exiles from German territory left primarily for political reasons, although many of them were also Jewish.[5] They had, of course, anticipated the Nazi threat for some time. The parliamentary elections of July 31, 1932, in which the SPD (German Socialdemocratic Party) obtained only a little over twenty percent, gave the National Socialist Party a decisive victory – as Josef Goebbels wrote in his diary, "*Man muß den Roten nur die Zähne zeigen, dann kuschen sie.*"[6] Hitler assumed full power on January 30, 1933.

On May 10, 1933, two events occurred in my life that remain indelibly engraved together in my childhood memory: my beloved *Oma* died in our home of incurable cancer and my mother who had rushed home from her *Reichstag* office raged, between her tears for her mother, *"Heute haben sie uns die Schreibmaschinen weggenommen."* On that day, opposition party offices were raided, robbed, and sealed as had happened a week earlier to the trade unions. The same day saw the big book burning in Berlin that some have called the 'Bibliocaust.' The machinery of the Nazi Terror was underway. The SPD was officially banned on June 21/22, 1933. In its first year in power, according to official statistics, the Hitler regime arrested, jailed, and tortured more than twenty thousand political activists.[7] The dreaded *Konzentrationslager* for political opponents, such as Oranienburg-Sachsenhausen, Dachau, Börgermoor, and half a dozen others were also established from the very outset of the regime. On the day after the *Reichstagsbrand*, set by agents of the regime on February 27, 1933, dozens of prominent intellectuals, many not even identified with the left, were arrested as a preventive measure – my father's brother, a well-known publisher, among them – although I did not know this at the time.

On July 14, 1933, a new law specifically intended as a scare tactic against "*prominente Persönlichkeiten der SPD, KPD* (German Commu-

---

[5] Susanne Miller and Heinrich Potthoff: Kleine Geschichte der SPD. Darstellung und Dokumentation, 1848–1990. Bonn: Dietz 1991, p. 156-157.

[6] Ibid., pp. 141-143.

[7] Ibid., p. 152-153

nist Party) [...] *sowie jüdische und andere Persönlichkeiten*"[8] went into effect, by which Germans could be deprived of their citizenship and all their assets. The first list of 33 names – perhaps fewer than a third of them Jewish – was made public on August 25, 1933. Albert Einstein appeared only on List Number 2 for fear of foreign criticism. Later lists followed rapidly. Naturalized citizens, my father among them, had their German citizenship revoked under a separate law.

Although the first boycotts of Jewish businesses and the expulsion of Jewish professionals from their positions also occurred soon after January 1933, and 37,000 Jews left Germany in that year, these numbers declined to about 20,000 a year because of obstacles within and outside Germany. They rose again precipitously after the *Kristallnacht* pogrom on November 10, 1938.[9] One of the reasons for the decline in emigration after 1933 was the realization that few other countries were realistically open to Jewish immigrants, whose numbers were also vastly greater than those of the political exiles.

Political Memories: Berlin before 1934

My memories of life in Berlin *before* going into exile at age seven in 1934 are wildly divergent from those recounted by Lutz, so different that I ask myself if we lived in the same city at the same time. I think again of standing on the edge of the sidewalk on my way to school, unable to cross because a solid mass, row after row, of brown-shirted marching men filled the roadway. I was six, on my way to the first-grade-class of *Herr Kümmelberg*, who already then, in the spring of 1933, required the Hitler salute, which I tried to sabotage by making my hand into a fist whenever I thought I could get away with it. I try to recapture how I felt as I rerun the scene in my mind: scared, perhaps angry, the way my mother was angry, everybody I knew was angry. I think it took a long time before the marchers passed by and I continued on my way to school. I already knew they were the enemy but I had watched them march past without turning away or running back home.

My memory is full of similar scenes, in a way that cannot be an accident: I had simply learned that such things were terribly important to the

---

8 Die Ausbürgerung deutscher Staatsangehöriger 1933–45 nach den im Reichsanzeiger veröffentlichten Listen. Vol I. Ed. by Michael Hepp. Munich: Saur 1985, p. XIII.

9 Helen Fein: Accounting for Genocide. National Responses and Jewish Victimization during the Holocaust. Chicago: University of Chicago Press 1979, pp. 21-23.

adults around me. But I did not always learn fast enough. After my grandmother died we moved to a smaller apartment in the same housing project, where my mother had to sublet a room to a teacher, as we lived only on her unemployment insurance. (My father had gone into his second exile in Prague by then.) One day, when our tenant insisted that he had to display a Nazi flag from his window or he would lose his job, my mother agreed only on condition that he hang it out the small window of the toilet, sending her own message. He agreed and at the end of the day, it was taken in. When I found it lying somewhere in our front hall, I picked it up and playfully – I was, after all, only six or seven – draped it against the inside of our front door, trying to stick it under the flap of the mail-slot so it would stay up. My mother tore it out of my hand the moment she saw me handling it, threw it on the floor and stomped on it, shouting that I was never, ever, to handle this filthy thing, this disgusting *Hakenkreuz*. That is the kind of thing one remembers.

Other childhood memories match these accounts of a very active political milieu even in the physical sense, for we lived in the *Ebert-Siedlung*, a municipal housing project, inhabited mostly by Socialists of various factions and Communists, in the north of Berlin, *im Roten Wedding*. Just before one of the most crucial elections before the Nazis came to power, when I was about six, I remember that I stood near the polling place on the corner and watched with great pride and admiration as my mother paraded up and down the sidewalk with an election poster on her chest, no doubt saying *Stimmt SPD* with the party logo of three parallel red arrows. I still see the expression on her face as she walked past: solid pride and determination, mingled with anxiety. It made a deep impression on me because I was so terribly proud of her. But there was good reason for her to be afraid of the Nazi gangs that roamed the streets.

My final memory of the *Ebert-Siedlung* confirms that it was also a place of active confrontation among different left-wing factions as well as between the left and the Nazis. Just before he went illegally into exile to Prague in August 1933, my father had had wooden shutters made for the windows of his apartment, one flight up, that faced the main street. When I asked why, I was told, "*die Nazis und die Kommunisten schmeißen ihm abwechselnd Steine und Kartoffeln durch die Fenster*."

My sense of identity as a child in Berlin in my mother's non-religious and non-Jewish extended family included no hint at all that I was partly Jewish and our early exile from Germany in March 1934 kept me from being the target of the anti-Semitic slander and persecution experienced by children who stayed on in Germany for any length of time during the Nazi years. I have no recollection of when, where, and how I had been told that my father was a Jew and therefore in special danger from the Nazis. For political activists, this was simply not a factor but I am sure that I knew by my early teens and probably much earlier, in our Prague exile, that Jews were being persecuted by the Nazis and what anti-Semitism meant. But this was part of my political education rather than a matter of religious sensibility.

The memories of my first exile in Prague, from 1934 to 1938, are marked by my parents' preoccupations with what happened in Berlin and Germany under the Nazis. Both were deeply committed Social Democrats. My father, Alexander Stein, was a political journalist, a Jew of Baltic origin who had gone into political exile in Germany in 1906 after the failure of the 1905 Russian Revolution and had been *Bildungssekretär* of the SPD from 1925 until his illegal flight in 1933.[10] My mother, Elly Kaiser, had been a secretary and archivist for the SPD *Reichstagsfraktion* until 1933. She was not Jewish but wanted, of course, to join my father abroad and worried about what the future held for her half-Jewish child, even before the infamous *Nürnberger Gesetze* of 1935. By the time we left Berlin, she was under no illusions: she understood that the Nazi terror was well under way and would not soon vanish, as many had hoped at the beginning. She remained deeply concerned throughout our exiles about her Berlin family, most of whom had been politically active but did not choose exile. The conversations between my parents almost always concerned events in Germany. Of course, I overheard them: there were no attempts to shield me from knowing what was going on, from understanding that the Nazis were the enemy and that we Socialists would have to work hard to defeat them.

The Socialist Milieu in Exile: Rote Falken and Kinderheime

Although I had already been a member of a German-speaking Socialist youth group, *Rote Falken*, in Prague, my most important involvement in the Socialist youth movement came in Paris, when – in February 1939 –

---

[10] Hanna Papanek: Alexander Stein (Pseudonym Viator), 1881–1948, Socialist Activist and Writer in Russia, Germany, and Exile: Biography and Bibliography. In: Internationale Wissenschaftliche Korrespondenz zur Geschichte der deutschen Arbeiterbewegung. Historische Kommission zu Berlin , No. 3 (1994), pp. 1-37.

I joined an Austrian group of *Rote Falken* as the only non-Austrian member. Although I was teased mercilessly about my unmistakable Berlin slang and pronunciation – "*Hanna, sog amal Zwirnknäulerl*" – the members of this group became my closest and most beloved friends, one of whom I married when I was twenty. Our weekly meetings consisted of games and songs – I still know all the *Arbeiterlieder:* singing or hearing them still evokes the strong emotions of those days – and political discussions, all continued on our Sunday hikes in the countryside around Paris. *Die Gruppe* was crucial to all of us for several reasons: it was a refuge from the French schools where I, at least, was teased as a *sale boche;* we spoke German with each other, as we did at home; and through our discussions of politics and Socialism, we understood *why* we were in exile and that 'the logic of history' would lead to our victory in the end.

We spent the summer of 1939 together at a Youth Hostel in Plessis-Robinson, studied the growing lists of age-groups of Frenchmen called up for army service, and understood that the signing of the Hitler-Stalin pact in late August 1939 was not only despicable but also meant that the last barrier to Germany's declaration of war had been removed and war would break out very soon. We understood in our early teens what many adults did not or did not want to understand.

Although I had left Germany before most of the Nazis' public actions against Jews and had not experienced them directly, most of the other members of our *Rote Falken Gruppe* in Paris had left Austria shortly after the *Anschluss* on March 11, 1938, and had experienced sudden transfers from their old schools to schools set aside for Jewish children. But even their sense of identity was most clearly defined by the political affiliations of their parents and reinforced by our continuing debate of Socialist 'Theory and Praxis' in the group, not all of whose members were Jewish but all of whom considered themselves Socialists.

On the day that the war began, September 3, 1939, all the members of our group moved to the OSE Children's Homes for mostly Jewish refugee children near Paris. Ernst Papanek, later my father-in-law, was the Director of these Homes and I am sure that our admission had been arranged with him, even though our parents were all living in Paris, because all of them expected Germany to begin the war with an aerial bombardment of Paris. As he was both an experienced teacher and committed Socialist, Ernst Papanek's pedagogical principles in the OSE Homes were already familiar to us *Rote Falken*. The Homes were run according to the principles of *Mitbestimmung* – co-administration – by elected representatives of all children over eight and the adults – *die Erzieher* – whom we always addressed by their first names and as *du*, never *Sie*. This was very strange to most of the other children: the majority of them came from non-political families, many had been well-to-do, and about 85% of them were Jewish, including numerous Orthodox children for whom a separate OSE Home was set up so the rules of *Kashruth* could be observed.

Lutz Greve, der Kubaner

Ludwig Greve, whom we knew as Lutz, was one of the children who had already been in the *Kinderheim* for several months when our group arrived. He was one of the *Kubaner* boys, one reason that I never got to know him well. He was writing a deeply reflective memoir at the time of his death in 1991; although he did not live to complete it, the fragment published after his death tells me much that I needed to know and the knowledge is stunning. In deceptively simple words, he paints his self-portrait, supplemented by the words his friends added in an appendix: a moody and confused aspiring athlete as a child, a master of escape as an adolescent and resistance fighter, a brave and desperate young man hiding in an Italian convent with his mother after the abduction and deportation of his father and younger sister to a German murder camp, a returnee to Germany from Israel in the 1950s, a widely admired lyric poet, a husband and father, an artist. He was in his mid-sixties when he died in a swimming accident, and I never came to know him beyond adolescence – he was not one of my special friends then and, although a few others from the Children's Homes kept in touch with him, I did not.

Now it is too late, just when I want to ask him about his Berlin childhood, so different from mine, his family poles apart from my own, and speak to him as a colleague working to recall the past. I have no way, of course, to know how much of his Berlin childhood was typical for other well-to-do and middle-class Jewish families but I have learned so much from his story that I can only be grateful that he finally decided to write at least part of it down. It was not easy for him: in 1967, after a visit from Ernst and Helene Papanek to his home in Stuttgart, he wrote a long letter to Ernst, explaining why he found it hard to answer the many specific questions for the book about 'his' children Ernst was then working on:

Lieber Ernst:

Dein Brief hat mich sehr bewegt, sei bedankt dafür. Ich wollte Dir längst sagen, welch ein Fest Dein Besuch für mich war: er versöhnte die vielen abgerissenen Enden, als die ich meine Vergangenheit sah, und die zu fassen, zu einer Art von dauernder Verbindung zu binden mir lange schwerfiel...Nun aber willst Du's genau wissen. Lieber Ernst – laß es am Augenschein bewenden [...]. Gewiß hast Du ein Recht zu fragen. Gerne wollte man jede Deiner Fragen gerecht beantworten: es gäbe das Buch, das ich vielleicht noch schreiben werde. Du mußt wissen, daß ich viele Jahre nichts hatte, keinen Beruf, keinen Boden –freilich: Freunde hatte ich meist – und so der Märchenerzähler meiner Aventüren wurde. Nun ist's genug...Goethe war ein alter Mann, als er Dichtung und Wahrheit schrieb.

Der ungeformte Stoff ermüdet [...]. Ich wollte, je älter ich werde, kein 'Fall' sein, sondern nach meinen eigenen Bedingungen leben...Ich hebe ein Glas auf Dein, auf Euer aller Wohl. Es sähe trostloser mit uns aus, wenn es Deinesgleichen nicht gäbe.[11]

Greve's book helps me to answer the tormenting question, "Why did so many German Jews wait so fatally long to leave Germany?" Although this is not my central topic today and many writers have already addressed it, it is a question that must be answered honestly and without blaming the victims for what they were, what they believed, what they saw in the events around them. Lutz tells his story with stunning honesty: I must learn from him how to tell the story from my perspective.

All this is clear from Lutz Greve's story, as he paints a subtle portrait of his family that tells me more than I really want to know. In his upper-middle class Jewish business family, appearances count in a way I have never experienced – he calls it "playing a role" – and "politics" is something the grown-ups avoid as much as they can, certainly never sharing their knowledge with their children:

---

[11] Ludwig Greve's letter of Nov. 18, 1967 to Ernst Papanek. In: Ernst Papanek Collection, E-12, International Institute for Social History (IISG), Amsterdam, Holland.

> *[...] denn 'was mit Politik' hatte kaum einer zu tun, der bei uns verkehrte. Politik, das neue Fremdwort! Als es aufkam, ich ging noch in die Volksschule, sagte ich in der Badewanne zu Mimi, die mir den Rücken einseifte: 'Ob's wohl politisch was Neues gibt?' Nein, der Wasserspiegel blieb glatt, so fern war das alles. Dank ihr, dank Fräulein Pohl [der Lehrerin] auch und meinen Eltern."*[12]

He does not say how old he was just then but I think back to my own time in Berlin: I had been only six or seven years old in Berlin at the time of those last elections before we fled into exile but I already knew the face of the enemy because the adults around me hated him and let me feel their hate and anger. By contrast, in the Greve household, there is a lot of whispering behind closed doors, Lutz hearing only snatches when the door is left open a crack. That they are Jews is a given, not made explicit in this 'assimilationist' family until growing anti-Semitism pushes them into open acknowledgment:

> *[...] bald nach den Osterferien, wurde es ernst mit der jüdischen Religion. 'Es ist an der Zeit', sagte mein Vater an einem Sonntagmorgen mit der im Herrenzimmer üblichen Feierlichkeit, 'daß du lernst, mein Junge, wo wir herkommen.' Wieso, dachte ich einen Moment, muß der Schinken dann in Westfalen bestellt werden, wenn Papa nun doch woandersher stammt? [...]*
>
> *Im letzten Jahr der Volksschule bekam ich also Religionsstunden: nicht in der Schule, das war bereits undenkbar, sondern in einer Villa an der Heerstraße [...].*[13]

It took courage for his father and other parents like him to organize private lessons for their sons in which they are taught about Judaism, study Hebrew and Jewish ritual, but I find it tragic that this defensive acknowledgment did not extend to seeing ahead to the dreadful consequences of the Nazis' murderous anti-Semitism.

---

[12] Greve: Wo gehörte ich hin?, p. 85

[13] Ibid., p. 30.

> *Ob sie uns Kindern damit, daß sie die Aufmärsche und Schilder – gleich am Anfang: ‚Kauft nicht bei Juden!' mit ihrer Person verstellten, einen Gefallen getan haben? Ich glaube, sie schämten sich, so wie später ich, als es ums Erzählen ging, mich vor meinen Kindern geschämt habe.*[14]

Lutz' best friends from his old school avoid him on the street and he notices that they wear the button of the Hitler Youth in their lapels.

> *Den von Papa geforderten Stolz, ein Jude zu sein, konnte ich mir nicht immer vorsagen, zuhause gab's wenig Nahrung dafür. Von der Zeitung interessierte mich [...] nur der Sportteil am Montag; überall indessen, am Eingang zur U-Bahn [...] standen jetzt diese Schautafeln, vergittert, damit man nichts abriß – was war Verbotenes dabei, daß ich mal reinguckte? Ich sah Karikaturen, nicht zum Lachen, auch Fotos, wie von Verbrechern [...]. Viel zu lesen traute ich mich nicht, doch die Schlagzeile, rot oder schwarz mit einem dicken Balken, hielt mich fest: 'Juden sehen dich an!' Die Zeitung war der 'Stürmer' [und] ich, die Salzsäule davor. Salz von heruntergewürgten Tränen. Darüber zu reden war unmöglich, Papa durfte das nicht erfahren, niemand.*[15]

It was intended to be the crudest sort of political pornography, meant for a particular kind of audience, and it breaks my heart to think that the boy Lutz had to bear it alone, too ashamed or perhaps too protective of his father to turn to him for solace or explanation. And why was Lutz ashamed, even years later, as he writes? Was his parents' unacknowledged impotence transformed into inappropriate shame on his part?

Powerlessness, Self-confidence and Communication

Protected as I was by our early departure into exile, I cannot even imagine how I would have acted at Lutz's age after years of living in an increasingly anti-Semitic environment. When I tell my husband these stories about Lutz, whom he, of course, also knew in the OSE *Kinderheime,* he tells me how he had acted in Vienna, just before he left for Paris with his mother and younger brother after the 1938 *Anschluss*. (His father,

---

[14] Ibid., p. 85.
[15] Ibid., p. 59.

Ernst Papanek, had fled into exile four years earlier, just days before the Dollfuß regime condemned him to death for the leading role he had played in the Socialist resistance against fascist troops on February 12, 1934.) The twelve-year-old Gustl also used to stop to look at the *Stürmer* displays, on his way to the Jewish high school he had suddenly been ordered to attend. When the other boys tried to pull him away, he angrily told them one needed to know the nature of the enemy: the principled – and familiar – reaction of an already highly politicized child that makes us both feel proud at the memory. I hope it is how I might have behaved.

My childhood friend Hilde Schlesinger, who shared my time in the *Gruppe*, in one of the OSE *Kinderheime*, and in our New York exile, became a psychiatrist working with hearing-impaired persons and communicates with some of her patients in American Sign Language, adding yet another language, ASL, to her multilingual capacity to communicate. In her preoccupation with barriers to communication, she has moved in her research to some of their underlying causes: generalized powerlessness and feelings of impotence. Her years of careful observation of mothers and deaf children have shown her that mothers who feel generally "powerless" do a much poorer job of teaching their children to communicate than more confident mothers. "Powerlessness," she writes, "can be described as an individual's perception of self as not having the cognitive competence, psychological skills, instrumental resources, and/or environmental support systems needed to successfully influence his or her environment. [...] What [...] influences can interfere with a sense of control or power? [...] Ongoing stressful situations [and] discreditation by the dominant group" are among the causes she lists in her specific area of concern.[16]

Watching her videotapes of communications between mothers and deaf children, I wonder once again how our wartime experiences and our exiles have transformed our sense of self, our sense of the world around us, our work. In my own work in Asia, I have been drawn to the study of women, especially the segregation and veiling of women: a story too long to tell here. But where have Hilde and I learned to think about the importance of being able to influence our environments, or about dis-

[16] Hilde S. Schlesinger: Effects of Powerlessness on Dialogue and Development: Disability, Poverty, and the Human Condition. In: Psychosocial Interventions with Sensorially Disabled Persons. Ed. by Bruce W. Heller, Louis M. Flohr, and Leonard S. Zegans. New York: Grune and Stratton 1987, pp. 1-27.

creditation by dominant groups, if not in our own exiles? What did it take in our own lives to overcome feelings of powerlessness and impotence – and how strongly were these elements *already* built into the social lives of Jewish families in Germany like the Greves, even before the Nazis came to power? What was it that distinguished them from the politically active, self-confident – and often also Jewish – Socialists and Communists whose passionate commitment to their cause is what I remember best from my own childhood?

In turn, I have learned to think about parental feelings of impotence as an anthropologist by observing and reading about women's lives in many countries, especially in Asia, where my initial anger at the seclusion and veiling of women – a special kind of barrier to communication – turned into an examination of the ideas and feelings that women and men had about the practice of purdah, meaning seclusion. The topic preoccupied me for many years and in many publications.[17] I have also asked myself about the Chinese mothers who, as late as the early twentieth century – and not only among aristocrats – bound their daughters' feet night after night to keep them tiny, inflicting years of intolerable pain, and crippling them for life. The mothers cannot have forgotten their own childhood suffering but by acting in spite of their own remembered pain, they reaffirmed their powerlessness in a society where marriage was the only choice for females and a properly bound foot – unlike a beautiful face, which was a gift from heaven – was a signal of a proper upbringing. A crippled foot was also a way of keeping women bound to the home; a tertiary factor that reinforced the custom came when men saw the tiny, crippled Lotus Foot as an erotic attraction, a sex toy to be used for some of their perverted pleasures.

Can I think of this "foot-binding paradigm," as I have called it in scholarly jargon,[18] when I wonder about parents who keep children igno-

---

[17] See Hanna Papanek: Purdah in Pakistan: Seclusion and Modern Occupations for Women. In: Journal of Marriage and the Family 33, No. 3 (April 1971), pp. 517-530; Hanna Papanek: Purdah: Separate Worlds and Symbolic Shelter. In: Comparative Studies in Society and History 15, No. 3 (June 1973), pp. 289-325; and also Afterword by Hanna Papanek: Caging the Lion – A Fable For Our Time. In: Rokeya Sakhawat Hossain, *Sultana's Dream*. New York: The Feminist Press 1988, pp. 58-85.

[18] Hanna Papanek: To Each Less Than She Needs – From Each More Than She Can Do: Allocations, Entitlements, and Socialization for Inequality. In: Persistent Inequalities: Women and World Development. Ed. by Irene Tinker, New York: Oxford University Press 1990, pp. 162-181.

rant of the world's dangers, crippling their minds, and confirming the parents' own sense of impotence? In my own life, far from China, perhaps my memories of the *Gruppe* and the Children's Homes have made me think of it this way and bring it up now – because it is a constant struggle to keep my anger and disbelief at bay when I try to put myself into the minds of the children of the *St. Louis*, children like Lutz, and wonder why their parents waited so terribly long to choose exile or emigration.

Jochen Vogt

Zwei, drei, viele Denkmäler

Sieben Fragen an einen kleinen Text von Anna Seghers

1. Warum gerade dieser Text?

Ich bin Ende der sechziger Jahre eher zufällig auf ihn gestoßen, aber dann hat er mich sofort „gepackt" – und nicht mehr losgelassen. Ich fühlte mich gedrängt, ihn „wieder zu lesen", mir seinen „Zauber", seinen „dunkel gefühlten Gehalt zu eigen zu machen". Er hatte bei aller Einfachheit etwas Rätselhaftes an sich; es schien, prosaisch gesagt, mehr dahinter zu stecken, als der Wortlaut unmittelbar zu erkennen gab. Ich könnte sogar sagen: „ich liebe (ihn); (er spricht) mich an; und im Vertrauen auf diese Begegnung wage ich es, (ihn) zu interpretieren. Es ist mir klar, daß ein solches Geständnis im Raum der Wissenschaft Anstoß erregt. Das allersubjektivste Gefühl gilt als Basis der wissenschaftlichen Arbeit! Ich kann und will es nicht leugnen." Natürlich *zitiere* ich inzwischen- und zwar berühmte und früher (auch von mir) gern kritisierte Sätze aus Emil Staigers *Kunst der Interpretation.*[1] Sie scheinen mir heute, zumindest in diesem Fall, nicht mehr ganz so falsch wie damals. Und wenn ich mich auf sie berufe, so heißt das ja nicht, daß ich mich auch auf das begrenzte Instrumentarium der „werkimmanenten Interpretation" beschränken müßte. Was ich über diesen kleinen Text herausgefunden habe, will ich, so kurz es eben geht, anhand von sieben Fragen zusammenfassen.[2] Die erste ist nun schon beantwortet; aber vielleicht sollten wir den Text selber noch einmal lesen:

> *Zwei Denkmäler*
> *In der Emigration begann ich eine Erzählung, die der Krieg unterbrochen hat. Ihr Anfang ist mir noch in Erinnerung. Nicht Wort für Wort, aber dem Sinn nach. Was mich damals erregt hat, geht*

---

[1] Emil Staiger: Die Kunst der Interpretation. Studien zur deutschen Literaturgeschichte. München: dtv 1971 (erstmals 1955), S. 9f.

[2] Vgl. ausführlicher Jochen Vogt: Was aus dem Mädchen geworden ist. Kleine Archäologie eines Gelegenheitstextes von Anna Seghers, in: Argonautenschiff. Jahrbuch der Anna-Seghers-Gesellschaft 6 (1997), S. 121-136.

mir auch heute noch nicht aus dem Kopf. Ich erinnere mich an eine Erinnerung.

In meiner Heimat, in Mainz am Rhein, gab es zwei Denkmäler, die ich niemals vergessen konnte, in Freude und Angst auf Schiffen, in fernen Städten. Eins ist der Dom. – Wie ich als Schulkind zu meinem Erstaunen sah, ist er auf Pfeilern gebaut, die tief in die Erde hineingehen – damals kam es mir vor, beinahe so tief wie der Dom hochragt. Ihre Risse sind auszementiert worden, sagte man, in vergangener Zeit, da, wo das Grundwasser Unheil stiftete. Ich weiß nicht, ob es stimmt, was uns ein Lehrer erzählte: Die romanischen und gotischen Pfeiler seien haltbarer als die jüngeren.

Dieser Dom über der Rheinebene wäre mir in all seiner Macht und Größe im Gedächtnis geblieben, wenn ich ihn auch nie wiedergesehen hätte. Aber ebensowenig kann ich ein anderes Denkmal in meiner Heimatstadt vergessen. Es bestand nur aus einem einzigen flachen Stein, den man in das Pflaster einer Straße gesetzt hat. Hieß die Straße Bonifaziusstraße? Hieß sie Frauenlobstraße? Das weiß ich nicht mehr. Ich weiß nur, daß der Stein zum Gedächtnis einer Frau eingefügt wurde, die im ersten Weltkrieg durch Bombensplitter umkam, als sie Milch für ihr Kind holen wollte. Wenn ich mich recht erinnere, war sie die Frau des jüdischen Weinhändlers Eppstein.– Menschenfresserisch, grausam war der erste Weltkrieg, man begann aber erst an seinem Ende mit Luftangriffen auf Städte und Menschen. Darum hat man zum Gedächtnis der Frau den Stein gesetzt, flach wie das Pflaster, und ihren Namen eingraviert. –

Der Dom hat die Luftangriffe des zweiten Weltkriegs irgendwie überstanden, wie auch die Stadt zerstört worden ist. Er ragt über Fluß und Ebene. Ob der kleine flache Gedenkstein noch da ist, das weiß ich nicht. Bei meinen Besuchen hab ich ihn nicht mehr gefunden.

In der Erzählung, die ich vor dem zweiten Weltkrieg zu schreiben begann und im Krieg verlor, ist die Rede von dem Kind, dem die Mutter Milch holen wollte, aber nicht heimbringen konnte. Ich hatte die Absicht, in dem Buch zu erzählen, was aus diesem Mädchen geworden ist.

Um die genauere Analyse dieses Textes narratologisch zu beginnen, frage ich zunächst

2. Wer erzählt hier eigentlich?
Ausnahmsweise einmal die Autorin selbst. Denn der Text gibt keinerlei Hinweise darauf, daß die Ich-*Figur*, die Ich-*Erzählerin* und die *Autorin* Anna Seghers *nicht* identisch seien. Wir haben eine „faktuale", im weitesten Sinne historische Erzählung vor uns, genauer: eine autobiographische Skizze, in der die Zäsuren und Perioden deutscher Geschichte im vergangenen Jahrhundert klar hervortreten: Kaiserreich, Erster Weltkrieg, Weimarer Zeit und Exil, Zweiter Weltkrieg, Nachkriegsdeutschland. Die Erste Person Singular verbirgt nicht nur ein erinnerndes und *ein* erinnertes Ich, sondern gleich *mehrere* Lebensstufen der Autorin von der Schulzeit um 1910 bis zur Schreibgegenwart Mitte der sechziger Jahre. Damit haben wir auch schon die *erste* von drei narrativen Strukturen erfaßt, deren Zusammenspiel die Erzählstrategie dieses Textes ausmacht: die *Zeitschichtung.* Vom Zeit-Punkt der Niederschrift aus greift die Erinnerung auf verschiedene Ebenen der Vergangenheit zurück, um zwischendurch immer wieder in die Schreibgegenwart, grammatisch: ins Präsens zurückzukehren. Das könnte man in einer Detailanalyse zeigen, die Satz für Satz, manchmal Wort für Wort diese Zeitebenen definiert und das Spiel der Erinnerung als Zeitreise beschreibt.[3] Hier will ich nur zusammenfassen, daß *Zwei Denkmäler* eine relativ regelmäßige Pendelbewegung zwischen der Schreibgegenwart und mehreren (d.h. fünf bis sechs) Stufen der erinnerten Vergangenheit inszeniert, ein regelrechtes „Zick-zack der Erinnerung", um einen Ausdruck von Gérard Genette zu verwenden.

Verbunden ist dies mit einer dezentrierten Erzählsituation: Die Erzählerin erscheint als Figur in ihrer Geschichte, aber nicht unbedingt als *Haupt*figur. Der Erzählkern von *Zwei Denkmäler* ist vielmehr die erinnerte Episode vom Tod der Frau Eppstein; narratologisch heißt diese Variante der Ich-Erzählung üblicherweise „I as a witness" – das Ich als Zeuge, in unserem Fall nicht nur als Augenzeuge, sondern auch als *Zeitzeuge*.

Als *zweite* signifikante Erzählstruktur hebe ich das abstrakte Konzept der Geschichte hervor: den durchgängigen *Gegensatz* von Groß und

---

[3] Vgl. ausführlich Jochen Vogt: Aspekte erzählender Prosa. Eine Einführung in Erzähltechnik und Romantheorie. Opladen: Westdeutscher Verlag 1990 (7. Aufl.), S. 130ff.

Klein, Oben und Unten, Monumentalität und Antimonumentalität, Macht und Ohnmacht, der im Titel angelegt ist und sich vor allem auf der Symbolebene (Dom gegen Gedenkstein) entfaltet. Er verbindet aber auch den autobiographischen Rahmen und die Binnengeschichte und exponiert schließlich auf dialektische Weise eine Signatur von Seghers' Weltanschauung, die sich in der Formel *Die Kraft der Schwachen* ausdrückt (das ist übrigens ein Titel aus dem gleichen Jahr 1965!). Diese paradigmatische Struktur lädt zu vielfältigen Interpretationen ein und leitet damit zum *dritten*, wirkungsästhetisch wichtigsten Strukturelement über, das die „Fortschreibung" (Heinrich Böll) der erzählten oder genauer: der *nicht* erzählten Geschichte durch die Leser fordert. Ich meine die beiden *Unbestimmtheits- oder Leerstellen*, die dem Text seinen eigentümlich offenen Doppelschluß geben. Was geschah mit dem zweiten Denkmal? Was ist aus dem Mädchen geworden? – mit diesen Problemen läßt die Autorin/Erzählerin ihre Leser und Leserinnen am Schluß zurück – so daß wir die Frage ‚Wer erzählt hier eigentlich?', die aus Uwe Johnsons *Jahrestagen* entliehen ist, ähnlich wie Gesine Cressphal beantworten können: ‚Wir beide, das weißt du doch, Seghers!'

Dies führt mich zu einer weiteren Frage, die in der heutigen Literaturwissenschaft als eher altmodisch gilt:

3. Was ist wirklich geschehen?

Sie findet ihre Antwort nach einem kurzen Besuch im Mainzer Stadtarchiv. Ich zitiere eine „Verlautbarung des Polizeiamts vom 10. März 1918, *Betreffend: Fliegerangriff auf Mainz am 9. März 1918:* Gestern Nachmittag gegen 1½ Uhr wurden in M a i n z und Umgebung von einem feindlichen, vermutlich englischen Fliegergeschwader eine größere Anzahl Bomben abgeworfen, die neben bedeutendem Sachschaden, auch vielfach leichte und schwere Verletzungen von Personen sowie leider auch den Tod von 4 Militärpersonen und 7 Zivilpersonen herbeigeführt haben. Unter den getöteten Zivilpersonen befinden sich 2 männliche und 4 weibliche Erwachsene sowie ein Knabe." Namentlich aufgeführt werden diese dann als Karl Codini, Wirt; Heinrich Wolf, Steuermann; Adam Hofmann [14 Jahre], Sohn [eines] Tagelöhners; Meta Cahn, Ehefrau; Maria Willmuth, Ehefrau; Maria Mappes und Katharina Winsiffer, beide Dienstmädchen.

Die „zwei jungen Dienstmädchen" waren im Hause des Verlegers Eduard Goldschmidt in der Schulstraße beschäftigt und haben ein bescheidenes ‚Denkmal' in den Memoiren seines Enkels Carl Zuckmayer gefunden. Aber vor allem muß uns hier Frau Cahn interessieren.

Meta Cahn, geb. Altmann aus Karlsruhe war verheiratet mit Jacob Cahn, der von seinem Vater Herz Cahn eine Druckerei und Papiergroßhandlung am Bonifaziusplatz geerbt hatte. Die Familie wohnte wenige Minuten entfernt in der Schulstraße, einer gründerzeitlich-gutbürgerlichen Wohngegend. Die Cahns waren ähnlich gut situiert und sozial akzeptiert wie die Familie Reiling, die in der parallel verlaufenden Kaiserstraße Nr. 34 wohnte und mit den Cahns gut bekannt war. Auch die öffentliche Reaktion nach Meta Cahns Tod zeugt von allgemeiner Wertschätzung, wenn wir dem *Neuesten Anzeiger* vom 12. März glauben dürfen: „Die erste Beisetzung der Opfer, der Frau Meta Cahn, erfolgte gestern nachmittag. Herr Oberbürgermeister Dr. Göttelmann gab seiner Teilnahme in ergreifenden Worten Ausdruck. Die ganze Stadt vereinigte sich in der Trauer, da ja jeder getroffen werden könne. Rabbiner Dr. Bondi widmete dem Kind seiner Gemeinde einen tränenerfüllten Nachruf." Und auch das allergnädigste Beileidstelegramm des Großherzogspaares von Hessen-Darmstadt wird ausführlich gewürdigt. Das Grab von Meta Cahn ist noch heute auf dem Jüdischen Friedhof zu Mainz zu finden.

Der Witwer Jacob Cahn konnte 1939, nach massiven Repressalien durch die Nazis, nach Israel gelangen, wo er 1975, im Alter von 92 Jahren, verstorben ist. Kurz zuvor hatte er einer Mainzer Chronistin noch seine Erinnerung an den Schicksalstag von 1918 mitgeteilt:

> Ich war mit meiner Frau an diesem Samstag auf dem Weg von meinen auf dem Bonifaziusplatz wohnenden Eltern zu unserer Wohnung in der Schulstraße, als die erste Bombe fiel.
>
> Wir hielten es erst für Fliegeralarm, aber es war schon ernst (angeblich sei bei der Alarmstelle Mittagspause gewesen) und meine Frau rief: ‚Ich lauf zu den Kindern', als auch schon die zweite Bombe niederging, an der Ecke zum Bonifaziusplatz, und sie tödlich traf. Ich war nur etwa 10 Meter hinter ihr, konnte ihr nicht schnell genug folgen, und blieb unverletzt. Wir hatten zwei Kinder, ein Junge von noch nicht vier und ein Mädel von eineinhalb Jahren. [...] An dem Stein, den man in das beschädigte Pflaster der Unglücksstelle eingesetzt hat, bin ich jahrelang – bis wir [...] in die Walpoldenstraße umzogen – auf meinen täglichen Weg

> in mein Geschäft auf dem Bonifaziusplatz vorbeigegangen, es war eine ovale Platte aus kleinen hellen und dunklen Steinen zusammengesetzt, aber ein Name war nicht darauf angebracht. [4]

Und nun sollten wir einen ganz jungen Forscher würdigen. Christoph Bathelt, Schüler am Hrabanus-Maurus-Gymnasium, zwischen Kaiser- und Schulstraße gelegen, hat einen Briefwechsel mit Frau Margarete Oppenheimer, geb. Cahn, in Buenos Aires geführt, die in einem Brief vom 1. Februar 1993 die Schilderung ihres Vaters nochmals rekapituliert und dann schreibt:

> Ich war im Juni 1992 zu einer Begegnungswoche in Mainz und sprach bei dieser Gelegenheit vor einer Klasse des früheren Realgymnasiums in der Schulstrasse, jetzt Adam-Karrillonstr. Wir wohnten früher gegenüber von dieser Schule, Schulstr. 54. Bei Wahlen wurde die Schule zum Wahllokal und wir schauten zum Fenster hinaus, um zu sehen, ob Bekannte kamen, um zu wählen. Ich erinnere mich an die Plakate, die für Ebert und Hindenburg warben [...] und später für Hitler. – [5]

Damit sind einige *historische* Fragen beantwortet, vor allem die, *was aus dem Mädchen geworden ist*. Zugleich aber stellen sich neue, *literarische* Fragen an unseren Text: Trug der Gedenkstein einen Namen oder nicht? Warum heißt Frau Cahn im Text Eppstein? Warum kann die Autorin sich an den Namen der Straße nicht mehr erinnern und den Stein „bei [ihren] Besuchen" in der Nachkriegszeit nicht mehr finden? Und warum verschweigt sie uns, was aus dem Mädchen *wirklich* geworden ist?

Tatsächlich hatte man zunächst eine Steinplatte mit einem Kreuz verlegt, um die mindestens vier Opfer in der Schulstraße zu ehren, dann aber – aus Rücksicht auf die jüdische Mitbürgerin – durch das schwarzweiße Mosaik ersetzt, das man in der heutigen Adam-Karrillon-Straße leicht auffinden kann (und wohl auch immer finden konnte). Die Umbe-

---

[4] Zitiert nach Barbara Glauert: Über ein vergessenes Denkmal in Mainz. Erinnerungen an Meta Cahn, in: Das Neue Mainz, H.3 (1973), S. 2f.

[5] Vgl. Christoph Bathelt: Ein Gedächtnisloch in der Mainzer Stadtgeschichte oder ein Gedenkstein für Meta Cahn. In: Gymnasium Moguntium. Blätter des Freundes-und Förderkreises des Rabanus-Maurus-Gymnasiums Mainz 56 (1993); S. 91-96. Dort auch das Faksimile des Briefes von Margarete Oppenheimer.

nennung der Figur hat Seghers selbst 1969 in einem Brief an Jacob Cahn in Jerusalem erklärt:

> Ich habe absichtlich einen beliebigen fremden Namen gewählt, weil ich vielleicht die Schilderung, die Sie kennen, als Anfang einer längeren Erzählung benutzt hätte, in der gar keine Verwechslung mit Ihrer eigenen Familie hätte vorkommen dürfen. Ich bin aber, und vielleicht ist es gut so, gar nicht zu einer solchen Erzählung gekommen, denn Frankreich, wo ich damals lebte, wurde von den Deutschen besetzt. Ich mußte mit meinen Kindern nach dem Süden, dabei habe ich eine Menge Manuskripte verloren oder verbrannt.[6]

Geht es hier nur um Diskretion? Und bei der vergeblichen Suche nach Stein und Straße um eine Erinnerungslücke? Ich glaube nicht: Hier handelt es sich um *Fiktionalisierung*, um Ablösung vom Faktischen und poetische Aufladung des Textes. Die Verschleierung der historischen Fakten dient einer erzählerischen Wirkungsabsicht. Ihr werde ich gleich nachgehen. Vorher aber stellt sich noch die Frage, wie Anna Seghers einen 1940 in Frankreich verlorenen oder verbrannten Text 1945 in Mexiko veröffentlichen konnte? Damit sind wir – auch wenn ich meine Pointe bereits verraten habe – bei der Entstehungsgeschichte des Textes. Ich frage deshalb

4. Wann und wo?

Klaus Wagenbach hat 1965 in seinem Verlag eine schöne Anthologie herausgebracht mit dem Titel *Atlas. Zusammengestellt von deutschen Autoren.* Sie ist bis heute bemerkenswert, weil sich hier deutschsprachige Autoren mehrerer Generationen aus Ost- und Westdeutschland, den Alpenländern und aus dem Nachkriegsexil zusammenfanden, um jeweils „ihren Ort" zu beschreiben. Von den berühmt gewordenen Texten nenne ich nur *Meine Ortschaft* von Peter Weiss; aber auch Carl Zuckmayers schönes Erinnerungsbild *Mainz, versunkene Stadt*, das chronologisch genau da endet, wo der folgende Text, eben *Zwei Denkmäler*, beginnt, nämlich vor 1914. Die Skizze von Seghers hat dann -zigtausendfache Verbreitung gefunden in Wagenbachs *Lesebuch. Literatur der sechziger Jahre* (1968) und ist ihrerseits eine Art Lesebuchklassiker geworden.

[6] Zitiert nach Glauert: Über ein vergessenes Denkmal in Mainz, S. 3.

(Hingegen blieb sie in der DDR so gut wie unbekannt; im Findbuch des Anna Seghers-Archivs wird der Text noch heute seltsamerweise als „Aufsatz" geführt und ein Sonderdruck von 1973 fälschlich als Erstdruck ausgewiesen.) Als ich bei Dr. Wagenbach anfragte, ob sein *Atlas* wirklich den Erstdruck von *Zwei Denkmäler* enthielte, hat er die Antwort in aller Eile auf meinen Brief gekritzelt: „Ja! ich hatte Anna Seghers gebeten, einen Text für mich zu schreiben." Er sei „etwa Febr./März 65 geschrieben". Und es gebe „leider" keine „Korrespondenz" mehr darüber: „Zu oft umgezogen!". Das schien eine zufriedenstellende Antwort zu sein – bis mich Sigrid Thielking darauf hinwies, daß ein Text gleichen Titels schon sehr viel früher publiziert worden war: in der *Demokratischen Post,* Mexico City, am 25. August 1945. Wir besitzen *Zwei Denkmäler* also in zwei deutlich unterschiedenen Fassungen.

Über die bislang unbekannte[7] läßt sich sagen: Sicherlich war die Episode vom Tod der Mutter als Beginn einer längeren Erzählung konzipiert. Und zwar aus der Perspektive der exilierten Erzählerin, die bei Kriegsende vermutet oder weiß, daß ihre Heimatstadt „vielleicht bis auf den Grund zerstört worden ist". (Tatsächlich war die Innenstadt von Mainz zu 80% zerbombt.) Die Position des erzählenden Ichs ist allerdings nur schwach profiliert, die Zeitschichtung als Rahmen der Kernepisode fehlt fast ganz. Syntax und Sprachstil sind außerordentlich schlicht. Vorhanden ist hingegen das fiktionalisierende Motiv der „für ihre Kinder" (!) Milch holenden Mutter, hier die „Frau des jüdischen Weinhändlers Gebhardt". Von einer *Tochter* oder deren Zukunft ist nicht die Rede; nur der Untertitel *Aus einer unveröffentlichten Novelle „Mariage Blanc"* deutet die Intention der Autorin an.

Tatsächlich hat Seghers schon 1940 an dieser Erzählung gearbeitet. Dem Freund und Verleger Wieland Herzfelde schreibt sie am 25. Januar aus Paris:

> Meine Situation ist jetzt so, daß man mir tatsächlich und für einige Zeit helfen muß. Ich finde hier keinen Ausweg mehr, und ich habe große Lust, zu Euch zu kommen. [...] Aber, lieber Wieland, [...],

---

[7] Vgl. Zwei Denkmaeler. Aus einer unveröffentlichten Novelle „Mariage Blanc". Von Anna Seghers. [Mit einer Zeichnung der Mainzer Altstadt und des Doms von Xavier Guerrero]. In: Demokratische Post. Organo de los Alemanes Demócratas de México y Centro-América, 1.Aug. 1945, S. 8.

> [ich] bewahre [...] meine Ruhe und arbeite, ich will ein kleines Buch anfangen, das ‚Mariage blanc' heißt, das bedeutet ‚Paßheirat' (eine Heirat nur auf dem Papier). Es ist eine Liebesgeschichte, sehr traurig und fröhlich zugleich, ich glaube, Du hättest viel Vergnügen daran. Ich kann nicht erzählen, was ich zu schreiben begonnen habe. Ich glaube, das wäre etwas für den Film.[8]

Warum *Mariage Blanc* nicht ausgeführt wurde, warum Seghers die Eingangspartie (erhalten oder rekonstruiert) dann im August 1945 in Mexiko veröffentlichte, bleibt zunächst unklar. Erinnern wir uns: Zu diesem Zeitpunkt waren *Das Siebte Kreuz* und die englische Ausgabe von *Transit* erschienen, *Der Ausflug der toten Mädchen* wohl seit 1944 abgeschlossen; er erscheint 1946 im Aurora Verlag.

In diesem Zeit- und Werkkontext kann die enge Motiv-Verbindung der *Zwei Denkmäler* zum *Siebten Kreuz* (der Dom, der Rhein), zu *Transit* (die Scheinheirat, die Schiffe und fernen Städte) und vor allem zum *Ausflug* (die Schulzeit, die Stadt mit ihren Straßen, der Bombentod einer Frau, ein überlebendes Kind usw.) nicht verwundern. Überraschend ist nur, daß diese Intertextualität der Zweitfassung von 1965 sehr viel stärker eingeschrieben ist als der ersten – ein Text der Erinnerung im emphatischen Sinne. Betrachten wir ihn also noch einmal ein wenig genauer.

5. Was steckt dahinter?

Eine „schlichte Erzählung" hat man diesen Text ganz irreführend genannt. Die Komplexität der Zeitschichtung, das dichte Motiv- und Symbolgeflecht, die intensive Leserwirkung verdanken sich erst der erneuten Niederschrift aus der Kraft der Erinnerung und der objektiven Phantasie. Erst aus Sicht der Fünfundsechzigjährigen ist diese Zeitreise durchs 20. Jahrhunderts möglich. Und was sich zunächst als faktualer Bericht darstellte, erweist sich nun als kunstvoller Spiegeleffekt von *facts* und *fiction*. Bei der Fiktionalisierung der Kernepisode möchte ich nochmals ansetzen. „Hieß die Straße Bonifaziusstraße? Hieß sie Frauenlobstraße? Das weiß ich nicht mehr." Die Bonifaziusstraße ist die Verlängerung, die

---

[8] Anna Seghers/Wieland Herzfelde: Gewöhnliches und gefährliches Leben. Ein Briefwechsel aus der Zeit des Exils 1939-1946. Hrsg. im Auftrag der Akademie der Künste der DDR von Ursula Emmerich und Etika Pick. Darmstadt und Neuwied: Luchterhand 1986, S. 40.

Frauenlobstraße eine Parallelstraße zur Schulstraße, deren Name Anna Seghers kaum vergessen haben dürfte, verlief sie doch ihrerseits parallel zur Kaiserstraße, in der die Reilings wohnten. Und man denke auch an das ausgeprägte topographische Gedächtnis der Autorin, von dem etwa *Der Ausflug der toten Mädchen* zeugt! Die ‚Erinnerungsschwäche' der Autobiographin erweist sich als metonymische Ausweichtaktik, die eine semantische und symbolische Aufladung des Erzählten möglich macht. *Bonifazius*, der irische Missionar der Deutschen, von 745 bis 750 Bischof von Mainz, ist mit dem ersten Denkmal, dem mächtigen Dom verbunden. *Eppstein* – der Name also, der das allzu ‚jüdische' Cahn und das nichtssagende Gebhardt ersetzt, – ist ein Familienname aus dem Mainzer Judentum, aber auch der einer rheinhessischen Stadt. Fünfmal zwischen 1060 und 1305 hielten die Grafen von Eppstein den Posten des Mainzer Erzbischofs besetzt. Durch die Umbenennung der Frau Cahn im Text wird also gerade *keine* Opposition von Christentum und Judentum aufgebaut. Die *Frauenlob*straße spricht in unserem Kontext für sich selbst (auch wenn sie de facto an den Minnesänger Heinrich von Meißen, genannt Frauenlob, erinnert, der 1318 in Mainz verstarb) – und sie ist offensichtlich mit dem zweiten Denkmal zu assoziieren. Die Umcodierung, die Seghers unter dem Vorwand partieller Amnesie vornimmt, bindet also das – archetypisch ausgestaltete – Lob der Mutter ein in die Beschwörung heimatlicher (und christlicher) Tradition.

Zugleich darf man vermuten, daß bei der Publikation von 1945 Sorge und Trauer um die Mutter der Autorin mitschwangen. In deren Briefen – ich zitiere aus Alexander Stephans Analyse der FBI-Akte Seghers – macht sich damals ein Thema geltend, „das die Seghers-Forschung bislang mit kaum einem Wort erwähnt hat: die Sorge um das Schicksal der Mutter, die im Frühjahr 1942, zweiundsechzigjährig, mit einem der großen Transporte von Juden aus Mainz in das Ghetto Piaski bei Lublin verschleppt worden war." Zu Beginn des Jahres 1945 wird aus der Sorge eine schreckliche Gewißheit. „I do not have to tell you" – heißt es in einem Brief in die Schweiz vom 27. 3. – „how desperate I am about what happened to Mother. Just now Mother could live with us without any financial difficulty. I wrote {[...] ausgeschwärzt} that we were able to cable Mother that we secured her a Mexican visa. She even had a Swiss visa but the Nazis would no longer let her get out. Gjury wrote me that you were sending her parcels, until the mail was returned to you; we do not have to delude ourselves as to what this means [...]." Und eine Woche zuvor: „Mother [...] has been declared missing from a camp near Lublin."[9] Ähnlich bereits in einem Brief an Kurt Kersten vom 2. 1. 1945: „Wir haben verteufelte Nachrichten. Meine Mutter, von der ich schon Jahre nichts hörte, wurde zuletzt in ein KZ nach Polen transportiert, wo sie vermutlich zugrunde gegangen ist."[10] Die Fakten dieser Deportation vom 20. März 1942, die über das Ghetto Piaski möglicherweise ins Vernichtungslager Sobibor oder Belzec führte, sind – soweit möglich – von Frank Wagner und anderen ermittelt worden.[11] Unter den eintausend hessischen Juden und Jüdinnen, davon allein 450 aus Mainz, befand sich neben der 62 Jahre alten Hedwig Reiling auch die Lehrerin Johanna Sichel, der ihre ehemalige Schülerin schon im *Ausflug der toten Mädchen* gedacht hatte.

Etwa zur gleichen Zeit bemüht sich Seghers, den *Ausflug* als Filmversion neu zu konzipieren und zwar in einer neuartigen Retrospektive; in einem Brief nach Santa Monica vom 23. 9. 44 schlägt sie vor, „to build it up as a post-war play. [...] I return home, the city is completely changed, here traces still of the bobardment, there disfiguring reconstruction. Where my school was, there is something else entirely. I looked for the girls of my class. They are not to be found. [...] Here in the film or dramatic version in any case a girl must have been saved, perhaps one who was at that time very much endangered, very broken, and perhaps in this way or that way through a completed action which must be connected with the beginning of the story, must come through to us and show her new situation."[12]

Wagen wir eine Vermutung: *Zwei Denkmäler* wird 1945 in einer rudimentären Form publiziert, weil die Mutter-Thematik zu schmerzhaft war, um sie weiter zu bearbeiten; möglicherweise wird das Projekt *Mariage blanc* erst jetzt aufgegeben. Die fröhliche Liebesgeschichte mag jetzt zu frivol erscheinen; einzelne Motive sind überdies schon im *Ausflug* enthalten und könnten in der geplanten Filmfassung vertieft werden.

---

[9] Alexander Stephan: Im Visier des FBI. Deutsche Exilschriftsteller in den Akten amerikanischer Geheimdienste. Stuttgart und Weimar: Metzler 1995, S. 479.

[10] Zitiert nach Anna Seghers. Eine Biographie in Bildern. Hrsg. Von Frank Wagner u.a. Berlin: Aufbau 1994, S. 143.

[11] Frank Wagner: Deportation nach Piaski. Letzte Stationen der Passion von Hedwig Reiling, in: Argonautenschiff 3 (1994), S.117-126. Vgl. auch Bruno Lowitsch und Roland Siegrist: „Fertig zur Abwanderung". Der letzte Weg der Hedwig Reiling in Mainz am 20. März 1942. In: Mainz 10, H. 1 (1990), S. 120ff.

[12] Zitiert nach Stephan: Im Visier des FBI, S. 480.

Das ist, wie wir wissen, nicht geschehen. Und dann hat wohl erst Wagenbachs Anfrage von 1965 den Impuls gegeben hat, das Motiv des mütterlichen Opfers und die Frage nach der Zukunft der Tochter anhand des halbfiktionalen Falles Cahn/Eppstein aufzugreifen. Das Schicksal des Kindes, das erst im letzten Satz ein *Mädchen* genannt wird, also einer jungen Frau, die im Nationalsozialismus aufwächst, wird nun eingebunden in die historische Retrospektive, die zuerst im Filmprojekt auftauchte. Und wenn wir annehmen, daß sich in dieser Konstellation, wie indirekt und diskret auch immer, die Beziehung von Hedwig und Netty Reiling spiegelt, dann ist klar, daß hier – in einem einzigen Adjektiv – auch ein Motiv ausgesprochen wird, das Anna Seghers, über ihre grundsätzlichen Abwehr von Autobiographischem hinaus, in besonderem Maße verdrängt und tabuisiert hat – auch und besonders unter den politischen Rahmenbedingungen in der DDR. Es geht, in der autobiographischen Spiegelung, eben auch um die Frau und die Tochter des *jüdischen* Kunsthändlers Reiling. Über die Deportation und das Schicksal der Großmutter Hedwig, so berichtet die Enkelin Ruth Radvany 1992, habe Anna Seghers bis zu ihrem eigenen Tode geschwiegen. – Erst im *literarischen Text* wird das Verschwiegene „sprechend", und zwar in dem Kunstgriff, das Schicksal der fiktionalen Figur eben *nicht* zu erzählen, sondern die Ausfüllung dieser Ellipse den Leserinnen und Lesern zu überlassen. Dies führt mich zu einer Frage im rezeptionsästhetischen Konjunktiv:

6. *Was könnte aus dem Mädchen geworden sein?*

Damit formuliere ich im Grunde nur die Appellstruktur des Textes, besonders des elliptischen Schlusses, in ein literaturdidaktisches *Unterrichtskonzept* um. Ohne hier auf Details[13] eingehen zu können, möchte ich vorschlagen:

– *zunächst* in einem offenen Unterrichtsgespräch den Text anhand von Leitfragen historisch zu strukturieren: Was erfahren wir über die Autorin? Und was über die deutsche Geschichte, die sie durchlebt?

---

[13] Vgl. ausführlicher Jochen Vogt: Geschichten eines Adjektivs. Was man mit einem kleinen Text von Anna Seghers machen kann, in: Der Deutschunterricht, H. 4 (1997), S. 20-27.

– *Sodann* sollte die Frage nach dem Verbleib des „kleinen flachen Gedenksteins" diskutiert und die möglichen Optionen erläutert werden (z.B. von den Nazis entfernt, unter Kriegstrümmern verschüttet, im Wirtschaftswunder zubetoniert usw.) Dies ist schon eine Probe für die schriftliche Aufgabe, die

– *schließlich* gestellt wird: *Was ist aus dem Mädchen geworden?*

Die Aufgabe, jene Geschichte zu rekonstruieren oder fortzuführen, die Anna Seghers „im Krieg verlor" oder aus anderen Gründen nicht beendete, gibt die Möglichkeit, historisches Wissen und individuelle Phantasie kreativ zu verbinden und die verschiedenen Entwürfe weiterführend zu diskutieren. – Meine einschlägigen Erfahrungen will ich kurz andeuten. Natürlich gibt es eine große Bandbreite möglicher Erzählungen, aber deutlich kann man *drei Grundmuster* oder narrative Transformationsmodelle erkennen, die vor allem vom Stand historischen Wissens, aber auch von der nationalen und kulturellen Perspektive, von Geschlechts- und Generationsunterschieden abhängig sind:

– Ein erster Typus lehnt sich eng an unser *historisches* Wissen über Verfolgung und Vernichtung der deutschen und europäischen Juden durch die Nationalsozialisten an; ich spreche schematisch von der *Holocaust-Geschichte*.

– Ein zweiter Typus ist die *Rettungsgeschichte*, die oft *märchenhafte* Züge trägt, mit den Motiven von Flucht, Versteck, Exil operiert und zumeist in einem moralisch begründeten Engagement der jungen Frau (z.B. Fürsorge für Flüchtlingskinder) gipfelt; diese Variante ist bei der jüngeren Generation beliebt und dominiert ganz eindeutig bei amerikanischen Studierenden.

– Ein dritter Typus ist die *Wiederholungsgeschichte*: wie unter *mythischem* Zwang folgt der Zweite auf den Ersten Weltkrieg, wiederholt sich das katastrophale Schicksal der Mutter in dem der Tochter, die ebenfalls im Bombenangriff zu Tode kommt. Dies Modell erlaubt es im Unterschied zu den anderen, von der jüdischen Identität des Mädchens abzusehen.

All diese Erzählungen liegen im Spektrum des historisch Möglichen und dessen, was Seghers an anderer Stelle (etwa im *Ausflug*) auch gestaltet hat. Es kann also – wie bei jeder Interpretation – nicht um die einzig „richtige" Deutung gehen. Wohl aber, dies wäre die didaktische Konsequenz, bieten diese Varianten Stoff und Motivation für ein nachfolgendes Gespräch, einen „Wettstreit der Interpretationen", in dem der ganze Problemkreis mit seinen Ambivalenzen und Widersprüchlichkeiten dialogisch ausgeleuchtet werden kann.

Das Erzählen des Nichterzählten als hypothetische Biographie löst also, bildlich gesprochen, das Denkmal aus seiner Versteinerung, gibt dem topographischen Monument die zeitliche Dimension zurück, aktiviert das kulturelle Gedächtnis in Form individueller (halbfiktionaler) Erzählung. Damit realisiert der Text ein didaktisches Prinzip, das unter dem Begriff „Imaginierte Geschichte" (Bodo von Borries) besonders in der aktuellen Geschichtsdidaktik Interesse findet und verstärkt auch für die Literaturdidaktik nutzbar gemacht werden sollte.[14] Deshalb schließe ich mit der didaktischen Frage

7. Wozu das Ganze?

Methodisch ist leicht zu sehen, daß *Zwei Denkmäler* ein idealer Einstiegstext für größere Sequenzen ist, die etwa der Autorin Anna Seghers, der Werkgruppe *Siebtes Kreuz, Transit, Ausflug* – oder auch der zeitgeschichtlichen Thematik von Nationalsozialismus, Exil und Holocaust gelten könnten. Und zwar deshalb, weil von der thematischen Engführung des Textes aus sich sehr vielfältige Perspektiven, Fragen und Forschungslinien auftun. Aber es gibt noch eine zweite, etwas grundsätzlichere Antwort auf diese Frage.

Wir erleben in Deutschland seit einiger Zeit eine fast schon modisch wirkende Konjunktur der Thematik „Denkmal/Gedächtnis/Erinnerung". In den letzten Jahren waren zahlreiche sachliche Diskussionen, aber auch polemische Kontroversen um Denkmäler und öffentliche Gedenkstätten zu verfolgen, – besonders kontrovers immer dann, wenn sie den Opfern des Zweiten Weltkriegs und/oder des Holocaust gewidmet sein sollten. In vielen Varianten geht es dabei um die Grundfragen: Wie können, vor einer langen Tradition von Heldendenkmälern, Denkmäler für

[14] Bodo von Borries: Imaginierte Geschichte. Die biographische Bedeutung historischer Fiktionen und Phantasien, Köln/Weimar/Wien: Böhlau 1996.

die Opfer aussehen? Welche „Erinnerungspolitik"[15] kann – besonders im Hinblick auf den Holocaust – dem Unvorstellbaren gerecht werden? Welche politisch-ästhetische Strategie könnte die rituelle und monumentale Fixierung von Geschichte und Gedenken überwinden und Impulse für eine aktive Erinnerungsarbeit freisetzen? In den Kulturwissenschaften hat sich weiterhin, in der Folge französischer und amerikanische Anregungen, eine breite interdisziplinäre Forschungsdiskussion entwickelt, die den Formen, Medien und Funktionen des historischen und kulturellen Gedächtnisses nachspürt. Die Erforschung des topographischen Gedächtnisses, der Gedenk- und Gedächtnisorte, die allzu oft auch Tatorte sind, hat darin – auch wegen der besonderen Lasten deutscher Geschichte, eine zentrale Stelle.

In diesem Kontext scheint mir auch das unscheinbare Meisterwerk der Seghers einen passenden Ort zu finden. Es ist eine narrative Miniatur über Monumentalität und ein Modell individueller und dialogischer Erinnerungsarbeit zugleich. Es realisiert sich – als Text des Eingedenkens – ganz buchstäblich erst im Gebrauch, den wir von ihm machen. Das zweite Denkmal, der verschwundene Stein, droht ebenso stumm zu bleiben wie das erste, das Monument der Macht, – und auch ein ‚drittes Denkmal', die geplante Geschichte des Mädchens, fällt der Gewalt zum Opfer. Ein viertes wäre der Text, den wir vor uns haben, und der uns zwanglos zu weiteren Denkmälern – oder sagen wir: Geschichten führt. – So spricht *Zwei Denkmäler*, die kleine Skizze der Autorin aus dem zweitausendjährigen Mainz ganz zuletzt auch von der Kraft der schwachen Literatur, wie ein fernes Echo des dichterischen Selbstbewußtseins, das ihr römischer Kollege Quintus Horatius Flaccus zweitausend Jahre zuvor in Verse goß:

Aufgerichtet habe ich ein Denkmal, dauerhafter als Erz,
Größer, mächtiger noch als die Pyramiden sind,
Das kein Regen zernagt, rasender Nordsturm auch
Nicht zu stürzen vermag, noch der Jahrhunderte
Unabsehbare Reihen oder der Zeiten Flucht.

[15] Der politische Totenkult. Kriegerdenkmäler in der Moderne. Hrsg. von Reinhart Koselleck und Michael Jeismann. München: Fink 1994; Peter Reichel: Politik mit der Erinnerung. Gedächtnisorte im Streit um die nationalsozialistische Vergangenheit. München und Wien: Carl Hanser 1995.

Eva-Maria Siegel

In der Zeit der großen Denunziantenbewegungen

Trennungen und Trennungsängste im Werk von Irmgard Keun

I

„Woanders hin! Mich hält nichts fest!" – zitierte ihr Lektor Klaus Antes in einem seiner Interviews Irmgard Keun zu Beginn der achtziger Jahre.[1] Kurz vor ihrem Tod galt sie als eine begehrte Gesprächspartnerin, der man Krankheit, juristische Entmündigung, Alkoholismus und mangelnde Wahrhaftigkeit im Detail gerne nachsah. Daß sie die Präsentationsverfahren einer Gesellschaft, der sie kaum noch etwas zu sagen hatte, sehr wohl durchschaut haben mag, wird in einer neueren Publikation nahegelegt:

> Sie wußte genau, daß sie ein Objekt der Welt war, die wieder Interesse an ihr fand, als sie plötzlich wiederentdeckt wurde, die aber ebenso gewillt war, sie nach kurzer Zeit wieder zu vergessen. Sie hat sich überhaupt keine falschen Hoffnungen gemacht. Sie wußte, sie war momentan interessant, weil ihre Bücher sich verkaufen ließen, weil man etwas aus ihr machen konnte. Sie kannte die Einschaltmentalität dieser Kultur,[2]

resümiert die Archivarin und Bibliothekarin Uta Biedermann in einem kurzen, 1995 publizierten Essay die Phase der Wiederentdeckung.

Die knappe Sentenz – „Woanders hin! Mich hält nichts fest!" – die Antes' Interview zugleich den Titel gab, rekurriert auf einen Emigrationstyp, der auf den ersten Blick so gar nichts mit dem existentiellen Zwang zur Auswanderung, um der Einsperrung und später der physischen Vernichtung zu entkommen, zu tun haben will, wie dieser etwa im Falle der jüdischen Exilierten aus Deutschland und Europa – und deren Kinder vorliegt. Legt man den einzigen überlieferten autobiographischen

[1] In: die horen 27, H. 1 (1982), S. 61ff.

[2] Uta Biedermann: Sie war ihr Leben lang unbehaust. In: „Einmal ist genug". Irmgard Keun. Zeitzeugen, Bilder und Dokumente erzählen. Hrsg. von Heike Beutel. Köln: Emons 1995, S. 139.

Text der Autorin, *Bilder aus der Emigration*, geschrieben vor 1947, zu Grunde, scheint dies eine solche Lesart zu stützen. Der Prozeß der Abtrennung vom Land der Muttersprache – ein Begriff, der weit mehr zu umfassen vermag als grammatikalisch korrektes Deutsch - wird hier eher als Verfahren der Abgewöhnung dargestellt denn als harter und radikaler Bruch. In der Emigration angekommen, dominiert erst einmal das Zögern, gedanklich sich in die Zeit des alltäglichen Lebens im nationalsozialistischen Staat zurückzuversetzen, den „Haß" erneut in sich wachzurufen, um ihren später berühmtesten Exilroman *Nach Mitternacht* endlich beginnen zu können. Im Pendeln der Lektüre zwischen den „mit heißem Grauen geschriebenen Berichten aus den deutschen Konzentrationslagern" und „Fontanes versunkener Welt" offenbart sich eine Art Trance oder Traumzustand, eine „Verzauberung", an deren Oberfläche belanglose Gespräche über Männer die Alltagsrede bestimmen. Darunter mag die Angst vor dem Verrückt-Werden liegen[3] – was gewissermaßen eine innere Angleichung nur an den äußeren Wahnsinn der Welt bedeuten würde – eine Angst, die stetig wächst: „Wer über gewisse Dinge nicht den Verstand verliert, der hat überhaupt keinen zu verlieren."[4]

In den intimen Abschied vom Land der Geburt, vollzogen in dem kleinen belgischen Küstenort Ostende im Jahre 1936, mischen sich bereits die künftigen Abschiede des Exils. Der autobiographische Rückblick aus der Zeit des Nachkrieges auf das vagabundierende Leben der Vorkriegszeit endet mit einer Art Therapievorschlag:

> (A)n einem leisen Schmerz merkte ich, daß ich bereits angefangen hatte, hier ein wenig Wurzeln zu schlagen. Dieses Wurzelschlagen würde ich mir künftig abgewöhnen müssen, wenn ich mir nicht alle paar Monate von neuem weh tun wollte.[5]

Die Emigration wird begriffen als Zwang zu einem stets neu zu vollziehenden Wechsel, in dem es keinerlei Sicherheiten mehr geben wird,

---

[3] Diese These strukturiert das biographische Portrait der amerikanischen Literaturwissenschaftlerin Joey Horsley: „Auf dem Trittbrett eines rasenden Zuges". Irmgard Keun zwischen Wahn und Wirklichkeit. In: WahnsinnsFrauen. Hrsg. von Sibylle Duda und Luise F. Pusch. Frankfurt a. M.: Suhrkamp 1994, S. 280f.

[4] Irmgard Keun: Bilder aus der Emigration. In: Dies.: Wenn wir alle gut wären. Satiren, Autobiographisches, Szenen und Betrachtungen aus der Nachkriegszeit. Hrsg. von Wilhelm Unger. Köln: Kiepenheuer & Witsch 1983, S. 131.

[5] Ebd., S. 156.

in dem „Trauer" ein Luxusartikel ist, den man sich nicht leisten kann, denn sie schafft nur die „Lust zum Tod", in dem „der Haß" zur Lebensnotwendigkeit wird, denn er ist es, der die „Lust zum [Über]Leben"[6] ermöglicht – in dem die Bedeutungsdimensionen der Gefühlswerte sich gewissermaßen verkehrt haben.

Nur wenige Berichte über die Emigration haben die mentale Zwangssituation des am Leitfaden des eigenen Leibes erfahrenen Ablösungs- und Lostrennungsprozesses, im vorliegenden Falle für Erwachsene, so genau und unprätentiös beschrieben wie dieser kleine Text. Ich habe ihn als Einstieg gewählt, um anzudeuten, daß man unterhalb seiner Halbwertzeit verbleibt, durchsucht man ihn nur nach biographischen und werkgeschichtlichen Spuren oder nach Material zu den berühmten Autorennamen, die im Umkreis des kurzen sommerlichen bohemehaften Caféhauslebens an der belgischen Nordseeküste in ihm Erwähnung fanden. So faszinierend und selbst ins Romanhafte streifend Keuns Biographie[7] zu sein scheint – ihre Texte stellen zuviel an ästhetischer Aussagekraft und Wirkungsmächtigkeit zur Verfügung, um lediglich als kommentierende Beigabe die ‚Collage' einer zugegebenermaßen abenteuerlichen Lebensgeschichte zu bedienen. Zumal die Forschung dadurch erschwert wird, daß Irmgard Keun nach ihrem Tod im Jahre 1982 im Grunde keinerlei literarischen Nachlaß hinterlassen hat[8]. Nicht alles, was man glaubt, gibt es.

II

Meine These, die ich im folgenden lediglich anhand des Exilwerks darstellen möchte, lautet: Innerhalb der Symbol- und Motivstruktur der Keunschen Texte stellen gelungene wie mißglückte ‚Abnabelungsprozesse' von kindlichen oder jugendlichen Figuren (als Begleiterscheinung des Lebens im oder als Folge von Flucht aus dem nationalsozialistischen Deutschland) einen auffällig häufigen Topos dar. Durch die vier im Kontext der Emigration verfaßten Romane zieht sich eine Spur der

---

[6] Ebd., S. 143.

[7] Als Wertungsmuster bei Gert Oberembt: „Ich lebe in einem wilden Wirbel". Irmgard Keun - Schreiben als Simulation des Lebens. In: die horen 37, H. 166 (1992), S. 109ff., insbesondere S. 116.

[8] Von daher ist auch das besondere Interesse an dem Briefwechsel zwischen Irmgard Keun und Arnold Strauss zu erklären. Teilabdruck in: Irmgard Keun: „Ich lebe in einem wilden Wirbel". Briefe an Arnold Strauss 1933 bis 1947. Hrsg. von Gabriele Kreis und Marjory S. Strauss. Düsseldorf: claassen 1988.

Aufmerksamkeit für traumatische Situationen, in denen sich das infantile ‚Ich' ohne jede Zuflucht weiß, weil seine Bezugspersonen selbst ohne eine solche auskommen müssen. Dabei soll, vorerst heuristisch, zwischen zwei Formen der Trennung unterschieden werden. Die eine führt in die Mittäterschaft bzw. in den Tod, die andere kann in das Lebendige neuer Bindungen führen. Die Bezugsformen einer Fixierung auf autoritative Verhältnisse vor allem in den alltäglichen, den kulturellen Lebensformen, in denen an Kindern als den Objekten einer Erziehung zu Rassenhaß und Antisemitismus eigene Ressentiments ausagiert werden, stehen auf der einen Seite. Die Loslösung aus überkommenen Strukturen, die gleichwohl Bindungslosigkeit und Verlusterfahrung bedeuten kann, auf der anderen. Ein Mythos unschuldiger Kindheit, dies sei bereits vorab vermerkt, der als utopisches Moment die reine Glückserfahrung verheißt, ist in den Keunschen Texten allerdings nirgendwo zu entdecken. Dies gilt auch und ganz besonders gerade für jene Werke, die, vermeintlich ausschließlich für ein jugendliches Publikum konzipiert, sich als ‚Kinderbücher' dem Interesse der Exilforschung bisher weitgehend entzogen haben. Mein Fokus wird also nicht nur auf Keuns bekanntesten Exilroman *Nach Mitternacht* gesetzt sein.

Wenn ich im folgenden von Trennung spreche, so meine ich damit „Vorgänge des Absonderns, des Loslösens, des Lostrennens, des Abtrennens, Auseinanderteilens und Spaltens, des Auseinanderreißens und Abreißens von Zusammengehörigem oder Zusammengefügtem, mit dem Resultat der Getrenntheit."[9] Sie können aktiv gestaltet sein oder passiv erlitten werden. Sie können mit der Aussicht auf ein Wiederkommen, Wiedersehen und Wiederfinden erfolgen, aber sie können auch dauerhaft und endgültig sein. „Menschliche Eigenschaften entstehen aus Trennungsprozessen, und sie sind bewaffnet mit Eigensinn, der sich gegen die Trennung wehrt."[10] Dem Grad nach kann zwischen primären und sekundären Trennungen unterschieden werden. Primäre Trennungen wären demnach Geburt und Tod; sekundäre alle Trennungen im Leben, die überhaupt erst eine Anerkennung von Andersheit erlauben. Wesentlich ist letzteren, daß ihnen eine Entscheidungssituation vorausgeht, in der

---

9 Ludwig Haesler: Trennung zum Leben - Trennung zum Tod. Zur Psychoanalyse menschlicher Trennungsprozesse. In: Trennungen. Hrsg. von Johannes Cremerius u.a.. Würzburg: Königshausen & Neumann 1994 (Freiburger Literaturpsychologische Gespräche, Bd. 13), S. 83.

10 Oskar Negt und Alexander Kluge: Geschichte und Eigensinn. Bd. 1. Frankfurt a.M.: Zweitausendundeins 1983, S. 3.

die Ambivalenz eines spannungsvollen, aber gerade noch ausbalancierten Zustandes überwiegt.

III

Als eine solche Kondition läßt sich der Spagat zwischen „innerer" und „äußerer Emigration" lesen, den die Keun in den drei Jahren zwischen 1933 und 1936 vollzogen hat. In dieser Zeit war ihre subjektive Einschätzung der Lage in Deutschland noch höchst gespalten. Einerseits hatte sie frühzeitig versucht, Kontakte zu Exilverlagen – wie etwa der deutschen Abteilung von Allert de Lange in Amsterdam – herzustellen[11]. Als sie Deutschland Anfang Mai 1936[12] verließ, hat dieser ihr den Übergang ins Exil durch einen Verlagsvertrag zu erleichtern versucht. Dagegen steht ihr Unterfangen, der Reichsschrifttumskammer beizutreten oder zumindest eine potentielle Mitgliedschaft in der Schwebe zu halten und unerschrocken die noch gegebenenfalls zur Verfügung stehenden Publikationsnischen in der deutschen Presse zu sondieren. Dagegen steht auch der höchst naive Glaube an die juristischen Möglichkeiten eines Schadensersatzanspruches, eine Erwartung, die sie mit einem gewissen ‚Mut zur Spontanität' noch 1935 in die Realität umzusetzen versuchte[13], wie aus den Akten des Bundesarchivs Koblenz hervorgeht. Selbstverständlich landeten ihre Briefe an die Landesgerichtsbarkeit im bürokratischen Apparat der Gestapo, die sich höchst irritiert davon zeigte, daß eine Autorin, die 1931 noch Prostituierte mit Postbeamtinnen verglichen hatte (nicht umgekehrt!), sich erlaubte, einen derart absonderlichen Anspruch anzumelden. Ihre beiden Romane aus der Zeit der Weimarer Republik befanden sich bereits seit Frühjahr 1933 unter dem Verdikt „Asphaltliteratur" auf den hektographierten Vorläufern der ersten ‚Schwarzen Listen' für ‚Schöne Literatur', die zur Säuberung der Volksbüchereien wie zur Orientierung der Verleger dienten.[14]

---

[11] Vgl. Kerstin Schoor: Verlagsarbeit im Exil. Untersuchungen zur Geschichte der deutschen Abteilung des Amsterdamer Allert de Lange Verlages 1933-1940. Amsterdam/Atlanta: Rodopi 1992; Wesp: De Lange (Amsterdamer Publikationen zu Sprache und Literatur, 101), S. 162ff.

[12] Die Biographin Gabriele Kreis nennt den 4. Mai 1936, in Dies.: „Was man glaubt, gibt es". Das Leben der Irmgard Keun. Zürich: Arche 1991, S. 159.

[13] Brief an das Landgericht Berlin vom 29. Okt. 1935, Bundesarchiv Koblenz, R 58/914. Zum Vorgang und zum Wortlaut des Briefes vgl. Kreis: Was man glaubt, gibt es, S. 155.

[14] Gerd Roloff: Irmgard Keun - Vorläufiges zu Leben und Werk. In: Zur deutschen Exilliteratur in den Niederlanden 1933-1940. Hrsg. von Hans Würzner. Amsterdam: Ro-

Diese Doppelstrategie zwischen Gehen und Bleiben, die immer auch ein Sich-Einlassen auf die eingeschränkten Möglichkeiten der Existenz als sogenannte ‚freie Schriftstellerin' bedeutete, dokumentiert sich recht gut in der Stellung ihres ersten in der Emigration publizierten Romans *Das Mädchen, mit dem die Kinder nicht verkehren durften*. Er erschien im Sommer 1936 bei Allert de Lange und wurde unverzüglich ins Niederländische und ins Norwegische übersetzt. Die in sich relativ geschlossenen Erzählungen dieses Bandes, die durch das Erzählmedium eher beiläufig zusammengehalten werden, sind größtenteils noch im Lande entstanden. Auch Druck und Ausstattung des Buches wurden von der Autorin von Deutschland aus mit vorbereitet.[15] In Briefen aus dieser Zeit mißt sie sich übellaunig den Status einer ‚Schriftstellerfabrik' bei. Ein „sperriger Text"[16] also für die Exilforschung, wie Doris Rosenstein zu Recht anmerkt, zumal ihn einige Besonderheiten auszeichnen. Perspektivwechsel, die dem topographisch vollzogenen Wechsel vorausgehen, lassen sich in mehrfacher Hinsicht beobachten. Zum einen läßt sich ein Rückgriff in der erzählten Zeit beobachten: auf die Jahre der Besatzung nach dem Ersten Weltkrieg. Zum anderen wird etwas ausgeführt, das ich eine ‚Infantilisierung der Erzählinstanz' nennen möchte. Der Begriff markiert die Vorrangigkeit einer Struktur, in der die Frau wie das Kind sich Regeln unterworfen zeigt, die sie in den Raum der privaten Familie einschließen (möchten). Berichten ihre beiden früheren Romane *Gilgi, eine von uns* (1931) und *Das kunstseidene Mädchen* (1932) noch aus der Perspektive der „New Woman" und des „Material Girl"[17] von den weiblichen Anpassungsstrategien auf dem Arbeits- und Konsumtionsmarkt der frühen dreißiger Jahre, so verlagert sich jetzt der Blickwinkel auf „Grundsituationen der kindlichen Lebenswelt"[18].

---

dopi 1977 (Amsterdamer Beiträge zur Neuren Germanistik, Bd. 6), S. 51; Bundesarchiv Koblenz, R 58/914, Bl. 36-47.

15 Schoor, S. 163.

16 Doris Rosenstein: Irmgard Keun. Das Erzählwerk der dreißiger Jahre. Frankfurt a.M./Bern/New York/ Paris: Lang 1991, S. 129.

17 Vgl. zuletzt Katharina von Ankum: Material Girls. Consumer Culture and the "New Woman" in Anita Loss' "Gentlemen Prefer Blondes" and Irmgard Keun's "Das kunstseidene Mädchen". In: Colloquia Germanica. Internationale Zeitschrift für Germanistik 27, H. 2 (1994), S. 159ff.; Dies: „Ich liebe Berlin mit einer Angst in den Knien". Weibliche Stadterfahrung in Irmgard Keuns „Das kunstseidene Mädchen". In: The German Quarterly 67, H. 3 (1994), S. 369ff.

18 Rosenstein, S. 157.

Doch trotz des kindlich-rührenden Sprachgestus ist, wie hier erzählt wird, ist nicht identisch mit dem, was hier erzählt wird. Deutlich wird auf Erinnerungskomplexe eigener Kindheitserfahrung zurückgegriffen, eine Form der Regression oder auch der Spiegelung, die jene ‚Verkleinerung' des erzählenden Ich erst ermöglicht und nachvollziehbar macht. Idyllik vermag ich jedoch nicht zu erblicken[19]. Fast alle Geschichten enden – gesehen im kindlichen Handlungsrahmen – katastrophisch. Der eher einsamen und mit dem familiären Ensemble kaum vermittelten Phantasiewelt des Kindes, die sich vor dem Hintergrund von Krieg, Besatzung und diffusen Angstvorstellungen entfaltet, wird erstrangiger Wert beigemessen. Auch sind die strukturellen Beziehungen, in denen die Figuren agieren, von auffällig starren und strengen Hierarchien geprägt, wie sie etwa für die Wilhelminische Zeit charakteristisch waren, ablesbar etwa an den Spielen der Kinder.[20] Der heterogene Textkorpus kann insgesamt als Versuch gelten, erstmals die Erzählposition eines „enfant terrible" einzunehmen, das im Blick von unten die Erwachsenenwelt verfremdend und kritisch taxierend vorführt, ohne daß dies sogleich in simple Zeitkritik umzuschlagen braucht. Die der Rollenfigur beigemessene Aussagekraft zielt dabei auf eine dem berühmten Märchen von Hans Christian Andersen „Des Kaisers neue Kleider" vergleichbare Wirkungsstrategie. Hier wie da ist der Wahrheitswert der Geschichte an die induktive Rede, an das ‚Wahrsprechen' des ‚Kindermunds' gebunden, der als einziger ruft: „Der Kaiser ist ja nackt!". Hier wie da wird das als Mythos getarnte und von dem Kind auch nur so begreifbare Benehmen der Erwachsenen als solches thematisiert und damit ausdrücklich dem Erkenntnisprozeß des Lesenden anheimgestellt. Andererseits ist jedoch das Argument nicht von der Hand zu weisen, daß es genau diese Art von Kurzgeschichten war, die im Nachklang des Zweiten Weltkrieges einem nostalgisch-sentimentalen Rezeptionsmodus nur wenig Widerstand entgegensetzen konnten, als Irmgard Keun sie in ihren Funksendungen des damaligen Nordwestdeut-

---

[19] Hier folge ich eher den interpretatorischen Mustern von Hermann Kesten, Gerd Roloff und Joey Horsley als dem von Doris Rosenstein, die in diesem Text nur einen „Ausweich- und Anpassungsversuch" zu erblicken vermag. Vgl. ebd., S. 149.

[20] Vgl. z.B. Irmgard Keun: Das Mädchen, mit dem die Kinder nicht verkehren durften. München: dtv 1993, S. 15f., wo sich die Kinderhorde heimlich gliedert nach „Vizekönig", „Rivale" (das darf im Gegensatz zum Vizekönig auch ein Mädchen sein), „Götzen" und „Fetischen". Die Spitze der Pyramide bleibt aber der Kaiser, der Gott „auf Erden" - und dem Geld - gleichgesetzt ist, S. 49f.

schen Rundfunks 1947 zu Gehör brachte.[21] Die Gratwanderung zwischen innerer Emigration und (vorerst nur) vorgestelltem offenem Bruch mit dem Regime eröffnete offensichtlich breitgefächertere Identifikationsmöglichkeiten für das Lesepublikum in Deutschland, als der Autorin lieb sein konnte.

IV

Denn: Unter physischen Gewaltverhältnissen oder in bestimmten psychischen Zwangssituationen kann man nur noch gehen. *Nach Mitternacht*, der Roman, den Irmgard Keun fast parallel konzipiert, erzählt die Geschichte einer Vertreibung. Der Plot ist bekannt: Die Ich-Erzählerin Susanna Moder, neunzehn Jahre alt, berichtet mit vielen Rückblicken das Geschehen bis zu ihrer Flucht über die deutsche Grenze innerhalb eines Zeitraumes von wenig mehr als einem Tag. Im Zentrum stehen wiederum nicht die direkten Zeitgeschehnisse, sondern deren „Wirkung auf Entscheidungsanspruch und Entscheidungsspielraum"[22] nicht nur der Protagonistin, sondern auch aller Nebenfiguren. Auf vielfältige Weise werden in diesem Roman primäre und sekundäre Trennungsprozesse vollzogen: Das Paar Susanna und Franz sowie der jüdisch-deutsche Arzt Breslauer trennen sich von Deutschland; der Schriftsteller Algin Moder trennt sich von seinem literarischen Anspruch; ein sogenanntes „arisch-jüdisch gemischtes" Liebespaar wird mit ‚sittenstrenger Energie' getrennt; ein debiler Antisemit trennt sich nur für kurze Zeit von seiner Wünschelrute, mit der er die Juden im deutschen Staate aufzuspüren gedenkt; eine unsympatisch gezeichnete Tantenfigur trennt sich von ihrem ereignislosen Dasein als deutsche Hausfrau und Mutter und stürzt sich in die aufregende Existenz eines nationalsozialistischen Blockwarts (Blockwärterin?) und beginnt ihre Karriere als Denunziantin mit beträchtlicher Erfolgsquote; der Journalist Heinrich trennt sich von seinem Leben; Eltern biedern sich dem Regime an um den Preis eines Kindstodes. Die Reihe ließe sich fortsetzen.

Im Gegensatz zu den frühen Keunschen Romanen geht es längst nicht mehr um Aufstiegsideologien, sondern um lebenswerte und nicht auf das Überleben reduzierte Strategien in der vergifteten Atmosphäre eines Systems, dessen gefühlsmanipulative Kraft sie mit dem einprägsamen Wort

---

21 Vgl. Rosenstein, S. 154f.

22 Eva-Maria Siegel: Jugend, Frauen, Drittes Reich. Autorinnen im Exil. Pfaffenweiler: Centaurus 1993 (Thetis - Literatur im Spiegel der Geschlechter; Bd. 5), S. 55.

von der großen „Denunziantenbewegung"[23] charakterisiert hat. Denunzieren, vom lateinischen *denuntiare* abgeleitet, heißt anzeigen, melden, kundtun, von etwas öffentlich Mitteilung machen, das dieser Veröffentlichung nicht angemessen, dafür nicht vorgesehen ist. Es lassen sich drei Motivationstypen unterscheiden:

1. das Handeln aus Loyalität zum Regime, „gleichsam aus ‚Staatsräson'"[24]; 2. Instrumentalisierung der Denunziation für persönliche Konflikte; 3. denunziatorische Handlungen aus der Lust heraus, anderen zu schaden innerhalb von Staatswesen, welche die Mobilmachung solcher Leidenschaften erlauben oder sie fördern.

Nach Mitternacht läßt sich als eine gelungene Studie über alle drei dieser ‚Charaktersyndrome' lesen, welche die „sich selbst überwachende Gesellschaft" (Robert Gellately) konstituieren. Wobei anzumerken ist, daß der erste Typ im Roman trotz seiner allgemeinen Verbreitung die geringste Rolle spielt. In ihm erscheint das Denunziatorische als „eine Art Staatstreue", als „Gebot der (angemaßten) ‚Meldepflicht' dem Staat gegenüber"[25], die Irmgard Keun scharfsichtig wohl eher dem Rahmen des männlichen Tugendkanons zugeordnet hat. Bei ihr ist die Verführung zur Denunziation immer durch eine Doppelfunktion gekennzeichnet: einerseits bedienen sich die verschiedenen Dienste ihrer institutionellen Möglichkeit, im Rahmen einer Ökonomie der Macht und eines sich unmerklich verändernden Normalitätsdiskurses die Bevölkerung zu überwachen und zu disziplinieren, was zugleich immer auch ihre Infantilisierung bedeutet – andrerseits werden die „Individuen in der Masse" gerade dadurch zu einer (nationalen) Einheit verbunden, dienen gleichgeartete Mechanismen der Überwachung und Bestrafung als „Bindemittel"[26]. „(D)er psychische Oberbau, der sich bei den Einzelnen so verschiedenartig entwickelt hat, wird abgetragen, entkräftet, und das bei allen gleichartige unbewußte Fundament wird bloßgelegt (wirksam ge-

---

23 Irmgard Keun: Nach Mitternacht. Amsterdam: Querido 1937, S. 157.

24 Nicole Gabriel: Die steinernen Münder und das Ohr des Tyrannen. Über Frauen und Denunziation. In: metis. Zeitschrift für historische Frauenforschung und feministische Praxis. Hrsg. von Christina von Braun u.a. 2, H. 2 (1993), S. 29. Die ‚Typeneinteilung' habe ich von ihr übernommen.

25 Ebd., S. 30.

26 Sigmund Freud: Massenpsychologie und Ich-Analyse. Die Zukunft einer Illusion. Frankfurt a.M.: Fischer 1971, S. 12; dazu auch Michel Foucault: Überwachen und Strafen. Die Geburt des Gefängnisses. Frankfurt a.M.: Suhrkamp 1994.

macht)."[27] Aber in *Nach Mitternacht* geht es zugleich gerade darum, aufzuzeigen, in welchen Formen die ‚Kontinuität der Mitläuferschaft' durchbrochen werden kann. Dabei steht die Beobachterinnenposition, die von der jugendlichen Ich-Erzählerin im Kontext der Handlung eingenommen wird und die sie selbst zunehmend als Handelnde legitimiert, einer von Hermann Kesten gekennzeichneten Haltung der Autorin sehr nahe, der in einem Brief an Robert Pick vom November 1946 schrieb: „Abgesehen von ihren literarischen Qualitäten – (habe ich) einen hilfreichen, mutigen, kompromißlosen Menschen gefunden. Sie war liberal, d.h. sie stand zwischen allen Stühlen und haßte jede Form von Tyrannei."[28]

Gerichtet ist der Blick aus der Ich-Perspektive vor allem auf die präzise Darstellung jener Affekte, die im Vorfeld der Flucht entscheidungsauslösend werden. Es gibt einige bislang übersehene Indizien dafür, daß sich Irmgard Keun, wenn auch sicherlich niemals systematisch, sondern eher im Strom zeitgenössischer modischer Tendenzen, mit einigen Theoremen der Psychoanalyse vertraut gemacht hat.[29] Der dominierende Begriff in *Nach Mitternacht* ist Angst, Angst in jeder Form, bis hin zur Störung der optischen Wahrnehmungsfähigkeit. Das Signal der Angst gilt dem analytischen Psychologen als „ein Ausdruck zur Bezeichnung einer Vorrichtung, die vor einer Gefahrensituation vom Ich verwendet wird, um eine Überwältigung durch die Reizanflutung zu vermeiden" und das „die Auslösung von Abwehroperationen"[30] ermöglicht.

Zum Täter – oder zur Täterin – wird in *Nach Mitternacht,* wer keine Angst hat. Das läßt sich etwa an der von der zeitgenössischen Rezeption mit großer Aufmerksamkeit aufgenommenen Episode von der kindlichen „Reihendurchbrecherin" zeigen. Die Eltern des Mädchens, das auserko-

---

[27] Freud: Massenpsychologie und Ich-Analyse, S. 13.

[28] Münchner Stadtbibliothek/ Handschriftenabteilung. Archiv Kesten, Brief vom 9. Nov. 1946.

[29] Dies läßt sich bereits auf der verbalen Ebene belegen: So fällt in Gilgi - eine von uns, S. 145 etwas unvermittelt der Begriff des „Ödipuskomplexes". Die Handlungfelder ihres letzten Romans Ferdinand, der Mann mit dem freundlichen Herzen. Düsseldorf: claassen 1981 bewegen sich um die - selbstverständlich ins Satirische gezogene - psychotherapeutische Einrichtung eines Mannes mit Namen Liebezahl, in der es u.a. um die „psychoanalytischen Abgründe eines Bettenfabrikanten", S. 11, die „Libido" einer älteren Hausbesitzerin, S. 52 und die generelle „Hebung" des weiblichen „Unterbewußtseins", S. 60 geht. Der Roman harrt noch immer der weiteren Schatzsuche.

[30] J. Laplanche und J.-B. Pontalis: Das Vokabular der Psychoanalyse. Frankfurt a.M.: Suhrkamp 1994, S. 68f.

ren ist, den Führer mit der üblichen Flora zu beglücken, lösen das double bind zwischen legitimer Furcht und hektischem Anpassungsdrang ganz anders als die Erzählerin. Dabei läßt die weitgehende, auch Sprachkritik implizierende Reduktion der Figur des Bertchen Silias auf ihre reine Funktion innerhalb der Selbstinszenierung der Machthabenden im Roman keinerlei Sentiment aufkommen. In dem eher beiläufig geschehenden Sterben des Kindes endet der Rausch der eigenen Selbstbetäubung und Selbstberuhigung auf dem schmutzigen Boden der Tatsachen; ein symbolischer Akt, der sich mit Gert Sautermeister als eine „sinnbildliche Vorwegnahme der massenhaften Selbstauslöschung deutscher Volksgenossen"[31] interpretieren läßt. Diese Kinderfigur erscheint geradezu als Gegenentwurf zu denen anderer Keunscher Romane, in welchen die kindliche Naivität eher zur Kontrastfolie der Erwachsenenwelt gemacht wird. In *Nach Mitternacht* verkehrt sich diese Unschuld in ihr Gegenteil, sie wird benutzbar, ihre Bewußtlosigkeit und Opferbereitschaft impliziert selbst bereits Schuld.[32]

Daß der Roman im Jahre 1936 Gefahr lief, bei Allert de Lange nicht zu erscheinen, weil die niederländische Verlagsleitung die Befürchtung hegte, seine Veröffentlichung könnte wegen seiner politischen Aggressivität „dem Inseratengeschäft des Verlages"[33] Schaden zufügen, dürfte die Autorin, die sich gerade mittels Emigration ihre Handlungs- und Schreibfreiheit zurückerobert hatte, nicht kalt gelassen haben. Um den damit initiierten Vertragsbruch abzuwenden, dem zu begegnen Keun bereits juristische Schritte eingeleitet hatte, nahmen die Lektoren Landauer, Kesten und Landshoff eine Art optischer Täuschung, einen sogenannten „Autorentausch" vor. Indem sie an die Stelle des üblichen verlegerischen Konkurrenzverhältnisses die Kooperation treten ließen, setzten sie die Entscheidung des Verlagsinhabers außer Kraft.[34]

---

[31] Ders.: Irmgard Keuns Exilroman Nach Mitternacht. In: Faschismuskritik und Deutschlandbild im Exilroman. Hrsg. von Christian Fritsch und Lutz Winckler. Berlin: Argument 1981, S. 28.

[32] Vgl. zur Problematik der moralischen Schuld und zum Komplex des Opfers Siegel, S. 68f.

[33] Hans Albert Walter: Asylpraxis und Lebensbedingungen in Europa. Deutsche Exilliteratur 1933-1950. Bd. 2. Darmstadt/Neuwied: Luchterhand 1972, S. 194; Schoor, S. 42.

[34] Vgl. Walter, S. 193.

V

Nach Mitternacht erschien schließlich 1937 im Verlag Querido, ebenso ein Jahr später die beiden Romane *D-Zug dritter Klasse* und *Kind aller Länder*. Auf *D-Zug dritter Klasse* kann hier nur kurz verwiesen werden. Den Roman einer wirklichen Analyse zu unterziehen – die er wert wäre – würde den Rahmen meines Themas sprengen. Keun nennt ihn selbst „etwas verrückt"[35] – und Verrücktheiten und Abenteuerlichkeiten gibt es in ihm en masse. Gabriele Kreis sieht in ihm eine Art Schlüsselroman, der „die innere Struktur"[36] des Verhältnisses zu Joseph Roth verarbeitet; Doris Rosenstein spricht ihm zwar literarische Ambition und „experimentellen Charakter" zu, wandelt seinen Titel aber letztlich in das Bonmot vom „Roman ‚zweiter Klasse'"[37] um. Doch hat er mit *Nach Mitternacht* mehr gemein als die eng beieinanderliegende Entstehungszeit. Dort ist die Zeit der Handlung extrem begrenzt, hier tritt auch eine räumliche Begrenzung hinzu, das Zugabteil. In ihm entwickelt sich der psychodynamische Prozeß, die Interaktionen einer Gruppe von Reisenden ins nichtfaschistische Ausland.

Obgleich *D-Zug Dritter Klasse* im Gegensatz zu *Nach Mitternacht* auktorial erzählt ist, bringt der Text die beiden Protagonistinnen gewissermaßen in eine Position des Kontrapunkts. Überdies ist Magdalene ein biblischer Name. Während Sanna zunehmend an einer Ich-Stärke gewinnt, die ihr die Entscheidung zur Flucht aus Deutschland erst möglich macht, wird an Magdalene, die im sprachlichen Kontext des Romans immer nur im Diminutivum des ‚Lenchens' erscheint, eine extreme Unfähigkeit vorgeführt, die aktive Trennung von ihren drei potentiellen männlichen Partnern herbeizuführen – mit anderen Worten: eine Ich-Schwäche. Die weibliche Hauptfigur verbleibt in der defensiven, projektiven Konstruktion einer „Ersatzwirklichkeit", in der das Bild der Realität je nach Bedarf „im Sinne der eigenen (Schutz)bedürfnisse, Vorstellungen und Erwartungen verändert bzw. ausgeblendet wird."[38] Eine solche Abwehr- und Verklammerungsposition verhindert den selbstbestimmten Akt der Loslösung und schafft eine „False-self"-Struktur, eine „Struktur des nach außen gekehrten, unauthentischen

---

[35] Irmgard Keun: Ich lebe in einem wilden Wirbel, S. 232, Brief an Arnold Strauss von Weihnachten 1937.

[36] Ebd., Kommentar zum Brief, S. 233; Gabriele Kreis: Was man glaubt, gibt es, S. 198.

[37] Rosenstein, S. 169 und S. 173.

[38] Haesler, S. 90.

Selbst, einer Pseudo-Angepaßtheit"[39], die alle weiteren Trennungsprozesse, alle Versuche, „ein neues Leben an(zu)fangen"[40], und dies ist ihr eigentliches, an signifikanter Stelle artikuliertes Reiseziel, in destruktiver Weise beeinträchtigt. Der innere Vollzug einer Loslösung scheitert.

VI

Das Problem der Figuren in Keuns letztem Exilroman *Kind aller Länder* ist das nicht. Hier wird nicht die Vorgeschichte einer Emigration erzählend vorgeführt, nicht der psychischer Akt der Trennung als solcher problematisiert; hier geschieht sie in Permanenz und als existentielle Notwendigkeit inmitten der Getriebenheit des Exils – obgleich der Begriff niemals fällt. Es ist ein Roman ohne echten Anfang und ohne Ende, ohne festen Ort, ohne lineare Erzählbewegung auch temporal gesehen. Er gibt eine räumliche und zeitliche Destruktion und Desorientierung zu erkennen, in die ein Kind seine eigenen Ordnungsmuster einweben muß.

Elfriede Jelinek hat die Erzählstrategie dieses Romans, den „literarischen Trick" der Keun, sehr treffend gekennzeichnet:

> Das Kind tritt als „Fremde(r), als nicht Vorgebildete(r) in diese Welt und filter(t) die vorgefundene Wirklichkeit durch eine vertrackte Art von Unschuldigkeit, von Erstlingshaltung sozusagen. Nicht jene essentielle Unschuldigkeit des geschichtslosen Blicks ist es allerdings, also des Mythos, der erstarrten Ideologie, sondern die Beschreibung erhält einen Drall, der plötzlich und mit einem Schlag die gesellschaftliche Wahrheit eines Vorgangs, wie komplex dieser auch immer sein mag, enthüllt, Wirklichkeit wie Sprache entlarvend."[41]

Die Spracharbeit, die in dieser mehrschichtigen Figuration der kindlichen Ich-Erzählerin liegt, kann gar nicht hoch genug veranschlagt werden. Eingeführt wird diese in einer prägnanten Eingangssituation: Kully wird in einem Hotel von den Eltern als Pfand zurückgelassen, um deren stets allgegenwärtige Geldverlegenheit kurzzeitig beheben zu können. Ihre immerwährende Abhängigkeit vom Geduldetwerden durch andere

---

39 Ebd., S. 93.

40 Irmgard Keun: D-Zug dritter Klasse. München: DTV 1991, S. 52.

41 Dies.: Weil sie heimlich weinen muß, lacht sie über Zeitgenossen. Über Irmgard Keun. In: die horen 25, H. 4 (1980), S. 224.

schärft den Blick, mit dem Verhaltensweisen ihrer Umwelt als charakteristische vorgeführt werden. Dies ist kein autobiographisches Ich, das da berichtet: es spaltet sich gewissermaßen in drei Standortbestimmungen auf: das erzählende Kind, eine Mutter, die ihr Leben als Frau stets nur als Einschränkung und nicht auch als Chance erfährt und ein Vater, der ein ‚Dichter' ist, in seiner „Ernährerfunktion"[42] allerdings längst mehr als fragwürdig geworden.

Was bedeutet die Fluktuation zwischen diesen Figurenpositionen? Zunächst einmal geht es um ein Zurückgeworfensein auf elementarste Abhängigkeitsverhältnisse, ökonomische, psychische, leibliche. Man kann diesen durchaus selbstironischen Erzählansatz auch als Seismograph dafür nehmen, wie ‚klein' man sich machen muß, um die Fremde überstehen zu können – und sei es als ein fröhlicher Kosmopolit. Die durchgehende kindliche Perspektivierung ermöglicht darüber hinaus einen Aussagegestus, der in der Lage ist, magische und personifizierende Denk- und Sprachformen als Techniken der Bewältigung in sich stimmig aufzuzeigen, den „Prozeß rapider Versteinerung heutzutage bei den Menschen"[43] nicht nur verbal mitzuteilen, sondern erzählend vorzuführen.

Seit Tucholskys verblüfftem Ausruf im Jahre 1932 – „Eine schreibende Frau mit Humor, sieh mal an!"[44] – der mehr über seine intimen Ansichten betreffs ‚schreibender Frauen' verrät als über den rezensierten Roman – ist der Begriff des Humors immer wieder zur Kennzeichnung des spezifischen, aber äußerst variablen Stils der Keun bemüht worden. Der in der Lektüre derartiger Texte stattfindende Lustgewinn resultiert bekanntlich aus einem ersparten Gefühlsaufwand[45]. Er gilt als einer der ganz wenigen psychischen Vorgänge, in denen das Über-Ich in ‚freundlicher Stimmung' erscheint (sonst zeigt es sich ja eher vom Zwang konstituiert). Zu seiner Auslösung bedarf es einer Person, die eine entsprechende überlegene „Einstellung" einnimmt, und zwar möglichst gegen fremde Personen (oder Figuren) und gegen sich selbst. In

[42] Rosenstein, S. 183.

[43] Irmgard Keun: Kind aller Länder. Düsseldorf: claassen 1981, S. 114.

[44] Peter Panther (d.i. Kurt Tucholsky): Auf dem Nachttisch. In: Die Weltbühne 28, H. 5 (1932), S. 177f. Tucholsky war der einzige Rezensent des Romans, dem der explizite Freud-Bezug nicht entging. Er hat ihn aber ausdrücklich und scharf bemängelt.

[45] Vgl. zum folgenden Sigmund Freud: Der Humor (1927). In: Ders.: Studienausgabe. Hrsg. von Alexander Mitscherlich, Angela Richards und James Stachay. Bd. IV. Frankfurt a.M.: Fischer 1969, S. 277-282.

der Regel ist das, so vermerkt Freud, die Resultante aus einer Vateridentifizierung. Wie Witz und Komik hat der Humor etwas Befreiendes, seine Großartigkeit liegt in einer siegreich behaupteten Unverletzlichkeit des Ich. Das Ich verweigere dabei, sich durch die in der Realität stattgehabten Veranlassungen zu kränken, sich davon zum Leiden nötigen zu lassen, es beharre darauf, daß ihm die „Traumen der Außenwelt" nicht nahe gehen können, ja es zeige sogar, daß diese ihm nur Anlaß zum Lustgewinn seien. „Hat es einen Sinn zu sagen, jemand behandle sich selbst wie ein Kind und spiele gleichzeitig gegen dies Kind die Rolle des überlegenen Erwachsenen?"[46]

Für *Kind aller Länder* hat es unbedingt einen Sinn, dies zu sagen, denn genau diese Struktur ist es, die insgeheim das Verhältnis zwischen dem sublimen Stil des Romans und der Bitterkeit seiner Thematik, der Unbehaustheit des Exils, herstellt und vermittelt. In einem wesentlich früheren Aufsatz von Freud findet man weitere Ausführungen auch über die Kehrseite eines solchen Vermögens, über den Preis, der dabei gegebenenfalls zu zahlen ist. „Unter dem Einfluß des Alkohols wird der Erwachsene wieder zum Kinde, dem die freie Verfügung über seinen Gedankenablauf ohne Einhaltung des logischen Zwangs Lust bereitet."[47] Die „naiven" Gattungen, wie Karikatur, Parodie und Travestie und deren „praktisches Gegenstück", die Entlarvung, zählt der Verfasser zu den effektiven „Verfahren einer Herabsetzung" insbesondere des Erhabenen, das heißt von „Personen und Objekte(n), die Autorität und Respekt beanspruchen,"[48] – ein Verfahren, das in alle Keunschen Romane untrennbar eingeschrieben ist. Im Gegensatz zum Witz können diese Gattungen und ihre Effekte aber nicht ‚gemacht', sondern nur ‚gefunden' werden; das heißt, der Anteil unbewußten Bearbeitungsaufwandes ist besonders hoch. Irmgard Keun scheint dieser so seltenen Begabung auch ihre nicht unerheblichen Einblicke in jene Mechanismen zu verdanken, die es Frauen ihrer Zeit so wenig erlaubten, ihre traditionell erwünschte „töchterliche Position"[49] zu verlassen und ihre Aggressivität jenseits von

---

[46] Ebd., S. 279.

[47] Sigmund Freud: Der Witz und seine Beziehung zum Unbewußten (1905). In: Ders: Studienausgabe. Bd. IV, S. 120.

[48] Ebd., S. 186.

[49] Christa Rhode-Dachser und Karin Menge-Herrmann: Weibliche Aggression aus psychoanalytischer Sicht. In: Evas Biss. Weibliche Aggressivität und ihre Wirklichkeiten. Hrsg. vom Hamburger Arbeitskreis für Psychoanalyse und Feminismus. Freiburg: Kore 1995, S. 92.

Schuld- und Insuffienzgefühlen ausleben zu können. Die larmoyante und selbstgerechte Bearbeitung der eigenen Opferrolle war ihre Sache nicht. Und kämpferisch war sie keineswegs in der Fokussierung eines ‚Feindbildes Mann'. Eher steht, wenn man so will, im Zentrum ihrer so subtilen wie scharfsinnigen Beobachtungen, zumindest in den Erzähltexten, der Beitrag beider Geschlechter zu jenen stereotypen Ideologien des Opfers und der Verfolgung, die mit perversem Vergnügen auch sich selbst noch mit in den Abgrund rissen.

Schaut man indes, was das *Kind aller Länder* betrifft, noch einmal auf die Perspektivierung des Blickes, der diese sublimierte und trotzige Darstellung der Emigrationsverhältnisse und ihrer Beziehungsgefüge konstituiert und durchdringt, so erscheint Angst wiederum ein zentraler Begriff; Angst vor unbekannten Geräuschen, Angst davor, daß die Eltern das Mädchen ‚weggeben' könnten, Angst davor, daß die imaginäre Verwandlung der Mutter – in einen Baum, der über feste Wurzeln verfügt – sich nicht mehr rückgängig machen läßt, Angst vor dem Horst-Wessel-Lied und der weißen Kälte der Steine am italienischen Strand. Angst auch vor einer Trennung und Loslösung aus dem festen Eingebundensein in die europäische Kulturtradition, wie sich kurz an der Amerika-Passage des Romans aufzeigen läßt. Auslöser für die geplante Reise ist die eskalierende Kriegsangst in Europa, welche die Familie aus einer Phase des Fast-Zu-Hause-Seins wieder in den Strudel der Zwischenstationen reißt. In den Augen des Kindes und damit des Lesenden erhalten Überfahrt und Aufenthalt den Status eines Abenteuers zugeschrieben. Erst das Jahr 1938, in dem der Roman ja bereits erschien, hat sich als „historischer Umschlagpunkt für die Amerika-Perspektive der Exilierten, von dem aus sich die Notwendigkeit und der Zwang zur Emigration aus Europa immer unausweichlicher herausstellte"[50], erwiesen. Die im weiteren Verlauf der Handlung immer spürbarer werdende Aversion gegen das Ziel der Reise läßt sich mit Doris Rosenstein auf einen im Briefwechsel mit Arnold Strauss ausdrücklich verhandelten Sachverhalt autobiographischer Provinienz zurückführen. Zu diesem Zeitpunkt hatte die Autorin die Möglichkeit zur Seßhaftwerdung, die sich ihr während ihres Aufenthalts in den Vereinigten Staaten vom 13. Mai bis zum 11. Juli 1938 unter Zuhilfenahme einer Eheschließung mit dem jüdischen, in die USA emigrierten Arzt geboten hätte, immer noch als eine unmittel-

---

[50] Rosenstein, S. 295.

bare „Bedrohung für ihre schriftstellerische Zukunft"[51] eingeschätzt. Zwei Jahre später, im Spätsommer 1940, als die deutsche Armee Amsterdam einnahm und sie nur noch die Chance für sich sah, mit einem falschen Paß ausgerüstet, illegal nach Deutschland zurückzukehren, dürfte sie ganz anders darüber gedacht haben. Der Balanceakt, den das Kind auf dem Schiff vollzieht – „Ich habe meine Arme ausgestreckt und dachte, sie würden so lang werden, daß ich links Amerika mit meinem Vater und rechts Europa mit meiner Mutter anfassen könnte"[52] – läßt sich nur auf dem Papier vollführen.

Aber nicht nur die Angst als „Einbruch des Schreckens in alltägliche Normalität" ist es, die kindliches Dasein in der Emigration bestimmt – vielfältig sind auch die Konfrontationen mit der endgültigen Trennung, mit dem Tod. Um den „psychischen Subtext"[53] dieses, die Auswirkungen von Vertreibung und Vernichtung mit Kriegsbeginn vorwegnehmenden Motivs angemessen darlegen zu können, sei abschließend ein kurzer, die Problematik der Deutlichkeit halber zuspitzender Seitenblick auf eine dokumentarische Quelle erlaubt.

Im Oktober 1940 eröffnete eine Gruppe von deutschen Emigrantinnen und Emigranten und britischen Bürgerinnen und Bürgern in einer verhältnismäßig sicheren Gegend in der Nähe Londons unter dem Namen „Hampstead Nurseries" ein Kriegskinderheim.[54] Unter den durch Fliegerangriffe heimatlos (nicht unbedingt elternlos) gewordenen Kindern, häufig im Säuglingsalter, befanden sich auch einige Flüchtlingskinder, die das Flüchtlingskomitee im Bloomsbury House geschickt hatte. Das ab Februar 1941 nahezu ausschließlich mit Sachspenden und Geldern aus dem amerikanischen *Foster Parent's Plan for War Children* finanzierte Unternehmen bot die Möglichkeit, das Schicksal „junger Kinder"(gemeint ist in heutigen Termini das Vorschulalter), die ihr Leben mit einer Trennung von der Familie beginnen müssen, zum Gegenstand einer Reihe von Untersuchungen zu machen. Die Zwiespältigkeit dieses Unterfangens mit wissenschaftlichem Beschreibungsanspruch (der im Gegensatz zur Romanfiktion immer Gefahr läuft, die Untersuchten zum Objekt zu degradieren) war den beiden Berichtenden, Anna

[51] Rosenstein, S. 362.

[52] Irmgard Keun: Kind aller Länder, S. 210.

[53] Ich folge damit einem Lektürevorschlag von Joey Horsley, S. 282.

[54] Vgl. für das Weitere die Darstellung bei Anna Freud und Dorothy Burlingham: Kriegskinder. Berichte aus den Kriegskinderheimen „Hampstead Nurseries" 1941-1942. In: Die Schriften der Anna Freud. Bd. II. 1939-1945. München: Kindler 1980.

Freud und Dorothy Burlingham, wohl bewußt. Nur die durch die *British War Relief Society* auferlegte Verpflichtung hatte sie, wie ausdrücklich vorangestellt wird, bewogen, einige Berichte zu veröffentlichen. Im Vorwort ist vermerkt:

> Kleinkinder können aus einer Vielfalt von Gründen verwaisen oder ihren Familien entrissen werden, z.B. durch Tod, Krankheit, Unfall, Scheidung, finanzielle Katastrophen, d.h. durch Ereignisse, die zu allen Zeiten und in allen Gesellschaftsschichten auftreten. Kriege erleichtern nur und multiplizieren die Auflösungen von Familieneinheiten und bringen deshalb die prekären Folgen solcher Zusammenbrüche für die betroffenen Kinder mehr ans Licht.[55]

Auf die Berichte kann hier im einzelnen nicht eingegangen werden, obgleich sie einer näheren Vorstellung überaus wert wären. Sie behandeln nicht nur Ernährungs- und Gesundheitsfragen sowie diverse Probleme der Betreuung, sondern stellen detailliert auch Fälle vor, welche die Auswirkungen von exzessiven Entbehrungen sowie Trennungs- und anderen traumatischen Schocks aufzeigen. Die Grundproblematik läßt sich unter dem Stichwort „Produktion von künstlichen Waisen"[56] zusammenfassen. Der letzte Monatsbericht vom Oktober 1942 verzeichnet Erkenntnisse, „zentriert um die kindliche Einstellung zum Tod. Die beiden Autorinnen vermerken:

> Unter normalen Bedingungen haben kleine Kinder keinen wirklichen Begriff vom Tod. ‚Tod' ist für sie gleichbedeutend mit ‚fort' und hat nichts mit dem Ende des Lebens zu tun. In dieser Hinsicht sind unsere Kinder eine deutliche Ausnahme.[57]

Die dargestellten Affekte schwanken zwischen Grausamkeit und Mitleid, abwechselnd haben die Kinder zu beiden Gefühlsregungen Zugang. „Tod ist eine Strafe für (...) Feinde, ähnlich einem kurzfristigen Verweis aus dem Zimmer."[58] Da Trauer noch kein Bewältigungsverfah-

---

[55] Ebd., S. XI.
[56] Ebd., S. 413.
[57] Ebd., S. 632.
[58] Ebd., S. 634.

ren darzustellen vermag, dokumentiert sich die Widersprüchlichkeit der Haltung häufig auch in kindlichen Todeswünschen. In ihnen geht die Vorstellung der Wiederbelebung mit der Todesvorstellung Hand in Hand. Sämtliche betroffene Kinder waren davon überzeugt, daß ihre toten Eltern am Ende des Krieges zurückkommen würden und übertrugen diesen festen Glauben auch auf alle anderen Personen, von deren Tod sie in dieser Zeit hörten. Häufig imaginierten sie sich selbst in die Rolle des Retters. Zu den Nachfolgewirkungen gehören vielfach tiefe Schuldgefühle, vor allem bei Kindern, die ihr Überleben der Tatsache verdankten, daß sie ihre Eltern verlassen, sich von ihnen getrennt hatten.[59]

VII

Diese wenigen Hinweise sollten genügen, um zumindest andeuten zu können, daß die fiktionale Darstellung und die fingierte Rede der Erzählerin in Irmgard Keuns Roman *Kind aller Länder*, die zu diesen Berichten nicht wenige Parallelen aufweisen, durchaus in der Lage waren, das Problem kindlicher Wahrnehmung von Trennungserfahrungen adäquat zu erfassen. Als Partikel des sich eröffnenden thematischen Feldes, die sich ermitteln ließen[60], können etwa gelten: die Auseinandersetzung mit dem Sterben am Beispiel von Tieren; mit dem Verbleib toter Körper und mit ihrem Geruch als einer kindgemäßen sinnlichen Erfahrung; mit scheinbar plötzlich geschehenden Suiziden von Freunden und Bekannten der Familie und in der Umgebung des Kindes, emigrierten wie nicht emigrierten; mit dem massenhaften Töten und Sterben in Kriegen; und ganz allgemein mit der Tatsache, daß auch der Tod offenbar nicht ‚umsonst' ist, weil Beerdigungen Geld zu kosten pflegen – also mit der kulturellen Verwertung von Toten (noch nicht mit der industriellen). Nicht umsonst wird dem Themenkreis im Roman *Kind aller Länder* also qualitativ wie quantitativ mehr als nur eine Randbedeutung eingeräumt – auch wenn die intime private Korrespondenz davon nichts ahnen läßt.

Begibt man sich nun noch einmal auf die Ebene der Figurationen, so läßt sich zusammenfassend sagen, daß die Stärke der Keunschen Wahrnehmungsschärfe nicht nur in solchen unauffälligen, weil in die Perspektive des Erzählens eingeschriebenen Antizipationen, sondern gerade deshalb in erster Linie auch in der Form ihrer literarischen Verarbeitung,

---

59 Vgl. Gershon, S. 140ff.

60 Meine Ausführungen resultieren aus den bei Rosenstein akribisch zusammengestellten Belegen, ebd., S. 201ff.

ihrem Darstellungs- und Artikulationsvermögen zu suchen ist. Gelegentlich auch in einem insgeheimen Trotz, der vor allem auch ihrer Erzählerinnen auszeichnet - aber „Trotz bedeutet immer Trennung"[61]. Am Ende aller Keunschen Romane stehen Abschiede, immer sitzt da eine im Wartesaal, immer will oder muß da eine gehen, befindet sich eine „am Rande des Nervenzusammenbruchs"[62]. Bis auf Irmgard Keuns letztem, 1950 erschienenen Roman, der unter dem etwas maliziösen Titel *Ferdinand, der Mann mit dem freundlichen Herzen* noch einmal alle eingefahrenen kulturellen und erzählerischen Körperverweisungssysteme durcheinanderwirbelt. Mit unkorrumpiertem Blick rückt hier der mit dem Kindlichen affizierte Blick einer männlichen Erzählinstanz den Zynismus der Nachkriegsverhältnisse ins scharfe Licht der satirischen Analyse. Am Ende dieses Textes steht keine Trennung mehr, sondern eine überaus erschöpfte Heimkehr. Auch Ferdinand ist ja ein Heimkehrer. Seine Rückkehr aus dem letzten großen Krieg ist einem Verstummen der Rede gewissermaßen vorgelagert: „Große Schrecken löschen die Denkfähigkeit aus."[63]

---

[61] Gabriele Teckentrup: Einige Gedanken zum weiblichen Trotz. In: Evas Biss, S. 69
[62] Horsley, S. 282
[63] Irmgard Keun: Ferdinand, der Mann mit dem freundlichen Herzen, S. 86. Ich danke den Studentinnen und Studenten meines Seminars „Das unordentliche Geschlecht" im Sommersemester 1996 in Köln für zahlreiche Hinweise und Anregungen.

Waltraud Strickhausen

Umworben, vereinnahmt, verfolgt

Kinderwelten im Nationalsozialismus als Thema in Film und Literatur

Was der Vater schwieg,
das kommt im Sohne zum Reden,
und oft fand ich den Sohn
als des Vaters entblößtes Geheimnis.
(Friedrich Nietzsche)

Impressionen eines Films: Ein Mann mittleren Alters am Lehrerpult einer Dorfschule, er überklebt in den Schulbüchern den Fahneneid der deutschen Wehrmacht mit Papierstreifen, eine Aufgabe, die ihn offensichtlich nervös und gereizt macht. – In der Mitte des Klassenzimmers liegt auf dem Boden ein Berg von Kriegsspielzeug aufgehäuft, ein kleiner Junge liefert widerstrebend seine Zinnsoldaten ab. – Buchseiten mit dem Portrait Adolf Hitlers flattern zerrissen und zerknittert in einen Abfallkorb. Eine Kinderhand greift danach, eine Kinderstimme sagt erst fragend-erstaunt, dann affirmativ: „Mein Führer...mein Führer!" – Nachdem die Hitlerbilder in den Flammen des Ofens aufgegangen sind, nimmt das Kind sein Bilderbuch, reißt eine Seite nach der anderen heraus und wirft sie gleichfalls ins Feuer. Am Ende bleiben vom „Struwwelpeter" nur die Buchdeckel zurück: „Alles hab' ich rausreißen müssen...das alles hab' ich rausreißen müssen."

Dies sind Bilder aus einer, wie mir scheint, zentralen Szene des im August 1983 beim Filmfestival in Locarno uraufgeführten Films *Peppermint Frieden*[1]. Das erstaunte, fast verzückte „Mein Führer...mein Führer" aus dem Mund eines fünfjährigen Mädchens blieb als stärkster Eindruck in meinem Gedächtnis haften. Obwohl die Erwachsenen im Film über Schlimmes nur flüsternd reden, obwohl sie im Beisein des Kindes verstummen oder ihm die Augen zuhalten, ahnen und spüren die

[1] Peppermint Frieden. Bundesrepublik Deutschland 1982. Drehbuch und Regie: Marianne S. W. Rosenbaum. Darsteller: Peter Fonda (Mister Frieden) Saskia Tyroller (Marianne) Gesine Strempel (Mutter) Hans Peter Korff (Vater) Cleo Kretschmer (Nilla Grünapfel) Elisabeth Neumann-Viertel (Großmutter). Produktion: Nour Film München. Länge: 3005 m (110 Min.) 35 mm/s/w mit Farbteilen. Uraufführung: 13. Aug. 1983 auf dem Internationalen Filmfestival in Locarno. Deutsche Erstaufführung: 9. Sept. 1983. FBW-Prädikat: besonders wertvoll.

Kinder viel mehr, als die Eltern glauben wollen; sie sind gleichzeitig von Anfang an den Einflüssen der Umwelt ausgesetzt. Der Film hat mein Interesse für die Frage geweckt, wie kleine Kinder überhaupt den nationalsozialistischen (Kriegs-) Alltag und dessen abruptes Ende erlebt haben mögen, welche Spuren beides in ihnen hinterlassen hat, ob und wie dies in der Literatur thematisiert wird.

Nachdem sich seit etwa zwei Jahrzehnten Psychoanalytiker mit den Spätfolgen und Auswirkungen von Verfolgung und Konzentrationslager auf die Nachkommen der Überlebenden des Holocaust beschäftigen, ist in den späten 80er Jahren auch eine allgemeinere Fachdiskussion über die „Kinder der Täter", der Mitläufer, der Zu- und Wegschauer in Gang gekommen. Was die Elterngeneration nach der Niederlage des Hitlerregimes hartnäckig verleugnete – sei es aufgrund der erfahrenen Kränkung ihres Selbstwertgefühls oder um Scham- und Schuldgefühle zu vermeiden – ging gerade wegen dieses Schweigens an ihren Kindern nicht spurlos vorüber. Nicht die ehemaligen Nazis selbst unterzogen sich langjährigen Psychoanalysen, wie Adorno dies in seinem Aufsatz „Erziehung nach Auschwitz"[2] gefordert hatte, nicht sie setzten sich schreibend damit auseinander, sondern ihre Kinder, die nach dem Krieg Geborenen ebenso wie die Generation der in die NS-Zeit hineingeborenen Kinder. So wie die meisten der Opfer ihre furchtbaren Erlebnisse erst aus einem langen zeitlichen Abstand zu dem Geschehenen artikulieren konnten, um das mühsam aufgebaute fragile Gerüst ihres neuen Lebens nicht in Gefahr zu bringen, so ist es offenbar auch den ‚Kindern der Täter' erst in reiferem Alter, in einer Distanz von 30, 40 und mehr Jahren möglich, sich mit der Vergangenheit der Eltern und, soweit sie die NS-Zeit schon bewußt miterlebt hatten, auch mit der Erinnerung an eigene Gefühle und Reaktionen zu konfrontieren.

Zweifellos wäre es, meiner Ansicht nach, unzulässig, unter einem verallgemeinerten Schlagwort der Traumatisierung die Leiden der Verfolgten und ihrer Kinder und die Auswirkungen des NS-Systems und der darauf folgenden Jahrzehnte der Verdrängung auf die Kinder der übrigen Bevölkerung als qualitativ vergleichbare Phänomene zu behandeln. Gleichwohl sind die Fragen: „Wer bin ich, woher komme ich, was sind

---

[2] Theodor W. Adorno: Erziehung nach Auschwitz (Vortrag im hessischen Rundfunk, gesendet am 18. April 1966). In: Th. W. A.: Gesammelte Schriften. Bd. 10.2. Kulturkritik und Gesellschaft II. Eingriffe – Stichworte – Anhang. Frankfurt a.M.: Suhrkamp 1977, S. 674-690; hier: S. 684f.

meine Prägungen?“[3] von sehr akuter Bedeutung, gerade in einer Zeit, in der in Deutschland wieder junge Menschen ihre sozialen und persönlichen Frustrationen in Form von gewalttätigen Angriffen gegen Minderheiten, vor allem gegen Menschen aus anderen Kulturen und gesellschaftlichen Randgruppen, ausagieren und in der diese Gruppen in mitunter verantwortungslos geführten (partei-) politischen Diskussionen über allgemeine gesellschaftliche Probleme als Sündenböcke benutzt werden.

Zu fragen ist, wie Wolfgang Benz es formuliert hat, „nach dem Mißbrauch einer Kindergeneration durch Verführung und skrupellos entfachte Begeisterung für Ideale wie Rassenhaß und Herrenmenschentum [...], was der Zwang zu Tapferkeit und Unterwerfung, die Durchsetzung des Prinzips von Befehl und Gehorsam, die Propagierung des Rechts des Stärkeren in der Psyche von Heranwachsenden bewirkte, und was für die Zeit nach dem Nationalsozialismus in ihnen bestimmend blieb“[4]. So wenig es genügt, die massenhafte Begeisterung für Adolf Hitler als historisches Phänomen zu betrachten, so wenig dürfen diese Fragen bei der damaligen Kindergeneration Halt machen. Wie wir heute sehen, ist es nicht einfach ein Problem dieser einen Generation, sondern ebenso eines der Enkel und Urenkelgenerationen, so gern sich auch viele dieser Auseinandersetzung entziehen möchten.

> Die Erfahrungswelt des Dritten Reiches mit ihren damaligen Selbstverständlichkeiten hinterläßt Wirkungen, die sich durchaus gegenläufig zu bewußten ideologischen Positionen entfalten können, zumal die Begeisterung der Massen ihren Weg auch damals schon über unterschwellige Empfänglichkeit für bestimmte Rituale und Bilder nahm und ihren Ursprung keineswegs nur in poli-

---

[3] Barbara Heimannsberg und Christoph J. Schmidt: Einführung: Zur Symptomatik der nationalsozialistischen Erbschaft. In: Das kollektive Schweigen. Nationalsozialistische Vergangenheit und gebrochene Identität in der Psychotherapie. Hrsg. von B. Heimannsberg und C. J. Schmidt. Köln: Edition Humanistische Psychologie 1992, S. 11-15; hier: S. 11. Vgl. auch Elke Rottgardt: Elternhörigkeit. Nationalsozialismus in der Generation danach. Eltern-Kind-Verhältnisse vor dem Hintergrund der nationalsozialistischen Vergangenheit. Hamburg: Verlag Dr. Kovac 1993; die eigenen Erfahrungen und 13 Lebensläufe von anderen Täterkindern präsentiert Dörte von Westernhagen: Die Kinder der Täter. Das Dritte Reich und die Generation danach. München: Kösel 1987.

[4] Wolfgang Benz: Kinder und Jugendliche unter der Herrschaft des Nationalsozialismus. In: Sozialisation und Traumatisierung. Kinder in der Zeit des Nationalsozialismus. Hrsg. von Ute und Wolfgang Benz. Frankfurt a.M.: Fischer 1992, S. 11-24; hier: S. 23.

tisch durchdachten Entscheidungen hatte. Es gibt keinen Grund anzunehmen, daß diese Empfänglichkeit nicht fortbesteht, führt sie doch ihr Eigenleben abseits des offiziellen Standards politischer Bildung.[5]

Der israelische Psychotherapeut Dan Bar-On führte in den 80er Jahren in Deutschland eine Studie durch, bei der untersucht werden sollte, ob Holocaust-Täter in ihren letzten Lebensjahren Anzeichen eines fortgesetzten moralischen Konflikts zeigten. Er kam dabei zu der Theorie, daß manche Täter ihren inneren Konflikt durch eine „paradoxe Moralität" lösten; d.h. indem sie nur einen Ausschnitt einer Greueltat in Erinnerung hielten und sich dafür schuldig fühlten, konnten sie die Selbstwahrnehmung bzw. Selbsttäuschung von Moralität aufrechterhalten. Insgesamt konnten jedoch sowohl die „potentiellen Beichtpersonen" (Priester, Ärzte, Psychotherapeuten) wie auch die Kinder der Täter, die Bar-On befragte, überraschend wenig von Anzeichen innerer Konflikte berichten. Bar-On schließt daraus, daß hier das aus therapeutischen Zusammenhängen bekannte „Phänomen der doppelten Mauer"[6] vorliegen könnte. Bezogen auf die Situation von Tätern und ihren Kindern würde dies bedeuten, daß nicht nur der Vater, der einen Konflikt zwischen Überlebens- und moralischen Ansprüchen unterdrückte, eine Mauer des Schweigens errichtet hat, sondern daß auch von Seiten der Kinder eine starke Abwehr vorhanden ist, aus Angst, mit Gefühlen konfrontiert zu werden, mit denen sie nicht umgehen könnten.

> In den meisten Fällen zeigten weder die Täter noch ihre Kinder starke emotionale Reaktionen auf die vergangenen Ereignisse. Die wenigen Ausnahmen legen nahe, daß die paradoxe Moralität der Täter die Entwicklung einer ähnlichen Moralität bei den Kindern hervorgerufen hat. Wir haben festgestellt, daß die Täter-Eltern ihren Kindern nicht helfen konnten, ein gesundes moralisches Selbst zu entwickeln.[7]

---

[5] Heimannsberg und Schmidt: Einführung, S. 13.

[6] Dan Bar-On: Die Täter des Holocaust und ihre Kinder – eine paradoxe Moralität. In: Das kollektive Schweigen, S. 279-293; hier: S. 289.

[7] Ebd., S. 292.

Bar-On hält als Ergebnis seiner Untersuchungen fest, daß „wir keine einfache und eindeutige Unterscheidung zwischen Holocaust-Tätern und der übrigen Gesellschaft treffen können“[8]. Nicht nur in dem extremen Fall, einen Holocaust-Täter zum Vater zu haben, hat sich, wie Untersuchungen zeigen, die verdrängte und gerade durch das Schweigen belastende Vergangenheit negativ auf die psychische Entwicklung der Kinder ausgewirkt. Die Voraussetzung für die Ich-Idealbildung des Heranwachsenden, d.h. für die allmähliche Ablösung von den Elterngestalten und die Internalisierung kulturell verbindlicher Wertvorstellungen ist, so Lutz Rosenkötter, in der Möglichkeit der Identifizierung mit einem intakten, nicht erkennbar widersprüchlichen elterlichen „Ich-Ideal“ zu sehen. Bei Heranwachsenden, „deren Elternvorbild und deren Ich-Ideal infolge von Regression, Hörigkeit und Verleugnung defizient war“, müsse man von Spätfolgen ausgehen, „die auch als traumatisch im Sinne einer lang einwirkenden Schädigung angesehen werden können“[9]. Die Unmöglichkeit, ein integres elterliches Ich-Ideal zu übernehmen, führe erfahrungsgemäß zu bestimmten Mängeln der Persönlichkeit, die sich häufig als Charakterpathologie darstellten.

> Sie äußert sich in einer großen Scham-Anfälligkeit und einer mangelnden Fähigkeit, innerlich zu den eigenen Wertvorstellungen zu stehen und sie nachhaltig zu vertreten. Diese Konstellation entsteht besonders dann, wenn die Eltern in vergeblicher Selbstrechtfertigung offen oder geheim an ihren kulturfeindlichen Idealen festhalten und es den Heranwachsenden nicht gelingt, sich innerlich von ihnen abzulösen. So entsteht ein Loyalitätskonflikt zwischen dem öffentlich bekundeten Eintreten für demokratische Ideale und der Teilnahme an der unaufrichtigen elterlichen Selbstrechtfertigung.[10]

Welchen Beitrag zum Verständnis solcher Prägungen und emotionalen Dispositionen, Wahrnehmungs- und Verhaltensmuster, die aufgrund der ausgebliebenen Trauerarbeit in der Nachkriegszeit perpetuiert wur-

---

[8] Ebd., S. 293.

[9] Lutz Rosenkötter: Die Idealbildung in der Generationenfolge. In: Kinder der Opfer. Kinder der Täter. Psychoanalyse und Holocaust. Hrsg. von Martin S. Bergmann, Milton E. Jucovy und Judith S. Kestenberg. Frankfurt a.M.: Fischer 1995, S. 209-216; hier: S. 212.

[10] Ebd., S. 212f.

den, haben Literatur und Film leisten können? Auf den ersten Blick mag der Film *Peppermint Frieden* als einer unter vielen individuellen Versuchen erscheinen, sich der lange totgeschwiegenen nationalsozialistischen Vergangenheit anhand der eigenen Familiengeschichte erinnernd und nachspürend anzunähern, wie sie in den 70er und 80er Jahren von zahlreichen Autoren und Filmemachern unternommen wurden. Diese Versuche sind im Kontext einer allgemeinen Tendenz der Zeit ‚nach 1968', d.h. nach dem Scheitern der Hoffnungen auf eine revolutionäre Veränderung der Gesellschaft zu sehen. Da sich eine rasche „Erneuerung an Haupt und Gliedern" angesichts der hochkomplizierten Zusammenhänge der modernen Industriegesellschaft, aber auch aufgrund von zunächst „unbeachtet gebliebene[n] Hemmnisse[n] in der ‚inneren Organisation' des Menschen"[11] als undurchführbar erwiesen hatte, versuchte man in den 70er Jahren statt dessen bei „Fragen nach der Veränderbarkeit des Menschen" anzusetzen:

> Daß die Einwirkung der Gesellschaft nicht an der Peripherie des Unterbewußtseins halt macht, die ‚Innenzone' also nicht als Insel der Unberührtheit ausspart, sondern auch dort ihre schwer zu löschenden Spuren hinterläßt, daß jeder oder jede, die sich als soziales, gewordenes Ich überhaupt entdecken, sich sofort als geformtes und vielleicht deformiertes Ich erkennen – diese Befunde markieren im Denken und in der Literatur einen entscheidenden Bruch: den Beginn der Selbstprüfung.[12]

Diese Tendenzen zur Selbsterfahrung einerseits und zur Auseinandersetzung mit der Elterngeneration andererseits haben die Literatur ‚nach 1968' so nachhaltig geprägt, daß sie mit Schlagworten wie „Neue Subjektivität"[13] und „Väterliteratur"[14] belegt worden ist. In der Studentenbewegung und ihrem Protest gegen das Establishment und die personalen Kontinuitäten zum 3. Reich war der Riß in den Familiengeschichten

---

[11] Thomas Koebner: Die zeitgenössische Prosa II: Erfahrungssuche des Ich. Perspektiven des Erzählens seit 1968. In: Tendenzen der deutschen Gegenwartsliteratur. Hrsg. von Thomas Koebner. Stuttgart: Kröner 1984, S. 215-250; hier: S. 216f.

[12] Ebd., S. 217f.

[13] Vgl. Ralph Gehrke: Literarische Spurensuche. Elternbilder im Schatten der NS-Vergangenheit. Opladen: Westdeutscher Verlag 1992, S. 44.

[14] Vgl. Claudia Mauelshagen: Der Schatten des Vaters. Deutschsprachige Väterliteratur der siebziger und achtziger Jahre. Frankfurt a.M. u.a.: Lang 1995.

und die Barriere zwischen den Generationen zum ersten Mal öffentlich manifest geworden. Mit ihrem Scheitern und ihrer beginnenden Zersplitterung in verschiedene linke Gruppierungen kam es damit parallel zur politischen Radikalisierung, die in einen neuen linken Terror mündete, zu einer Rückbesinnung und Spurensuche, die ihren Impetus aus der Beschäftigung mit dem eigenen Ich gewann. Wolfgang Türkis sieht umgekehrt in diesem Zusammenhang „eine gewisse Zwangsläufigkeit zwischen der ‚post-faschistischen' Sozialisation einerseits und dem (kollektiven) Scheitern der 68er Revolte andererseits"[15]. Der Mangel, den die autobiographischen Texte zu beheben suchten, nämlich die fehlende Auseinandersetzung mit dem Elternhaus und der dort erfahrenen Sozialisation, die äußerst brüchige Identität der meisten studentischen Rebellen sei eine wesentliche Ursache des Scheiterns gewesen.

Waren literarische Darstellungen von Kindheiten im Nationalsozialismus in den ersten drei Jahrzehnten nach Kriegsende selten geblieben und kaum beachtet worden – zu nennen wären Ilse Aichingers Roman *Die größere Hoffnung* (1948), Hertha Paulis Roman *Jugend nachher* (1959) sowie die Erzählung *Abschied von den Eltern* (1961) von Peter Weiss – so änderte sich dies, beginnend mit Peter Handkes 1972 erschienener Erzählung *Wunschloses Unglück,* ab Anfang/Mitte der 70er Jahre grundlegend. Gehäuft um 1980, ist eine mittlerweile nur noch schwer überschaubare Zahl von Texten auf dem Buchmarkt erschienen[16], die das Werden der eigenen Person zur Sprache bringen wollen unter Verwendung unterschiedlichster literarischer Formen, die vom einfachen, chronologischen Bericht über komplizierte Montagen verschiedener Erzählebenen und dokumentarischen Materials bis hin zur literarischen Stilisierung und Verfremdung etwa mit den Mitteln der Groteske reichen. Das Spektrum der in diesen Texten präsentierten Kindheitserfahrungen macht deutlich, daß von *der* Kindheit im Nationalsozialismus nicht die Rede sein kann. Auch eine dualistische Unterscheidung zwi-

[15] Wolfgang Türkis: Beschädigtes Leben. Autobiographische Texte der Gegenwart. Stuttgart: Metzler 1990, S. 7.

[16] Einen Überblick über die Darstellung des Nationalsozialismus in der Nachkriegsliteratur mit kurzen Erläuterungen zu 50 Werken gibt der Band: „Das Vergangene ist nicht tot, es ist nicht einmal vergangen." Nationalsozialismus im Spiegel der Nachkriegsliteratur. Hrsg. von Jochen Vogt in Verbindung mit der Alten Synagoge Essen unter Mitarbeit von Benedikt Jessing. Essen: Rigodon 1984. Vgl. auch Werner Brettschneider: „Kindheitsmuster". Kindheit als Thema autobiographischer Dichtung. Berlin: Erich Schmidt 1982.

schen den Kindern der Opfer und den Kindern der Täter wird der Vielfalt der tatsächlichen Konstellationen nicht gerecht, die in der autobiographischen Literatur der letzten 20 Jahre beschrieben worden sind. Die Lebenswelt von Kindern in jener Zeit konnte von ständiger, akuter Lebensgefahr z.B. im Versteck geprägt sein oder auch nur von der potentiellen Gefährdung und Außenseitererfahrung etwa eines Peter Brückner[17], von der erzwungenen oder auch freiwilligen Anpassung ebenso wie begeistertem Mitmachen bei Aktivitäten und Organisationen, mit denen die Nazis die Jugend für sich zu gewinnen suchten, wie es beispielsweise Margarete Hannsmann in ihrem Buch *Der helle Tag bricht an. Ein Kind wird Nazi*[18] geschildert hat.

Am Anfang der persönlichen „Spurensuche" steht nicht selten die Existenz eigener Kinder und der Wunsch, zu ihnen ein freieres und offeneres Verhältnis aufzubauen, als man es selbst in der Kindheit erlebt hatte. Bisweilen stellen auch die schon größeren Kinder kritische oder schlicht neugierige Fragen nach der Familiengeschichte und stoßen damit den Prozeß des Nachforschens an. Sie habe an dem Buch, das ihrem Film zugrunde lag, sieben Jahre lang gearbeitet, „mal eine halbe Stunde am Tag, mal nachts zwei Stunden, wie ich halt Zeit hatte", ausgelöst durch die Geburt ihrer Tochter Nurith, so Marianne Rosenbaum. „Ich habe mir überlegt, wenn ich ein Kind bekomme, muß ich mir über mich klar werden."[19]

Im Zentrum der Spurensuche steht jedoch, wie der Begriff „Väterliteratur" impliziert, sehr oft der ‚unbekannte' Vater – vergleichsweise selten die Mutter –, von dem man als Kind nur ein eingeschränktes Bild hatte, mit dem das Gespräch unmöglich oder abgerissen war, zu dem man keinen Zugang fand. Bekannte Beispiele sind Peter Härtlings *Nachgetragene Liebe*[20] oder Christoph Meckels *Suchbild.* Bei Meckel wird die Beschäftigung mit dem „Fall" des Vaters ausgelöst durch die Lektüre seiner Kriegstagebücher: „die Entdeckung eines Menschen, den ich nicht kannte. Diesen Menschen zu kennen, war nicht

---

[17] Peter Brückner: Das Abseits als sicherer Ort. Kindheit und Jugend zwischen 1933 und 1945. Mit einem Vorwort von Barbara Sichtermann. Berlin: Wagenbach 1994 (erstmals 1980).

[18] Margarete Hannsmann: Der helle Tag bricht an. Ein Kind wird Nazi. München/Hamburg: Knaus 1982.

[19] Interview mit Marianne S. W. Rosenbaum. Geführt von Gudrun Lukasz-Aden und Christel Strobel. In: Filmbeobachter (November 1983), S. 2f.

[20] Peter Härtling: Nachgetragene Liebe. Darmstadt/Neuwied: Luchterhand 1980.

möglich, ihn für möglich zu halten – unzumutbar“[21]. Christoph Meckel hat in *Suchbild* eines der literarisch herausragendsten Vaterportraits geschaffen, in dem sich dem Leser die Eigenart und der Charakter dieses Mannes – seine innere Anspannung und Labilität hinter einer Fassade von Ordnungsliebe und Sammlerwut – über die Sprache selbst, über die atemlose Knappheit der Sätze, die schier endlose asyndetische Aneinanderreihung von Dingen, Orten und Menschen mitteilt.

Ist es schon nicht leicht, sich die Schwächen und Versäumnisse der eigenen Eltern, ihr Beteiligtsein – und sei es nur in Form schweigenden Wegschauens – zu vergegenwärtigen, ohne dem Bedürfnis nach Verharmlosung oder Beschönigung nachzugeben, fällt der unverstellte Blick auf das eigene frühere Ich um so schwerer. Trotz der Fülle an autobiographisch begründeter ‚Erinnerungsliteratur' wird der Aspekt der eigenen ‚Verführbarkeit' von den meisten Autoren nur sehr vorsichtig tangiert, viel weniger noch nach Kontinuitäten im gegenwärtigen Leben geforscht. Die Besonderheit an Rosenbaums Film liegt daher in seiner Konzentration auf der Erfahrungswelt des Kindes. Nicht die Motive der Eltern oder ihr Verhalten in der NS-Zeit werden ausgeleuchtet, sondern wie dieses Verhalten und eine solche Umwelt auf das Kind wirken. Es sei ihr darauf angekommen,

> die Struktur zu zeigen, die tödlich ist, und in der viele, viele Menschen unbewußt funktionieren. [...] Wir alle leben nach bestimmten Normen. Sind in bestimmte Strukturen gepreßt und machen sie mit, erlauben sie. Gottvater und Vater sind irgendwo etwas sehr Ähnliches. In meinem Film versuche ich, mich zu orten. Meine Beziehung zum Vater, zu den Vätern, den Geliebten, den Lehrern meiner Erziehung zu finden, Ursachen von faschistischen Verhaltensweisen und körperfeindliche Erziehung nebeneinander und in Beziehung zu stellen.[22]

Ein früher Versuch, mit literarischen Mitteln auf die Verletzungen und psychischen Beschädigungen aufmerksam zu machen, die die im NS-System aufgewachsenen Kinder davongetragen hatten, ist der schon

[21] Christoph Meckel: Suchbild. Über meinen Vater. Frankfurt a.M.: Fischer 1995 (erstmals 1980), S. 44.

[22] Zwischen Tag und Traum. Ein Gespräch mit Marianne Rosenbaum. Geführt von Ralf Schenk. In: Film und Fernsehen 13, H. 2 (1985), S. 38-41; hier: S. 39.

erwähnte Roman *Jugend nachher* der Exilautorin Hertha Pauli. Die gebürtige Wienerin, die von 1938-40 in Frankreich, danach im amerikanischen Exil lebte und dort 1973 starb, hatte nach dem Krieg ihre persönlichen und schriftstellerischen Beziehungen zur österreichischen Heimat wieder angeknüpft und fuhr ab 1956 mindestens einmal jährlich nach Europa.[23] Die Romanhandlung war angeregt worden „durch Gespräche mit einem in letzter Stunde befreiten KZ-Kind und durch Münchner Gerichtsberichte über den Mordprozeß gegen eine Bande von Halbstarken. Von beidem blieb nur das Milieu; [...].“[24] Hertha Pauli betrachtet die europäische Nachkriegswelt mit dem Blick der Außenstehenden, die aufgrund der persönlichen Distanz Gefahren schärfer sieht und die Ursachen von Fehlentwicklungen unvoreingenommener analysieren kann. Dies bestätigt ein Leserbrief an Hertha Pauli, dessen Verfasser ihr mitteilt, das Buch habe Staunen und Beunruhigung in ihm ausgelöst, da ihm die seelische Verfassung der Jugend mangels Beachtung nicht bewußt gewesen sei; es habe ihm zur Korrektur seiner Ansichten verholfen.[25] Pauli hat den Stoff anschließend noch einmal in Form eines Schauspiels bearbeitet[26].

Hertha Pauli kontrastiert zwei kindliche Erfahrungswelten der NS-Zeit, wie sie verschiedener nicht sein könnten: zum einen die des ‚halbjüdischen' Mädchens Irene, dessen Eltern in den Gaskammern umgekommen sind und das selbst nur durch Zufall die tödlich gemeinte Injektion überlebte, zum anderen die eines Jungen namens Michael, der als 13jähriger beim Spiel mit einer Handgranate Auge und Arm verloren hat und einer jugendlichen Bande angehört, die ihren privaten Krieg gegen die Besatzungsmacht weiterführt.

Der Stil der Erzählung entspricht Hertha Paulis Prinzip, alles möglichst einfach zu sagen, die metaphorische Einkleidung oder andere

[23] Guy Stern: Hertha Pauli. In: Literatur im Exil. Gesammelte Aufsätze 1959-1989. Ismaning: Hueber 1989, S. 282-302. Vgl. auch Barbara Bauer und Renate Dürmeyer: Walter Mehring und Hertha Pauli im Exil – ‚zwei Parallelen die im Geist'gen sich berühren'. In: Deutsch-jüdisches Exil: das Ende der Assimilation? Identitätsprobleme deutscher Juden in der Emigration. Hrsg. von Wolfgang Benz und Marion Neiss. Berlin: Metropol 1994, S. 15-43.

[24] Stern: Hertha Pauli, S. 293.

[25] Leserbrief an Hertha Pauli, Wien 6. 11. 1959. Österreichische Nationalbibliothek Wien, Handschriftenabteilung.

[26] Hertha Pauli: Jugend nachher. Schauspiel in 3 Akten nach dem Roman Jugend nachher. Wien: Georg Marton-Verlag o.J. Vervielfältigt DIN A5, 134 S. Ein Exemplar befindet sich in der Österreichischen Nationalbibliothek Wien.

Kunstgriffe zu vermeiden. Die eigentliche Handlung, die in einer nicht näher bezeichneten europäischen Stadt nach dem Krieg spielt (vermutlich Wien) ist eingebettet in eine Rahmenerzählung: Irene befindet sich in den USA und berichtet ihrer entfernten Cousine, die sie zu sich geholt hat, über die Ereignisse nach ihrer Befreiung. Das Gefühl der Fremdheit gegenüber der anderen Kultur, das die Exilantin Hertha Pauli sicher aus eigener Erfahrung kannte, wird angesprochen. Irene glaubt aufgrund ihrer Erfahrung in Europa, daß niemand die Geschichte einer Verfolgten hören will. Doch hier entpuppt sich das vermeintliche Desinteresse der Cousine am Ende als taktvolle Zurückhaltung gegenüber den persönlichen Gefühlen eines anderen Menschen. Rahmen- wie Binnenerzählung werden in der Ich-Form und personalem Erzählverhalten aus der Sicht des Mädchens Irene präsentiert. Obwohl man, was die Erzählerin anbelangt, den Ausgang der Geschichte schon von Anfang an kennt, gelingt es Pauli, Spannung in die Geschichte hineinzubringen, indem sie das Erzähl-Ich den begrenzten Blickwinkel des früheren Ichs einnehmen läßt.

Das „eigentliche Thema von *Jugend nachher*", so Guy Stern in einem Beitrag über Hertha Pauli, „ist das Kollektiv: sein Reiz für die draußen, seine Macht über die drinnen, seine Entmachtung durch die Wahrheit"; das Buch habe damals „wie ein Prüfstein der Gesinnung" gewirkt[27]. Die Sehnsucht des Mädchens nach Zugehörigkeit ist der Ausgangspunkt für die Beziehung, die sich zwischen den beiden Protagonisten entwickelt. Irenes Interesse gilt nicht dem „Krüppel" selbst, sondern der Bande, der er angehört, und von deren unverbrüchlichem Zusammenhalt er ihr berichtet. Auf sie, die wegen ihrer Herkunft ausgegrenzt, stigmatisiert und schließlich fast getötet worden war, übt die Zugehörigkeit zu einer festen Gruppe eine unwiderstehliche Anziehungskraft aus: „[...] von den Hitlerjugend-Fahrten war ich ausgeschlossen. Aber heute durfte ich dabeisein; [...]"[28]. Doch als sie tatsächlich Zugang dazu findet, muß sie bald erkennen, daß es sich nicht um einen harmlosen Kreis von Freunden, sondern um eine straff organisierte Bande handelt, deren illegalen Aktionen und inhumanen Regeln sich alle Gruppenmitglieder blind unterwerfen müssen. Einige der Jungen, insbesondere aber ihr Anführer mit dem sprechenden Namen Wolf, sind in ihrem Verhalten Irenes Peinigern im KZ allzu ähnlich.

---

[27] Stern: Hertha Pauli, S. 293.

[28] Hertha Pauli: Jugend nachher. Roman. Hamburg/Wien: Zsolnay 1959, S. 78.

Die Bekanntschaft zwischen den beiden gleichermaßen durch Nazi-Terror und Krieg psychisch und physisch verletzten Kindern ist von Anfang an zum Scheitern verurteilt, da sie mit Verschweigen und Lügen beginnt, darin stellvertretend für die Situation der Nachkriegsgesellschaft. Für deren wahren Zustand ist auch das Verhältnis von Irenes nicht-jüdischer Tante zu ihrer Nichte charakteristisch. Sie nimmt das Mädchen aus rein egoistischen Motiven bei sich auf, da sie für ihre Pension eine unbezahlte Arbeitskraft gut gebrauchen kann. Mitgefühl für die Situation einer Heranwachsenden, die den Holocaust am eigenen Leibe erfahren hat, ist bei ihr nicht zu finden. Im Gegenteil, sie erlegt Irene Schweigen auf, was ihre Herkunft und Vergangenheit anbelangt. Daß sie von ihrer nationalsozialistischen Gesinnung nur rein äußerlich ‚geläutert' ist, wird im Verlauf der Romanhandlung deutlich, wenn sie Irene ins Gesicht sagt:

> „[...] Das hat man davon, wenn man sich in Stücke reißt für so eine wie dich – man schweigt ja darüber, weil man sich schämt und weil heutzutag ja auch nicht mehr davon gesprochen werden soll, aber es war eben doch was dran, und wenn ein ehrlicher Junge dann so einer auf den Leim geht...Der Michael ist nicht schuld; nur du, mit deiner Vergangenheit – kein Wunder, daß so eine unter die Raubmörder kommt!"[29]

Ein wesentliches Moment in Paulis Charakterisierung des Holocaust-Opfers ist, daß sich Irene nach ihrer Errettung aus dem KZ zunächst selbst ihres jüdischen Vaters schämt und das Schweigegebot der Tante widerstandslos akzeptiert. Da ihre moralische Sozialisation unter dem Einfluß des NS-Terrors stattfand, hat sie die Sichtweise ihrer Verfolger internalisiert und sich damit unbewußt mit dem Aggressor identifiziert, „durch Übernahme der Forderungen einer übermächtigen und bedrohlichen Autorität in das Überich"[30]. Diese psychologischen Zusammenhänge bringt Hertha Pauli in einer ganz schlicht dargestellten Szene, dem Gespräch Irenes mit einem Pfarrer zum Ausdruck, der wie sie die Lagerhaft überlebt hat:

---

[29] Ebd., S. 179

[30] Leo Montada: Moralische Entwicklung und moralische Sozialisation. In: Entwicklungspsychologie. Ein Lehrbuch. Weinheim: Beltz 1995, S. 862-894; hier: S. 868.

> [...] „Ich hab mich meiner Eltern geschämt", sagte ich schließlich. Wird er fragen, warum? Der Pfarrer wußte doch nichts von mir. Er sah mich ganz traurig an. „Du sollst Vater und Mutter ehren, auf daß es dir wohl ergehe und du lange lebest auf Erden – kennst du denn deine Gebote nicht?"
> Da hatte ich meine Entschuldigung, denn gerade als ich die Zehn Gebote zu verstehen anfing, war ich ins Lager gekommen. [...]"[31]

Durch die Begegnung mit der Jugendbande, die Ermordung des Jungen Toni, mit dem Irene ein gemeinsames Leben hatte beginnen wollen, und die abschließende Gerichtsverhandlung werden die traumatischen Erlebnisse ihrer Kindheit wieder wachgerufen. Als man sie im Verlauf des Prozesses fragt, ob sie gewußt habe, daß der Bandenchef gegen sie selbst ein ‚Todesurteil' erlassen hatte, bricht die Vergangenheit vollends in ihre Gegenwart ein, werden die verdrängten schrecklichen Erinnerungen übermächtig:

> „Wußten Sie", drängte der Richter, „daß ein Todesurteil gegen Sie vorlag?"
> Ja, das wußte ich. Das kam vom Führer.
> Michael versank hinter mir. „Nein, der hat's ja gar nicht gewußt –" Ich stand plötzlich allein; vom Genick aus kroch die Kälte über meine Glieder, und tief im Herzen brannte die Wunde.
> „Das war im K.Z.", sagte ich.
> „K.Z.?" wiederholte die Richterstimme ungeduldig. „Das gehört nicht hierher."
> „Das ist es", fuhr ich fort und wunderte mich über meine grenzenlose Ruhe. „Deshalb gehöre ich nicht dazu. Das hab ich aber nicht wahrhaben wollen. Wollte einmal dabeisein." Ich sah den Richter nicht mehr, wußte nur noch eins: nichts verschweigen, so wahr mir Gott helfe... „Damit", sagten meine Lippen ganz einfach, „hat die Lüge angefangen, die meine – aber jetzt muß es heraus: [...]"[32]

Erst nach der öffentlichen Konfrontation im Gerichtssaal und nachdem sie sich alles von der Seele geredet hat, ist für Irene ein Neuanfang mög-

---

[31] Pauli: Jugend nachher, S. 248.
[32] Ebd., S. 240f.

lich, auch wenn ihr der Weg weit erscheint und sie kein Ziel vor Augen hat.

Für die durch ihre nationalistische Erziehung verführten und verrohten Jugendlichen dagegen gibt es in Hertha Paulis Roman in den meisten Fällen kaum Hoffnung. Die Gruppe von Jungen hatte sich, wie man nach und nach im Verlauf der Handlung erfährt, in einem Lager der sogenannten ‚Kinderlandverschickung' zusammengefunden. Jost Hermand hat in seinem auf eigenen Erfahrungen basierenden Buch *Als Pimpf in Polen* über diese von den Nationalsozialisten praktizierte Aktion berichtet, „von der bereits zwischen 1933 und 1940 Zehntausende, wenn nicht Hunderttausende, und später, zwischen 1940 und 1945, im Zuge der »Erweiterten Kinderlandverschickung«, über 2,8 Millionen Jungen und Mädchen betroffen waren"[33].

Entsprechend dem tatsächlichen streng hierarchischen Aufbau der Hitlerjugend, der wiederum mit dem System des NS-Staates korrespondierte, skizziert Pauli die Jugendbande als eine streng nach dem Führerprinzip organisierte Gruppe. Wolf, der Kopf der Gruppe, dem sich alle anderen mehr oder weniger bedingungslos unterwerfen, hatte sogenannte „Statuten" ihres Bundes aufgestellt, deren dritter Paragraph lautet: „auf Verrat steht der Tod"[34]. Das ‚Todesurteil' wird tatsächlich an zwei Bandenmitgliedern vollstreckt, die dem Anführer nicht zuverlässig erscheinen oder aus der Bande, die sich – um ihr gemeinsames Ziel eines zufriedenstellenden Lebensstandards aller Mitglieder zu erreichen – auf Raubüberfälle spezialisiert hat, austreten wollen. Hertha Paulis Darstellung der Gruppenstruktur, die zusammengehalten wird von Angst auf der einen und romantisierenden Ehr- und Treuebegriffen auf der anderen Seite, kann als Illustration psychoanalytischer Einsichten gelesen werden, wie sie erstmals von Sigmund Freud in *Massenpsychologie und Ich-Analyse* beschrieben worden waren.[35] So wie bei den überzeugten und begeisterten Anhängern des Nationalsozialismus die Person des Führers den Platz ihres Ich-Ideals einnahm und sie damit zu höriger Gefolgschaft verleitet wurden, so vertrauen einige der Jungen blindlings auf die Gesetze und Anweisungen ihres Anführers. Hermann, der auf Befehl des

---

[33] Jost Hermand: Als Pimpf in Polen. Erweiterte Kinderlandverschickung 1940-1945. Frankfurt a.M.: Fischer 1993, S. 9. Vgl. hierzu auch den Beitrag von Deborah Viëtor-Engländer in diesem Band.

[34] Pauli: Jugend nachher, S. 232ff.

[35] Sigmund Freud: Massenpsychologie und Ich-Analyse. In: S. F. Gesammelte Werke, Bd. 13. Frankfurt a. M.: Fischer 1963. S. 71-161; vgl. S. 128.

Führers einen anderen Jungen kaltblütig ermordet, zeigt im nachhinein keinerlei Reue oder Mitleid. Er bedauert lediglich die Tötung eines Kassenboten, da dies dem erhaltenen Befehl widersprach. „Der Führer war Hermanns Gewissen, das einzige, das er besaß. Da schwieg selbst der Richter."[36]

Pauli läßt den jugendlichen Anführer Wolf als kalt berechnende, befehlsgewohnte Persönlichkeit auftreten; dem Gericht begegnet er mit überheblicher Gelassenheit, zeitweilig gelingt es ihm sogar, durch seine rhetorische Brillanz und populäre Parolen das Publikum für sich zu gewinnen: „Die Spannung wuchs. ‚Die Welt steht Kopf', brummte ein alter Mann hinter mir. ‚Das ist ein Kerl, der Führer!' kicherte eine Frau, ganz hingerissen."[37] Mit dieser Charakterisierung der Romanfigur lenkt Pauli die Aufmerksamkeit auf ein Phänomen, das in der Verführungsstrategie der Nationalsozialisten eine wesentliche Rolle spielte. Während man innerhalb der Hitlerjugend von den Jugendlichen die strikte Einhaltung von Verhaltensnormen wie Disziplin, Unterordnung unter das Führerprinzip, Gehorsam forderte, wurde gleichzeitig die Autorität von Elternhaus und Schule zurückgedrängt. „Nationalsozialisten vermochten mit ihrer Betonung der Bedeutung der Jugend deren kindliche Hoffnungen auf Grandiosität anzustacheln. Das Prinzip „Jugend bestimmt über Jugend verhieß den jungen Menschen nichts anderes, als daß sie sofort in den Besitz der Macht gesetzt würden."[38] Wenn Hertha Pauli die Jugendlichen in ihrem Roman als eine Gruppe auftreten läßt, die sich ihre eigenen Gesetze schafft und die geltende Rechtsordnung ebenso wie die Moral- und Wertvorstellungen der Erwachsenen mit Geringschätzigkeit betrachtet, so entspricht dies der Realität der NS-Zeit insofern, als die Mitgliedschaft in der Hitlerjugend den Heranwachsenden tatsächlich ein Gefühl der Überlegenheit und Wichtigkeit vermitteln konnte, da der ‚Dienst' Priorität hatte gegenüber den schulischen Verpflichtungen. In diesem Zusammenhang interessant ist Erik H. Eriksons Diagnose. „In Germany [...] we saw a highly organized and highly educated nation surrender to the imagery of emotional adolescence."[39] Erikson stellte in seinem 1950 erschienenen Buch *Childhood and Society* die Theorie auf,

---

[36] Pauli: Jugend nachher, S. 228.

[37] Ebd., S. 229.

[38] Ute Benz: Verführung und Verführbarkeit. NS-Ideologie und kindliche Disposition zur Radikalität. In: Sozialisation und Traumatisierung, S. 25-39; hier: S. 35.

[39] Erik H. Erikson: Childhood and Society. New York: W.W. Norton 1950, S. 302.

daß die Anziehungskraft Hitlers mit einem auf historisch-politischen Ursachen beruhenden, typisch deutschen Generationenkonflikt zu erklären sei. Erikson sieht den entscheidenden Unterschied zwischen der Unnahbarkeit und Strenge deutscher Väter im Vergleich zu der britischer, französischer oder amerikanischer Väter im Mangel der deutschen Väter an wahrer, innerer Autorität, „which results from an integration of cultural ideal and educational method".[40] Zum einen habe in Deutschland die Industrialisierung die frühere soziale Ordnung aufgebrochen, zum anderen habe die Reichsgründung die traditionellen Werte der unterschiedlichen Regionen und sozialen Gruppen in den Hintergrund gedrängt, ohne jedoch ein Gemeinschaft stiftendes, allen gemeinsames Identifikationsmoment bieten zu können. Während in den westlichen Nationen aufgrund ihrer jeweiligen demokratisch-revolutionären Entwicklung jedem einzelnen, auch dem einfachen Bürger, eine Identifikation mit *seinem* Staat möglich sei – was gleichzeitig mit dem Gefühl der Verantwortung und politischer Wachsamkeit einhergehe – habe sich dergleichen in Deutschland nie entwickeln können. Der durchschnittliche deutsche Vater repräsentiere gewohnheitsmäßig oder zumindest in entscheidenden Augenblicken Gewohnheiten und Ethos des Feldwebels oder kleinen Beamten, der das Geburtsrecht des freien Mannes für einen offiziellen Titel oder eine Pension verkauft habe. Die Diskrepanz zwischen der tyrannischen Dominanz der Väter im Bereich der Familie und ihrer nicht vorhandenen Autorität im öffentlichen Leben veranlasse die Söhne regelmäßig zu einem jugendlichen Aufbegehren, das schließlich aber wieder in einem resignierten Einfügen in die verachtete Welt der Bürgerlichkeit ende. Der Führer habe sich demgegenüber in seiner Selbstdarstellung zu einem Jugendlichen stilisiert, der seine Rebellion nie aufgegeben hat, und sei damit offensichtlich einem in der Bevölkerung weitverbreiteten latenten Konflikt entgegengekommen. In den Kindern habe Hitler die komplizierte Adoleszenzkrise, die jeden Deutschen verfolgte, durch ein einfaches Muster der hypnotischen Aktion und der Freiheit vom Denken zu ersetzen versucht.[41]

Erikson erklärt aus diesem Generationenkonflikt den Charakter der ‚Reichs-Deutschen', den er folgendermaßen skizziert:

---

[40] Ebd., S. 290.
[41] Ebd., S. 300.

> In the Reichs-German character, this peculiar combination of idealistic rebellion and obedient submission led to a paradox. The German conscience is self-denying and cruel; but its ideals are shifting and, as it were, homeless. The German is harsh with himself and with others; but extreme harshness without inner authority breeds bitterness, fear and vindictiveness. Lacking coordinated ideals, the German is apt to approach with blind conviction, cruel self-denial, and supreme perfectionism many contradictory and outright destructive aims.[42]

So problematisch die Konstatierung eines typischen ‚National-charakters' meines Erachtens bleiben muß, leuchtet Eriksons sozialpsychologisch argumentierende Analyse der NS-Anhängerschaft dennoch in vielen Punkten ein. Die autobiographische Väterliteratur der letzten Jahrzehnte hätte Erikson eine Fundgrube zur Illustration seiner These vom verschärften Generationenkonflikt bieten können. Ein Paradebeispiel dafür ist Margarete Hannsmanns Schilderung der vom Vater als erzieherische Pflichtübung praktizierten Auspeitschung, wenn das Kind zum Beispiel zu spät zum Mittagessen erscheint. Das Schlimmste waren für das Kind nicht die Schläge, sondern die „Stunden danach", wenn sie den Vater um Verzeihung bitten sollte: „Weil ich ihm das angetan hatte, daß er mich schlagen mußte." Die Erinnerung daran wird mit dem Gefühl des inneren Abgestorbenseins, des Ekels assoziiert.

> Einmal brach er auf seinen zerschossenen toten Beinen vor mir in die Knie. Er sagte: „Kind", er sagte: „Kind, Kind, ich leide doch mehr als du, ich darf es doch nicht hinnehmen, wie dein Trotz triumphiert, ich muß es doch tun, damit noch etwas aus dir wird, damit du mir nicht vor die Hunde gehst." In solchen Augenblicken kehrte sich alles ins Gegenteil um. Seine Siege und meine Niederlagen. Kaum hatte ich mein „Verzeih" fallen lassen, schoß wie eine Stichflamme das „jetzt-erst-recht" in mir empor.[43]

Nicht im Gegensatz hierzu, sondern, wie ich meine, vielmehr ergänzend können neuere Erkenntnisse der Entwicklungspsychologie aufschlußreich sein, für die auch die Literatur wiederum Anschauungsma-

---

[42] Ebd., S. 293.
[43] Hannsmann: Ein Kind wird Nazi, S. 129ff.

terial bereitstellt. In *Jugend nachher* werden jugendliche Charaktere gezeichnet, die ihre Ziele rücksichtslos verfolgen und ohne weiteres bereit sind, andere zu verletzen, ja sogar ihre Freunde und Kameraden zu töten. Ute Benz geht in ihrer Untersuchung über Verführung und Verführbarkeit von Kindern in der NS-Zeit der Frage nach, welche Faktoren in der Phase der frühkindlichen Entwicklung der Akzeptanz des nationalsozialistischen Jugend-Ideals emotionaler und physischer Härte den Boden bereitet hätten. Einen wesentlichen Faktor sieht sie in einer repressiven Erziehung, die – übrigens keineswegs eine Erfindung der Nazi-Zeit – schon mit einer von allgemeinen Regeln statt individuellen Bedürfnissen geleiteten Säuglingspflege beginne. „Indiz für Härte sind nicht allein Schläge, [...]. Nicht minder folgenreich wird Härte früh durch den nonverbalen Dialog der ersten Lebensjahre installiert, den das beständige Wechselspiel von kindlichen und elterlichen Reaktionen beim Füttern, Pflegen oder Spielen darstellt, und aus dem das Kind sinnlich erfährt, wie mit seiner Hilflosigkeit und Abhängigkeit, seiner Macht oder Ohnmacht und mit seiner Würde umgegangen wird [...]“[44]. Dem Kind werde eine von außen gesetzte Ordnung aufgezwungen, durch den fortgesetzten Zwang zur Anpassung und Unterdrückung seiner individuellen Bedürfnisse entwickele es allmählich eine Immunisierung gegen eigene Gefühle, um sich vor weiteren Kränkungen zu schützen. Wer aber zu den eigenen Gefühlen keinen Zugang mehr habe, könne auch keine Empathie mit anderen empfinden.[45]

In ihrer Radikalität mit Bernward Vespers nachgelassenem Romanessay *Die Reise*[46] vergleichbar, arbeitet auch Gisela Elsner in satirisch-grotesken Visionen ihren Haß auf die Elterngeneration und die ihr zugefügten psychischen Beschädigungen ab, deren existenzbedrohendes Ausmaß schreibend letztlich nicht bewältigt werden kann. In ihrem 1989 erschienenen Roman *Fliegeralarm*[47] wird die Indoktrination und Verrohung von Kindern in der NS-Zeit in grotesker Überzeichnung dargestellt.

---

[44] Ute Benz: Verführung und Verführbarkeit, S. 34.
[45] Ebd., S. 34f. Vgl. auch Theodor W. Adorno: Erziehung nach Auschwitz, S. 682f.
[46] Bernward Vesper: Die Reise. Romanessay. Ausgabe letzter Hand. Reinbek: Rowohlt 1983. Vgl. hierzu u.a. Jochen Vogt: Schwierigkeiten mit der Selbstentblößung. Versuch über ‚Die Reise‘ von Bernward Vesper. In: Diskussion Deutsch 17, H. 89 (Juni/Juli 1986), S. 289-299; Wolfgang Türkis in dem Kapitel Zur Rekonstruktion beschädigten Lebens in autobiographischen Texten. 1. Modell 1: Bernward Vesper [...] In: W. Türkis: Beschädigtes Leben, S. 144-168.
[47] Gisela Elsner: Fliegeralarm. Wien/Darmstadt: Zsolnay 1989.

Elsner wurde 1937 in Nürnberg in eine Familie hineingeboren, die nach ihrer eigenen Aussage nach dem Krieg den Sprung vom Klein- zum Großbürgertum schaffte. Ihre Eltern schickten sie auf eine streng katholische Mädchenschule, was zu ihren frühen Ausbruchsversuchen aus den strengen Reglementierungen des Elternhauses und ihrem lebenslangen vehementen Haß auf alles Bürgerliche noch beigetragen haben mag. Sie wurde Mitglied der DKP, die ihr Ende der 80er Jahre sogar nicht mehr linientreu genug erschien, sodaß sie vorübergehend austrat. Im Mai 1992 hat sie sich das Leben genommen.

Fliegeralarm war Gisela Elsners letzter Roman. Im Gegensatz zu ihrem Erstlingswerk *Die Riesenzwerge* von 1964, woran sie stilistisch anzuknüpfen versuchte, wurde *Fliegeralarm* von der Kritik allgemein abgelehnt aus Gründen wie fehlender Logik der Romankonstruktion und mangelnder psychologischer Glaubwürdigkeit.[48] Den ebenfalls monierten „schludrigen" Einsatz ihrer literarischen Mittel kann man nicht ganz von der Hand weisen, der Text erweckt in der Tat durch zahlreiche syntaktische Fehler und funktionslose Wortwiederholungen stellenweise den Eindruck einer unkorrigierten ersten Niederschrift[49]. Andere Vorwürfe dagegen treffen ins Leere. Wer etwa kritisiert, daß die Charaktere in *Fliegeralarm* nicht psychologisch glaubwürdig gezeichnet seien, verkennt offenbar, daß hier alles andere als eine naturgetreue Schilderung beabsichtigt wird. Elsner will offensichtlich, mittels grotesker Übersteigerung und Übertreibung auf die Monstrosität im Alltäglichen aufmerksam machen.

Der Inhalt des Romans *Fliegeralarm* läßt sich knapp wie folgt zusammenfassen: Die fünfeinhalbjährige Lisa und ihr vierjähriger Bruder Kicki leben zusammen mit den Eltern in einer Reihenhaussiedlung einer durch Bombenangriffe schwer beschädigten Stadt. Der Vater wird von

---

[48] Vgl. Wend Kässens und Michael Töteberg: Gisela Elsner. In: Kritisches Lexikon der deutschsprachigen Gegenwartsliteratur [Loseblattsammlung]. 42. Nlg. München: text + kritik 1978, S. 12.

[49] Vgl. z.B. S. 11: „Diese Beule verheimlichte er unserer Mutter, indem er dauernd eine Matrosenmütze trug und vorgab, er spiele Matrose, um uns eines von den Verhören zu ersparen, bei denen sie trotz aller Fangfragen, die sie uns stellte, nie herausbekam, was wir während jener ihr ewig lang, *uns jedoch uns jedoch* fürchterlich kurz erscheinenden Stunden zu treiben pflegten, in denen sie, eingeordnet in irgendeine Sechserreihe vor dem Lebensmittelladen des Herrn Wätz Schlange stehen mußte, so daß sie außerstande war, mich und meinen Bruder Kicki zu beaufsichtigen." Offensichtliche Flüchtigkeiten dieser Art finden sich häufig, hätten jedoch m.E. bei einer gründlichen Lektorierung des Textes korrigiert werden können. Vgl. Elsner: Fliegeralarm.

den Kindern als feiger Zivilist verachtet, da er, statt an der Front zu kämpfen, nur als „wissenschaftliche[r] Leiter einer Blitzanlage in einem DIEMENS-Werk“[50] beschäftigt ist. Die Mutter kann sich um die Kinder kaum kümmern, da sie täglich stundenlang vor dem örtlichen Laden um Lebensmittel anstehen muß. Diesen Freiraum nützen die Kinder, um zusammen mit anderen Gleichaltrigen aus der Nachbarschaft in zerbombten und verlassenen Häusern die Welt der Erwachsenen spielerisch nachzuahmen. Die Rollen, die sie in ihrem Spiel einnehmen, sind allerdings nicht Vater und Mutter, Lokomotivführer oder Krankenschwester, sondern die Rollen eines SS-Oberscharführers und seiner fünf SS-Männer, NS-Frauenschaftsführerin oder KZ-Aufseherin. Einige Kinder ‚besitzen' ihre eigene Ruine, deren Wert an besonderen Attraktionen wie etwa einem noch halb intakten Badezimmer gemessen wird und den Status des ‚Besitzers' in der Gruppe maßgeblich beeinflußt. Als Währung unter den Kindern gelten Bombensplitter, so daß für sie im Gegensatz zu ihren von zahllosen durchwachten Nächten nervlich zerrüttenen Eltern jeder neue Bombenangriff ein Freudenfest bedeutet. Im Zentrum der Handlung steht die ‚Gefangennahme' eines Jungen namens Rudi Tründel, dessen Vater als Kommunist verhaftet worden ist. Kommunist und Jude ist für die Kinder ein und dasselbe, Wörter, die sie aufgeschnappt haben ohne sie zu verstehen, die aber offenbar beide das Böse darstellen, das es zu vernichten gilt. Die Kinder legen ihren gefesselten ‚Juden' Rudi Tründel, der dieses Spiel widerstandslos mitmacht, in eine Badewanne in der Ruine des Kaufmannssohns und ‚Oberscharführers' Wolfgang Wätz. Dort traktieren sie ihn mit den von Gaby Glotterthal, Tochter eines Obermedizinalrates, aus dem örtlichen Lazarett gestohlenen Medikamenten und Spritzen, da sein Gesundheitszustand infolge der Witterungseinflüsse und seiner bewegungslosen Lage in der Badewanne nach kurzer Zeit merklich schlechter wird. Trotz aller Bemühungen, ihm Nahrungsmittel einzuflößen, stirbt der Gefangene. Das Problem der anderen, wie sie die Leiche loswerden werden könnten, erledigt sich zu ihrer allgemeinen Begeisterung durch einen neuerlichen Bombenangriff, bei dem die Ruine völlig zerstört wird. Mit dieser ‚glücklichen Lösung' ihres Problems meinen die Kinder nun auch endlich zu wissen, was eigentlich mit dem Wort ‚Endlösung' gemeint sei.

---

[50] Ebd., S. 10.

Seit Wolfgang Kaysers erstem Versuch einer Begriffsbestimmung des Grotesken in der Literatur[51] sind eine Reihe von Definitionen unternommen worden, die den Begriff unterschiedlich weit fassen und unterschiedliche Erklärungsansätze liefern.

> Als strukturelle Merkmale des Grotesken werden im allgemeinen Vereinigung des Heterogenen und Verzerrung, als deren Wirkung auf den Rezipienten die Gleichzeitigkeit von Lachen und Grauen genannt. Die neuere Forschung betont vor allem den Bezug des Grotesken zur gesellschaftlichen Wirklichkeit.[52]

Eine Präzisierung des Begriffs hat Carl Pietzcker versucht. Er stellte die These auf, daß das Groteske die „Struktur einer Weltbegegnung, nicht die einer Welt" sei. Im Grotesken versage „ein als selbstverständlich geltender Sinn- und Erwartungshorizont vor etwas, das ihm nicht entspricht und deshalb widersteht; die Spannung zwischen beiden ist unabdingbar"[53]. Indem man das scheinbar Vertraute plötzlich als fremd oder sogar schrecklich und grauenvoll wahrnimmt, wird man sich z.B. sozialer Mißstände bewußt. Daß eine solche Wirkung eintritt, hängt vom richtigen Maß der Verfremdung ab.

> Soll dem Leser die Welt, die im grotesken Werk erscheint, fremd werden, darf der Erwartungshorizont nicht völlig, aber auch nicht zu wenig zerstört werden. Wird er durch das, was sich ihm widersetzt, zu wenig zerstört, so wirkt das Werk harmlos. Wird er aber so weit zerstört, daß die Spannung zwischen ihm und dem Zerstörenden schwindet, wirkt es nur abstoßend. Im grotesken Werk müssen Zerstörung und Erhaltung des Erwartungshorizontes in gespanntem Gleichgewicht stehen; [...].[54]

Gisela Elsner verwendet in ihrem Roman *Fliegeralarm* die Ich-Form und ein durchgehend personales Erzählverhalten. Der Standpunkt des

---

[51] Wolfgang Kayser: Das Groteske. Seine Gestaltung in Malerei und Dichtung. Oldenburg/Hamburg: Stalling 1957.

[52] Vera Schulte: Das Gesicht einer gesichtslosen Welt. Zu Paradoxie und Groteske in Friedrich Dürrenmatts dramatischem Werk. Diss. masch. Essen 1987, S. 194.

[53] Carl Pietzcker: Das Groteske. In: Das Groteske in der Dichtung. Hrsg. von Otto F. Best. Darmstadt: Wissenschaftliche Buchgesellschaft 1980, S. 85-102; hier: S. 86.

[54] Ebd., S. 88.

Erzählers ist begrenzt auf die Perspektive des fünfjährigen Kindes Lisa. Die Sicht der Erwachsenen kommt nur in der direkten Rede oder vermittelt über die kindliche Perspektive zur Darstellung. Gerade hierdurch entsteht von Anfang an ein grotesker Eindruck, indem zum einen suggeriert wird, die Fünfjährige erzähle hier ihre eigene Geschichte, und indem zum anderen der kindlichen Erzählerin eine Sprache und Aussagen in den Mund gelegt werden, die zu der üblichen Vorstellung von einem Kind diesen Alters in eklatantestem Widerspruch stehen. Immer wieder wird die Kindlichkeit der Protagonisten in Erinnerung gerufen, mit Hinweisen z.B. auf Kickis Bettnässen, die Vorstellung der Kinder von der „zwar allgegenwärtigen, unserer Meinung nach aber unsichtbaren Gestapo“[55], oder wenn in einer Szene gegen Ende des Romans der Vierjährige sich an einem warmen Tag dick vermummt und mit Axt und Schürhaken bewaffnet zu Fuß und per Straßenbahn auf den Weg an die Ostfront machen will. Die Art der Schilderung reizt zum Lachen, und doch bleibt gleichzeitig ein beklemmendes Gefühl zurück, wenn man sich vergegenwärtigt, daß Todesbereitschaft, die Mißachtung des eigenen und anderen Lebens zu den Lernzielen nationalsozialistischer Erziehung gehörte.

Zu den typischen Stilelementen des Grotesken gehört die lächerliche Deformiertheit des Körpers.[56] Dieses verwendet Elsner beispielsweise wenn sie die Gestalt der altklugen Gaby Glotterthal mit einem „für ihren knochigen Körper viel zu großen Kopf“ ausstattet, „auf dem erst ein Stück hinter ihrer rachitisch gewölbten Stirn ein recht dürftiger Haaransatz sproß“[57]. Die Deformation gerade bei dieser Figur, die behauptet, genau zu wissen, wie man einen Juden oder „untersten Untermenschen“ am Aussehen erkenne, stellt die Absurdität und den Aberwitz der nationalsozialistischen Rassenlehre heraus. Grotesk erscheinen auch die nationalsozialistischen Erziehungsziele: die Heranziehung einer harten und furchtlosen Jugend, wenn sie von Kindern im Vorschulalter propagiert werden.

Elsners entlarvende Kritik richtet sich zum einen auf das nationalsozialistische System selbst, dessen Hierarchisierung, Rituale und dessen Aufwand mit hochtrabenden Titeln und Posten durch den Zerrspiegel

---

[55] Elsner: Fliegeralarm, S. 15.

[56] Vgl. hierzu Michail M. Bachtin: Die groteske Gestalt des Leibes. In: Literatur und Karneval. Zur Romantheorie und Lachkultur. Frankfurt a.M.: Fischer 1990, S. 15-23.

[57] Elsner: Fliegeralarm, S. 64.

des kindlichen Spiels in ihrer Lächerlichkeit vorgeführt werden. Die Nazis boten, angefangen vom Jungvolk der 10-14-Jährigen, ihren treuen Anhängern eine Vielzahl von kleinen und großen Führungsposten, durch die sich die Auserwählten unbewußte infantile Wünsche nach sofortiger Macht und Geltung erfüllen konnten. Im Vordergrund steht zum anderen die Sprache des Dritten Reiches, insbesondere die Sprache des NS-Propaganda-Apparates und die Mechanismen ihrer betäubenden, realitätsverfälschenden Wirkung. „HART WIE KRUPPSTAHL, ZÄH WIE LEDER, FLINK WIE WINDHUNDE" ist eine jener bekannten nationalsozialistischen Parolen für die Jugend, die den Kindern ständig aus dem elterlichen Rundfunkempfänger entgegentönt. In Elsners Roman werden solche Fangwörter schier unendlich wiederholt und damit in ihrer permanenten Präsenz und abstumpfenden, geisttötenden Wirkung erfahrbar gemacht, wie sie Viktor Klemperer in seinem Buch über die „Lingua Tertii Imperii" beschrieben hatte. Über die Sprache der Propagandamedien, die mit Archaismen, Euphemismen, einem ‚wir-' und ‚unser-Stil', wodurch eine nicht zu diskutierende Gemeinsamkeit suggeriert wurde, und weiteren subtilen Mitteln operierte, wurde der Nazismus von den Menschen unbewußt und mechanisch übernommen. Neben dem scheußlichen Inhalt machen vor allem diese litaneiartigen Wiederholungen wie auch der gestelzte, manierierte Stil der langen Schachtelsätze, die an den Stil offizieller Verlautbarungen erinnern, *Fliegeralarm* zu einer anstrengenden und nicht sehr angenehmen Lektüre. Elsner versucht, wie ich meine, dem Leser einen Eindruck davon zu vermitteln, wie in der NS-Zeit ideologische Parolen und Schlagworte der Bevölkerung regelrecht ‚eingehämmert' wurden, wie ihre Bilder und ihre Lieder alle Lebensbereiche durchzogen. Der 1930 geborene Erziehungswissenschaftler Jürgen Henningsen hält dieses Phänomen zur Interpretation der NS-Zeit für außerordentlich wichtig: „Die Aufgeladenheit der Alltagssituationen mit Ideologie ist einem heutigen Zeitgenossen völlig unvorstellbar, die Identifikation mit dem Staat war weitaus penetranter."[58]

Elsners Roman führt in extrem übersteigerter Form vor, wie die Entwicklung moralischer Kategorien pervertiert werden kann unter Bedingungen, wie sie der nationalsozialistische Zugriff auf die Jugend mit

[58] Jürgen Henningsen: Vielleicht bin ich heute noch ein Nazi. In: Verführung. Distanzierung. Ernüchterung. Kindheit und Jugend im Nationalsozialismus. Autobiographisches aus erziehungswissenschaftlicher Sicht. Weinheim/Basel: Beltz 1988, S. 210-228; hier: S. 212.

sich brachte. Die Autorität der Eltern, die für das kleine Kind in der Regel absolute Gültigkeit hat, wird dadurch untergraben, daß die Kinder ihre Eltern selbst als unsicher und ängstlich erleben, daß die Eltern offensichtlich eine äußere Macht zu fürchten haben. Diese Konstellation wird gleich am Romaneingang deutlich gemacht, indem die in erlebter Rede dargebotene Beschreibung der Mutter kritisch, ja geradezu abfällig ist: Im Nachthemd, mit goldenen Stöckelschuhen und „häßlichen schwarzen Lockenwicklern" ist sie offensichtlich vom Alarm aufgeschreckt worden, während die perfekten deutschen Kinder „HART WIE KRUPPSTAHL, ZÄH WIE LEDER und jederzeit bereit, für unseren Führer Adolf Hitler zu sterben"[59] in ihren Kinderbetten schon für das ‚Abenteuer Bombenalarm' bereit sind. Daß die Mutter nicht für die Winterhilfe stricken will, ist ihnen peinlich. Der Vater, der angesichts ständiger Verlustmeldungen der deutschen Wehrmacht vor dem Rundfunkempfänger Verwünschungen gegen Hitler ausstößt, wird von den Kleinen als feiger Zivilist und Vaterlandsverräter eingestuft, den sie so bald wie möglich bei der Gestapo anzeigen wollen. So absurd dies auch erscheinen mag, ist es doch in der Realität vorgekommen. Jürgen Henningsen berichtet, er sei als 11-Jähriger überzeugt gewesen, daß seine Mutter, die gelegentlich abfällige Bemerkungen über die Nazis machte und zusammen mit dem Vater den Londoner Rundfunk abhörte, den Tod verdient habe. „Ich hatte sie schon längst anzeigen wollen; ich wußte nur nicht, wie man so etwas macht. [...] ich hatte sogar wiederholt meiner Mutter gedroht, daß sie ins KZ gehöre."[60]

Daß der Begriff „KZ" allgemein bekannt war, wird von Henningsen bekräftigt, wobei wahrscheinlich große Teile der Bevölkerung von den Vernichtungslagern im Osten nichts gewußt hätten, in seiner Familie wußte man aber sehr wohl von Vergasungen in Zügen. „KZ: da wurden Leute hinter Stacheldraht verprügelt, manchmal mit tödlichem Ausgang, und das war zwar unerfreulich, aber bestimmt nicht empörend. Es gehörte zum Staat, und dieser Staat hatte mindestens soviel Resonanz oder Akzeptanz in der Bevölkerung wie unser heutiger."[61] In Elsners Roman droht die Mutter ihren unartigen Kindern mit der Einlieferung „in ein Kinder-KZ, das sie das KINDER-KZ AM WALDESRAIN nannte"[62], so

---

[59] Elsner: Fliegeralarm, S. 7.
[60] Henningsen: Vielleicht bin ich heute noch ein Nazi, S. 213.
[61] Ebd., S. 214.
[62] Elsner: Fliegeralarm, S. 15.

wie man zu anderen Zeiten Kindern mit dem ‚schwarzen Mann' gedroht hat. Den Kindern selbst sind Begriffe wie Gestapo, KZ oder Endlösung vertraut, ohne daß sie jedoch davon eine genaue Vorstellung hätten. Gisela Elsners Kindergestalten bringen allerdings auch ohne genaue Kenntnis über die Vorgänge in einem realen KZ in ihrem Spiel ein sehr realistisches Horrorszenario mit tödlichem Ausgang zustande. Wie aus der analytischen Beobachtung von Kindern geschlossen werden kann, entwickeln sie in einigen kritischen Phasen ihrer Entwicklung eine Disposition, „die zu radikalen und gewaltsamen Lösungen neigt und die sie in der Regel unter dem Druck der Umwelt [...] in den Bereich der Phantasie verdrängen". Unter bestimmten ungünstigen sozialen und persönlichen Umständen kann die Überwindung dieser Phase jedoch verhindert werden: „Erstens die massive innere Unsicherheit, die eine erhöhte Abhängigkeit des einzelnen von der Zustimmung anderer Menschen mit sich bringt; zweitens der gestörte Zugang zu den ambivalenten Gefühlen, insbesondere Gefühlen eigener Schwäche, weshalb physische Stärke als Allheilmittel erscheint; und drittens die Ermunterung oder die stillschweigende Erlaubnis seitens der Gesellschaft, radikales Denken zu verstärken statt es zu modifizieren [...].[63]

Nicht unberechtigt erscheint der Vorwurf der Kritik, bei *Fliegeralarm* handele es sich um eine „zynische Prosa"[64], insbesondere wenn man am Schluß sich Lisa freut, „daß sie jetzt endlich wußte, was die ENDLÖSUNG war", nachdem ihnen die Leiche ihres „Juden" zur Befriedigung aller Kinder keine Schwierigkeiten mehr bereiten konnte. Auch läßt sich im Sinne der Definition des Grotesken von Pietzcker kritisieren, daß Elsner die Gratwanderung zwischen einem Zuwenig und einem Zuviel der Zerstörung des Erwartungshorizontes, also der aufklärend wirkenden Verfremdung und dem Abstoßend-Peinlichen nur streckenweise gelingt. Elsners Roman beginnt schon auf einer ‚hohen Tonlage' und verläßt diese Ebene der starken Überzeichnung während der gesamten Handlung nicht. Eine Interpretation dieser Schreibweise, die sich anbietet, ist allerdings die Analogie dieses Stils zu der überhitzten, hysterischen Atmosphäre der nationalsozialistischen Gesellschaft, auf die Elsner zielt, wenn sie Kindermund von „jenem Gebrüll" sprechen läßt,

---

[63] Ute Benz: Verführung und Verführbarkeit, S. 27f.

[64] Heinz Ludwig Arnold: Nichts als Ruinen. In: Die Zeit, 25. Aug. 1989.

„das nun einmal die Verständigungsweise aller aufrechten Nationalsozialisten war“[65].

Während die Werke Hertha Paulis und Gisela Elsners mit unterschiedlichen literarischen Mitteln die Extreme ausloten, geht es in Christa Wolfs Roman *Kindheitsmuster*, der vielfach als das prototypische Beispiel für die autobiographische Darstellung von Kindheit im Nationalsozialismus gelesen wird, um subtilere Formen der Korrumpierung, die „Wonnen der Gewöhnlichkeit“: „Es ist nicht denkbar, daß irgendein Handgriff geändert oder unterlassen würde, bloß weil die Nachricht einging, der Vater wäre um ein Haar ein Mörder geworden. Ordnung muß sein.“[66] In der Familie Nellys, im Roman die Spiegelfigur der jungen Christa Wolf, gibt es keine begeisterten Nazis, nur Menschen mit einem Mangel an Neugier: „Was ich nicht weiß, macht mich nicht heiß. [...] Überhören, übersehen, vernachlässigen, verleugnen, verlernen, verschwitzen, vergessen.“[67] – Eiskaltes Wasser zum Waschen, um die Zuneigung des Nazi-Lehrers zu gewinnen[68] – „Nicht normal sein ist das Schlimmste überhaupt“[69] – „Man muß sich doch beherrschen können!“. Nelly erlebt die NS-Zeit „zwischen kleinbürgerlicher Familie und faschistischer Jugendorganisation eingezwängt“[70], gegen Kriegsende auf der Flucht noch das Treuebekenntnis zum Führer im Tagebuch, danach „Gefühlstaubheit“[71]. In einem komplizierten Erzählverfahren auf drei verschiedenen, miteinander verwobenen Zeitebenen versucht die Erzählerin, sich dem Kind von damals anzunähern, dabei beständig die Funktionen und Grenzen des Gedächtnisses reflektierend und diskutierend. Die Jetzt-Zeit der siebziger Jahre und ihre bedrohlichen Meldungen aus allen Erdteilen werden mit den Erinnerungsbruchstücken aus der Vergangenheit zusammenmontiert, damit Beziehungen herstellend:

---

[65] Elsner: Fliegeralarm, S. 17.

[66] Christa Wolf: Kindheitsmuster. Roman. Darmstadt: Luchterhand 1988 (erstmals 1976), S. 247.

[67] Ebd., S. 204.

[68] Ebd., S. 139f.

[69] Ebd., S. 83 . Das folgende Zitat ebd.

[70] Guntram Vogt: Kindheit und Jugend im Faschismus. Zur literarischen Verarbeitung eines Wirklichkeitsverlusts. In: Diskussion Deutsch 17, H. 89 (Juni/Juli 1986), S. 271-288; hier: S. 280.

[71] Wolf: Kindheitsmuster, S. 408 und S. 399.

> Du erzählst ihr von Nellys Gang zu der niedergebrannten Synagoge, während das Radio, [...] leise meldet, die USA hätten ihre Truppen [...] in eine niedrige Stufe von Alarmbereitschaft versetzt, um einer einseitigen Entsendung sowjetischer Truppen in das Krisengebiet Nahost jederzeit gewachsen zu sein.[72]

Selbstbeobachtungen wie die eines mit dem Alter zunehmenden Zwangs, sich der Gesten, Blicke, Worte der Mutter zu bedienen,[73] weisen hin auf Kontinuitäten, die unterhalb der Schwelle des rational Kontrollierbaren liegen.

Der Vergleich der eigenen Erinnerungen mit denen ihres Bruders Lutz machen der Erzählerin in Wolfs *Kindheitsmuster* bewußt, welche Bedeutung schon ein paar Jahre Altersunterschied für die Wahrnehmung der NS-Zeit haben können. Halbe Sätze, unverständliche Blicke, geschlossene Türen – von „mörderischen Szenen" weiß der Bruder nichts, aber es genügen Stichworte, um ihn in Kenntnis zu setzen: „In irgendeinem Sinn war er ja doch dabei, ganz überrascht scheint er nicht zu sein."[74] Diese Einsicht könnte interessant sein im Hinblick auf den verschiedenartigen Charakter der autobiographischen Kindheitsdarstellungen, die sich nicht zuletzt im Bezug auf den Grad der Distanz zum erzählten Ich und der Reflexion über den autobiographischen Schreibakt unterscheiden. So wird bei Christa Wolf und Margarete Hannsmann durch die Form der Erzählung die Schwierigkeit einer Identifizierung verdeutlicht. Manche Autoren sprechen dagegen zwar das Problem der Zuverlässigkeit des Gedächtnisses an, präsentieren aber gleichwohl ein weitgehend ungebrochenes einheitliches Bild der eigenen Person und lebensgeschichtlichen Entwicklung, wie z.B. Heinrich Böll in *Was soll aus dem Jungen bloß werden?*[75] oder Günter de Bruyn im ersten Band seiner Autobiographie mit dem Titel *Zwischenbilanz*[76], worin, wie mir scheint, ein Bild des Widerständigen vermittelt werden soll, das aber in dem beschriebenen Lebensabschnitt nirgends nach außen wirksam wird. Es wäre zu untersuchen, ob z.B. ältere Autoren, die noch einen größeren Teil

---

72 Ebd., S. 245.
73 Ebd., S. 127.
74 Ebd., S. 248.
75 Heinrich Böll: Was soll aus dem Jungen bloß werden? Oder: Irgendwas mit Büchern. München: dtv 1993 (erstmals 1977).
76 Günter de Bruyn: Zwischenbilanz. Eine Jugend in Berlin. Frankfurt a.M.: Fischer 1992.

ihrer Sozialisation vor der NS-Zeit erlebt hatten, etwa eher zur klassischen Form der Autobiographie hintendieren als solche, die von Geburt an dem Einfluß des Nationalsozialismus ausgeliefert waren. Im Gegensatz zu den frühen Werken von Aichinger oder Pauli fanden die autobiographischen Texte der 70er und 80er Jahre als Selbstverständigungsmöglichkeit einer Generation große Resonanz. Für die psychoanalytische Forschung hat die Literatur Material[77], ja möglicherweise sogar mit den Anstoß geliefert.

Abschließend möchte ich zu dem Film *Peppermint Frieden* zurückkehren, der u.a. mit dem Internationalen Kritikerpreis ausgezeichnet wurde. Mit dieser Produktion begab sich die Regisseurin auf die Suche nach der eigenen Kindheit. Rosenbaum wurde 1940 im Sudetengebiet geboren und war, wie die Protagonistin ihres Films, selbst zwei Fluchten ausgesetzt, die sie in der Rückschau als „traumatische" Erlebnisse bezeichnet hat: „Anscheinend sind solche Erfahrungen von Krieg und Vaterverlust, meine Ohnmachtserfahrungen. Die Ohnmacht, verschleppt zu werden [...], macht mir noch heute schwer zu schaffen. Diese Erlebnisse sind keine Vergangenheit. Der dreißig- oder vierzigjährige Krieg läuft doch seit dem Waffenstillstand von 1945 ununterbrochen weiter."[78] So Marianne Rosenbaum in einem Interview vom 12. Mai 1984.

Den zeitlichen Rahmen der Handlung bilden die Jahre 1943 bis 1950. So wie er mit dem an die Ostfront ziehenden Vater beginnt, endet er wiederum mit dem Ausbruch des Korea-Krieges. Die Flucht mit Mutter und Großmutter führt von Böhmen über Dresden, wo sie ausgebombt werden, in ein niederbayrisches Dorf nahe Straubing. Dort wartet schon der Vater, der für das Kind ein Fremder geworden ist. Das Kind wird mit widersprüchlichen Verhaltensmustern und Vorschriften konfrontiert: auf der einen Seite der Welt der lebenslustigen Nilla Grünapfel und ihres amerikanischen Liebhabers, auf der anderen den körperfeindlichen Moralforderungen des katholischen Pfarrers, der schon bald wieder von der Kanzel herab die ‚Russen' verdammen wird. Systematisch wird die Angst vor dem „Iwan" geschürt, die für Marianne einen Widerspruch darstellt zu dem Bild, das sie von einem kleinen Russenjungen hat, von

[77] Vgl. z.B. Anita Eckstaedt: Nationalsozialismus in der ‚zweiten Generation'. Psychoanalyse von Hörigkeitsverhältnissen. Frankfurt a.M.: Suhrkamp 1992 (erstmals 1989).

[78] Ein Gespräch mit Marianne S.W. Rosenbaum geführt von Bion Steinborn und Carola Hilmes in Frankfurt am 12. Mai 1984: ‚Frieden' hat für uns Deutsche einen amerikanischen Geschmack. In: Filmfaust Nr. 39 (Mai/Juni 1984), S. 27-31.

dem der Vater ihr erzählt hatte. Schlaglichtartig und ohne chronologische Ordnung werden Ereignisse dargestellt, deren Bedeutung das Kind nicht verstehen kann, deren Bedrohlichkeit es gleichwohl wahrnimmt: das Flüstern der Frauen über starken Rauch aus der Ziegelei nahe Theresienstadt, das Verschwinden des jüdischen Arztes Dr. Klug, das Schicksal des kleinen Russenjungen. Solche prägenden Erlebnisse werden aus der Sicht des Kindes assoziativ verknüpft.

Peppermint Frieden zeigt die Welt aus dem Blickwinkel von Kindern, die in den Kriegsjahren geboren, deren erste Erfahrungen und Wahrnehmungen der Welt somit vom Alltag des Krieges bestimmt wurden. Während die Erwachsenen, die diese Zeit aufgrund ihrer früheren Lebenserfahrung als Ausnahmezustand erleben, nach Kriegsende mehr oder weniger leicht wieder ‚umschalten' können, stellen der Krieg ebenso wie die öffentlichen Verhaltensformen, die die Nationalsozialisten von ihrem ‚Volk' erwarten, für die Kinder ihre bisherige Normalität dar. Das Erscheinen von Flugzeugen am Himmel ist für sie selbstverständlich mit Lebensgefahr verbunden. Sie sind daran gewöhnt, sich sofort auf den Boden zu werfen, um Deckung zu suchen, und können nicht verstehen, weshalb Regeln, die die Eltern ihnen eingeschärft hatten, plötzlich ihre Gültigkeit verloren haben.

Die eingangs skizzierte Filmszene ist von der Regisseurin minutiös inszeniert und komponiert worden. Mit Hilfe der Kameraführung, z.B. dem abwechselnden Blick aus der Frosch- und der Vogelperspektive, gelingt es ihr, die Ohnmachtsgefühle des Kindes gegenüber den Erwachsenen zum Ausdruck zu bringen, denen die Geduld und das Einfühlungsvermögen fehlen, um die Ängste und die Desorientierung des Kindes zu verstehen. Rosenbaums Filmbilder sind zum Teil fast schon überladen mit symbolhafter Bedeutungsschwere. Realismus definiert Rosenbaum so, daß er „nicht nur Abbild, sondern auch Sinnbild" sei, wobei Sinnbild als ein Bild verstanden wird, das aus der „Summe der Eindrücke", der „Summe der Empirie" gewonnen ist: „Alle Personen sind Sinnfiguren. Sie sind nicht zufällig genommen worden. [...] Ich überlege mir das genau d.h., was steht für die Erfahrungen, die ich mit dem einzelnen dieser Menschen habe, was steht für die Erfahrung, die ich mit bestimmten Verhaltensweisen habe, was steht für die Erfahrung, die ich mit einer bestimmten gesellschaftlichen Struktur habe usw."[79]

---

[79] Ebd., S. 30.

Während die Eltern ihre Schwierigkeiten mit der neuen Situation unterdrücken, allenfalls die Gereiztheit des Vaters etwas davon zu spüren gibt, macht die Reaktion der kleinen Marianne deutlich, wie groß der mit der Verleugnung verbundene Verlust in Wirklichkeit ist.[80] Die Verdrängung und Tabuisierung der Vergangenheit bedeutet nämlich nicht nur die Vermeidung von unangenehmen Scham- und Schuldgefühlen, sondern gleichzeitig ein generelles Abkappen der tabuisierten Zeitspanne, d.h. auch einen Verlust an positiven Kindheits- und Jugenderinnerungen. Dieses symbolisiert Rosenbaum, wie ich meine, durch die leeren Deckel, die als einziger Rest von Mariannes Bilderbuch übrigbleiben.

In der beschriebenen Filmszene wird der Vorteil des Mediums Film deutlich, in wenigen Bildern eine Fülle von Konnotationen und Aussagen transportieren zu können. Zur Bedeutung der Farbgebung hat die Regisseurin erklärt, die Handlung sei in schwarz-weiß gedreht, da es dadurch einfacher sei, „in eine Zeit einzusteigen, die schwarz-weiße Dokumentationen liefert", die Träume und Phantasien Mariannes dagegen seien „überzeitlich" und daher durch farbige Darstellung abgesetzt[81].

Rosenbaums Ziele waren sowohl persönlicher als auch politischer Art. Es ging ihr zum einen darum, ihren eigenen Standpunkt zu finden, da sie es als Voraussetzung jeder politischen Arbeit ansieht, daß die Menschen wissen, „wo ihre Handlungsweisen und ihre Macken herkommen. [...]"

> Außerdem habe ich deswegen auch im Privaten angesetzt, weil es in dem Kulturkreis, in dem ich aufgewachsen bin, immer geheißen hat: wir können sowieso nichts machen „die da oben". Gleichzeitig habe ich gesehen, wie „die da oben" von uns gemacht wurden. Es ist für mich sehr wichtig, daß die allgemeine Struktur, die bis in die intimsten Bereiche des Menschen hineinreicht und ihn verfügbar macht, aufgezeigt werden kann. Wenn man im Privaten etwas verändert, z.B. an seiner eigenen Person, kann die Machtlosigkeit in eine Macht umgeändert und die Macht der Mächtigen geschwächt werden. Die Fatalismushaltung fängt bereits mit der Enteignung unserer Person an und zwar in verschiedener Weise.[82]

---

[80] Zum Begriff des Wirklichkeitsverlusts vgl. Guntram Vogt: Kindheit und Jugend im Faschismus, S. 27ff.

[81] Gespräch mit Marianne Rosenbaum vom 12. Mai 1984, S. 30.

[82] Ebd., S. 29f.

Es gebe historische Analysen dessen, was außen ablesbar geschah, so Rosenbaum. „Die Analyse der Verkrampfungen und Verkrebsungen, Analyse der Psychomaterie, die in Wechselwirkung zur Körpermaterie steht, wird eigentlich nur im Privaten praktiziert. Filme könnten zu einer gesellschaftlichen Therapie beitragen.[83] Ebenso könnte dies die Literatur, wobei beide Medien diesbezüglich ihre spezifischen Stärken und Schwächen aufweisen. Die literarische und filmische Auseinandersetzung mit den Vätern und Müttern gewinnt jedenfalls erst dort eine aktuelle gesellschaftliche Relevanz, wo sie uns darauf aufmerksam macht, was von deren Vorurteilen, Fehlern oder Schwächen in uns selbst weiter existiert.

[83] Zwischen Tag und Traum, S. 39. (Vgl. # 22).

ABSTRACTS IN DER REIHENFOLGE DER BEITRÄGE

(ausgenommen das Vorwort und die Beiträge der drei ZeitzeugInnen)

BARBARA BAUER: *DRAMA – MÄRCHEN – GLEICHNIS – PARABEL*

Wie Kinder die Inhumanität der Nazibewacher und die Angst und Verzweiflung ihrer Angehörigen und Freunde in Ghettos und Vernichtungslagern erlebt haben, das hing ganz von ihrem damaligen Alter ab. Die Gattungs- und Erzählmuster, welche die Autoren von Holocaust-Erinnerungsbüchern wählen, um ihre psychischen Eindrücke von damals darzustellen, geben dem Interpreten einen Schlüssel an die Hand, wenn er verstehen will, auf welchen kognitiven Entwicklungsstufen sie sich damals als Kinder befanden und welche „Lektionen" sie aus Erfahrungen in einer moralisch total verkehrten Welt lernen konnten. Zur Veranschaulichung dienen mir die Erinnerungsbücher von Renata Yesner, Halina Birenbaum, Imre Kertész und Georges Perec.

BARBARA BAUER: *DRAMA – FAIRY TALE – PARABLE*

Depending on their age at the time, the way children experienced their parents' and friends' fear and desperation and the cruelty of nazi guards in ghettos and concentration camps varied. Patterns of narration that authors of Holocaust memoirs employ to reflect their psychological impressions of the past offer the reader a key to understanding the children's levels of cognitive development at the time and the type of "lessons" they derived from a world defined by moral perversion. This is illustrated using the memoirs of Renata Yesner, Halina Birenbaum, Imre Kertész, and Georges Perec.

DONALD HAASE: *OVERCOMING THE PRESENT: CHILDREN AND FAIRY TALES IN EXILE, WAR, AND THE HOLOCAUST*

Despite the abusive purposes to which the fairy tale was put by fascist pedagogues and scholars, children victimized by fascism reclaimed the genre as a strategy for survival. In exile, collections of fairly tales produced for children not only provided German-language reading material, but also promoted a humanistic and utopian vision. The genre's reception by children living in war-torn Germany indicates that they utilized the *Märchen* to endure the chaos and violence of war. Evidence also exists that children of the Holocaust turned to the fairly tale as a strategy of emotional and existential survival. The genre's potential for illuminating the responses of children to these historical events is so compelling that even second generation exile writers and others who reflect on the young victims of fascism draw on the fairly tale and its utopian message of survival and hope.

***Donald Haase**: Die Gegenwart überwinden: Kinder und Märchen im Exil, Krieg und im Holocaust*

Trotz der Propagandaabsichten faschistischer Pädagogen und Wissenschaftler bezüglich des Genres Märchen, wurde dies von den Kindern, die dem Faschismus ausgesetzt waren, als Überlebensstrategie zurückgefordert. Im Exil fungierten Märchensammlungen als deutschsprachiges Lesematerial und boten den jungen Lesern zudem Hoffnungen für eine bessere und humanistische Welt an. Die Rezeption von Märchen im kriegsgeschädigten Deutschland unterstreicht die Rolle des Genres als emotionale und existentielle Überlebensstrategie, wodurch das Chaos und die Gewalt des Alltags erträglicher wurde. Auch die zweite Generation der im Exil lebenden Schriftsteller verweist in ihren Werken auf die zukunftsweisende und hoffnungsbringende Botschaft des Märchens.

***Deborah Viëtor-Engländer:** Identity and Education: Five Children's Formative Years in Third Reich Camps*

This paper deals with five children's identity crises, their mother relationship, the function of education in the camps, and the children's coping strategies for survival. Two of these children survived concentration camps, one child lived both as a Jewish girl and then illegally as a German; one Jewish boy spent four years in the Hitler Youth, and the fifth child, a German boy, describes his Third Reich experiences as a *Pimpf* evacuated to Poland. In two cases the children lived in daily and hourly fear of discovery as Jews. In the third case the child assumed a German identity after getting away from an attempted "evacuation" of camp inmates by the SS. The written records of their experiences were published many years later. In one case the child's life was turned into a play, the other accounts are autobiographical narratives.

***Deborah Viëtor-Engländer:** Identität und Erziehung: Die prägenden Jahre für fünf Kinder in Konzentrationslagern des Dritten Reichs*

Die vorliegende Arbeit befaßt sich mit der Identitätskrise von fünf Kindern, deren Beziehung zur Mutter, der Rolle der Erziehung in Lagern und den von Kindern praktizierten Überlebensstrategien. Zwei der Kinder überlebten die Lager, eines lebte sowohl als Jüdin und dann illegal als Deutsche; ein jüdischer Junge verbrachte vier Jahre in der Hitlerjugend, und ein weiteres Kind, ein deutscher Junge, beschreibt seine Erlebnisse als ein im Zuge der Kinderlandverschickung nach Polen evakuierter ‚Pimpf'. Zwei der Kinder lebten in ständiger Angst, als Juden entdeckt zu werden, ein drittes versteckte sich hinter einer vermeintlich deutschen Identität, nachdem ein glücklicher Zufall es vor einer Lagerevakuierung bewahrte. Die Erfahrungen dieser Kinder wurden erst Jahrzehnte später veröffentlicht – entweder in Form einer Autobiographie oder, wie in einem Fall, als Theaterstück.

***Laureen Nussbaum:** Anne Frank, The Writer*

Anne Frank's positioning as icon and focus for people's feelings of empathy and guilt has caused the talented young writer to become lost behind this icon. Anne herself prepared 324 pages of a publishable manuscript based on her diary entries during the last ten weeks of her two-year stay in hiding. Although this thoroughly revised text was to remain a fragment, it bears the marks of an extremely talented, self-critical author, aware of her prospective readers. Fifty-three years after her death in Bergen-Belsen, the book Anne Frank intended to publish has yet to be made available to the public. Until recently, most people read the text her father Otto Frank – the only survivor of the family – had published in 1947, a composite of Anne's original, spontaneous entries and her later rewrites. Otto Frank never revealed the existence of two versions of his daughter's diary, a fact disclosed only after his death, when the Dutch Institute of War Documentation printed Anne's two versions in conjunction with Otto Frank's text selections in an extensive *Critical Edition.* A recent so-called *Definitive Edition* of Anne Frank's *Diary* by Otto Frank and Mirjam Pressler does even less justice to the author's explicitly stated intentions than the 1947 publication. A close analysis of different text versions leads to the conclusion that a publication of Anne Frank's text according to the young author's own intention is long overdue.

***Laureen Nussbaum:** Anne Frank, Die Schriftstellerin*

Die Tatsache, daß Anne Frank zum Symbol für Mitleid und Schuldgefühle stilisiert wurde, hat dazu geführt, daß sie als ernsthafte Schriftstellerin übersehen wurde. Anne hat ihre spontanen Tagebuchaufzeichnungen während der letzten Wochen vor ihrer Deportation überarbeitet und 324 Seiten eines druckreifen Manuskripts erstellt. Obwohl ihr Vorhaben teilweise Fragment geblieben ist, zeigt das überarbeitete Manuskript Anne Frank als selbstkritische und talentierte Schriftstellerin, die sich ihrer zukünftigen Leserschaft bewußt ist. Doch selbst dreiundfünfzig Jahre nach ihrem Tod in Bergen-Belsen ist ihr Buch noch immer keiner breiten Leserschaft zugänglich. Bis vor kurzem war nur der von ihrem Vater 1947 zusammengestellte Text erhältlich, bei dem es sich um eine Mischung der originalen Tagebucheintragungen und der Überarbeitungen handelt. Die Existenz der überarbeiteten Fassung wurde erst nach dem Tode Otto Franks bekannt, als das Holländische Institut für Kriegsdokumentation beide Versionen des Tagebuchs entlang des von Otto Frank publizierten Tagebuchs in einer umfangreichen *Critical Edition* herausgab. Jedoch wird die *Definitive Edition* – ediert von Otto Frank und Mirjam Pressler – der Intention der Autorin keineswegs gerecht. Anhand ausgesuchter Passagen verschiedener Textversionen wird gezeigt, daß eine den Absichten der Schriftstellerin gerechte Neuauflage des Anne Frank-Textes längst überfällig ist.

***MEINHARD STARK**: KINDER DEUTSCHER EXILANTEN IN DER UDSSR. DAS TAGEBUCH DER SONJA HORSTMAN UND ANDERE ÜBERLIEFERUNGEN*

Mitte der dreißiger Jahre lebten mehrere Tausend aus Deutschland stammende Menschen in verschiedenen Teilen der UdSSR, insbesondere den industriellen Aufbauzentren und großen Städten. Zu ihnen gehörten vor allem deutsche Facharbeiter und ihre Familien, die Ende der zwanziger Jahre, Anfang der dreißiger Jahre als Aufbauhelfer in die Sowjetunion gingen, sowie Frauen und Männer, die nach 1933 unter der Nazidiktatur fliehen mußten und in der UdSSR Asyl fanden. Im sowjetischen Exil lebten aber auch einige Hundert deutsche Kinder, die teils nach 1933 in der UdSSR geboren wurden. Wie ihre Eltern waren sie allen unerwarteten Entwicklungen in ihrem Gastland ausgesetzt. Der recht euphorischen Begrüßung und Aufnahme der deutschen Emigranten 1933 bis 1935 folgten ab 1936 die Jahre der „Säuberung" und Verfolgung. Kinder, egal welchen Alters, litten unter der Verhaftung ihrer Väter und Mütter auf besondere Weise. Das Volkskommmissariat für Innere Angelegenheiten (NKWD) trennte Eltern und Kinder auf brutale Weise und sperrte die Halbwüchsigen als Angehörige von „Volksfeinden" in spezielle Erziehungsheime. Kleinkinder gab man auch zur Adoption an russische Eltern frei. Die meisten Kinder verloren nicht nur ihre Eltern, sondern auch ihre nationale und kulturelle Prägung. Die Haftdauer der Mütter betrug durchschnittlich acht bis zehn Jahre, Männer erhielten oft die Todesstrafe. Der GULag-Haft folgte in der Regel lebenslängliche Verbannung. Wenn es überhaupt ein Wiedersehen nach Jahren gab, trafen jeweils beschädigte und entfremdete Mütter und Kinder aufeinander, die je ihr spezifisches Trauma zu verarbeiten hatten und nur sehr schwer ihre familiären Beziehungen wieder „normalisieren" konnten. In ihrem als exemplarisch gelten Tagebuch hat Sonja Horstmann von 1941 bis 1944 den Alltag des Krieges, den Alltag Hunderte Kilometer hinter der Front auf anschauliche und dramatische Weise beschrieben. An dieser und weiteren biographischen Überlieferungen versucht der Beitrag Dimensionen des Lebens und Alltags von deutschen Kindern und Jugendlichen im sowjetischen Exil nachzuzeichnen und zu analysieren.

***MEINHARD STARK:** CHILDREN OF EXILE GERMANS IN THE USSR. THE DIARY OF SONJA HORSTMAN AND OTHER DOCUMENTATION*

In the mid-1930's, several thousand Germans were living in various parts of the USSR, predominantly in large cities and centers of industrial development. Among them were German specialists and their families who had come to the Soviet Union to lend developmental support during the late 1920's and early 1930's, as well as refugees from the Nazis who had found asylum in the USSR after 1933. Also in exile in the Soviet Union was a group of several hundred German children, some of them born after 1933 in the USSR, who along with their parents came to experience the unexpected developments in their host country. After an initially euphoric reception of German immigrants between

1933 and 1935, the years after 1936 brought "cleansing" and persecution, and children of all ages suffered under their parents' arrests. The People's Commissariat of Internal Affairs (NKWD) separated parents and children, sent the older children to special education facilities, and often arranged for the younger children's adoption by Russian families. Most children lost not only their family, but also their cultural and national heritage. The women's incarceration averaged between eight and ten years, the men often received death sentences, and GULag imprisonment was usually followed by deportation. In the event of reunification, usually both parents and children were severely changed by traumata, and the normalization of family relationships was problematic. Sonja Horstman, whose diary is considered exemplary in this field, describes everyday life during the war and behind the front lines in the years 1941 to 1944, and her work, along with other biographical writings, is used in this article to describe and analyze the life of German children in Soviet exile.

***SONJA HILZINGER**: SCHREIBEN IM EXIL. MARGARETE STEFFINS ERZÄHLUNGEN UND STÜCKE FÜR KINDER*

Margarete Steffins (1908-1941) Rang als Autorin wurde erstmals sichtbar durch die Publikation aus dem Nachlaß unter dem Titel *Konfutse versteht nichts von Frauen* (1991) fünfzig Jahre nach ihrem Tod. Ihre literarische Produktivität entfaltete sich in den knapp neun Jahren des Exils in Frankreich, skandinavischen Ländern und in der Sowjetunion. Ihr Nachlaß ist fragmentarisch. Ihre Produktion sperrt sich dem Werkbegriff im herkömmlichen Sinn. An ihrem Schaffen kann exemplarisch das „Problem der Nicht-Manifestierbarkeit weiblicher Autorschaft für die historische Avantgarde" (Kambas) diskutiert werden. Sie war Mitautorin und Mitarbeiterin an den zwischen Sommer 1933 und Frühjahr 1941 entstandenen Werken, die unter dem Autornamen Brecht rezipiert wurden und werden. Neben ihrer Produktion unter „falschem Namen" (Hahn) hat sie etwa fünfzehn Gedichte, autobiographische Texte, an die dreißig Erzählungen und Geschichten und zwei Stücke für Kinder, zahlreiche Übersetzungen und Nacherzählungen von Werken aus dem Russischen, Dänischen, Norwegischen, Finnischen und Englischen sowie eine umfangreiche Briefkorrespondenz mit dem eigenen Namen gezeichnet. Steffins Handschrift als Autorin ist von ausgeprägter Eigenständigkeit und zugleich eingebunden in den Produktionskontext mit Brecht. Ihr Stück *Wenn er einen Engel hätte*, dessen Entstehungs- und Veröffentlichungsgeschichte durch bisher unveröffentlichte Briefe gut dokumentiert ist, belegt exemplarisch die Problematik ihrer Lebens- und Arbeitssituation im Exil.

***SONJA HILZINGER:** WRITING IN EXILE. MARGARETE STEFFIN'S NARRATIVES AND DRAMAS FOR CHILDREN*

Only with the posthumous publication of *Konfutse versteht nichts von Frauen* (1991) did the work of Margarete Steffin (1908-1941), produced over nine years of exile in France, Scandinavia, and the Soviet Union, find acknowledgment. The fragmentary quality of her literary estate, as well as her non-traditional production, demonstrates the challenges of establishing authorship of a female writer. From 1933 to 1941 she was a contributor to works commonly attributed to Brecht. Aside from this work, she produced a number of poems, autobiographical texts, narratives, two children's plays, and translations and adaptations, as well as an extensive correspondence, under her own name, all of which attest to Steffin's strength as a writer independent from and yet closely related to the Brechtian tradition. The conception and publication history of her play *Wenn er einen Engel hätte*, well documented through yet unpublished letters, serves to show the problems of living and working in exile.

TAMARA S. EVANS: *S.O.S. SCHWEIZ. EMIGRANTEN SCHREIBEN KINDERBÜCHER*

Der vorliegende Aufsatz beschäftigt sich mit der Frage, in welchen Büchern Schweizer Kinder während des Krieges und in der Nachkriegszeit etwas über die Kriegsereignisse, die Verfolgungen, die Shoah und die Schweizerische Flüchtingspolitik erfahren konnten. Von Schweizer Autoren und Autorinnen wurden diese Themen nicht tangiert. Es blieb darum einigen wenigen Emigranten überlassen, junge Leser auf die Zeitgeschichte und das Leiden ihrer Altersgenossen außerhalb der Schweiz aufmerksam zu machen. Die Korrespondenz von Oskar Seidlin und Lisa Tetzner mit dem Sauerländer Verlag gibt Aufschluß darüber, wie zermürbend und frustrierend es für Emigranten war, ihre Texte sowohl sprachlich als auch inhaltlich den Erwartungen Schweizer Lektoren anzupassen und wie entscheidend die Eingriffe der formellen und informellen Zensur gewesen sind.

TAMARA S. EVANS: *S.O.S. SCHWEIZ. CHILDREN'S BOOKS BY EXILE WRITERS*

This essay examines what books gave Swiss children during and after the war an opportunity to learn about the occurrences of the war, persecution, Shoah, and Swiss policies regarding refugees. Since these topics were not addressed by Swiss authors, the responsibility to inform young readers about life and suffering of children outside Switzerland fell to a few emigrant writers. The letters Oskar Seidlin and Lisa Tetzner exchanged with the publisher Sauerländer Verlag illustrate the frustrating and discouraging process emigrants found themselves involved in as they were expected to adjust their texts in language and content to the expectations of Swiss editors, and to what degree official and inoffical censorship interfered with their work.

SIGRID THIELKING: *„ROSA WEISS WOLLTE WISSEN...". ANSÄTZE UND STRATEGIEN ZUR DIDAKTISCHEN VERMITTLUNG DES THEMAS HOLOCAUST*

Die kindliche Wahrnehmung und Erfahrbarkeit wirft Fragen nach der Vermittelbarkeit des Phänomens ‚Auschwitz' auf. Anhand von literarischen Texten nach

1945, Beispielen der einschlägigen Kinderliteratur und der didaktischen Begleitmaterialien wird der Diskurs über Aufklärungsanspruch und Generationsbezogenheit mittels vier typisierenden Beschreibungskategorien nachgezeichnet. Neben der didaktisch geschichtlichen Dimension entsteht dabei ein Phasierungsvorschlag zum Stand bundesrepublikanischer Erinnerungs- und Vermittlungspolitik in Sachen Holocaust.

SIGRID THIELKING: *„ROSA WEISS WOLLTE WISSEN...". APPROACHES AND STRATEGIES REGARDING THE DIDACTIC MEDIATION OF THE HOLOCAUST*
Children's abilities of perception and experience question the didactic strategies we use to mediate the 'Auschwitz phenomenon.' Using post-1945 literary texts, examples of pertinent children's literature, and teachers' handbooks, this paper examines the existing discourse regarding the need for education and generational relevance, organized in four categories. Aside from an exploration of didactic historicism, this leads to a review of existing German politics of memory and representation regarding the Holocaust.

JULIA KLIMEK: *ART SPIEGELMAN'S MAUS. DRAWING OUT THE IMPLICATIONS OF WITNESSING IN A FATHER/SON RELATIONSHIP*
This article examines the implications of telling a story of Holocaust survival and the way knowledge is transmitted from the narrator to the listener. Art Spiegelman solicits his father's story of survival and then realizes it in the medium of a graphic novel, which in turn positions the reader as an eye-witness to history. I am using Shoshana Felman and Dori Laub's observations on witnessing to show that the narrator (the father) experiences once again the trauma by telling his story, and how this trauma is inscribed on the listener (the son), influencing the relationship between father and son and causing an identity crisis for the son. The medium of the graphic novel makes this particularly clear, as it sidesteps the issue of authenticity in representation, and allows for almost seamless transitions between past and present, the events of the story told and the event of the storytelling, which question the often assumed generational divide in the experience of history.

JULIA KLIMEK: *ART SPIEGELMANS MAUS. NACHZEICHNUNG DER VERANTWORTLICHKEIT ALS AUGENZEUGE IN EINER VATER-SOHN-BEZIEHUNG.*
Dieser Essay untersucht, wie sich Wissen eines berichtenden Zeitzeugen auf seinen Zuhörer überträgt und wie eine erzählte Holocaust-Überlebensgeschichte den Zuhörer mitverantwortlich macht. Art Spiegelman zeichnet die Geschichte seines Vaters im Medium des Comicbuches nach, wodurch er den Leser als ‚Augenzeugen der Geschichte' positioniert. Unter Verwendung von Shoshana Felmans und Dori Laubs Beobachtungen bezüglich Zeitzeugenberichte wird dargelegt, daß der Erzähler (der Vater) durch den Erzählvorgang erneut das Trauma

durchlebt, und wie dieses Trauma auf den Zuhörer (den Sohn) übertragen wird. Dieser Vorgang stört das Verhältnis zwischen Vater und Sohn und löst beim Sohn eine Identitätskrise aus. Das Medium des Comicbuches kann diese Entwicklung besonders deutlich nachzeichnen, da es einerseits die Authentizität der Repräsentation umgeht, und andererseits beinahe nahtlose Übergänge zwischen Gegenwart und Vergangenheit ermöglicht, wodurch es den vermeintlichen Generationsbruch in der Geschichtserfahrung in Frage stellt.

***Klaus Beckschulte**: Leben und Werk von Robert L. Kahn*

Der heute weitgehend unbekannte Schriftsteller des Exils Robert Ludwig Kahn wurde 1922 in Nürnberg geboren und im Zuge der Nazibedrohung mit einem Kindertransport nach England geschickt. Dort zu Kriegsbeginn interniert, wurde er schließlich nach Kanada verschifft. Diese Odyssee und nicht zuletzt der Schuldkomplex, den Holocaust überlebt zu haben, bilden die Kernpunkte seines packenden Oeuvre, das in erste Linie aus Lyrik besteht. Hierbei ist insbesondere seine Collagetechnik zu nennen, die Erfahrungen und Eindrücke der Kindheit sowie Impressionen des „deutschen Lebens" vereint. Der vordergründig heitere Ton vieler seiner Gedichte kontrastiert mit deren bedrückenden Inhalt, was den Gedichten eine seltene Eindringlichkeit verleiht.

***Klaus Beckschulte**: Life and Work of Robert L. Kahn*

The exile writer Robert Ludwig Kahn, today for the most part unknown, was born in 1922 in Nuremberg and sent to England with one of the children's transports at the onset of the Nazi rule. After internment in England at the beginning of the war, he was eventually 'shipped' to Canada. This odyssey in combination with survivor's guilt makes up the central theme of his compelling, predominantly lyrical work. Especially noted is the technique of collage, which combines experiences and impressions of his childhood with the "normal German life." The humorous tone which many of his poems employ strongly contrasts with their serious content, lending the poems an unusual urgency and force.

***Hanna Papanek**: Exile or Emigration: What Shall We Tell The Children?*

Combining her German mother-tongue with English, her "language of choice", Hanna Papanek contrasts her childhood memories of life in Berlin under the Nazis with those of her friend Ludwig Greve's memoir of the same period. In answer to her central question "How do we best help children to deal with the trauma of displacement?" Papanck finds that children of political exiles, drawn into their parents' political commitments from an early age, understood the reasons for their exile better and adapted more successfully to change than children from nonpolitical families, especially those who had long delayed their departure and tried to protect their children from current political events. Papanek suggests that parents' unwillingness to communicate fully with their children may reflect their own sense of powerlessness under persecution: they cannot bear to acknowledge situations they feel they cannot change.

Hanna Papanek: *Exil oder Emigration: Was sagen wir den Kindern?*
Indem sie ihre deutsche Muttersprache mit der Wahlsprache Englisch verbindet, vergleicht und kontrastiert Hanna Papanek ihre Kindheitserinnerungen in Berlin mit denen ihres Freundes Ludwig Greve, dessen Erinnerungsbuch ebenfalls die Nazizeit beschreibt. In Antwort auf die zentrale Frage „Wie hilft man Kindern, die erlittene Vertreibung zu verarbeiten?" ist Papanek der Überzeugung, daß Kinder, die mit den politischen Überzeugungen ihrer Eltern vertraut waren, die Gründe des Exils besser verstanden und somit auch erfolgreicher verarbeiten konnten als die Kinder ‚unpolitischer' Familien, da diese eine Ausreise oftmals erst spät antraten, und ihre Kinder vor der politischen Realität abschirmen wollten. Papanek benennt das Zögern der Eltern, ihren Kindern die Gründe des Exils mitzuteilen, als Widerspiegelung der eigenen Ängste, sich ihre Hilflosigkeit gegenüber der Verfolgung einzugestehen.

Jochen Vogt : *Zwei, drei, viele Denkmäler. Sieben Fragen an einen kleinen Text von Anna Seghers*
Der Beitrag versucht auf verschiedenen Analyseebenen, einen Gelegenheitstext von Anna Seghers (*Zwei Denkmäler*, 1945/1965) als Schlüsseltext mit biographischen, zeit- und werkgeschichtlichen sowie literaturästhetischen Implikationen zu interpretieren. Aus der Textanalyse werden sodann Unterrichtsmöglichkeiten im Kontext von Exilliteratur und „Erinnerungspolitik" abgeleitet.

Jochen Vogt: *Two, Three, Many Memorials. Seven questions for a small text by Anna Seghers*
This article approaches a text by Anna Seghers (*Zwei Denkmäler*, 1945/1965) as a *texte à clef* on various analytical planes in an attempt to find answers to questions regarding bibliographical and historical issues, and implications of literary aesthetics. The analysis of the text leads into suggestions for possible lesson plans in the context of exile literature and the politics of memory.

Eva-Maria Siegel: *In der Zeit der grossen Denunziationsbewegungen*
Siegels Beitrag widmet sich dem Exilwerk der Schriftstellerin Irmgard Keun aus einem bislang unbewohnten Blickwinkel: seinem Verhältnis zum Diskurs der Psychoanalyse. Der Versuch eines literaturpsychologischen Zuganges stellt das Motiv der Trennung in den Mittelpunkt. Die These besagt, daß innerhalb der Symbolstruktur der Texte und ihrer Figurenensembles gelungener wie mißglückte Trennungsprozesse von kindlichen oder jugendlichen Figuren einen ebenso auffälligen wie häufigen Topos darstellen. Solchen Figurationen wird einleitend anhand des biographischen Materials, vor allem aber mit Blick auf die

in der Emigrationszeit veröffentlichten Romane *Das Mädchen, mit dem die Kinder nicht verkehren durften, Nach Mitternacht, D-Zug dritter Klasse* und *Kinder aller Länder* nachgegangen, wobei den differenzierten Vorstellungen von Angst und ihren Sublimationen als einem „psychischen Subtext" besondere Bedeutung zugesprochen wird. Der Aufsatz endet mit dem Seitenblick auf eine Dokumentation von Anna Freud und Dorothy Burlingham, über das besondere Verhältnis von Kriegskindern zum Tod, der mit den literarischen Motivstrukturen verglichen wird.

***EVA-MARIA SIEGEL**: IN THE DAYS OF GREAT DENUNCIATIONS*

Siegel's article examines the work of exile writer Irmgard Keun in relation to the psychoanalytical discourse, with a special focus on the subject of separation and loss. Within the symbolic structure of texts and their character relationships, successful and failed separations between young characters present a compelling and noticeable topic. The article tracks these moments in relation to biographical material, but especially in view of four novels published in exile, *Das Mädchen, mit dem die Kinder nicht verkehren durften, Nach Mitternacht, D-Zug dritter Klasse,* and *Kinder aller Länder*, paying attention to different representations of fear and their sublimation as a "psychological subtext." The essay makes reference to the documentary evidence put forth by Anna Freud and Dorothy Burlingham regarding the responses towards the phenomenon of death that children raised during war years have shown.

***WALTRAUD STRICKHAUSEN**: UMWORBEN, VEREINSAMT, VERFOLGT. KINDERWELTEN IM NATIONALSOZIALISMUS ALS THEMA IN FILM UND LITERATUR*

Seit Mitte der siebziger Jahre ist die deutschsprachige Literatur von zahlreichen autobiographischen Erzählungen zum Thema der Kindheitserfahrung während des Dritten Reichs gekennzeichnet. Diese Bücher beschreiben eine Vielzahl unterschiedlicher Lebensbedingungen – vom Aufenthalt in Konzentrationslagern über Mitläufertum bis hin zum fanatischen Glauben an den Nationalsozialismus. In ihrem Roman *Jugend nachher* (1959) macht die Exilschriftstellerin Hertha Pauli als eine der ersten den Leser auf die Spätfolgen der nationalsozialistischen Erziehungsideale sowie auf die Probleme der Jugendlichen, die sich nach 1945 mit veränderten politischen und kulturellen Idealen auseinandersetzen mußten, aufmerksam. Ein weiteres Buch zu dieser Thematik ist Gisela Elsners *Fliegeralarm* (1987), in dem eine Gruppe Kinder im Vorschulalter als Anhänger des *Führers* gezeigt wird. Einen Kontrast hierzu bietet Christa Wolfs *Kindheitsmuster*, das die subtile Verwobenheit zwischen Verführern und Verführten, Vergangenheit und Gegenwart analysiert. Marianne Rosenbaums Film *Peppermint Frieden* (1982) befaßt sich darüber hinaus mit der Frage, wie Ideologien in die Privatsphäre eines Menschen einbrechen, und wie dort noch über 1945 hinaus bestimmte ideologischen Strukturen weiterbestehen und unreflektiert an die nächsten Generationen weitergegeben werden.

WALTRAUD STRICKHAUSEN: *COURTED, ISOLATED, PERSECUTED. CHILDREN'S WORLDS DURING THE THIRD REICH EXPLORED IN FILM AND LITERATURE*

Since the mid-1970's, German literature has been characterized by numerous autobiographical accounts and fictional representations of childhood experience during the Third Reich. These books reveal a wide range of experiences, ranging from concentration camp imprisonment to social conformity of various degrees and the whole-hearted support of the Nazi ideology. In her novel *Jugend nachher* (1959), the exile writer Hertha Pauli was one of the first to draw attention to the long ranging negative effects of the Nazis' "educational principles" and the disorientation young people experienced with the sudden change of politics after the war. Gisela Elsner's novel *Fliegeralarm* (1987) shows the far-reaching impact of Nazi propaganda in a grotesque manner by presenting a group of preschoolers as fervent disciples of the *Führer*. In contrast to this, Christa Wolf's book *Kindheitsmuster*, a prototype of this genre, analyses the more subtle interaction between temptation and being tempted, interlacing experiences of the past and the narrator's present life. The same applies to Marianne Rosenbaum's film *Peppermint Frieden* (1982), whose aim it is to demonstrate how an ideological structure invades the individual's privacy to render him/her susceptible – and how these structures continue to be present after 1945 and often are unwittingly passed on to following generations.

Kurzbiographien

Barbara Bauer, geb. 1954 in Offenbach a.M. Seit 1973 Studium der Germanistik, Philosophie und lateinischen Philologie in Göttingen und München. Promotion 1980 und Habilitation 1989. Seit 1992 Professorin und Lehrstuhlinhaberin im Fach Neuere deutsche Literaturwissenschaft an der Philipps-Universität in Marburg. Zahlreiche Publikationen zu folgenden Schwerpunktthemen: Literatur und Kulturgeschichte der Frühen Neuzeit; politische Theorien und Literatur im 17. und 18. Jahrhundert; Heinrich Heine; Frauenroman im 19. Jahrhundert; Exilliteratur und Holocaust-Memoirenliteratur. Veranstalterin der internationalen Tagung „*Für ein Kind war das anders*. Literarische und künstlerische Repräsentationsformen traumatischer Kindheitserfahrungen im nationalsozialistischen Terrorsystem" im Mai 1997. Die Beiträge werden 1998 erscheinen.

Klaus Beckschulte, geb. 1965 in Johannesburg (Südafrika). Studium der Neueren deutschen Literaturwissenschaft, Philosophie und Politikwissenschaft in München. Promotion 1995 an der Universität in München über das Leben und Werk Robert Ludwig Kahns; Lehraufträge an der dortigen Universität und Tätigkeit bei einem Verlag.

Tamara S. Evans, in der Schweiz geboren und aufgewachsen. Studium der Romanistik und Anglistik an der Universität in Bern. Promotion im Fach Germanistik an der Ohio State University. Seit 1980 als Professor of German an der City University in New York. Leitet seit 1995 das dortige Doktorantenprogramm. Neben zahlreichen Aufsätzen zur Literatur des neunzehnten und zwanzigsten Jahrhundert, Monographien zu Conrad Ferdinand Meyer und Robert Walser. Akademische Auszeichnungen und Stipendien vom NEH, DAAD, Mellon und Fulbright.

Donald Haase, geb. 1950. Studium der Germanistik an der University of Cincinnati und der Komparatistik an der University of North Carolina in Chapel Hill. Promotion 1979. Veröffentlichungen u. a. über Märchenrezeption, Gebrüder Grimm, Märchendichtungen im Exil, Novalis und europäische Romantik; Herausgeber der internationalen Zeitschrift zur Märchenforschung *Marvel & Tales: Journal of Fairy-Tale Studies.* Leiter des Department of German and Slavic Studies an der Wayne State University.

Viktoria Hertling, geb. 1945 in Köln. Studium der Germanistik, Geschichte und Kunstgeschichte in Bonn und in Madison, Wisconsin. Promotion 1980. Mehrjährige Lehrtätigkeit im Bereich Germanistik/Literaturwissenschaft am Mount Holyoke College, an der Kent State University und an der University of Nevada. Gründerin und seit 1994 Leiterin des *Center for Holocaust, Genocide &*